DAVID A. WELCH
デイヴィッド・A・ウェルチ 著
田所昌幸 監訳

PAINFUL CHOICES
A Theory of Foreign Policy Change

苦渋の選択
対外政策変更に関する理論

千倉書房

PAINFUL CHOICES
by David Welch

Copyright©2005 by Princeton University Press

Japanese translation published by arrangement with
Princeton University Press through The English Agency (Japan)Ltd.

All rights reserved.

No part of this book may be reproduced or transmitted in
any from or by any means, electronic or mechanical, including photocopying,
recording or by any information storage and retrieval system,
without permission in writing from the Publisher

苦渋の選択──対外政策変更に関する理論

目次

凡例　002

日本語版への序　003

序 ──────────────── 007

第1章　驚愕、予期、理論 ──────── 021
　1　決定に基づく行動理論を求めて　033
　2　対外政策変更の理論を求めて　040

第2章　対外政策変更の理論 ──────── 049
　1　理論の構成要素　049
　　▶組織理論／▶認知・動機論的心理学／▶プロスペクト理論
　2　対外政策変更に関する損失回避の理論　069
　3　悪魔は細部に宿る　077
　　▶概念の操作化／▶範囲条件／▶テスト

第3章　無益な島をめぐる紛争 ──────── 107
　1　マルビナス諸島　109
　　▶理論との適合性／▶反論とそれへの応答

2　北方領土　139
　▶ 理論的考察

3　重要な相異　162
　▶ 問題解決の期限の有無／
　▶ 代替的選択肢の実現可能性についての認識／
　▶ 国際社会からの制約

第4章　アジアの戦争におけるアメリカの若者　167

1　バックグラウンド　168

2　ターニングポイント　183

3　ジョンソンによるエスカレーション　190

4　ニクシンジャーと終盤戦　210

5　仮説の妥当性をめぐって　228

第5章　カナダの対米自由貿易政策　239
　　　——2つの葬儀と1つの婚礼

1　概要および背景　241

2　ローリエと1911年の互恵協定　250

3　キングと互恵をめぐる1948年の非合意　261

4　マルルーニーと1988年の米加自由貿易協定　273

5　分析　289

第6章 | 結論 ———————— 303

参考文献　327

監訳者あとがき　田所昌幸　365

主要事項索引　369

主要人名索引　372

苦渋の選択――対外政策変更に関する理論

凡例

（　）…… 原文註
〔　〕…… 訳者註
原文斜体 → 傍点

alternative	代替的選択肢
anticipate／expect／predict	一般的には、anticipate（予期）、expect（期待）、predict（予知）の順に言明の確定性が強いと解されるが、日本語の慣用を重視してあえて訳し分けず、「予測」中心に文脈に応じて訳語をあてた。
cognitive and motivational psychology	認知・動機論的心理学
liminal	区切りとなる
motivated biases	動機から来るバイアス
normalization	標準化
operative reference point	操作的参照点
preference	選好
probability curve	蓋然性曲線
prospect theory	プロスペクト理論
reference point	参照点
risk-acceptant	リスク受容的
risk-averse	リスク回避的
scope conditions	範囲条件
test drive	試運転

日本語版への序

　この書物の日本語版の出版に関心が寄せられたと知ったとき、非常に嬉しく思った。初めて日本に来てもう30年近くになり、今では年に何回も訪日するのが当たり前になっている。その間、セミナーに出席したり講演をしたりするだけではなく、日本のトップクラスのいくつかの大学で授業を担当させてもらったこともある。そうするうちに、事実関係を重視した堅実な日本の国際政治研究の姿勢、歴史、法律、そして政策的な意味合いを重視する日本の研究態度を高く評価するようになった。時に抽象的、演繹的、そして「学術的」に過ぎるように思われる北米の国際関係論と、日本の研究がちょうど良いバランス関係にあることもこうした評価の理由の1つである。

　本書の執筆にあたって、私は理論と実践の間の橋渡しを望んでいた。北米では本書のチャレンジは好意的に受け止められたが、日本でどのように評価されるか、ずっと興味があった。率直に言って、本書はかなり確信犯的に学術的なものである。執筆にあたって、対外政策変更一般について光を当てることはもちろんだが、それ以外にも、政治学を専攻する大学院生に、理論構築の内幕を披露することも重要な狙いの1つだった。しかし私が想定していた大学院生は主として北米の大学院生で、彼らの受けている学問的訓練は私が受けてきたのと全く同じ種類のものである。日本や、それにもしかするとヨーロッパのように、政治学が解釈論的か批判論的になるか、そうでなければ純粋に定式化（フォーマル）されたものになる傾向がある国で、本書で私が試みたような、演繹的な理論構築と詳細な定性的事例研究による理論の「試運転」を組み合わせる方法に、大学院生が魅力を感じるかどうか自信がなかった。それだけに、本書の日本語訳出版に関心が寄せられたのは、幸先のよい兆候だと受け取っている。

　訳書の出版は、原著の版を改めるのと同様、著者にとって初版で論じな

かったことを語る良い機会でもある。そこで、この機会に2点述べておきたい。まず、本書で取り上げた事例の中には、依然進行中の外交問題を取り上げたものが2つある。それは第3章の「無益な島をめぐる紛争」の事例、つまりフォークランド／マルビナスと北方領土だが、後者は日本の読者にはとりわけなじみ深く、おそらくは関心も強いだろう。これを執筆している際、もしかすると時間の経過とともに、かつては許容できないと思われた現状に対する喪失感が弱まり、ある種の「標準化」が作用して、徐々に現状が許容できるものになる方向に事態が動く、そういった効果の可能性を自分は軽視しているのではないかと考えていた。原著ではこの点を明記していないし、その力学についても検討していない。だが今では、この点はそれ自身重要で一層の検討に値するものと考えている。私がフォークランド／マルビナスの研究をしていた頃には、アルゼンチン本土に住むアルゼンチン国民が「フォークランド島」と口走るようなことは夢にも考えられなかった。1980年代や90年代には、アルゼンチン人は「マルビナス」としか決して呼ばなかったからである。しかし私は、2014年に「フォークランド」と語るアルゼンチン人に何人か出会ったのである。イギリスがかの島を占領してたまたま150年後にあたる日が、アルゼンチンでは非常に強い感情をかき立てるものであったことを説明した際に論じたように、イギリスによる島の占領を記念する、恣意的ながらも重要な期日（それはたぶん200周年にあたる2032年であろう）が次にめぐってきたら、同じ理由で「奪回」への情熱が再び高まるかもしれない。だが、もしかするとそうはならないかもしれない。時の経過とともに記憶が薄れ、世代が交代することで、1982年には大胆かつドンキホーテ的な突進に行き着いてしまったあの情熱は、失われているかもしれない。日本についても、北方領土「返還」にかける情熱が低下しているのを感じる。1991年にソ連が崩壊したときに匹敵するような外生的ショックが再び起こって、日本で返還への期待や希望が高まるような事態は想像し難い。ことによると、欲求そのものが弱まっているのかもしれない。年月が流れるにつれて、侵攻してくるソ連軍によって国後、択捉から追い出されたことを体験として記憶する日本人は減り、ますます多くの日本人が、北方領土のこと

を切実な現在の関心というよりも、歴史の一コマと見なすようになるかもしれない。

　次に述べておきたいのは、本書で提起した第1の仮説は、2つの相当異なった変数を組み合わせて、変動もしくは惰性を予知しようとした芸のないものだが、もし本書を最初からもう一度書き直すとしたら、ほぼ確実にその概念化をやり直しただろうということである。権威主義的体制は、全体的に見れば惰性に支配されにくいという点では、執筆時に考えた通りでよいのかもしれないが、国家や体制の性格に関する2つの次元を一緒にまとめてしまったために、印象論的にすぎて不満が残ると同時に、理論と現実のギャップが大きくなってしまった。たとえば、民主的だが比較的非官僚的な国家については、どう予測すべきなのか。また権威主義的だが官僚的な国家ならどうなるのか、という問題が起こる。本書で検討した事例が、この2×2行列でたまたま上に述べたような象限に位置しなかっただけのことである。だがすべての興味深い事例でそうなるわけでないのは、間違いなかろう。というわけで、今では単一の変数に基づく仮説の方が、分析的により確認しやすく、実践的にも有益だと考えている。いまやり直せるのなら、おそらく「拒否権を持つ関係者の数」に基づくモデル、といった形で再検討するだろう。

　ともあれ、この日本語版の読者には、上記の問題を明示的に考えながら本書を読み進めることができるという意味で、原著の読者にはない利益があるだろう。加えてテキストが修正されていることも利益となろう。田所昌幸教授と、彼の翻訳チームは優れた翻訳をしてくれただけではなく、かなりの数の原著の誤りを見つけ、それを修正してくれるとともに、事実確認でも良い仕事をしてくれた。注意深く良心的に翻訳作業を進めてくれたことに加えて、著者としてその点を深く感謝している。

　　　2015年10月　　　　　　　　　　　　　　　デイヴィッド・A・ウェルチ

序

　2000年の米大統領選に際して、共和党の大統領候補だったG.W.ブッシュは、クリントン政権がアメリカの国益を軽視しその対外的関与を拡大しすぎたため、およそ中核的とはいえない任務が米軍の重荷となっていると批判した。ブッシュは最初の2回の大統領候補者の討論会で、民主党のアル・ゴアに対し、大統領が軍事力の行使を命ずるのは「アメリカの死活的な国益がかかっている場合」に限り、「任務の性格が事前によく理解され」「米軍が勝利のために十分に訓練され準備ができ」、しかも出口戦略が明確な時でなければならないと、断言していた。「軍事力行使は容易なことではないと思っている。私なら慎重かつ自分の方法で事態に対処するだろう。我々が世界中の人々のために何もかもできるわけではない。米軍部隊を出動させる時には非常に注意しないといけない。私とゴア副大統領との間には、米軍部隊の利用について意見の相違がある。ゴア副大統領は国家建設（nation-building）を信じているが、私はその目的のために軍を使うのには非常に慎重だ」[1]。

　2回目の大統領候補者討論会でブッシュは、アメリカが「自分たちの方向を自力で切り開こうとしている諸国民に対して謙虚な態度を取るべきである」と言い切った。言い換えれば、より尊重すべきは国家主権の原則であり、クリントン政権はイラクのサダム・フセイン政権を封じ込めるための国際的連携を弱体化させている、と強く非難したわけである。続けてブッシュ

---

[1] "Presidential Debate between Democratic Candidate Vice President Al Gore and Republican Candidate Governor George W. Bush, Clark Athletic Center, University of Massachusetts, Boston, MA, 3 October 2000."

は「現在の国際的連携はかつてほど強力ではない。サダム・フセインは危険人物であって、彼に中東の混乱を利用されたくない。サダム・フセインに圧力をかけるための連携の再建は、重要な、そして困難な仕事になるだろう」と不満を述べた[2]。

　要するに、アメリカの対外政策の一般原則としてブッシュが約束したのは、自制的で選択的であることだった。大方の専門家たちの推測では、ブッシュは内政重視の大統領になるはずであった。国際問題には関心はもちろん、知識すら十分に持ち合わせないことから、それは当然の見方といえた。ブッシュが関心を寄せる国際政治上の問題はほとんどなく、むしろイラク問題は例外だった。2回目の討論会で司会者のジム・レーラーがサダム・フセインを「排除できる」と思うかと質問したのに対して、ブッシュは「もちろんそうしたいし、現政権も同様だと思う」と答えた。しかしあくまで重点は封じ込めであって、ブッシュは多国間主義を再活性化することで、クリントン政権の対イラク政策の失敗を取り返すつもりだった。

　ところが米軍は、2003年春までにはサダム・フセインの体制を転覆させ、それまでにアフガニスタンのタリバン政権も打倒してしまったために、アメリカは2つの国で国家建設に深く関わることになった[3]。2000年にブッシュが提唱した謙虚で選択的で抑制された態度や多国間主義の再活性化は、わずか3年のうちに世界中から危険な単独主義と非難される予防戦争のドクトリンに一変していた[4]。アフガニスタンでの作戦こそ相応の国際的支持を得たが、イラクに関しては支持が集まらず、実際、国連安保理事会は強くこれに

---

[2] "Presidential Debate between Democratic Candidate Vice President Al Gore and Republican Candidate Governor George W. Bush, Wait Chapel, Wake Forest University, Winston-Salem, NC, 11 October 2000."

[3] 「国家の建設には関わらないというブッシュの空論にひとしい宣言は、アフガニスタンがばらばらにならないようにするという必要性に直面して、あっさり放棄された。ブッシュは、ときどきアフガニスタンの予算委員長兼集金人の役割を果たしていた。」Bob Woodward, *Bush at War*, p. 339.

[4] "National Security Strategy of the United States of American"; Ivo H. Daalder, James M. Lindsay, and James B. Steinberg, *The Bush National Security Strategy*, pp. 1-9.

反対した。内政重視の大統領は突如として、対外政策重視、それも広い意味で国家安全保障重視の大統領に変貌し、多国間主義には概して無関心で、謙虚とは程遠い態度をとることになったのである。いったい何がこのような変化を引き起こしたのだろうか。

　答えはもちろん911である[5]。

　これは特段驚くような話ではないだろう。911は歴史上もっとも激しいテロ攻撃だった。オサマ・ビン・ラディンのアルカーイダのネットワークは、ハイジャックした民間航空機を大量破壊兵器に用いるという、考えられる限りもっとも恐ろしい方法で、世界貿易センタービルを2棟とも破壊し、アメリカに心理的打撃を加えた。アメリカ史上、これに匹敵する出来事といえば、1941年12月7日の日本海軍による真珠湾奇襲攻撃くらいしか類例がないだろう[6]。多くのアメリカ人、そして彼らの大統領は、かつて直面したことのなかった突然の経験により、これまで過小評価してきた敵に対して自分たちが極めて脆弱であると感ずるようになった。もしアメリカで広まった、世界は突然大きく変化したという認識が、アメリカの対外・国内政策に反映されなければ、それこそ奇妙であろう。ブッシュは事件の翌日、このように宣言した。「顔の見えない敵がアメリカ合衆国に宣戦布告しました。よってアメリカは戦争状態にあります」[7]。

　ここで問題なのは、実はオサマ・ビン・ラディンがアメリカに宣戦布告したのは、911の3年以上前、1998年2月23日だということである[8]。アルカーイダが最初に世界貿易センタービルを破壊しようとしたのは、911の8年前

5　以下、2001年9月11日に起こった、アルカーイダによるニューヨークの世界貿易センタービルとワシントンDCの国防総省に対する攻撃を示すのに、よく使われている「911」という言葉を使うことにする。

6　ブッシュが911の夜に日記で述べているように、「21世紀の真珠湾攻撃が今日起こった。」Woodward, Bush at War, p. 37.

7　Ibid., p. 41.

8　Simon Reeve, *The New Jackals*, pp. 194, 268-270. この点のより詳しい説明は以下の文献を参照されたい。National Commission on Terrorist Attacks upon the United States, *The 9/11 Commission Report*, pp. 47-48.

にまで遡り、その際には6人の死者と1042人の負傷者を出し、「南北戦争をのぞくと、病院における犠牲者の最も多いアメリカ国内の出来事」となったのである[9]。アメリカ政府関係者は、最初の世界貿易センタービル攻撃事件の首謀者である、ラムジ・ヨセフ（Ramzi Yousef）が、航空機で政府庁舎を攻撃する計画を練っていたことを知っていた[10]。ブッシュ政権のCIA長官だったジョージ・テネットは、ブッシュの大統領就任以前から、アルカーイダがアメリカに対する「重大で差し迫った」脅威であることをブッシュに告げていた[11]。本当に不思議なのは、10年の間に深刻さを増していたアルカーイダからの脅威が、なぜもっと早くアメリカの政策に反映されなかったのかということである。ボブ・ウッドワードは、後に次のように回想している。「CIAが事前に察知していた脅威に十分迅速に対応したのか、言い換えれば911はインテリジェンスの失敗と同じくらい政策の失敗かもしれないという疑念が頭から離れない」[12]。

後に振り返ったとき印象的かつ驚くべきことは、アメリカの政策が911後、いかに劇的に変わったかと同じくらい、911以前にはそれがいかに変わらなかったかということである。それ以前、テロ対策はアメリカの対外政策においてはどちらかと言えば些末な関心事であった。概ね情報機関の対処すべき日常的な安全保障問題であり、退屈な警察行動に過ぎなかった。テロリズムは2000年の大統領選挙の争点でもなかった。911以前にはブッシュがテロ対策の最高責任者から直接説明を受けたこともなかった。実はこの問題についてブッシュ政権内で最初にハイレベルの会議が開かれたのは、2001年9月4日になってのことであった[13]。911後にはすべてが一変した。「テロとの戦い」はアメリカの対外政策のみならずアメリカ政治全体にとって唯一

9　Reeve, *The New Jackals*, p. 15. またThe 9/11 Commission Report, pp.153-173も参照のこと。
10　Reeve, *The New Jackals*, p. 8.
11　Woodward, *Bush at War*, p. 34.
12　Ibid., p.36.
13　Richard A. Clarke, *Against All Enemies*, pp. 26, 237-238.

と言っていいほどの中心的関心事となり、軍事安全保障分野のいわゆるハイ・ポリティクスの中でも最高次の問題で、その他のことは突然二の次になった。

アメリカの対イラク政策も根本的に変質した[14]。選挙以前からブッシュはフセイン政権に嫌悪感を持っていたし、政府関係者の中にブッシュ政権発足当初からフセイン政権の打倒に熱心な勢力がいたことも事実だが、1年半の間、ブッシュはクリントンの対イラク政策を踏襲していた[15]。公式には両大統領は体制変更を望んでいた。だが実際には、体制変更を目指して積極的政策を取るような差し迫った必要性を感じておらず、統一的な政策の助言を受けていたわけでもなく、単なるその場しのぎを続けていたにすぎない。しかし911によって事態は一変し、対イラク強硬派が望んでいた好機が訪れた。ブッシュは後にウッドワードにこう語っている。「911によって大統領としての自分の責任についての考え方が変わったのは明らかで、サダム・フセインを封じ込めておくのは、ますます現実的ではないと思うようになった」[16]。アフガニスタンの問題に一区切りをつけると、ブッシュはサダム・フセインに目を向けた。もっとも、対イラク戦争を提唱したケネス・ポラックの著作でさえ、その冒頭には「我々の知りうる限りでは、イラクは911のテロ攻撃に関係していない」と記されていたほどなのである[17]。

2001年9月10日までは、アメリカの対外政策がなぜ新たなテロの越境的脅威に対抗するべく大きく変化しないのか、と煩悶（はんもん）する者が1人でもいたかど

14　Todd S, Purdum, *A Time of Our Choosing*, pp.4-10.
15　ケン・ポラックが述べているように、「ブッシュ政権は結局の所あまりクリントン政権とは違わないものだった。」Kenneth M. Pollack, *The Threatening Storm*, p. 105.
16　Bob Woodward, *Plan of Attack*, p.27. 対イラク政策を巡る政権内の論争とその変遷については、同書のpp.9-30、特にp.23を参照のこと。「一方で交渉路線を唱えるパウエルのような穏健派と積極的な行動を求めるラムズフェルドのような強硬派の間で根深い対立がブッシュ政権の戦時内閣にあったということは、大統領自身が介入するか事態の大きな推移によって余儀なくされない限り、本当の意味での政策は立案されないということを意味した。」
17　Pollack, *The Threatening Storm*, p.xxi、また以下も参照のこと。Clarke, *Against All Enemies*, p.33.

うか疑わしいが、翌9月11日朝のニュース映像を目の当たりにした者であれば、誰しも劇的な変化を確信したであろう。1941年12月7日にラジオを聞いた者の反応も似たようなものだっただろう。だが、そもそもいったい誰が日本による自滅的な真珠湾攻撃の決定を予期し得ただろう。真珠湾攻撃そのものが日本の政策変更の最大級の現れだったのである。非常に特異で重大な変化によって、さらに言えば、こうした変化は突然かつ急激なばかりか、まれにしか起こらないため、我々〔分析者〕の驚きはより大きなものとなる。ならば、はたして政策変更を予測する能力を向上する術はあるのだろうか。また、（意外であるか否かにかかわらず）数々の劇的変化と、その間の長いインターバルについて理解を深める方法はあるのだろうか。

　本書の目的はその方法を見いだすことである。具体的には国家の対外政策変更に関する理論を展開し、それを実際に試用してみることである。こういった試みは、表面的には異質に思われるが、実はかなりの程度関連しあう3つの動機から出てきたものである。その第1は、国際政治一般について、我々が許容できる程度確実に知ることができるものがあるかどうかを見極めるということである。一般的で適用範囲が広く、しかも簡素な国際政治理論というものは、少なくとも行動科学革命以来、それが望ましくも得がたいという意味で、円卓の騎士たちが追い求めたキリストの聖杯のような存在だった[18]。グランドセオリープロジェクトの失敗の結果、今日まで、一般理論そのものに多くの批判が提起されてきた。そういった批判のなかには、一般理論は原理的には望ましくとも現実には不可能である、とする立場だけでな

---

[18] 私はホリスとスミスの有用な用法にならって学問分野を示す際には大文字で国際関係論（International Relations）と記すこととし、その対象分野を示す際には小文字で国際関係（international relations）と記すこととする。Martin Hollis and Steve Smith, *Explaining and Understanding International Relations*, p.10. 行動主義とは自然科学的な認識論や手法を用いて、計量的なデータから説明的で予言的な一般法則に近い一般化をめざす、理論に基づく経験主義の一形態である。「行動主義革命」というのは、1950〜60年代に、社会科学が熱心に行動主義を受容したことを指す言葉である。もちろん、より伝統的な歴史的もしくは解釈論的な様式で研究してきた学者にも、一般的で適用範囲の広い理論を目指した学者はいる。たとえば、Hans J. Morgenthau, *Politics among Nations* を参照。

く、そういった理論の哲学的、方法論的基礎を否定し、一般理論はそもそも原理的に不可能であると主張するものさえあった。私が国家の対外政策変更に関する理論を探る、本プロジェクトを手がけたのは、適用範囲が広く簡素な国際政治の一般理論への失望が、そもそも我々が発した問いが間違っており、それを無理に解こうとしてきたことに由来するのではないか、との直観的疑念があったからである。

　2番目も、最初の動機と直接関係している。仮に国際関係の一般（もしくはそれに近い）理論が可能だとして、それをどこまで展開すべきなのか。その限界はどこで、なぜそういった限界があるのか。そういった限界が今日の国際関係論において活発な諸論争の基礎となっている哲学的諸問題にどういった意味があるのか、という問題関心である。ここでも私には、国際関係の一般理論は可能かもしれないが、それは決して完全なものとはならず、むしろそういった不完全性から学ぶことこそ、学問としてはより有益なのではないか、との直感があった。文字通り素っ気ない言い方をするなら、ここで私は国際関係の一般理論の可能性と限界を探求しようとした、ということになるだろう。

　第3の動機は、国際関係の一般理論が研究者と政治指導者のいずれにとっても有用なものとなりうるのか、という問題関心である。私の理解では、理論の有用性には異なる3つの基準がある。理想は、将来を見通す力を備えていることだろうが、穏当なのは、過去を理解するための理論であろう。前者を生み出すのは困難としても、後者のような単なる事後的説明を超える理論を構築することは可能なのではないか、というのが私の3つ目の直感であった。この立場からすると、将来の不確実性をなるべく抑えることが有用性の基準となる。国際関係の一般理論が、世界政治における重要な出来事の発生を正確に予測することはできなくとも、ある程度確実に予期したり、そうした出来事がより起こりやすい条件に敏感になる助けとなりはしないかを、知りたかったのである。

　この研究の過程では、当然のことながら満足したこともがっかりしたこともあったが、私個人の評価を述べるなら、努力は概ね報われ、期待外れの部

分からも学ぶことがあったということになる。読者諸氏は、もちろん自身の見識で判断することになるだろうが、私は本書を通じて、過去をよりよく理解するとともに将来の不確実性を減らし、国際政治の重要な面を一般化することが可能だと考えるべき根拠があることを示せたと思っている。

本題に入る前に、まずここで構築しようとしているのが、1つの(相当程度)一般的な理論であることを確認しておきたい。本書の副題は「対外政策変更に関する理論」であるが、あくまで1つの理論 (a theory) という意味であり、対外政策変更に関する唯一の理論 (the theory) ではない。私の試みが、この特定の問題について唯一の理論であるなどと主張するつもりは毛頭ない。もちろん、こういった問題設定そのものが、本来あるべき国際関係論の範囲外にあるとして、反対する読者もいるだろう。たとえばケネス・ウォルツは、国際政治理論を対外政策理論と厳格に区別しようとしている[19]。私はこの区別にこだわっていない。それは、もしウォルツの言う「国際政治理論」が行動一般に関する理論を意味するのであれば、これは明らかに誤った目標だからである。私の考えでは、この誤った目標を追求し、失敗してきたことこそが国際関係の一般理論に対する幻滅の主要原因である。ここでの関心は行動それ自体でなく、行動の変化についての理論である。それゆえ、国家が特定のことを行う条件を探求しているわけではないので、厳密な意味では対外政策の理論を追求しているとは言えないが、ここでの関心は国家の行動における変化であり、国際システムにあるのではない。よって、純粋に国際システムに関する理論のみが国際関係の一般理論にふさわしいというのであれば、本書の試みを一般理論と呼ぶのはそもそも間違いということになる。しかし私は理論についてそういった制約を正しいと考える想像力は持ち合わせていないので、本書の提示する理論を一般理論と呼ぶことにためらいはない。一般理論とは、あることが時と場所にかかわらず、なぜ起きるのかを説明するものであり、これこそまさに本書の挑戦なのである。

ある程度一般的であるとともに、ここでの理論は適用範囲が広く簡素なも

19　Kenneth N. Waltz, *The Theory of International Politics*, pp. 121-122.

のである。適用範囲の広い理論とは、一見したところ相互に異なった多様な個別事例を説明できるような理論である。簡素な理論とは多くの事例を比較的少数の事柄で説明しうる理論である。こういった理論が魅力的であることは簡単に了解できよう。よって、ケネス・ウォルツが彼流の国際政治の一般理論を目指した点で誤った、と論じたからといって、私は彼の言う理論の利点にまで異議を差し挟もうというわけではない。私が言おうとしているのは、ウォルツの言う国際政治の抽象的で簡素な一般理論は、はじめから成功の見込みがないということにすぎない。

　私がなぜこのように主張するのか。そして、なぜ代わりに対外政策変更の理論を追究しようとするのか。

　国家の指導者がしようとしていることや、対応を迫られることがあまりにも多様なため、極度に簡素ないかなる理論も、国際政治の動態一般や対外政策に特有の力学を把握できない。その理由は、国家の指導者の選択に影響する物事が高度に複雑で多様だからである。国際システムの構造的制約や国内政治上の考慮、文化的な属性、イデオロギーや規範面での思い入れ、官僚的諸要因、特異な個人的特徴、これらは皆指導者の選択に影響を及ぼす。しかもこういった諸要因の影響は、かなり不規則に作用する。これは必ずしも悪いことではない。というのは、こういった理由もあって、国際政治がこれほどおもしろいものになるからである。しかし、同時にこのことが意味するのは、指導者の選択を決定づける要因を、あらかじめ特定するようなグランドセオリーは、失敗せざるをえないということなのである[20]。

　「理論」構築の基礎となる国際政治における不変の要素、あるいは相当程度厳密な規則性は存在しないのだろうか。その点で明らかなことは2つある。第1に、どこでも人間は多かれ少なかれ同じように情報を処理するということである。人間の心理は日本でもヨーロッパでも変わるところはない。だから指導者たちが政策を検討する際に何を考慮に入れるかを特定できれ

20　この点についてのより踏み込んだ議論については、Masato Kimura, David A. Welch, "Specifying 'Interests'"を参照。

ば、彼らの処理の仕方については（一定の限界内にはとどまるものの）かなりの自信をもって予期できるであろう。第2に、国家という船はたいがい腰が重く小回りが利かない。国家は微妙な変化には鈍感で、進路を変更するのは大事（おおごと）で、どうしようもない必要に迫られてようやく重い腰を上げるのである。国家は「国力」や「国益」を極大化するために、外部世界を常にサンプル調査しながら自身の行動を制御したり微調整したりはしない。そんなことは不可能だからである。国家は、周囲の環境を絶えず監視しそれに適合できる自動車のエンジン回転数を自動的に制御するクルーズコントロールのようには動かない。むしろ国家とは、劇的に違うことをする切迫した理由でもない限り、だいたい昨日までと同じように今日も動きつづけるものなのだ。1991年から2003年までのアメリカの対イラク政策は、その典型例である。退役陸軍大佐のアンドリュー・ベイセヴィチが2000年に回顧したように、「時々アメリカは航空作戦で爆弾を落としたが、そうしたのは10年間もそうし続けてきたし、誰もそれを止められなかったからだった」[21]。

　国家が昨日のように今日も、今日のように明日も行動すると、だいたいいつでも自信を持って言えるのならば、ある国家の行動の理由を知ることはさほど重要ではないし、一般的に国家の行動の理由を特定しようとする動機もないだろう。我々が真に知る必要があるのは、どんな時に、いかなる理由で、国家がそれ以前と際立って異なる行動を起こしそうかということなのである。

21　Thomas E. Ricks, "Containing Iraq: A Forgotten War," p. A01 より引用。もし直喩で考えるのなら、この状態はクルーズコントロールというよりも割り込み方式のコンピューターに似ている。駆動速度が60MHzのコンピューターの演算子は、たとえばキーボードのような何か他の部品から、別のことをやるよう信号を受け取るまでは、その前の6000万分の一秒にやったのとまったく同じことを次のサイクルにもやることになっている。信号を受け取ると、コンピューターは電子的な眠りの状態から起きて信号に従うのである。どれほど速くキーボードを打てたとしても、60MHzの演算子に何か違うことをするように納得させるには、6000万分の1秒のサイクルの間に1回だけである。コンピューターも国家も非常に現状維持指向が強いが、重要な相違がある。それは国家を眠りから覚ますには、何度も強くつつかなければならないことが、しばしばだという点である。

私は本書で展開する理論を、対外政策の変更に関する「損失回避(loss-aversion)」理論と名付けることにする。というのも、対外政策が最も劇的に変化しやすいのは、このまま現状が維持されることで、大きな苦痛を伴う(painful)損失をこうむり続けると指導者が判断したときだ、というのが私の主張だからである。国家は、わずかな利益を得ようとして自身の行動を変えることはない。政策変更を告げる最も確かな兆候は、切羽詰まった金切り声や、悲嘆にくれた様子といったものである。しかし変更するという選択肢もそれ自身さらなる損失の危険を伴い、その損失の規模はいかなる合理的アクターも受け入れられないほど大きい場合も多い。よって普通、変更の道を選ぶことは苦渋の選択なのである。

　第1章では、ここまで述べてきたやや大胆な主張が正当であることを、もう少し紙幅を割いて説明する。とりわけ、対外政策変更の理論が、広く検討されてしかるべきであるという私の見解を丁寧に説明したい。この議論の過程では、メタ理論、つまり理論の理論とでもいうべきものに立ち入った検討が行われるが、これは読者の一部の好みからすると、議論が細かすぎるかもしれないし、こういった問題にあまり関心のない読者は、さっさと飛ばし読みしたくなるかもしれない。しかし、これはわたしの議論にとって重要な部分を占め、軽々しく取り扱うわけにはいかない。第2章では、対外政策変更の理論を展開するが、その際、組織行動論、認知や動機付けに関する心理学、それに行動論的決定理論を参考にしている。私が様々な限界に注意をはらい始めるのはこの部分からである。これに続く3つの章で、それぞれ特定の狙いを持った一連の事例を採りあげ、構造化された比較を意識しつつ、本理論の「試運転」を試みる[22]。これらの章では抽象的な理論を具体的な現象の世界に適用しようと思う。最後に結論で、ここまで展開してきた理論の評価や限界を検討し、研究の、政策上の実践的意義について若干言及する。この意義は、安全保障の領域に限って言えば、主として戦略的警報に関係する

22　方法論的な議論については以下の文献を参照のこと。Alexander George, "Case Studies and Theory Development"; Alexander L. George and Timothy J. Mckeown, "Case Studies and Theories of Organizational Decision Making," pp. 21-58.

が、交渉の機がどれくらい熟しているか、あるいはどれくらい抵抗が強いかといった評価は、あらゆる領域に当てはまるだろう。

　本書を執筆した動機が科学的研究プロジェクトへの情熱にあることは明らかだが、その限界も探求しようとしていることの背景には、1つの広がりを持ったテーマがある。それは学問としての国際政治学に技(art)としての一面があることを、ある程度認めなければならないということである。我々は行動科学革命以前の国際政治学者が弁えていたことに、再度思いを寄せるべきであろう。それは、世界政治で起こることは、出来事の形を選ぶ各々の個性に非常に強く影響を受けるということである。指導者の脳にも左脳と右脳があり、理性と同じだけ彼らは感情に衝き動かされる。つまり、国際政治は戦略的営みだが、それはゲーム理論家が見事にモデル化してみせるような単純な経済的営みに留まるものではなく、指導者たちが重大な利害を賭けた知恵の絞りあいをし、時にお互いを欺いたり、なだめたり、出し抜いたりするという意味もあるのである。したがって、ここで私が説明を試みている類いの出来事——それが起こりそうだと指導者が予期する助けにもなりたいのだが——は、自然科学が非常に巧みに把握する不易の物理的諸力の結果ではない。それはむしろ、意思を持つ人々の選択の結果であり、行動する当の本人たちも流動的で、動態的で、時には予言不可能だと認識する環境下で生じるものである。そのため、我々が物事を認識したり、計測したり、予想したりする際の精度には、どうしても限界がある。そして知識や理性を、より形のはっきりしない能力、たとえば観察力や洞察力、さらには共感(empathy)といった〔他人の立場に立って感ずることのできる〕能力と組み合わせることのできる分析家が有利になる。このことが意味するのは、我々は理論の「検証」結果について高望みしてはならないということである。ニュートンの実験は、もし彼が押したり落としたり投げたりした物体に、問題行動をする意思や能力や悪意があれば、すべからく失敗に終わったであろう。だが、国際政治は全くの気まぐれが支配する領域ではなく、人間性は無制限に形を変えるわけではないので、やはり、世界がどのように動くのかについて語っても、良いものと悪いものを証拠に基づいて区別できる。我々には、世界を解釈したり

観察したりしかできないというわけではない。本書で私が提唱し守ろうとしているのは認識論的な中庸の道、つまり理論を文字通り「検証」するのではなく「試用」することである。それが「真理」であるかどうかはもちろん、相対的な有益性を比較によって判断するよりも、理論の性能や快適性やその細かな仕上がり具合を評価することが、テーマの性格上ぎりぎり可能なところだろう、というのが私の判断である。

　簡単に言えば、本書で主張しようとしているのは、我々は世界政治の研究について、与えられた条件の範囲で可能な限り科学的であるべきだということであり、完全であることは望めないにせよ、実際の条件は多くの人が思っているほどには悪いことばかりではないということだ。言い換えれば、理論と政策の関係と同様、科学か否かという点でも、どうしても苦渋の選択をしなければならないわけではないのである。

第1章 驚愕、予期、理論

　国際政治における重大な情勢の変化に、我々〔分析者〕は往々にして驚かされる。そうした例は枚挙にいとまがない。1914年6月に起きたオーストリアのフランツ・フェルディナンド大公の暗殺から5週間のうちに、ヨーロッパ全土を巻き込む戦争が引き起こされたが、そんなことはそれまで誰も考えもしないことだった。同じように、誰もが日本軍の真珠湾攻撃〔1941年〕、冷戦の終焉〔1989年〕、サダム・フセインによるクウェート侵攻〔1990年〕を予言しなかった。なぜ国家の行動は、それほど予期することが難しいのだろうか。

　理由の一端は、そもそも問うべき問題の性質にあり、また、その問題を一般的にどう解釈するかにある。言うまでもなく、国家の行動は日食を予測するようにはいかない。天文学者は日食を予測することに長けている。なぜなら、彼らは宇宙で天体がそれぞれどのように動くのかを正しく理解しており、地球や月や太陽が相対的にどの位置に来るのか先々まで推定するのに必要な情報を、観察や計測によって難なく得られるからである。基本的に、天体の動きを決める諸力はよく理解されている。ところが国家の行動についてはそうはいかない。それは何故だろうか。

　その理由の1つは、標本数問題（small-n problem）と呼ばれるものである。予測するということは、一般から個別を推論することである。それには、事前に複数のものの相互関係の根底にあるものを理解している必要があり、その

ためには対象を熟知していなければならない。天文学の場合、観察対象となる天体は数十億にのぼり、それぞれの性質（位置、質量、速度）は時間とともに変化するが、天体自体の本質は変わらない。天体はどれもあくまで物質の塊にすぎない。しかし、我々が予期したい国際政治上の事象の多くは、そう頻繁に起こるものではない。例えば、国家間の戦争はかなり稀な現象である。大国間の戦争となれば、さらに稀である[1]。戦争はどれも非常に抽象的な意味でしか、類似しているとは言えない。例えば、第二次世界大戦と1969年に中米で起きたサッカー戦争の間にある「類似性」がその差異と同じほど重要かどうかは議論の余地がある[2]。我々はそうした事例を、分類学的にはやや怪しいが、「国家間戦争」という1つの集合にまとめてしまう。当然のことながら、戦争の事例は非常に数少なく、内容もそれぞれ全く異なるため、戦争とその考えうる原因の関係の根底にあるものを解明するのは困難をきわめる。同じことが、介入、威嚇、同盟、協調、関税同盟、統合の試み、その他決まりきった日常的な対外政策課題とは言えないものには何でも当てはまる。

　第2の問題は、再帰性問題（reflexivity problem）と呼ばれるものである。国家の指導者たちはそれまでの歴史的記録を意識し、政策を策定する。以前の成功を再現し、過去の失敗を繰り返さないために、過去の経験や歴史の主観的解釈（それは厳密でも合理的でもないかもしれないが）に基づき推論したり、「教訓」を引き出したりする。それゆえ、何かが一度起きたという事実とその首尾が、同様の行動がもう一度起こる蓋然性を左右することはしばしばある。例

1　以下を参照。Jack S. Levy, *War in the Modern Great Power System*; Melvin Small and J. David Singer, *Resort to Arms*; J. David Singer and Paul F. Diehl, eds., *Measuring the Correlates of War*.
2　サッカー戦争（Guerra de Fútbol）はエルサルバドルとホンジュラスの間で起きたが、それは両国が1969年夏のサッカー・ワールドカップで激しい試合をいくつか戦った直後のことだった。しかし、この敵対関係にはもっと根深い原因が他に存在する。例えば、国境めぐる小規模な論争、経済的な不公平感、ホンジュラスによる、およそ30万人のサルバドル人の経済難民の強制帰還などである。戦争ではおよそ5000人もの人命が失われた。他方、第二次世界大戦はサッカー戦争より長期間にわたり戦争原因も異なる。この戦争では、およそ3500万人もの人命が失われた。

えば、オーストリア・ハンガリーは1914年、セルビアとロシアに対して強気に出過ぎたが、その最大の理由は、6年前に同じように大胆な行動をとることで、事態をうまく乗り切ることが出来たからであった[3]。1930年代には、イギリスがヒトラーに対して宥和を試みたが、それは強硬に過ぎる政策が第一次世界大戦を引き起こした、とイギリスの指導者たちが感じていたからであった。そして、マーガレット・サッチャーがコロラド州アスペンでブッシュ大統領(父)に、サダム・フセインはヒトラーのようなもので、宥和政策は割に合わないと説得した結果、ブッシュはその場でイラクによるクウェート侵攻を撃退しようと決意した[4]。言うまでもなく、月は以前の軌道によって、次にどこへ動くか心変わりしたりしない。天文学上の現象と異なり、意思決定者はそれまでの歴史を参照して行動するため、国家の行動の基本パターンは絶えず流動的である[5]。

　第3の問題が理論／実践問題 (theory/praxis problem) と呼ばれるものである。国際政治上の事象を予測するためには、どの指標に着目し、それらをどう処理するのかを示してくれる理論を念頭に置く必要がある。国際政治の研究

3　1908年、セルビアの激しい抗議にもかかわらず、オーストリア・ハンガリーはボスニアとヘルツェゴヴィナを併合した。セルビアはロシアに支持を求めたが、この時、ロシアは国力が低下しており、この要請を断った(ロシアはまだ1905年の日本との戦争での敗北と、革命から立ち直っていなかった)。1914年、オーストリアの指導者たちは、フランツ・フェルディナント大公の暗殺の背後にいるセルビアのボスニア回復主義者をセルビアが支持していることを理由にセルビアを懲らしめようと考えたが、1908年のロシアの消極的な姿勢に鑑みて、ロシアが再び傍観するだろうと期待してしまった。この時、ロシアは2度目にして傍観をやめたが、明らかにその理由はロシアが1908年に一度セルビアへの責任を逃れたからだった。

4　Jean Edward Smith, *George Bush's War*, pp. 65-72. もちろん、宥和が戦略として完全に適切な環境は存在する。実際、この戦略は実務家にとって時として有益であることが分かっている。例えば、イギリスは19世紀末から20世紀初頭にかけて、アメリカとの緊張関係を緩和するうえで、宥和政策を実施し成功している。この点については、Antony Lentin, *Lloyd George, Woodrow Wilson and the Guilt of Germany*; William R. Rock, *British Appeasement in the 1930s*; Stephen R. Rock, *Appeasement in International Politics*などの研究がある。

5　一般的なものとして以下を参照。Robert Jervis, "The Future of World Politics"; Yuen Foong Khong, *Analogies at War*; Richard E. Neustadt and Ernest R. May, *Thinking in Time*.

者は、かなり定式化されたかたちで(formally)理論を考える。それに対して、実務家はあまりそのようには考えない。いかなる予測もある意味では理論に基づいている。しかし難しいのは次の点である。我々は観察と経験から理論を抽出しテストするが、その時、国家の指導者は政策の選択をするうえで、部分的にしか理論に依拠しないということである。例えば、リアリストの勢力均衡理論は、国家が自分より強い国家や国家群に対抗するために同盟を結ぶと考えているが、それはちょうどアダム・スミスの「見えざる手」が、高度に競争的な市場において企業行動を決めるとされるのと同じである。勢力均衡理論は国家の行動を記述するとともに、国家の行動の処方箋を示す。この理論によれば、諸国家は生存しようとする限り、勢力を均衡させようとするだろうし、均衡させるべきなのである。当然ながら、そうした処方箋を内面化している指導者たち(例えば、19世紀のオーストリア外相クレメンス・フォン・メッテルニヒ公やイギリス外相カースルレイ子爵といった政治家)は、一見、理論を立証するかたちで行動するだろう[6]。さらに言えば、研究者は彼らの行動を理論の証拠と見なすだろう[7]。しかし、例えばアメリカ大統領ウッドロー・ウィルソンやフランスの外交官ジャン・モネのように、勢力均衡政策が世界の災禍と諸悪の根源であると考え、それをわざわざ回避しようとした政治家もいた。だからこそ、そのために相当な時間と労力をかけて政策と制度を設計し、その実現に努めたのである[8]。彼らの行動はリベラルな規範的理念に基づく。これが後のリベラリズム理論の根拠となり、リアリズムに対する反証と見なされるようになった[9]。ゆえに、勢力均衡理論もリベラリズムの理論も、真に一般論として妥当するとは言えない。実際のところ、これらの理

---

6 Henry A. Kissinger, *A World Restored*.
7 Edward Vose Gulick, *Europe's Classical Balance of Power*.
8 Arthur S. Link, ed., *Woodrow Wilson and a Revolutionary World, 1913-1921*; Margaret MacMillan, *Paris 1919*; Charles A. Kupchan and Clifford A. Kupchan, "Concerts, Collective Security, and the Future of Europe"; Karl W. Deutsch, *Political Community and the North Atlantic Area*.
9 Michael Doyle, "Liberalism and World Politics," pp. 1151-1169; Bruce M. Russett, *Grasping the Democratic Peace*.

論はそうした理論を暗黙のうちに実践しようとする指導者がいる国家の行動のみを説明するのである。しかし、特定の国家の指導者たちがリアリストなのかリベラリストなのか、何をもって予言できるだろうか。

　同様に、強制外交に関するトマス・シェリング学派の諸理論は、シェリングと彼の弟子たちが実際にその理論を生み出した時期のアメリカの対外政策に、かなりの程度依拠している[10]。しかし、こうした諸理論は、国家が脅威にどう対応するかについての一般理論としては失敗である。なぜなら、誰もがシェリングの理論を読み、内面化しているわけではないからだ。1991年のサダム・フセインも、おそらくそうした理論は読んでいなかっただろう。強要 (compellence) を実行するうえでほとんど理想的な条件が揃っていたにもかかわらず、アメリカと同盟国が恫喝によってフセインをクウェートから撤退させることに大失敗したのは、このことから多少説明できるかもしれない[11]。

　第4の問題は、自由度問題 (degrees of freedom problem) である。天体は移動する先を自ら選択するわけではない。したがって、天体について我々が関心のある事柄を特定するために知っておかなければならないことは限られている。一方、国家の行動は外部の変数による制約をあまり受けない。たいていの場合、国家の指導者たちには多様な選択肢があるため、選択環境の初期条件をどれほど特定できたとしても、彼らがどの選択肢を選ぶのかを、それだけで断定的に予測することはできない。結果を左右する変数が完全に明確な場合ですら、戦略を立案する状況下では常にそう言える。例えば、チェスについて考えてみよう。チェスではいかなる場合でも、駒がどこに動けるか、厳密かつ簡潔に特定することが可能である。しかし、だからと言って、チェスのプレイヤーが実際に指す手を前もって確実に知ることはできない。プレイヤーがゲームで指す手を予測するには、単にゲームの情報だけではなく、

10　Thomas C. Schelling, *The Strategy of Conflict*; Schelling, *Arms and Influence*; David Halberstam, *The Best and the Brightest*; Ted Hopf, *Peripheral Visions*.
11　Janice Gross Stein, "Deterrence and Compellence in the Gulf, 1990-91." また、Tory S. Goodfellow, "An Empirical Test of the Theory of Compellence" を参照。

プレイヤー自身に関する詳細な情報も必要になる。チェスには定石があり、戦略に長けたプレイヤーはあえて定石を避けようとするかもしれない。強いプレイヤーは、才能と狷介な性格ゆえに他人の裏をかこうとするだろう。国家の指導者もやはり時々同じことをするのである。時に彼らは有利な立場に立つべく他国を驚かせ、意図的に想定外の行動をとることがある。それに国際政治では、可能な選択の範囲を全て示す方法はない。

　第5の問題は、主観問題 (subjectivity problem) と呼ばれるものである。国家の指導者は、自らの世界観に基づいて選択を行う。それは、他の指導者の世界観や、国際関係論の研究者の世界観とは全く異なるかもしれない。冷戦期の勢力均衡の評価について考えてみよう。一般に西側の研究者や政策決定者はほとんど例外なく、東西の軍事バランスが西側にとって有利な状況にはないと考えていた。他方、ソ連の分析者や政策決定者は、同じように軍事バランスは東側にとって不利だと考えていた。これと同様に、ソ連の経済力に関する西側の評価も、一貫してソ連自身の評価よりも高かった。主に「有形の(すなわち計量可能な)」指標(例えば、戦車や火器、航空機、核ミサイルの数)に依拠した評価に驚くほどの相違があっただけではない。いわゆる無形の権力資源、例えば戦略、意志、信頼性、評判といったものの評価(自己評価と他者による評価の両方)においても、非常に大きな相違があったのである[12]。国家の行動を予測するのに客観的数値(例えば、相対的な勢力関係)を入力する必要がある場合、たとえその予測が依拠する理論の処方箋を政策決定者が内面化していても、もし分析者の評価が政策決定者の評価と大きく乖離していれば予測は失敗に終わるだろう。

　第6の問題が入力特定問題 (input specification problem) と呼ばれるものであ

12　以下を参照。International Institute for Strategic Studies, *The Military Balance*; Charles Tyroler, *Alerting America*; Committee on the Present Danger, *Can America Catch Up?*; Ray S. Cline, *World Power Trends and U.S. Foreign Policy for the 1980s*; W. Scott Thompson, *Power Projection*; Vladislav Zubok and Constantine Pleshakov, *Inside the Kremlin's Cold War*; Morton Schwartz, *Soviet Perceptions of the United States*; Melvyn P. Leffler, "Inside Enemy Archives"; William Curti Wohlforth, *The Elusive Balance*.

る。国家の行動を予測するためには、次の2つの情報が必要である。1つは、国家の指導者が欲しているものは何か(目標あるいは目的)、もう1つは彼らがその目的に合わせてどのような手段を選ぶか(計算)についてである。一般に信じられていることとは違い、国家の「利益」は、偶然もしくは恣意的な影響を非常に受けやすい特殊な過程を経て特定されると考えられる。研究者や分析者は、国家の利益や指導者が目的に沿って手段を選ぶ方法について、不確かな前提や判断をしがちである[13]。言い換えれば、国家が求めるものやその求め方について、研究者や分析者が誤りやすい構造がある。

　これらの問題をすべて考慮に入れると、国際政治が非常に意外性に満ちているとしても不思議ではないだろう。しかし、これに対して次のように主張する人もいる。

> 国際関係論の目的は予知(少なくとも個別の出来事を予言すること)ではない。むしろ、一群の事象(例えば、軍拡競争、権力移行(パワートランジション)、同盟、戦争、協調などである)の大まかなパターンを説明することである[14]。つまり、ある環境の下で、ある事象が起こりやすかったり、起こりにくかったりすることを示すことであって、特定の事象が起こるか起こらないかを予言することではない。天文学との類推は適切ではない。むしろ、航空機の安全との比較の方が適切であろう。航空機は晴天よりも悪天候での方が墜落しやすいが、その知識をもって悪天候で航行する特定の航空機が墜落するかどうかを予言することはできないだろう。大国間の戦争に関する理論も、ヘゲモニーが移行する時や多極システムのなかでは戦争が起こりやすいという推定はしうるかもしれない。だからと

13　本書では最初の主張について後の諸節で論じる。第2の主張については第2章で論じる。Mark Blyth, "Structures Do Not Come with and Instruction Sheet" も参照。
14　国際関係論が冷戦の終結を予測できなかったことから非難されるべきかについて、以下の研究が的確な分析を行っている。John Lewis Gaddis, "International Relations Theory and the End of the Cold War"; Ted Hopf, "Getting the End of the Cold War Wrong"; Richard Ned Lebow and Thomas Risse-Kappen, eds., *International Relations Theory and the End of the Cold War*.

言って、ある特定の大国間の戦争が特定のヘゲモニーの移行期や、ある特定の多極システム下において生じることを断定することはないだろう[15]。国際関係論が政策決定者に未来を映し出す水晶玉を提供できればよいのだろうが、そもそもそれは目的でもないし、現実的に期待できることでもない。

さらに次のような反論も考えられる。

これはニュートン物理学との不適切な類推に基づく予言を期待するものだ。社会領域の事象がそもそも予言できる類のものでないことは、すでに指摘されている。国際関係論は物理学からではなく、進化生物学から着想を得るべきだ。この分野は予言を目指す科学分野ではない。進化については、過去の事象を説明することは出来るが、本来、予言不可能なものだ。可能かつ最大限望むべきものは、せいぜい限定的な知識にある部分依拠しながら世界がどのように展開していくのか、ありそうなシナリオを説得力をもって提起することだ。一般演繹理論の探究などということは、すべてあきらめるべきなのである[16]。

以上は、確かに興味深く思慮に富む反論である。そこから3つの疑問が浮かんでくる。特定の事象を予期することは、国際関係論の目標として本当に必須で、理に適っていて、望ましいものなのか。私は第1の疑問には「ノー」、第2の疑問には「ある程度はイエス」、最後の疑問には「完全にイエス」と回答したい。

国際関係論のなかには、特定の国家の行動を予測する手助けにならない

15　A. F. K. Organski and Jacek Kugler, *The War Ledger*; Robert Gilpin, *War and Change in World Politics*; Waltz, *Theory of International Politics*.
16　この箇所では、Steven Bernstein et al., "God Gave Physics the Easy Problems" の内容を簡単にまとめた。私はこの主張を強く支持する（特に pp. 43-53）。ただし、あとで多少はっきりさせるつもりだが、この論文の結論には首肯しかねる。

ものがあることは明白である。ケネス・ウォルツの理論はその一例と言える[17]。彼の理論は、なぜ勢力が均衡し、大国間の戦争が二極システムよりも多極システムの下で生じやすいのかを説明しようとするものである。このように目標がかなり限定的だからといって、理論が不適格になるわけではない[18]。したがって、特定の事象の予測は国際関係論の必須の条件とは言えない。

第2の疑問についてだが、航空機の安全を引き合いに出せば分かるように、特定の環境で特定の事象を予知することは妥当な目標ではない。悪天候が航空機の墜落をどのように引き起こすかについて、我々はかなりの知識を持っている。例えば次のようなことである。まず、強烈な突風によって揚力が減少する。翼にできた氷で抗力が生じる。あられで圧縮機翼が損傷し、推進力が低下する。霧のせいでパイロットが着陸中止を判断するのに必要な時間が失われる。しかし、悪天候で航行している特定の航空機が墜落するかどうかを予知するのに必要な情報を全て収集し、処理することは単純に不可能である。原理的に言えば、もし必要な情報を全て得たとすれば、そうした予知も可能かもしれない。しかし、必要な情報をすべて得られることなど、まずあり得ないだろう。故に、そのようなことを望むのは無駄なのである。確実に言えるのは、他の条件がすべて同じである限り、環境次第で墜落の危険が上昇したり低下したりするということくらいであろう[19]。

しかし、社会生活や政治生活のなかでは、ある特定の出来事が他の出来事よりも起こりやすいと考える根拠がある場合も多い。また、そうした出来事が実際にかなり高い確率で起きると予想できる場合も少なくない。例えば、

17　Waltz, *Theory of International Politics*.
18　この点については、本書序論の議論を参照せよ。
19　利用可能な情報が量的に限られているからと言って、多くの国際政治理論が的確な予言を出来ない理由にはならない。いくら国家の相対的な物質的能力について追加の情報があっても、ケネス・ウォルツの大国による戦争の理論は予言の理論にはならないだろう。また、いくらアメリカやイラクの相対的な能力について追加の情報があっても、抑止と強要の諸理論でイラクによるクウェートからの撤退拒否を予測することはできなかっただろう。

選挙結果はこれまでの投票パターン、経済などの状況、世論調査などをもとにすることで、しばしば予測可能になる。選挙予測は投票日に近づけば近づくほど信頼性の高いものになるが、数ヵ月前から選挙結果についてかなりの自信をもって言えることもあり、だとすれば実用的意義も高いだろう。とはいえ、明らかに予想外の選挙結果が出ることもしばしばある。1948年、〔11月2日に行われた〕選挙の翌朝、人々が目覚めると、ハリー・トルーマンがトマス・デューイに勝利していたことが判明し、多くの人々が驚愕した（一番驚いたのは、11月3日の朝刊の見出しで「デューイ、トルーマンに勝利」と大々的に報じたシカゴ・デイリー・トリビューンの社員らだった）。序章でも触れた2000年の大統領選挙で勝者が確定するまでに数週間もかかったことについても、おそらくほとんどの人々が驚いたにちがいない。こうした意外な出来事が起こるから政治は面白い。しかしながら、選挙結果を有意な確度で予測することは全く不可能だと一般的に主張するのは、明らかに間違いである。

　よってこの問題については、進化生物学との類推から多くを学ぶことが出来る。確かにふつう進化生物学者は、種がどのように進化するか、すなわち生物の特徴から適応可能なもの、不利なもの、消滅するものがどれか、様々な種と環境の相互作用が外見や行動をどう変化させるのかについては教えてくれるわけではない。概して、彼らは予言しようとしていないのである。だからといって、まったく予測できないということではない。進化生物学はこうした疑問に答える手がかり、すなわち環境がどれほど生物種に影響を与えるのかを、かなり明らかにしてくれる。例えば、進化についてある程度の理解があるからこそ、1957年、ブラジルでアフリカ系の「殺人」バチが逃げ出した時、中央アメリカと北アメリカで「ヨーロッパ系」のミツバチの諸種がどうなったのかが理解できる。アフリカ系のハチはゆっくりと北へ拡散し、ヨーロッパ系のハチの巣を侵食していった。そして、ヨーロッパ系のハチを支配し、それらと交尾していったのである。その結果、興奮しやすく、好戦的で、群れになりやすい傾向といった望ましくない特徴が遺伝していった。もちろん、雑種のハチに残されたヨーロッパ系のハチの遺伝子がアフリカ系のハチの危険な特徴を薄めることにもなった。殺傷能力のある邪悪なハ

チの巨大な群れがアメリカを襲うという1960年代の悪夢のシナリオは、まず現実のものにはならないだろう。しかし、アフリカ化されたハチはアメリカに上陸し、そして予測されていた進化の効果が、ほとんど実現しようとしている。最初の警報が鳴ってから、すでに40年以上が経過した[20]。

　さて、第3の（予知が望ましい目標なのかどうかという）疑問だが、その答えは間違いなく「望ましい」である。それには2つの理由がある。まず、理論が事象の説明だけでなく予見にも役立つならば、一層有益だからである。予兆をよりはっきり察知できる場合にこそ、学問は最も政策に役立つ。加えて、予測は理論の最良のテストにもなる。曖昧な概念と仮定に基づけば、どんな理論でも反証不能になり、後付の説明が極めて容易になる。抑止理論と、ソ連のフルシチョフ書記長が秘密裏にキューバへとミサイルを配備しようとした問題について考えてみよう[21]。1962年、アメリカの政策決定者と分析者の多くは、フルシチョフはそのようなミサイル配備を試みないだろう、という考えで一致した。なぜなら、そのような行動はアメリカの抑止目的の威嚇を前にしては「非合理的」だからである[22]。そんなことをしてもフルシチョフが優位に立つことは望めず、結果的に引き下がるしかないような深刻な対立を引き起こすことになると思われた。もし、その賭けがうまく行った場

20　Mark L. Winston, *Killer Bees*.
21　これに関連する研究は膨大である。合理的抑止理論に関するより本格的な説明として、Christopher Achen and Duncan Snidal, "Rational Deterrence Theory and Comparative Case Analysis"; George W. Downs, "The Rational Deterrence Debate"; Paul Huth and Bruce Russett, "What Makes Deterrence Work?"; Huth and Russett, "Testing Deterrence Theory"; Robert Jervis, "Deterrence and Perception"; Robert Jervis, Richard Ned Lebow, and Janice Gross Stein, *Psychology & Deterrence*; Jervis, "Rational Deterrence Theory "; Lebow and Stein, "Rational Deterrence Theory"; Lebow and Stein, *When Does Deterrence Succeed and How Do We Know?*; Lebow and Stein, "Deterrence"; Lebow, "Deterrence and Threat Assessment"; Scott Sagan, "History, Analogy, and Deterrence Theory"; Frank C. Zagare, "Rationality and Deterrence."
22　CIA長官のジョン・マコーンと、ニューヨーク州選出の上院議員ケネス・キーティングだけがそうした配備を事前に予測していた。James G. Blight and David A. Welch, eds., *Intelligence and the Cuban Missile Crisis*; Peter S. Usowski, "John McCone and the Cuban Missile Crisis"を参照。

合、フルシチョフにとっては確かに利益になっただろう。だが、コストと利益の比較計算の結果は明らかで、ミサイル配備はあまりにも割に合わない賭けだった。にもかかわらず、フルシチョフは賭けに踏み切った。しかし、現在から当時の状況を分析してみると、フルシチョフの行動が合理的であったことがなんなく説明できてしまう[23]。抑止が成功すると自信をもって予測させる、まさにその同じコンセプトで、抑止の失敗にも簡単に後付の説明ができてしまうのである。もし抑止理論が、明確に予測ができるほど厳密に特定化されていれば、キューバミサイル危機は抑止理論をテストする貴重な機会となったであろう。ところが、実際には理論に合致するように歴史が再解釈されただけであった。

　いずれにせよ、予測ということの性質を誤解しないことが重要だ。すべての予測は確率論的なものである。まったく完璧に確実に出来事を予知することなど不可能である。これは社会科学と同様、物理学にとっても同じように当てはまる。誤差は物理学では小さいが、国際政治ではずっと大きい[24]。そのため、予言というよりも予期について語る方が望ましいのである。世界の重要な事象が起こると予期できるとしても、それは100パーセントの確率というわけではない。事象が発生するかもしれないと信じるに足る十分な理由があるということにすぎない。それ以上は望めないが、それ以下を求めるべきでもないのである[25]。

23　Arnold L. Horelick, "The Cuban Missile Crisis"、さらにRaymond L. Garthoff, "US Intelligence in the Cuban Missile Crisis"; Mary S. McAuliffe, ed., *CIA Documents on the Cuban Missile Crisis*を参照。
24　物理学では、しばしば誤差に有意味な数字を割り当てることができる。ところが国際関係論では一般にそうするわけにはいかない。
25　この点に関しては、Christopher J. Fettweis, "Evaluating IR's Crystal Balls"を参照。

1　決定に基づく行動理論を求めて

　ここまでの議論で、国家の行動の予期に役立つ理論を追求する意味は十分にある、ということが明らかになった。しかし、ここで疑問が出てくる。これまで論じてきた国際政治の一般理論を構築するうえで生ずる幾つかの問題に鑑みて、どのような種類の理論が有効なのだろうか。実際には、有益な予期を行うということは望みのない目標なのか。

　国際政治の出来事に我々は驚愕してきたが、その理由の一端は問うべき問題の性質や、その問題を一般的にどのように解釈するかにある、と本書の冒頭で述べた。問題の性質と解釈の相互作用のために、世界で事象がどのように展開していくかは予期するのが難しい。では一体、我々は何を間違ってきたのか。

　一般に信じられてきたこととは逆に、ここ2、30年のあいだ国際関係論の多くに着想を与えてきた特定の理論的方向性に本当の問題があったわけではない。これは自然科学から展開されており、その基礎には実証主義的伝統がある。こういった理論的立場によれば、説明の本質とは一般的なもので特殊なものを包摂することである。そして学問の発展とは、説明の範囲を広げ、増え続ける一方の一見まとまりのない諸現象を説明可能にしていくことを意味する。この展望に従うと、最も望ましい理論の性質とは、理論的な簡潔さ (parsimony) と応用可能性 (portability) である。他のすべての条件が同じならば、より単純でより広い範囲の行動を説明できる理論が、より良いものということになる[26]。

　哲学者の間では、実証主義には不評の向きもある[27]。その理由は、実証主義の存在論上や認識論上の前提と関係している。実証主義の存在論や認識論

26　Imre Lakatos, *The Methodology of Scientific Research Programmes*, vol. 1; Imre Lakatos and Alan Musgrave, eds., *Criticism and the Growth of Knowledge*.
27　例えば、Hilary Putnam, *Reason, Truth, and History*; Richard Rorty, *Philosophy and the Mirror of Nature*.

は、実証主義が求める厳密な知識と推論に関する基準を満たしていない、と論じる人もいる[28]。社会科学における実証主義の批判者たちは、実証主義が観察者と観察対象を峻別し、事実と価値を明確に区別し、理論と真理は一致するものだと決めてかかっていると批判する[29]。批判者たちは、経験、あるいは経験の解釈から独立した客観的な社会的「リアリティ」など存在しないとし、それゆえに、そのような世界の客観的「知識」も存在しないと主張する。常に知識として認められるものは、実際のところ、不平等な権力関係によって歪められていると彼らは言う。こうした一連の理由から、本質的に多様な社会的「諸事実」を説明するという目標は幻想だとされる。せいぜい解釈によって社会的世界を「理解」するにとどまるというわけである[30]。

　こうした批判には私は与(くみ)しない。もちろん、実証主義の批判者にも一理ある。あるがままの世界と、研究上の世界と、把握される世界は厳密には同じではなく、同じなどということはあり得ないとまず認めなければならない。また、科学者が見ている世界は、どのように見るのか、そして何を見ようとしているのかにもある程度依存していることを認めなければならない。したがって、完璧に客観的に分析されるような完全な客観的世界など存在しない。そして、実際の世界の在り方と完全に一致するように世界を説明しようとする試みは、つまるところ無駄である。このような批判を我々は受け入れなければならない。しかし、私の理解する限りでは、これらの指摘は誤差や不確実性が避けられないということを言っているに過ぎず、それは自分の研

28　「存在論」(ontology)では、どういった種類のモノがこの世界に存在するのかが明らかになる。実証主義の存在論では、分析対象となるモノが直接観察できなかったり、そのモノが引き起こす現象を通じて観察できなかったりする場合には、そのモノの現実を認識することを断念する。一方、「認識論」(epistemology)は知識の研究である。実証主義は経験を通じてモノを認識することが可能であると主張する。それゆえ、実証主義は世界について知るための手段として科学的手法を採用する。

29　理論と真理は一致するという考え(correspondence theory of truth)によれば、真実の命題は、世界の客観的特徴と「一致」する。言い換えれば、世界の特徴とそれについての(真実の)言明は、一対一の対応表になるということである。

30　この論点に関する最良の入門書として、Hollis and Smith, *Explaining and Understanding International Relations*がある。

究が広い意味で実証主義的伝統の範囲に属すると理解している科学者も、いずれにせよ直ちに認めることである[31]。決定的な問題は、こうした誤差と不確実性が許容可能かどうかであり、それは「一体、何にとって許容可能なのか」という問いにどう答えるかにかかってくる。鏡を研磨する際、髭剃り用の鏡で許される誤差の範囲は、ハッブル宇宙望遠鏡の反射鏡が許容する誤差よりはるかに大きい。世界を認識する際の誤謬(ごびゅう)と不確かさは、世界のあらゆる一般的な説明が信頼を失うほど深刻なわけではないし、世界についての説明の1つ(例えば、地球は丸い)が、他の説明(世界は平坦である)よりも優れていると考えるあらゆる根拠が失われてしまうほど遍く広がっているわけではない。実証主義科学は、我々が望むほど歪みのない純粋な営みではない。だからといって、それは科学に対する批判ではなく、科学に対する非現実的な期待を批判するものである。実証主義には幾つかもっともな利点がある。主要な利点の1つが理論的厳格性である。実証主義では判断と推論のルールが明確であるため、科学が本当に公的な営為になり、そのことが真の学問共同体を可能とする。また実証主義は、競合関係にある「ポスト実証主義」がはらむ幾つかの特徴的な問題点をチェックできる仕組みになっている。その問題点とは、知識や推論の基準が曖昧であること、不明確なまま主張が真であると言い張る態度、特異な分析の仕方、理論の良し悪しが全く区別できないことなどである[32]。

　実証主義が理論の一般化を志向し、個別の事象を受けつけないと批判したいわけではない。個別の事象についてじっくりと論じられるのは望ましい。幾つかの事例の間に存在する深い統一性を解明するべく、個別の事例と他の事例を関係づけられれば、より一層良い。とりわけ事象が示すパターン、傾向、あるいは関係性の発見が予測につながれば、なお良い。非常に誤解されがちだが、理論の簡潔性も好ましい目標である。理論の簡潔性とは、それぞ

31　この点については、筆者によるRichard Wyn Jones, *Security, Strategy, and Critical Theory*の書評のなかで、より詳細に論じた。
32　この点については、Steve Smith, Ken Booth, and Marysia Zalewski, eds., *International Theory*を参照せよ。

れの理論が等しく機能する場合、複雑な理論よりも、より単純な理論が好ましいということである。それゆえ、理論に余分な手間暇をかけてはならない。しかし、理論の簡潔さが国際関係論に意味を持つことはほとんどない。というのも、2つの競合する理論の成績が同じ程度であることは稀だからである。そうした理由から、同点の際に勝者を決める基準として理論の簡潔性が持ち出されることは、実際にはほとんどない。

　では、実証主義理論の問題点とは一体何か。私が批判したいのは、実証主義が自然科学から着想を得て、行動を環境的な刺激や制約要因に関係づけて説明しようとしていることである。言い方を変えると、実証主義者はスキナー的行動主義〔行動主義の心理学を提唱したアメリカの心理学者B・F・スキナーの理論に基づくアプローチ〕に魅力を感じすぎているということなのである。理論の効率性と応用可能性を両方追求すると、この行動主義的な関心は、一般的で抽象的で演繹的な理論体系の形成につながる。だがすでに述べた標本数の問題、再帰性の問題、主観問題、戦略における意図の問題、変数（パラメータ）の不確定性の問題、選好の特異性の問題、そして、理論／実践の相互作用の問題、こういった諸問題が内在する状況でアクターが行動する場合には、この理論体系はアクターの行動を説明したり、予測したりすることには、あまり向かない。このように考えれば、アクターの行動はアクター自身による環境の解釈次第で大きく変わる。問題は、アクターによる環境の解釈と、測定可能な変数が必然的に対応するわけではないということである。物理法則では、一旦、惑星の質量や位置、速度の数値を同定してしまえば、惑星の動きを的確に予測することができるだろう。ところが、遊び場にいる子供たちの質量、位置、速度をどれだけ正確に同定しても、惑星と同じような分析は決してできない。ここで主張したいのは、国家は惑星よりもずっと子供に近いということなのである。

　行動主義を志向する実証主義の問題点は、レベル別分析による整理が研究者の間で広まったことで、ますます大きくなっている。今日の国際関係論の議論の方向性は、このレベル別分析による整理によって大まかに規定されている[33]。研究者は環境的制約とアクターの行動を結び付ける効率的な理論を

探究する場合、主要な圧力と制約要因がそれぞれのレベルで見つかるかどうか、おのずと問うてしまう。例えば、国際システムのレベルに圧力と制約要因があるなら「あらゆる政治は権力政治(パワーポリティクス)である」となり、国内のレベルならば「あらゆる政治は国内政治である」となる。そして、政府機構のレベルならば「自分の政治的立場は政治的地位次第である」となり、意思決定者個人の思考のなかならば「人格こそすべて」となる[34]。このように問うことは必ずしも悪いことではない。しかし、もしそのことにばかり気を取られてしまうなら、レベル別分析に沿って整理された理論と、分析対象となる一群の国家の行動は、不可避的にかみ合わなくなるだろう。諸国家が同じような刺激に異なる反応をし、あるいは、そもそも根本的に異なる刺激に反応して分析対象となる行動をとる場合には必ずそうなる。例えば、クリミア戦争について考えてみよう。この戦争は、フランスのルイ・ナポレオンとロシア皇帝ニコライ1世が、聖地イェルサレムにあるキリスト教教会などの管理権と、オスマン帝国のキリスト教徒の保護をめぐって対立し、生じたものである。ニコライの政策は、主に彼の信仰心、正教会の長としての役割、諸条約に関する彼の解釈に基づいて形成された。ルイ・ナポレオンの政策は、主に国内の政治的要請（教皇至上主義の鎮静化）と、外交上の目的（神聖同盟の打倒）に基づき形成された。イギリスの政策は、エリートのレベルでは、戦略的関心（トルコの海峡へのロシアの進出を防止したい願望）によって形成された。その関心は、

---

33 古典的な説明として、Kenneth N. Waltz, *Man, the State and War*やJ. David Singer, "The Levels of Analysis Problem in International Relations"がある。また、Jack S. Levy, "Contending Theories of International Conflict"を参照。

34 分析レベルと、エージェントと構造の相互作用の関係については、Hollis and Smith, *Explaining and Understanding International Relations*; Alexander Wendt, "Bridging the Theory/Meta-Theory Gap in International Relations"; Hollis and Smith, "Beware of Gurus"; Wendt, "Levels of Analysis vs. Agents and Structures: Part III"; Hollis and Smith, "Structure and Action: Further Comment"がある。明示的に分析レベルをまたいで理論化しようとする試みは比較的少ない。その重要な例外として、Robert Putnam, "Diplomacy and Domestic Politics"がある。この研究が厳密な理論体系を構築せず、体系的な学説の検証も行っていないことは注目に値する。Peter B. Evans, Harold K. Jacobson, and Robert D. Putnam, eds., *Double-Edged Diplomacy*を参照。

認識上の誤り(ロシアがそうした目的をもっているという誤解)に影響されるとともに、ロシア海軍の行動(黒海シノープ港への攻撃)に激昂したイギリス世論によって強く前面に押し出された[35]。つまりこの戦争は、あらゆる分析レベルで作用している諸力によって生じたものだった。このことは、3ついずれかの分析レベルの原因だけを重視する戦争の諸理論それぞれにとって、良くも悪くも同等の証拠を提供する。もしクリミア戦争が戦争一般の典型だとすれば、特定の分析レベルの制約要因のみに着目して戦争原因を理論化しようとしても、あまり生産的ではないということになるだろう。

この問題への対処として考えられる1つの方策は、我々が高望みするのを止めることだ。つまりグランドセオリーや高度の一般理論ではなく、状況固有の条件を織り込んで範囲条件を絞った中範囲の理論 (middle-range theories) を追求することである[36]。けれども、この方向性にも問題がある。というのも、標本数の問題を悪化させる一方、国際政治における予測を困難にするとこれまで論じてきた諸問題については、さして改善しないからだ。さらに本質的な問題は、この方向性がそれまでの理論的前提をそのままにしていることである。それは、制約要因となっている測定可能な諸変数を参照することで、国家の行動は最もうまく説明できる、というものだ。問題の大本は、理論の範囲よりも、むしろこの前提なのである。

より良い対応策は、問題に合わせて理論を作り直すことだ。別の言い方をすれば、やるべきことは、ここで明らかにした予測に伴う様々な障害がまったく障害ではなくなるような種類の理論を見つけることである。この対応策から導かれるのが、決定に基礎を置く行動理論である[37]。

あらゆる国家の行動は、つまるところ個別の人間の決定の結果である。

35　この点については、David A. Welch, *Justice and the Genesis of War,* pp. 48-75を参照。
36　Timothy J. McKeown, "The Limitations of 'Structural' Theories of Commercial Policy"; Benjamin A. Most and Harvey Starr, "International Relations Theory, Foreign Policy Substitutability, and 'Nice' Laws."
37　この点について重要な研究として、Richard C. Snyder, H. W. Bruck, and Burton Sapin, eds., *Foreign Policy Decision-Making*がある。

我々は国家の利益、選好、行動という言葉を使うが、これは単に政策決定者たちの目的と選択を便利に簡略化した表現(私自身もこれを気楽に使っているが)にすぎない[38]。もし指導者による政策決定を取り巻く環境的条件のパターンに注目して国家の行動を予測しようとしても、政策決定過程に内在する諸側面の影響のためにうまくいかないなら、政策決定それ自体のパターンを見つける方が生産的ということになるだろう。

　このアプローチの利点の1つは、分析レベルをめぐる問題を完全に回避できることにある。政策決定者はそれぞれのレベルで行動のきっかけを見出す。しかし、そのことが政策決定の構造を根本的に変化させることはないだろう。政策を決定するために、指導者たちは彼らの価値観、目的に照らしながら環境を評価し、選択肢を列挙し、そのなかから選択しなければならない。指導者たちの主要な関心が戦略、国内政治、統治、文化、規範、他の要素のいずれであろうとも、あるいは過去の出来事に意識的に反応しようがしまいが、戦略的に思考しようがしまいが、これは変わらないのである。我々は、政策決定者が情報を処理し、選択を行うという基本的な作業に、何らかのパターンが存在するのかどうかを確かめなければならない。それによって説明が可能になり、予期が容易になるはずである。

---

[38]　あらゆる理論は単純化を目指す。本書は分析を始めるにあたり、一見すると、とりわけ非現実的な仮定から始めるつもりである。それは、対外政策の決定は意思統一されたアクターによってなされたものとして扱うという仮定である。もちろん、政策の決定は一般的には集団内での熟議の結果であり、集団の意思決定のダイナミクスは重要で複雑な要素かもしれない。この点については、例えば、Zeev Maoz, *National Choices and International Processes*, pp. 21-25を参照。また、Irving L. Janis, *Groupthink*; Paul't Hart, *Groupthink in Government*; Jeanne Longley and Dean G. Pruitt, "Groupthink" も併せて参照。次章ではこの論点を取り上げ、予期を目指すうえで、このダイナミクスは複雑だが管理可能な要素で、しかも有益でさえあるということを明らかにするつもりである。

2 対外政策変更の理論を求めて

　決定は熟慮という過程(プロセス)の出力(アウトプット)である。その過程の入力(インプット)は、意思決定者の諸目標である。処理(プロセス)の段階では、主に諸目標を達成するためには何が最良の方法かが検討される。それゆえ、意思決定を理解するためには、意思決定者の諸目標とその人物による計算の両方について、なにがしかのことを知っている必要がある。

　我々は一般論として国家の諸目標について何を知っているだろうか。国際関係論の言説を日常的に聞いていると、その点について多くのことを知っているような気持ちになる。いつでも国家が追求するものとして「国益」「パワー」「安全保障」について語り、国家の行動を説明する際にはこれらの事柄を引き合いに出す傾向がある[39]。こうした概念が我々にしっくりきていること(また、これに信頼を寄せていること)は、リアリストのパラダイムが戦後の北米の国際政治研究において支配的であることを反映している。このパラダイムでは、国家が行動する時には自己拡張と自己保存がその目的であると仮定される。ロバート・ギルピンが指摘するように、リアリズムは「政治生活全体で、人間の動機として最も重要なものがパワーと安全である」と仮定する[40]。リアリズムでもジェイムズ・メイヨールが「穏健派」のリアリズムと呼ぶ立場では、国家は秩序も追求すると仮定する[41]。古典的、あるいはユー

---

[39] 「国益」の概念は特に手助けにならない。というのも、それはあまりにも曖昧な概念だからである。この言葉は利益全体を指すのか、利益のほとんどを指すのか、それとも、社会で最も重要な利益を指すのか。また国益とは、社会の利益とは区別される国家の利益を指すのか。他の国家の利益とは区別される政治共同体全体の利益(例えば、その問題に精通している人々が理解するような利益)を指すのか。その利益の源は国家の内部に存在するのか、それとも、国家関係の内に存在するのか。この点については、Stephen Krasner, *Defending the National Interest*; Morgenthau, *Politics among Nations*; David A. Welch, "Morality and 'the National Interest'" を参照。

[40] Robert G. Gilpin, "The Richness of the Tradition of Political Realism," p. 305; また Gilpin, "The Theory of Hegemonic War," p. 593; Joseph M. Grieco, "Anarchy and the Limits of Cooperation," pp. 487-488 を参照。

トピア的なリベラリズムでは繁栄（welfare）の追求を強調する[42]。

　しかし、抽象的な概念で国家の中心的な動機を特徴づけようとする場合、少なくとも以下の4つの問題が常に生じる。第1に、概念が曖昧なことで、その有用性が損なわれる。抽象的なレベルで考えれば、一般的に国家はより大きなパワー、より確かな安全、より一層の繁栄を望む。しかし、これは国家の行動を説明したり、予測したりする手助けにはならない。なぜなら、これらの選好で選択が決まるわけではないからだ。人々が判断力と十分な情報を持っている場合でも、多くの（ことによれば、興味深いほとんどの）事例で、これらの選好からどのような行動が導かれるかについて意見の一致をみないのも、無理からぬことである。例えば、孤立主義は、戦間期のアメリカの安全保障に資したのか、それともそれを徐々に悪化させたのか。ドイツの統一は、ソ連、フランス、アメリカそれぞれの安全保障の観点から、さらに言えば、ドイツ自身の安全保障の観点から、良かったのか、それとも悪かったのか、あるいは重要ではなかったのか。また、バルト三国の加盟によってNATOは利益を得たのか否か。その逆はどうか。NAFTAはアメリカの繁栄につながるのか、それとも損なうのか。「国家が何を欲しているのか」という問いに抽象的で曖昧なかたちで答えても、それをいかに達成するかについてはあまり教えてくれない。

　第1の問題から導かれることだが、第2に国家の諸目標をきわめて抽象的に描いてしまうと循環論的な推論に陥り、国家の行動を説明したり予測したりする大切な試みの妨げになる。この点で、「パワー」概念の問題はつとに知られている。例えば、次のジェフリー・ブレイニーによる議論を見てみよう。

41　James Mayall, *Nationalism and International Society*, p. 15.
42　リアリズムに対するパラダイム上の真の競合理論を提示するべく、リベラリズムの理論を修正し、最新の内容にしようとする有益な試みとして、Andrew Moravcsik, "Taking Preferences Seriously"を参照。少なくとも、初期のネオリベラリズムの制度主義もまた、国家の繁栄を中心的な動機と仮定していた。Robert O. Keohane, *After Hegemony*; Grieco, "Anarchy and the Limits of Cooperation"; Robert O. Keohane, "Neoliberal Institutionalism"などを参照。

自信を持って、戦争の目的を一般化して見せることができる。戦争の目的とは、単に多様なパワーのことである。ナショナリズムの誇示、イデオロギーの伝播の意図、隣国内に居住する自民族の保護、領土や商業的利益への欲望、敗北や侮辱への報復、国力や独立の追求、同盟関係の強調や強化の狙い。これらは外見こそ違っていても、どれもパワーを表象している。対立する諸国家の目的が競合すれば、常にパワーをめぐる競合が生じる[43]。

もし、あらゆる戦争の目的がパワーの追求に尽きるのなら、「国家はパワーを追求する」という命題は明らかに内容の空虚なものになる。同じように、もし国家が何をしてもそれが「国益」や安全や繁栄を増進するものと解釈するのなら、これらの概念は国家の行動の理解に資することはない。循環論は何も説明しないのである。

第3に、たとえ国家が一般的にこうした抽象的な選好を持っている(すなわち、国家はより多くの権力、より安全な状態、より一層の繁栄などを好む)というのが真実だとしても、また、我々がこうした概念を有意なかたちで操作化できたとしても、次の2つのことが明らかでなければ、この情報は国家の行動を説明したり予測したりする手助けにはなりえない。まず、国家はこうした複数の選好をどのように統合し、トレードオフの関係にあるものを処理するのか[44]。次に、どのような価値基準が個別の選択の問題で関係しているのか。例えば、国家にとって最も重要な対外政策の目標は武力攻撃からの安全である。しかし、こんなことを心配しなければならない国家は比較的少ない。通常、軍事力は滅多に起こらない災禍のための保険のようなものである。この

43　Geoffrey Blainey, *The Causes of War*, p. 150.
44　例えば、安全保障と、繁栄への無関心が描くカーブはどのようなものか。それはすべての国家に当てはまるのか、あるいは様々に異なるものか。もし異なるならば、何がそれを多様にするのか。確かにアメリカとソ連は、古典的な「銃か、バターか」の二者択一をそれぞれ異なる程度で行ってきた。ソ連はアメリカと比べて、冷戦中、一貫して防衛に(GDP比で)より多くの支出を行った。

ように、国家の目的から対外政策においてどんな選択をするのかが分かることは滅多にないし、それは国家の行動を予期するための情報として大して有用というわけでもない[45]。

　最後の問題になるが、国家の選好に関して大胆な前提を置く説得的な理由はなく、逆にそうした前提を置かない理由の方が数多く存在する。この点で国際政治は、たとえば高度に競争的な市場と興味深い対照をなしている。競争的市場の場合、アクターの諸目標に関する前提はたとえ多少不正確でも有益である[46]。もし、高度に競争的な市場で同質的な商品の生産量を予測したいのなら、例えば、不正確なものでも以下の2つの前提を置くことは有益だろう。第1に、市場は完全に競争的である。第2に、企業は合理的に利潤を最大化しようとする。完全に競争的な市場では、企業は市場で成立した価格を一方的に受け入れる価格受容者である。そして、生産の限界費用が限界収入と等しくなるまで生産を行い、利潤を最大化する。エコノミストは生産量を予測するために、価格と需要の関係を定式化した需要関数と生産の生産要素価格を計算するだけで良い。なぜなら、市場が十分に競争的であれば、たまたま最適な量を生産した企業（つまり、「あたかも」利潤を最大化したかのような企業）だけが勝ち残ることが観察できよう。企業の現実の目標は相当異なるかもしれない。例えば、前年の四半期の業績を超えたり、債務と純資産のある特定の比率を目指したり、配当を支払ったりすることなどかもしれない。しかし、大まかに言えば、我々が予測したい結果（生産量）は、いずれにせよ変わらない。それは市場でうまく行動できないアクターはシステムから淘汰される、という単純な理由からだ。ここでは不正確だが単純な前提でうまく分析できる。というのも、同質的な製品が流通する高度に競争的な市場で

45　ジョセフ・ナイは次のように述べた。「安全保障は酸素のようなものだ。人々はそれを失い始めて、その存在に気付きがちである。一度、喪失してしまえば、人々はそれ以外に何も考えなくなるだろう」（Joseph S. Nye, Jr., "The Case for Deep Engagement," p. 91）。

46　古典的な議論として Milton Friedman, "The Methodology of Positive Economics." さらなる議論として、Janice Gross Stein and David A. Welch, "Rational and Psychological Approaches to the Study of International Conflict."

は、アクターが把握可能で固定的で限られた数の変数(パラメータ)に従って構造的に行動を制約されるからである。しかし、すでに論じたように、一般的に国際政治における意思決定の問題は十分に構造化されておらず、分析しにくい。指導者たちは意思決定の際に何が最優先事項なのか明確には意識していない。彼らが所属する組織上の責務は、「国家の存続」、「安全保障」、「パワー」、「国益」などといったように極度に抽象的なかたちでしか明らかにされない。彼らは何が問題になっているのか、そして、自己利益をどのように追求するのかについて自分たちで決めなければならない。もし彼らが間違いを犯したとしても、それによって大きな被害を蒙る可能性は低い。国家は滅多に死ぬことがなく、システムから淘汰されるということもまずない。だから、特定の(1つ、あるいは複数の)目標だけを追求する「かのように」行動する国家がシステム内で生き残り観察される、などということにはならない。

いずれにせよ、国家の諸目標のうちに明確で堅牢な類型が見られるかどうかは、観察によって答えを出すべき問題である。しかし国際関係論の研究者はこの問題を体系的には探究してこなかった。国益には鉄則など存在しないことを我々は知っている。あらゆる国家が常に自己保存を追求するというテーゼさえ鉄則とは言えない。このテーゼの反例としては、1938年のオーストリア〔ドイツによる併合〕、1940年のデンマーク〔ドイツによる占領〕、1991年のソビエト連邦〔連邦の解体〕、1992年のチェコスロヴァキア〔チェコとスロヴァキアの分裂〕が挙げられる。リアリズムが前提とする国家の諸目標は、循環論に陥らずに特定されたとしても、そうした目標が支配的な時ですら、ぼんやりとしか見えないということを我々は知っている[47]。これ以上を語ることは難しい。

それなら国家の諸目標について前提を置く代わりに、補助的な理論を用いて国家目標を導出してみるのもよいかもしれない。つまり、国家目標の源や、国家がなんらかの目標を選び追求する条件について仮説を立てるということである。「国益はどこから生まれるのか」という問題には、事実上、国

47　Welch, *Justice and the Genesis of War.*

際政治のあらゆる理論やアプローチが、明示的ではなくとも答えている。構造的リアリストは、人間とは恐怖に敏感で生存に執着し、自他を明確に区別する傾向があるものだという概念化をしており、こうした人間性が国際システムの構造（ここでの「構造」とは単なるパワーの分布として簡素な形で捉えられている）と反応するところに、国益の究極的な源があると考える[48]。これとは対照的に、コンストラクティビストは、人間性を源とする主張には懐疑的で、国益の究極の源はある「構造」の中で成立する国家間の相互作用にあるとし、その際「構造」とは、単なる分布に関する属性ではなく、社会学的な意味、つまり規範や共有された意味の文脈で捉えられている[49]。他の理論は、それぞれ階級利益[50]、社会的利益[51]、国家‐社会間関係[52]、官僚的対立[53]、信条の体系[54]、あるいはこれらの興味深い組み合わせ[55]が国益の源であるとする。要するに、国益がどこから生じるのかについては多数の見方がある。そしてそれぞれの理論が、特定の歴史的事例で作用している国益を、もっともらしく描写したり再構築したりしている。しかし、国家行動の理論には、変数として国益を入力しなければならないが、その国益を導出するために新たに補助的な理論を用いても、それが可能になるように洗練させられる、と考える説得力のある理由は、これらの理論いずれについてもない。

　ここで問題の一部となるのは、確実に、国益がどのようなものになりそう

48　Waltz, *Theory of International Politics*に加えて、Jonathan Mercer, "Anarchy and Identity"を参照。

49　Alexander Wendt, "The Agent-Structure Problem in International Relations Theory"; David Dessler, "What's at Stake in the Agent-Structure Debate?"; Wendt, "Anarchy Is What States Make of It"; Wendt, "Collective Identity Formation and the International State"; Wendt, *Social Theory of International Politics*.

50　Immanuel Wallerstein, "The Rise and Future Demise of the World Capitalist System"; Wallerstein, *The Politics of the World Economy*; Bernard Semmel, ed., *Marxism and the Science of War*.

51　E.g., James Rosenau, ed., *Domestic Sources of Foreign Policy*.

52　Peter J. Katzenstein, ed., *Between Power and Plenty*.

53　Morton H. Halperin, *Bureaucratic Politics and Foreign Policy*.

54　Steve Chan, "Rationality, Bureaucratic Politics and Belief Systems."

55　Jack Snyder, *Myths of Empire*.

かを導出するのに適した理論が、比較的少数しかないことである。国家の行動を予期するには、個別の利害関心 (stakes) の帰趨について国家がどういった選好をもっているか特定しなくてはならない（ここでの「利害関心」とは、特定の国家間関係で問題となる価値を指す。例えば、アルザス・ロレーヌ、日本のコメ市場、ヨーロッパに対するアメリカによる核の保障への信頼などである）。本書では「国益」という概念を国家の「目標」の類義語として用いるが、それは特定の政策や状況に即したかたちで明らかにされなければならない（例えば、アルザス・ロレーヌの「奪還」や、日本のコメ市場の「開放」、きわめて信頼性の高い核の保障など）。これらは何らかの「価値」（富、国家の名声、攻撃からの安全など）に資するものである。しかし、これまで検討してきたように、価値はあまりにも抽象的で予言の基礎として用いることができない。補助的理論として機能するのは、原則として、個別の利害関心の帰趨について関係国が持つ選好が特定でき、それを一国の国益全体のなかで位置づけたり、解釈したりするメカニズムを提供できる理論のみである。この基準で考えれば、少なくとも構造的リアリズム、コンストラクティビズム、マルクス主義、国家中心主義 (Statism) といった理論は、いずれも条件を満たさない。

　しかし、実際の個別的な利害関心について国家がどんな結果を選好するのかを、これ以上分析し説明するには、重要な歴史的偶発事件、経路依存、複雑な相互作用など、その源が多岐にわたりすぎることがわかる。国家が自国の国益をある特定のかたちで認識する理由を説得力のある形で説明することは通常可能だが、そうするためには、政治学だけでなく、社会学、心理学、さらには人類学などの理論までも援用して、説明方法を急造する必要がある、と考えられる[56]。また国家の国益の把握の仕方は、国家間の相互作用の方向性に大きな影響を与えるが、それがある特定の形に決まる際には、恣意的な諸要因がしばしば決定的な役割を果たすこともわかっている。ある種の問題点が繰り返し現れる。とりわけ国益の概念は、社会化の過程を経て形成される集団のアイデンティティの表現と見なすと、有用である。しかし国

56　Kimura and Welch, "Specifying 'Interests.'"

益という情報には相当の雑音が混ざっており、技術者の言い方を借りれば、SN比（信号／雑音比）は低い。

このことには2つの重要な含意がある。第1に、国益の形成に関するいかなる補助的理論も大きな残差分散〔測定値と理論上の値の誤差の大きさ〕に直面する。こうした理論が、何とか満足できる形で国益を導出できることは非常にまれで、つまりほとんどの場合、まったく誤った国益を導き出すか、あるいは特定の国益を導けないことになってしまう。第2に、国家の行動を予測する理論は、国益に関する概ね正しい前提やそれを導く補助的理論を必要とする以上、本質的に機能しない。では、どうすれば良いのか。

こうした問題を回避するには、国家の行動に関する理論を構築し、国家の一般的な行動様態の理由を説明し、それに基づいて予測する手法をあきらめ、むしろ対外政策の変更に関する理論を構築して、国家がそれまでの行動から逸脱して行動する理由を説明し、それに依拠して予測を行うべきである。このアプローチでは、世界がどのようにして今の形になったのかは検討せず、それをありのままに捉えることとし、ただ、断絶が起こると予測されるパターンを求めることに注力する。これは図形とその背景にある地の色を逆転させることに似ている。本書では国家行動一般のパターンを追い求めない。それに着目する立場を採ると、国家の行動上の変化は注目するほどでもない例外として（あるいは、幾つかの理論では無視すべきものとして）片づけられてしまう。そうではなく、国家が行動をどのように変えるのか、そのパターンを探究する。この立場に立つことで、我々は国家行動一般から解放される。むろんその場合でも、国家の目標を特定する必要がなくなるわけではない。対外政策の変更に関する理論でもなお、国家の目標を特定する必要がある。しかし、我々のアプローチをとれば、国家の諸目標を理論の外から入力される外生変数として取り扱うことができる。それによって、国家の諸目標を説明しなくてもよくなる。もし、これがうまくいけば、観察によって国家の諸目標を明らかにするという課題が扱いやすいものになる。なぜなら、この理論によって我々は特定の事例で政策変更が起こる可能性があると示すシグナルに注目できるようになり、政策変更を予知しやすくするため、〔必要な時だ

け〕国益の正確な特定化に精力を集中できるからである。

　我々が本当に求めるものは、「国際政治の理論」でも「対外政策の理論」でもない。必要なのは「対外政策の変更に関する理論」なのである。次章では、その理論について検討する[57]。

---

[57] 一部の人々は、すでに対外政策の変更に関する理論はあるので、もうひとつ同じものはいらない、と反論するかもしれない。例えば、ブルース・ブエノ・デ・メスキータと彼の同僚たちは、ダンカン・ブラックの中位投票者の定理（median voter theorem）〔多数決をする場合、投票者の選好分布の中間点が最多数の投票を獲得するという命題〕を基にした、期待効用モデルを提示し、それが90パーセント以上の有効な点予測率を有すると主張する（Duncan Black, *Voting in Committees and Elections*; Bruce Bueno de Mesquita, David Newman, and Alvin Rabushka, *Forecasting Political Events*; Samuel S. G. Wu and Bruce Bueno de Mesquita, "Assessing the Dispute in the South China Sea"）。もし、この達成率が正確ならば、これは素晴らしい。ただし見たところ、このモデルが適用された事例のほとんどが機密扱いなので、正確かどうか判断できない。

　ブエノ・デ・メスキータのモデルでは、意思決定を行う集団とみなされる関係者たちがそれぞれに意見を戦わせ、その相関関係から選択を予測する。この予測は、関係者それぞれの能力、それぞれが好む結果、それぞれにとっての問題の重要性という3つの変数に基づく。このモデルは関係者の識別に加えて、3つの変数をモデルの外部から与えられる外生変数とする。このモデルでは、関係者の選好それぞれの重さを考慮に入れ、ベクトル和として計算することで、政策選択を予測する。

　この説明は直感的に言って魅力的である。しかし、これは対外政策の変更の理論ではなく、政策選択のモデルである。モデルは理論を別のかたちで表したもので、それによって理論の力を測る。ブエノ・デ・メスキータのモデルが依拠する理論ははっきりとは示されていない。その点に留意してもらいたい。もし、その理論を明らかにするとすれば、集団的意思決定理論と呼ぶのが最もふさわしいだろう。これは選択的期待効用理論ではない。なぜなら、それは期待効用の概念を操作化してもいないし、必要とすらしていないからだ。関係者の選好の源や性質にまったく無関心で、個人の意思決定過程や計算技術にも関心を示さない。だから厳密に言えば、「合理的」モデルではまったくない。もちろん、それが予測モデルではないと言いたいわけではない。良質な外生の入力情報があれば、それが予測の高い成功率を享受しない理由はない。これ以上の議論は、Stein and Welch, "Rational and Psychological Approaches" を参照せよ。

　また、本書が次章で予測する行動の類型が有効だとすれば、その類型はブエノ・デ・メスキータのモデルの関係者の選好と意図に反映されるだろう。しかし、彼のモデルそれ自体がこれらの類型を視界から遠ざけてしまうだろう。このように次章で提示する理論は必ずしも彼のモデルと矛盾するわけではない。両者はむしろ直角に交わる関係にある。

第2章　対外政策変更の理論

　もし国家の行動の変更があまりに頻繁かつ劇的で、それを予期しようとしても全く現実についていけないなら、またその変更があまりに不規則であるなら、対外政策変更の理論は役に立たないだろう。政策変更を左右する変数が多様であるために生ずる問題は捨象できるかもしれないが、国家がどのように目標と手段を適合させるかという点を無視することはできない。言い換えれば、国家の目標が不確定だけならまだしも、目標と計算の両方が不確定であることは許容できないのである。

　特定の場合における国家の目標が何かを特定できたとしても、国家が手段と目標を適合させる方法に一定のパターンがなければ、対外政策変更は予期できない[1]。もし手段に関する計算も国益と同じくらい掴みどころがないならば、国際政治は驚きの連続だとあきらめるしかない。では、そうではないと楽観できる理由はどこにあるのだろうか？

1　理論の構成要素

　第1章でも述べたように、国家による重大な対外政策の変更はまれである。また、劇的な変更は、その内容は様々であっても形式的には類似した理由によってもたらされるものである。以下の3つの理論を組み合わせると、

このように主張できる。3つの理論とは、「組織理論 (organization theory)」、「認知・動機論的心理学 (cognitive and motivational psychology)」、そして「プロスペクト理論 (prospect theory)」である。これらについて順に検討していこう。

▶ **組織理論**

政府は複雑な組織である。重要な対外政策の決定には比較的少数の人間しか関与しないが、その制度的条件が、政策決定者の知識や、対外問題を考える枠組みや、政策の選択肢に影響を与える。こういった制度的条件は、国際環境よりもはるかに安定している。それは、政治指導者の世界観とその行動が一定の範囲内に収まることに寄与しているのである。それ以上に、制度的条件そのものが政策変更にコストを課す。喜んでコストを払う者はいないので、全体的に見て、他のすべての条件が等しいならば、組織上の考慮によっ

1　しかし、対外政策変更の本当の意味での一般理論は、変更のメカニズムについては不可知論的でなければならない。例えば、変更の知識コミュニティ的説明 (Epistemic community explanations) は、はっきりとしたメカニズムを仮定する。それはすなわち、新たに出現しつつある科学的、技術的コンセンサスの支持者が政府内で影響力の強い立場に就くと、政策決定者に、国益についての認識を再定義させたり、競合する政策上の選択肢の結果についての判断を覆させたりすることができる、というものである。Emanuel Adler and Peter M. Haas, "Conclusion: Epistemic Communities, World Order and the Creation of a Reflective Research Program"; Peter M. Haas, "Introduction: Epistemic Communities and International Policy Coordination"; G. John Ikenberry, "Creating Yesterday's New World Order."そのような過程の結果として対外政策が変わる可能性は確かにあるだろうし、地中海行動計画 (Med Plan) という影響力の強い事例のように、その説明が非常によく当てはまる重要な事例も存在する。Peter M. Haas, "Do Regimes Matter?"しかし、これはいかなる意味でも唯一の対外政策変更のメカニズムではないし、非常に普遍的なメカニズムですらない。この説明を単純に適用できないような多くの対外政策変更の事例を挙げることは容易である。変更についての知識コミュニティ的説明と他の説明の相対的な説明力を比べる研究はいまだ比較的少数であるが、知識コミュニティの存在とその政府内への浸透が、政策変更の必要条件でも十分条件でもないことは明らかである。Steven F. Bernstein, *The Compromise of Liberal Environmentalism*. 例えば、戦争原因を研究する者は、戦争を行うという決定を知識コミュニティという概念によって説明できるような事例を少しでも見つけ出すことは難しいと考えるだろう。対外政策変更の特定のメカニズムは特定の変更パターンを意味するものではないし、その逆もまた然りなのである。

て政策には惰性 (inertia) が作用しがちである。

　だからといって、対外政策決定を諸官庁や官僚たちの利益と権力を見るだけで簡単に説明することはできない。対外政策の形成が「官僚政治 (bureaucratic politics)」によって説明され始めて数十年になるが、国家の行動一般が官僚政治の副産物に過ぎないことを示唆する証拠はほとんどない[2]。しかし官僚政治は、なぜ国際環境が変化したときの政策決定者の反応は遅れがちなのか、そして、なぜ政策決定者が現状から大幅に逸脱しないよう圧力を感じるものなのかを説明するのには有益である。別の言い方をするなら、なぜ惰性が国際政治の常態であり期待の初期値なのかを理解することができる。そこには、組織の構造、文化、手続きなどすべてが関係してくる。

　いかなるときでも、対外政策形成を担う政府組織は、その数が固定されており、相互連関の様態にも、権限関係にも、組織上の任務を追求する戦略にも、固有のルールがある。もちろん、組織の数、構造、戦略は、時間の経過と共に変わりうるし、実際に変化する。しかし、資源上の制約、取引コスト、内部政治、そして組織が活動する国内環境——とりわけ彼らの活動の公的正統性——これらのすべてが、変化のペース、性質、程度を低下させる圧力を生み出すのである[3]。組織の歴史も同様の作用をする。標準作業手順、任務の割り当て、権限の配分が規範的合意に制約されるとき、変更のコストは一層増す。マイケル・ハナンとジョン・フリーマンは、規範的合意は少なくとも2つの形で環境への適応を制約すると述べている。そうなるのは、これが反対派の自己利益を超えた正統な根拠となるからである。そして2番目に、環境内の脅威や好機に対する特定の反応を真剣に考えられなくなるからである。例えば、入学者の減少に応じて学部課程を廃止する研究大学など、まずあり得ない。そのような選択はまさに、組織の中核的な規範に挑戦す

2　より詳細な議論については、例えば以下を参照。Edward Rhodes, "Do Bureaucratic Politics Matter?"; Eric Stern and Bertjan Verbeek, "Whither the Study of Governmental Politics in Foreign Policymaking?"

3　Michael T. Hannan and John Freeman, "The Population Ecology of Organizations," p. 957.

るものだからである[4]。同様に、幸い明白な侵略の脅威がない国——例えば、カナダ、ニュージーランド、スイス——でも、完全に非武装化する国はない。なぜならそれが主権国家の機能に関する根本的な規範を侵すものだからである。

　組織文化に働く惰性的圧力——すなわち、組織内の活動を支配し、形作るような、公式・非公式の手続上の規則、行動規範、任務、慣習、隠語、認識、共有された記憶や信念——によって、政策の組織的環境は一層安定する[5]。これらの惰性的圧力は、ある程度、採用における選択バイアスと社会化の作用によるものであるように思われる[6]。したがって組織というのは、非常に長い期間にわたって問題を同じように認識し、同じようにそれにアプローチする傾向があり、変化しつつある環境を考慮して自らの認識やアプローチを迅速に調整するのが難しいのである。

　組織が日常的に機能することによって、安定性が増加に寄与するのには、2つの形がある。まず、組織の機能の大半は厳格に明文化されている。任務を遂行する責任を負う人々は、ルーチン（標準作業手順、あるいはSOP）に高度に依存している。もちろん、ルーチンは不可欠である。ルーチンなしで機能できる組織はない。しかし、ルーチンは信じられているほど厳格なものでもない。組織は、そうする必要があると考えれば（「ルーチン的に」と言いたくなるくらいに）ルーチンを変えうるし、実際にそうする。これらの理由により、組織のルーチンは対外政策行動の単純な「説明」には役に立たないのである[7]。しかし、組織の規則が高度に明文化されているという事実は、組織は特定の

---

[4] Michael T. Hannan and John Freeman, *Organization Ecology*, p. 68. さらなる議論については、一般的なものとして、pp. 66-90を参照。
[5] 組織文化という概念は確かにやや曖昧であり、このことが組織文化という概念を分析的に問題含みのものにしていると論じる者もいる。これについての議論とポストモダン的批判については、以下を参照。Joanne Martin, *Cultures in Organizations*.
[6] 例えば以下を参照。Stephen T. Hosmer, *Constraints on U.S. Strategy in Third World Conflicts*, pp. 14-15; Peyton V. Lyon and David Leyton-Brown, "Image and Policy Preference." もちろん、世代交代はそれによって組織文化が発展しうるメカニズムの一つである。したがって、人事採用と社会化が変化を完全に妨げると考えるのは誤りであろう。

情報源を重視し、特定の方法で情報を処理していることを意味している。そしてそれはまた、組織が情報を獲得したり処理したりする方法を変えるにはコストがかかることも含意している。よって効率と効果の両面で不確実で、もしかすると一時的かもしれない利得をわずかばかり達成するだけのために組織がルーチンを変えないのももっともだ。実際、明文化された規則があるからこそ、ある変化によってわずかでも実績を向上しうるということそれ自身が組織にとって理解しにくくなるのが常である。第2に、資源上の圧迫によって、組織がインプットや要求に対応するのは難しくなる。情報の流れはしばしば非常に制約されているため、組織の指導者たちは、国際環境だけではなく自分の組織内の部下の活動にも、よくあることではあるが、ぼんやりとしか気づかないのである。したがって、組織にとって普通の対処メカニズムは、満足化戦略 (satisficing strategy) を採用することである[8]。

まとめると、これらの組織的考慮から、国際環境に対応する責任を負う組織には、国際環境そのものより大きな安定性が存在すると言えそうである[9]。これは次のようなことを示唆している。すなわち、対外政策コミュニティは環境の変化を予期することに取り立てて長けているわけではなく、変化が徐々に起きているときにそれを認識するのにも、その変化が意味するところ

---

[7] 組織のルーチンを参照して対外政策を説明することを提案するアリソンの「第二モデル」はSOPの厳格さを誇張しており、したがってその潜在的な説明能力を誇張している。Graham T. Allison, *Essence of Decision*. おそらく部分的にはこの理由によって、国際政治の研究者たちは、これを追求しようというアリソンの誘いに乗ってこなかった。David A. Welch, "The Organizational Process and Bureaucratic Politics Paradigms."

[8] 考えうる最善の行動方針を模索する「最適化 (optimizing)」戦略とは対照的に、満足化戦略は単に最も受け入れやすい選択肢を模索する。満足化とは、時間、エネルギー、資源を節約するような方法である。例えば以下を参照。Kenneth J. Arrow, *The Limits of Organization*; Richard Michael Cyert and James G. March, *A Behavioral Theory of the Firm*; James G. March and Johan P. Olsen, *Ambiguity and Choice in Organizations*; James G. March and Herbert A. Simon, *Organizations*; March and Simon, *Organizations*, 2nd ed.; Herbert A. Simon, "Rationality in Political Behavior"; Simon, *Administrative Behavior*; Simon, *Models of Bounded Rationality*.

[9] 関連する議論については、以下を参照。Gary Goertz, *International Norms and Decision Making*.

を評価するのにも時間がかかり、そして意味のあるパフォーマンス向上のために必要な適応コスト（adjustment costs）を払うことを嫌うということである。結果的に、情報を集めてそれを処理する方法に存在する構造的バイアスに組織が迅速に気づき修正することは、あまりないのである。

　アメリカのヴェトナム介入は顕著な例である。第4章で論じるように、アメリカの政策の第1の目標は、東南アジアにおける共産主義の拡張を封じ込めることにあった。しかし、アメリカの政策決定者たちは、自分たちが軍事的に深く関与した後で、ようやくその政策の前提であった敵に対する理解と脅威についての判断が、根本的に間違っていたことに気付いた。ホー・チ・ミンは単なる「中ソブロック」の操り人形ではなく、ヴェトナムのナショナリストであった。彼はモスクワと北京の双方を警戒していたし、隣国を征服したり打倒する力はなかったし、そうする気持ちもなかった。なにより、彼がヴェトナム国内で人気があったのは、マルクス主義を信奉していたからではなく、反植民地主義を掲げていたからであった。ヴェトナムを2つの国に分断し、民主的な南ヴェトナムを共産主義者の北ヴェトナムに対する防波堤として守ろうというアメリカの試みは、失敗する運命にあった。なぜならそれはヴェトナム人のナショナリズムを逆なでするものだったからである。いかなる形の分断も──ましてや外国勢力が作り、支援するものは──ヴェトナム国内で正統性を獲得できる望みはなかった[10]。アメリカはなぜこれほど多くの基本的な判断を誤り、そしてそれに気がつくのに時間がかかったのだろうか？　これはある程度、組織論によって説明できるはずである。ヴェトナムはかつてフランスの植民地であったため、この地域を担当していたのは国務省内の欧州専門家たちであった。これらの担当者の多くは東南アジアに関する知識をほとんど持っていなかったばかりか、それを学ぶために時間をほとんど割いておらず、以前と変わらず欧州の問題に没頭していた[11]。情報コミュニティ、外交当局、そして大学には、ヴェトナムの文化や政治をしっ

10　Joseph Buttinger, *Vietnam: A Dragon Embattled*; Robert S. McNamara, *In Retrospect*; Neil Sheehan et al., eds., *The Pentagon Papers*.
11　Chester L. Cooper, *The Lost Crusade*.

かり理解している人々がいた。しかし彼らの見解は、政策形成過程から一貫して排除されるのが常だった。なぜならそれは、アメリカの対外政策の支配的文化に内在する中核的信念と、それに対応する組織のあり方に反するものだったからである。実際、共産主義勢力が一枚岩的でそれが脅威であるということに疑問を呈しただけで、最も知識豊かな専門家の多くがマッカーシー時代に政府から追放されていた。しがたってアメリカの対外政策の支配層は、破滅的な政策を回避するのに必要な情報を獲得し処理するのには、組織が不適合で、準備も意欲も乏しかったのである[12]。

　政府内の各組織や部局がそれぞれに異なる優先事項や見通しを持っていることもまた、惰性を強化する原因となる。競合的な圧力が様々な方向から政策にかかると、折衷案に落ち着きがちである。というのは、そこから逸脱すると犠牲を伴う諍いや辛辣な論争が起きるからである。したがって、劇的な政策変更を期待できるのは、次のような場合のみである。1つは、それらの諍いや論争も厭わないと政策決定者が覚悟を決めた場合である。もう1つは、環境があまりに劇的に変化したため、それまでしかるべき政策の方向性について不一致があった組織が、新たなコンセンサスでまとまることができるようになった場合である。繰り返しになるが、対外政策変更は組織の利益に注目するだけで説明できると主張しているのではない。組織の利益は一般に政策の安定性を増し、変更を妨げる傾向があると指摘しているだけである。

　両大戦の間のイギリスの国防政策は有用な実例である。第一次世界大戦の終結は、政策決定環境の急激な変化であった。それによって、イギリス政府内で、国防支出の劇的な削減や予算の他部門への再配分が必要であるというコンセンサスの形成が可能になったのである。例えば海軍予算は3年間で70パーセントも減少した。1919年8月には、内閣が軍に、イギリスは少なくとも今後10年間は大きな戦争に参戦しないという前提で計画を立てるよ

12　George McTurnan Kahin, *Intervention*; Robert S. McNamara et al., *Argument without End*; Archimedes L. A. Patti, *Why Viet Nam?*

うに指示した。これは継続的な計画の前提となり、「10年ルール」は戦間期の大半において、歳出、兵力構造、配備に関する決定の指針となったのである。イギリスは1932年まで公式に10年ルールを放棄せず、放棄した後でさえ——つまり、10年ルールの基礎にある戦略的、政治的前提がはるか以前に維持不可能になった後も——数年間は重要な資源を国防部門に再分配し始めなかった（図2.1を参照）。10年ルールは単純に、あまりに便利だったのである。それは、政府の持つ資源をめぐって様々な需要と利害が競合することを考えれば、なかなか変えられない複雑な官僚的妥協の中心的要素であった。しかし、10年ルールによって、戦略環境の変化に合わせてタイミング良く国防費を調整することが出来なくなり、イギリスの安全が危険に晒されたのである[13]。

　リチャード・クラークは911以前のアメリカの対テロ活動に関して興味深い説明をしているが、これも上記のパターンとダイナミクスをはっきりと浮き彫りにしている。アルカーイダの脅威は増大していたし、アメリカ政府はそれに関して憂慮すべき情報を得ていた。にもかかわらず、関係者の数が多すぎ、彼らの利害が競合し、彼らの視点が偏狭で、組織文化やルーチン上の問題があり、組織間の情報の流れが不完全で、それぞれの要求が衝突したため、新たな脅威環境に対する時宜を得た対応が損なわれた。その結果、悲劇的で世界史的な結果を招いたのである[14]。組織要因は、この特定の政策の失敗を完全に満足できる形で説明するわけではないが、その背後にあった大きな惰性を明瞭に描き出す。

13　例えば以下を参照。Paul M. Kennedy, *The Rise and Fall of British Naval Mastery*, pp. 273-286. 他の事例と議論については、以下を参照。Dan Caldwell, "Bureaucratic Foreign Policy-Making"; Morton H. Halperin and Arnold Kanter, eds., *Readings in American Foreign Policy*; Roger Hilsman, *The Politics of Policy Making in Defence and Foreign Affairs*; David C. Kozak and James M. Keagle, eds., *Bureaucratic Politics and National Security*; James H. Lebovic, "Riding Waves or Making Waves?"; Hans Mouritzen, *Bureaucratic as a Source of Foreign Policy Inertia*.

14　Clarke, *Against All Enemies*, chaps. 4-10.

図2.1 戦間期イギリスの海軍支出(単位：百万ポンド)

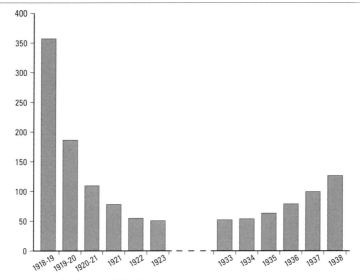

出典：Paul M. Kennedy, *The Rise and Fall of British Naval Mastery*.

▶ 認知・動機論的心理学

　認知心理学者は、通常の日常的な情報処理が、認識、判断、選択にどのように影響を与えるのかを研究する。動機論的心理学の専門家は、認識、判断、選択が、ストレス、感情、そして根深い基本的な心理的欲求を満足しようという動因からいかに影響を受けるかを研究する。

　認知心理学も動機論的心理学も、理論としては十分に満足できるものではない。確かに数十年にわたる研究によって、人々が示す行動の普遍的なパターンや傾向について膨大な知見が生み出されてきた。しかし、現実世界における行動を説明したり予言したりするために実験室から簡単に持ち出して直ちに応用できる範囲条件(scope conditions)を備えた命題は、明確に特定され一貫した形で出せていない[15]。幸いなことに、ここでの目標は認知心理学と動機論的心理学を確立することではなく、単にそれらを活用することである。また幸いなことに、これらの研究は、相互に様々な差異や不調和がある

にもかかわらず、ある重要な主張においては共通している。それは、人間は世界観を簡単には変えないし、自分の間違いに簡単には向き合おうとはしない、ということである。ひとたび特定の視点、判断、あるいは行動の方向性を決めてしまうと、心変わりさせるのは難しくなる。言い換えれば、まったく平凡な人間心理によって、政策の安定性は増すものなのである。

認知心理学者が明らかにしてきたところによると、人間は、新たな情報を解釈したり曖昧な世界の意味を理解したりする際、あらかじめ信じていることに非常に強く依存している。全体的に見ればこれは良いことである。これによって乏しい認知資源を節約することができるし、決定すべき問題にタイミング良く対応することができるからである。しかしそれはまた、深刻で継続的な判断の誤りをもたらす。例えば帰属理論 (Attribution theory) は、「スキーマ」──世界のある面を解釈するために人々が信じていること──が新たな情報を解釈する方法にどのように影響を与えるのかを研究するものである[16]。人間はあらかじめ確信していることに合わせるよう情報を解釈しがちである。人間は一般に、〔自己の認識と〕矛盾した情報が本当に圧倒的な量に

---

15 したがって認知心理学も動機論的心理学も、選択の一般理論について、合理的選択理論の本当の競合相手は生み出せていない。さらなる議論については、以下を参照。Richard Ned Lebow and Janice Gross Stein, "Afghanistan, Carter, and Foreign Policy Change"; Stein and Welch, "Rational and Psychological Approaches to the Study of International Conflict." ある理論の「範囲条件」とは、我々がその理論の応用を期待できるような状況のことである。

16 スキーマは自己について（自己スキーマ）、他者について（人スキーマ）、集団について（役割スキーマ）、あるいは環境における連続した出来事（スクリプト）についての概念である。例えば以下を参照。Harold Kelley, *Casual Schemata and Attribution Process*; Roger Schank and Robert Abelson, *Scripts, Plans, Goals, and Understanding*; Perry W. Thorndyke and Barbara Hayes-Roth, "The Use of Schemata in the Acquisition and Transfer of Knowledge"; Lynne M. Reder and John R. Anderson, "A Partial Resolution of the Paradox of Inference"; Shelley T. Fiske, "Schemata-Based Versus Piecemeal Politics"; Richard R. Lau and David O. Sears, "Social Cognition and Political Cognition"; Stephen G. Walker, "The Impact of Personality Structure and Cognitive Processes upon American Foreign Policy Decisions"; Shelley T. Fiske and Susan E. Taylor, *Social Cognition*, p. 140; Shanto Iyengar, *Is Anyone Responsible?*; Shanto Iyengar and William J. McGuire, *Explorations in Political Psychology*.

ならない限り、自らのスキーマの誤りを正そうとはしない。むしろ、スキーマが証拠を曲解してしまう。したがって、嫌いな人間が明らかに何か良いことをしても、その人間の性格についての評価を改めようとするよりは、何か卑劣な隠された動機が働いているのではないかと疑いがちである。敵は攻撃的で、機会主義的で、狡猾で、アメリカを破壊しようと心に決めているというイメージを抱いているアメリカ大統領は、敵の行動の動機が、恐怖や不安、あるいは敵対的な関係性とは無関係な理由（たとえば国内政治）であるとの仮説でも解釈できたり、単に敵が弱体で無能であるにすぎない場合でも、敵のやることはすべて意図的で合目的的だと解釈する傾向がある[17]。

我々〔分析者〕が簡単にスキーマを形成するということ、そしてしばしば、あまり質の良くない情報（あるいは、まったく質の悪い情報）に基づいてそれが行われるということは、注目すべき点である。しかし一度形成されたスキーマはなかなか変わらない。言うなれば、証拠について我々の基準はまったく一貫していない。世界について思い込んでいることを変えるためには、最初にそれが形成されたときよりもずっと多くの証拠が必要となるのである[18]。

当然ながら、変化は起こる。我々の信念は揺らがないものではない。時が経つにつれて我々は、自分が間違っていたと判断するようになる。これが徐々に起こるのか、それとも突然起こるのか、その傾向については、不確か

17　さらなる議論と歴史的な事例については、以下を参照。Raymond L. Garthoff, *Détente and Confrontation*; Garthoff, *Reflections on the Cuban Missile Crisis*; Ole R. Holsti, "Cognitive Dynamics and Images of the Enemy"; Holsti, "Cognitive Dynamics and Images of the Enemy: Dulles and Russia"; Richard Ned Lebow and Janice Gross Stein, *We All Lost the Cold War*; Lee Ross and Constance Stillinger, "Barriers to Conflict Resolution."

18　Lee Ross, Mark R. Lepper, and Michael Hubbard, "Perseverance in Self Perception and Social Perception"; Lau and Sears, "Social Cognition and Political Cognition"; Yaacov Y. I. Vertzberger, *The World in Their Minds*. 心理学的研究のなかには、我々が明らかな矛盾を何とかして説明するために用いる推論過程のため、食い違う情報に晒されることは、スキーマを掘り崩すよりもむしろ強化するということを実際に示唆しているものもある。Craig A. Anderson, "Abstract and Concrete Data in the Perseverance of Social Theories"; Craig A. Anderson, Mark R. Lepper, and Lee Ross, "Perseverance of Social Theories"; Jennifer Crocker, "Judgment of Covariation by Social Perceivers"; Edward R. Hirt and Steven J.

なところがある。多様な情報源から、多様な問題について、長期にわたって矛盾した情報が蓄積したときの方が、数少ない情報が孤立している場合よりも、スキーマは変化を起こしやすいことを示す証拠はある[19]。我々は、自分が信じていることに合致しない情報について考えるとき、スキーマが持続し
・・
ないような条件もスキーマに織り込むが、これによって徐々に変化と調整が起こるのである[20]。これはジェーン・オースティンの小説『高慢と偏見』モデルと言える。同作のヒロイン、エリザベス・ベネットは、のちに伴侶となるダーシーに対する最初のイメージ（初対面の際の一度きりのやり取りを基に形成した非常に悪いイメージ）とは合致しない、比較的些細だが大量の情報を得ても、自らの見解〔ダーシーに対する悪印象〕を徐々にしか変えようとはしなかった。他方、政治指導者が抱く敵についてのイメージや安全保障上の脅威の性質に関する判断が劇的に変化したような歴史的例には、しばしば、彼らが自らの中核的信念を根本的に再考せざるを得なくなるような重大な危機や、数こそ少ないが極度に恐ろしい出来事が関わっているものである。例えば、1962年のジョン・F・ケネディ、そして1984年のロナルド・レーガンが、平和にとっての最大の脅威は対ソ抑止力が不十分なことではなく、誤認や誤解、そして意思伝達の失敗にあるのだということを確信したのは、偶発核戦争の淵に立ったからであった[21]。しかし、変化が徐々に起こるにせよ、突然起こるにせよ、我々が重要なスキーマを変化させるのは、そうしなければ重

Sherman, "The Role of Prior Knowledge in Explaining Hypothetical Events"; James A. Kulik, "Confirmatory Attribution and Perpetuation of Social Beliefs"; Chris S. O'Sullivan and Francis T. Durso, "Effect of Schema-Incongruent Information on Memory for Stereotypical Attributes"; Thomas K. Srull and Robert S. Wyer, "Person Memory and Judgment"; Robert S. Wyer, Jr., and Sallie E. Gordon, "The Recall of Information about Persons and Groups." しかしながら、帰属理論の研究者たちは、人々のスキーマが必ず全体として一貫したものになると主張しているわけではないことに留意されたい。我々は通常、一貫しない信念が僅かなものならば大目に見るものである。

19　Jennifer Crocker, Darlene B. Hannah, and Renee Weber, "Person Memory and Causal Attributions."
20　E. T. Higgins and J. A. Bargh, "The Social Cognition and Social Perception," p. 386.
21　James G. Blight, *The Shattered Crystal Ball*; Beth A. Fischer, *The Reagan Reversal*.

要かつ信頼に足ると思われる圧倒的な量の証拠を解釈できないと思ったときだけのようである[22]。誰にとっても、自らの世界観が間違っていること、自分が他人の意図や行動を誤解していたこと、直面している問題の性質を誤って解釈していたこと、そして環境の変化によって自らの行動を変えるべきだ、という現実を認めることはそれほど難しいのである[23]。

　フロイト的伝統に起源を持つ、動機論的心理学は、判断の誤りをやや異なる形で説明する。動機論的心理学は、基本的な欲求——主に、恐怖や恥、罪といったものを避けたいという欲求、自尊心に対する欲求、社会的承認に対する欲求、達成に対する欲求、そして結果を制御したいという欲求——の充

22　マーカスとザイアンスは"The Cognitive Perspective in Social Psychology"において、一致しない証拠の診断性（diagnosticity）の重要性について論じている。
23　理論の精緻化にとってすぐに必要ではないだろうが、万全を期すためにさらに何点か述べておいた方がよいだろう。例えば、我々は、状況要因の観点では彼らの行動について説明がつかないような場合にのみ、他人についての信念を変えるようである。そのような場合、我々は自分が彼らの気質を誤解していた可能性を考慮せざるを得なくなる。Crocker Hannah, and Weber, "Person Memory and Causal Attributions," p. 65. また以下も参照。Edward E. Jones and Richard E. Nisbett, "The Actor and Observer"; Harold H. Kelley, "Attribution Theory in Social Psychology"; Lee Ross, "The Intuitive Psychologist and His Shortcomings"; Lee Ross and Craig R. Anderson, "Shortcomings in the Attribution Process."
　関係はいくぶん不明瞭だが、信念の変化はまた、認知的複雑性（cognitive complexity）、あるいは我々が情報を処理するために用いる認知的なルールの錯綜の作用によるもののようである。認知的複雑性は、思考の内容ではなく、認知の構造や機構に言及するものである。複雑性はスキーマの変化に対してやや相反する効果をもたらしうるようである。一方で、ある人間の認知システムが複雑であればあるほど、新たな情報に直面したときに新たなより微妙な区別ができる。Peter Suedfeld and A. Dennis Rank, "Revolutionary Leaders"; Peter Suedfeld and Philip Tetlock, "Integrative Complexity of Communication in International Crisis"; Philip E. Tetlock, "Integrative Complexity of American and Soviet Foreign Policy Rhetorics." 非常に複雑な認知的スキーマを備えた熟練者は、そのスキーマが固定されて硬直したものになりやすい低度の認知的複雑性を備えた新人よりも、新たな情報に敏感になりやすい。Pamela J. Conover and Stanley Feldman, "How People Organize the Political World." 他方で、熟練者はより多くの関連する情報を持っているため、矛盾した情報を例外や特別な事例に容易に組み込みやすい。したがって一致しないデータは、熟練者のスキーマに対しては新人のスキーマに対してよりも影響を及ぼしにくいのである。Higgins and Bargh, "Social Cognition and Social Perception."

足に注目する。動機論的心理学者は、これらの欲求が情報処理を歪めることで、認知心理学者が言うのと同じような種類の誤りのいくつかが起こると論じる。しかし、人間の情報処理能力における固有の限界から生じるために普遍的な認知バイアスとは異なり、動機から来るバイアスは個人に特有のもの(「プッシュ」モデル)でも、状況に特有のもの(「プル」モデル)でもありうる[24]。

プッシュモデルは、個人の人格構造や、深く根付いた欲求への様々な対処の仕方によって、情報処理におけるバイアスを説明する。例えば、利用可能な情報源がいくつかある場合、我々は、どちらかといえば望ましい結論に辿り着きやすい情報源を優先しがちである[25]。動機論的要因はまた、我々が他人の行動を状況的要因によるものと考えるか、それとも気質的要因によるものと考えるかに影響を与える。我々は、嫌っている人間の望ましくない行動を彼らの基本的な気質を反映したものと解釈し、好んでいる人間の望ましくない行動を環境的な圧力や制約を反映したものと解釈する傾向が非常に強い[26]。我々はプッシュモデルによって、任期終盤におけるウッドロー・ウィルソン大統領の途方もない判断ミスを非常によく理解することができる。例えば、アレクサンダー・ジョージとジュリエット・ジョージは、ウィルソンの非妥協的で反論を受け付けない性格、自説への固執、そしてお世辞やおべっかに影響されやすいところは、すべてその根が横暴な父親との幼少期の関係にある、深刻な不安感の表れであると論じている[27]。

プルモデルは、状況とそれが喚起する欲求、恐怖、そして不安を強調する。動機のプルモデルが強調するのは、次のようなことである。それは、政

---

24 Katharine Blick Hoyenga and Kermit T. Hoyenga, *Motivational Explanations of Behavior*, pp. 21-63.
25 Arie W. Kruglanski, "Lay Epistemologic-Process and Contents"; Kruglanski, *Basic Processes in Social Cognition*; Julius Kuhl, "Motivation and Information Processing"; Joel O. Raynor and Dean B. McFarlin, "Motivation and the Self-System"; Abraham Tesser, "Some Effects of Self-Evaluation Maintenance on Cognition and Action"; Yaacov Trope and Zvi Ginossar, "On the Use of Statistical and Nonstatistical Knowledge"; Henri Zukier, "The Paradigmatic and Narrative Modes in Goal-Guided Inference."
26 Dennis T. Regan, Ellen Straus, and Russel H. Fazio, "Linking and the Attribution Process."
27 Alexander L. George and Juliette L. George, *Woodrow Wilson and Colonel House*.

策決定者が、時間的に圧迫されたり、損失を恐れたり、まずい決定の尻ぬぐいを強いられたりすることによって生じるストレスを感じると、情報や選択肢の探索が不十分になり、可能性の評価が甘くなり、早まって特定の行動に走り、自分の決定がひどいものであることを示す情報に抵抗するということである[28]。

プルモデルによって、ドイツ皇帝ヴィルヘルム2世の恐ろしい間違いをいくらかは理解することができる。皇帝もまたみずからの不安感——おそらく何らかの幼少期のトラウマというより、彼の腕の障害と神経衰弱症に関係するもの——を抱えていたが、ウィルソンとは異なり、ヴィルヘルムは単に自身の感情を制御できないだけであった。彼はプレッシャーの下で身動きできなくなり、そしてついには破綻したのである[29]。

意思決定における認知・動機論的要因についてわからないことが数多く残されており、実際にわかっていることを、どの程度実験室から現実世界に持ち出せるのかを判断するのも非常に難しい。しかしわかっていることから判断すると、次のように言えそうである。それは、政策決定者の世界観と、現在の政策は(その目的が何であれ)適切なものであると信じる彼らの信念は、根拠を偏りなく評価した場合に言えるよりも強靭かつ変化しにくいらしい、ということである。現実には偏りのない根拠の評価などというものはあり得ない。我々は自分を取り巻く世界をこのように処理するので、たとえ反応するにしても、それはゆっくりとしたものとなるようである。政策決定者について言えば、これが政策の惰性ということになるのである。

▶ プロスペクト理論

惰性が作用すると考える根拠となる3つ目の理論は、プロスペクト理論である。これは、行動を説明する際に合理的選択理論の代わりとなるもので、

---

28 Irving L. Janis, *Crucial Decisions*; Janis, *Groupthink*; Irving L. Janis and Leon Mann, *Decision Making*.
29 Ole R. Holsti, "The 1914 Case"; Holsti, *Crisis, Escalation, War*, pp. 7-49, 123-142; Richard Ned Lebow, *Between Peace and War*, pp. 119-147; Barbara W. Tuchman, *The Guns of August*.

被験者が実験室内で様々な問題（一般的には仮想的な問題）を提示された際に行う選択を実証的に観察して導き出されたものである。合理的選択理論が人々はどのように決定を行うべきなのかを教えてくれるのに対し、プロスペクト理論は、選択行動におけるあるべき姿と実際の間の乖離を記述し、説明する[30]。プロスペクト理論は認知や動機に関する特定の概念を使ったり前提としたりはしないが、それが記述する行動はすでに述べたことと概ね合致する。

　プロスペクト理論によって得られる重要な知見の1つは次のようなものである。それは、人が様々な選択を評価するときに考えるのは、「自分の選択によって保有利得がどうなるか」（すなわち、期待できる価値を比較する）ではなく、「自分にとって受け入れ可能なものを決める参照点（reference point）に照らして各々の選択肢がどうか」だということである[31]。大抵の人間にとって、複数の選択肢の中から選択する際に考えなければならないことは、この参照点と比較して損をするのか得をするのかということである。したがって選択は、参照点に依存している（*reference dependent*）。一般に、利得によって感じる喜びよりも損失によって感じる苦痛の方が大きい。したがって、確実な損失を避けるためには割に合わない賭けをするが、大きな利益が得られる割のいい賭けでも避けて、わずかな利益を確実に得ようとする傾向がある[32]。言い

30　Daniel Kahneman, Paul Slovic, and Amos Tversky, eds., *Judgment under Uncertainty*; Kahneman and Tversky, "Prospect Theory"; George A. Quattrone and Amos Tversky, "Contrasting Rational and Psychological Analyses of Political Choice"; Tversky and Kahneman, "Advances in Prospect Theory"; Tversky and Kahneman, "The Framing of Decisions and the Psychology of Choice"; Tversky and Kahneman, "Rational Choice and the Framing of Decisions"; Jack S. Levy, "Prospect Theory and Cognitive-Rational Debate."

31　プロスペクト理論は、編集段階（editing phase）と評価段階（evaluation phase）を想定している。見込み（prospects）の編集とは、評価を単純化するために行う数多くの作業のことである。それは例えば、極端な高確率を「確実なこと」として切り上げること、極端な低確率を「0」に切り下げること、支配的な選択を排除すること、あるいは、複数段階の見込みを単純化することである。ここではプロスペクト理論の評価段階に関する知見のみを利用する。さらなる議論については、以下を参照。Kahneman and Tversky, "Prospect Theory."

換えれば、人々は、損失が見込まれるときには損失回避的 (*loss-averse*)、かつリスク受容的 (*risk-acceptant*) に、そして利得が見込まれるときにはリスク回避的 (*risk-averse*) になりがちなのである。

　プロスペクト理論それ自体からは、見込まれる利得と損失を評価するための基準として人々がどういった参照点を選択するのかはわからないし、現在までのところ、これを教えてくれる理論はない。人々がどのように参照点を選択するのかという点は、学者がその探求に多くの時間を費やしてきた問題ではないことは確かである。しかし、いくつかのことによって、人々は現状維持志向になりがちなようである。これらの内の1つは、「授かり効果 (endowment effect)」である。これはすなわち、人々は通常何かを手放すときには、最初にそれを獲得したときよりも高い代価を求める、ということである。得られたはずの利益をあきらめることは、損失という認識よりも我慢ができるので、人々の期待は長期的に見ると現状に収斂する傾向がある[33]。さらに、結局人は利得あるいは損失を標準化 (すなわち、自らの参照点を調整して当然視) するようになり、現状維持バイアスを強化する[34]。そして、当然なが

32　例えば、金銭的な利得の見込みに関する選択において、カーネマンとトヴェルスキーの実験の被験者は、80パーセントの確率で4000ドルを獲得できる (そして20パーセントの確率で何も獲得できない) チャンスよりも、3000ドルの確実な利得を1対4の差で選好した。この選好された選択肢の期待値は3000ドル×1.0で3000ドル、もう一つの選択肢の期待値は4000ドル×0.8で3200ドルである。同じ問題が損失の観点で枠づけされると、劇的に異なる選好があらわれる。回答者は、3000ドルの確実な損失よりも、80パーセントの確率で4000ドルを失う (そして20パーセントの確率で何も失わない) 方を、1対11の差で選好した。したがって彼らは、低い期待値の選択肢を選んだことになる (-3000ドルと-3200ドル)。Ibid., p. 26. この例は、人々は損失に関してはリスク受容的になり利得に関してはリスク回避的になるという主張をよく例証している。

33　Daniel Kahneman, Jack L. Knetsch and Richard H. Thaler, "The Endowment Effect, Loss Aversion, and the Status Quo Bias"; Jack L. Knetsch, "The Endowment Effect and Evidence of Nonreversible Indifference Curves"; Jack L. Knetsch and J.A. Sinden, "Willingness to Pay and Compensation Demanded"; Richard Thaler, "Toward a Positive Theory of Consumer Choice."

34　以下でアルザス・ロレーヌに関する私の議論が明らかにしているように、これには例外がある。

ら、通常、利得についてはずっと素早くこれが行われるのである。

　プロスペクト理論はいまだ、選択についての一般理論、転じて国際政治の分野における国家行動の一般理論を補強できるほどの発展水準にまで達しているわけではない。これにはいくつかの理由がある。まず、認知・動機論的理論と同じように、プロスペクト理論をどの程度、現実世界で応用できるのか疑うべき理由がいくつかある[35]。主たる問題は、行動決定理論の研究者たちが合理的な決定基準からの逸脱を探求し記録しようとして作り上げた実験室内での選択状況が、高度に構造化されていることである。被験者は、選択するように求められている選択肢について、利得も確率も客観的にわかっていることになっている[36]。しかし国際政治の現実（そして人々が日々直面する興味深い選択のほぼ全て）では、意思決定者は、目の前にある様々な選択肢についてのコスト、利益、そして蓋然性を、自分で評価しなければならない。これに必要な情報はしばしば手に入らないか、意思決定者がそれに気付かない。結局、その評価をしようとする場合、彼らは、印象論的に、あるいはその場限りの考慮に頼って評価することになる。2番目に、プロスペクト理論が前提とする価値関数は、明確に定義されているわけではなく、極端な場合にはうまく機能しないように思われる。したがって、選択状況と戦略的相互作用を簡潔にモデル化するための数学的定式化はできていない[37]。にもかかわらず、対外政策における選択の事後的説明を比較している数少ない研究によると、プロスペクト理論は合理的選択理論と比べても少なくとも同程度に

35　特に以下を参照。William A. Boettcher III, "Context, Methods, Numbers, and Words." 対外政策行動を説明する基礎理論としての長所と短所に言及した素晴らしい批判的議論については、以下を参照。Jack S. Levy, "Loss Aversion, Framing, and Bargaining"; Levy, "Prospect Theory, Rational Choice, and International Relations." また以下も参照。William A. Boettcher III, "The Prospects for Prospects Theory," p. 334.

36　しかしながら、プロスペクト理論がその内的妥当性に対し様々な挑戦を受けながら、これまで生き延びてきたことに留意されたい。さらなる議論については、以下を参照。Mark J. Machina, "Decision-Making in the Presence of Risk"; John W. Payne, James R. Bettman, and Eric J. Johnson, "Behavioral Decision Research"; Colin F. Camerer, "Individual Decision Making"; Levy, "Prospect Theory, Rational Choice, and International Relations."

37　以下を参照。Amos Tversky and Peter Wakker, "Risk Attitudes and Decision Weights."

は現実と合致し、時にはぴったりと当てはまる。こう考えると、プロスペクト理論の中心的知見は対外政策の分析に有用かつ有益であると言えそうである[38]。

組織的、心理的、行動論的な考慮には相乗的な相互作用があるかもしれないし、実際に相互作用する。1950年代後半から1960年代前半にかけて、共産主義、ソ連、中国、ヴェトミンに関する特有のスキーマがアメリカの対外政策の支配層の文化に蔓延していた。それらの信念は強固で、東南アジアの複雑で流動的な政治的、戦略的、外交的状況に関する曖昧な情報をアメリカの指導者がいかに解釈するかに強力な影響を与えたのである。ヴェトナムにおけるアメリカの政策はまた、勝ち目のない方向性へ深入りした古典的な例であるが、これはプロスペクト理論によって予測されるリスク受容傾向と、

---

[38] 例えば以下を参照。Barbara Farnham, ed., *Avoiding Losses/Taking Risks*; Janice Gross Stein and Louis W. Pauly eds., *Choosing to Co-Operate*; Jeffrey Taliaferro, "Cognitive Realism." 批判的議論に関しては、以下を参照。Eldar Shafir, "Prospect Theory and Political Analysis."

プロスペクト理論は合理的選択理論の理論家に不快感を与えがちである。合理的選択理論の理論家のなかには、プロスペクト理論の内的妥当性、外的妥当性に異を唱える者もいる。そして、プロスペクト理論の知見が妥当であることは認めつつ、以下のようなことによってプロスペクト理論は合理的選択理論の下に包摂されうると主張する者もいる。それは例えば（合理的選択理論が）リスクの受容傾向を組み込んだり、効用関数に重みをつけたり、人々が選択を行う際の制約を精緻化したりすることである。例えば、以下を参照。Levy, "Prospect Theory, Rational Choice, and International Relations." ここでは、対外政策変更に関する私の理論と「合理的選択」理論を対比させることを敢えて避ける。なぜなら、「合理的選択（rational choice）」という用語は本質的に漠然としたものであって、結局のところ意味論（semantics）の相違にすぎないからである。最も緩やかな意味では、「合理性（rationality）」とは、自らの行動に関して明確な選好を持つということ、行動に（それが良いものであれ、悪いものであれ）根拠があるということを意味しているにすぎない。その最も厳格なものは大変条件が厳しく、人々は可能な限り最善の情報を基に、真の期待効用を算出できなければならない。Simon, "Rationality in Political Behavior." その最も純粋な形式では、リスク受容傾向の多様性は許容されない（極端にリスク回避的、あるいはリスク受容的な人間は、自らの保有利得を最大化する見込みが最もよい選択をしていない）。その数多くの修正版のなかには、リスク傾向における多様性を受け入れるのみならず、それを歓迎するものまである（結局、「効用（utility）」には、ギャンブルを好むこと、あるいは避けることまで含まれるようだ）。したがって、対外政策変更に関するここでの理論が、合理的選択理論の何らかの理解と完

自分は間違っていないという幻想を維持しようとする人々の自己正当化欲求の双方に合致するものであった[39]。1914年当時のドイツ外務省の組織文化のせいで、欧州各国に駐在するドイツ大使たちは、ドイツの外交政策の基本的な前提が誤っていることを示す証拠は何であれ報告書から削除するか、控えめに扱うようになった。これが自身の動機から生ずるドイツの指導者のバイアスを悪化させたため、ドイツが時宜を得た政策変更によって欧州の大戦争を防ぐことを妨げたのである[40]。組織的、心理的、そして行動論的な考慮の間に予想される相互作用のすべてを特定することは難しいが、それらの相互作用の集合的な効果は惰性を強化するはずである。普通に考えれば、それらは対外政策の安定性を高めるはずである。対外政策が変わるときにも、それらの様々な要因が新たな政策を後押しするのに寄与しているはずである。まとめると、国家はアメリカズカップのヨットというより、むしろ積み荷を満載した大型タンカーによく似ていると言えるだろう。ゆっくりと進み、大きくてぎこちない。風や海の変化に素早く適応することができない。しかし

全に合致するかもしれない。しかし、「合理的選択」というラベルが私の理論に合うかどうかは、どうでもよいことである。理論の価値というのはそのパフォーマンスによって決まるものであり、どんなラベルかによって決まるものではない。
　そうは言っても、選好の推移性や不変性といった合理的選択理論の中核的な公理を人々が日常的に破っていることがプロスペクト理論の主たる知見の一つであるのに、それが合理的選択理論に包摂されうると論じることは難しいように思われる。もちろん、人々が直面する選択のうちの多く——ひょっとしたら大半かもしれない——に関して、プロスペクト理論によって予想される選択と、事実上あらゆる種類の合理的選択理論によって定められる選択とがまったく同一であるというのは、事実である。隣の店でまったく同じぶどうが1ポンド(lb)2ドルで売られているときに、一体誰が1ポンド3ドルのぶどうを買うだろうか。にもかかわらず、明示的にプロスペクト理論に依拠すると同時に、本書の理論が合理的選択理論と合致するかどうかという議論を避けることが、有用かつ好都合と考える。なぜなら、プロスペクト理論が合理的選択理論に包摂されようがされまいが、プロスペクト理論によって、指導者の直面する選択と明らかに関係していると経験的研究が主張している諸問題（たとえば参照点や枠組み）に我々の関心が向くからである。

39　Glen Whyte, "Escalating Commitment in Individual and Group Decision Making"; Whyte, "Escalating Commitment to a Course of Action."
40　Lebow, *Between Peace and War*, pp. 119-147; Tuchman, *The Guns of August*.

旋回すると他の全ての船がそれに気づくのである。

2　対外政策変更に関する損失回避の理論

　もし、対外政策の変更はまれにしか起こらないと考える根拠があり、変更が起こりそうな条件をある程度正確に特定できるのなら、その生起を予測するのに有用な理論は半ば出来上がったことになる。残る半分は、どのような兆候があれば変更が起こりそうなのかが分かればよい。

　対外政策変更が起こる条件とはどのようなものだろうか？　惰性が作用するという初期状況が生じるという期待の根拠となっている理論を展開し、論理的帰結を考えれば、条件を特定できる。ここから以下の3つの仮説が得られる。

> ①　組織間のダイナミクスは、構造的、文化的、手続き的な考慮と結びついて政策の安定性を強化するので、他の条件がすべて同じなら、官僚化が高度であればあるほど、国家の政策は安定するはずである。というのは、そのような高度に官僚化された国家では、対外政策形成に多くの組織が口を出すし、競合する国内の利害関係者も比較的政府に圧力をかけやすい（すなわち、影響力を行使するための経路も、自分たちの声が聞いてもらえる機会も多い）からである。したがって、民主的な体制を持つ高度に官僚的な国家では、独裁的な体制を持つあまり官僚的でない国家よりも、対外政策の変更は起こりにくいはずである（仮説1）。

> ②　重要な政策変更に着手する決定は、しばしば現在の政策には何か欠陥があると認めることを意味する[41]。政策決定者たちは、自らの政策

41　例外はもちろん、他の誰かの劇的な政策変更のような、環境における重大な変化への反応であろう。

の前提が間違っていた——たとえば政策の根拠になっていた利害、計算、他者の性質についての検討が誤っていた、自分たちが選んだ手段が効果的なものではなかった、などの事実を認めなくてはならない。いずれにせよ、対外政策を変更するには、政策決定者たちは誤りを認め、責任を取り、リスクを受け入れなければならない。認知・動機論的心理学が示唆するところでは、これらは可能であるとしても普通の人間ならば避けたがる難しい作業である[42]。そういった難しい作業を避けることが可能なのは、現状が一応満足できる場合だけである。したがって、他の条件がすべて等しいならば、対外政策変更が最も起こりやすいのは、政策が何回も繰り返し失敗するか、破滅的な大破綻をきたすか、すぐにでもそうなると指導者が確信したときである（仮説2）。

③　プロスペクト理論は、人々は利得よりもそれと同等の損失に対して敏感で、利得の領域(domain)においてはリスクを避け、損失を回避するためにはリスクを受け入れるという、強力な証拠を提示している。すべての対外政策変更にはリスクがともなう。利益を得られる見込みがあったとしても、それは深刻なコストに繋がる一連の出来事のきっかけになるかもしれない。意思決定者にとっては、みずからの行動の結果をすべて事前に制御することはおろか、その結果を知ることすら難しい。したがってプロスペクト理論の描く選択行動によれば、指導者はやむにやまれぬ理由がない限りは対外政策の変更を避けることになるはずである。

　　確かに、利得を得られる重要な機会があるという認識は、そのよう

42　人々は、誤りが自身の能力がないせいである場合よりも、他人の謀略のせいかもしれないような場合に、いくぶんそうしがちである。古典的な事例は、もちろん、第一次世界大戦のエスカレーションを自身の誤りではなくイギリスの計画的な陰謀に帰そうとした、ドイツ皇帝ヴィルヘルム2世の試みである。Immanuel Geiss, ed. *July 1914*, pp. 293-295.

なやむにやまれぬ理由になると考えられる。例えばプロスペクト理論は、人々が100万ドルを獲得する50パーセントのチャンスより10ドルを確実に得ることを選好すると予言するわけではないし、国家は利得の機会を避けるはずだと考える理由を提示しているわけでもない。しかし同理論は、他のすべての条件が等しいなら、指導者は、利得と損失が同等ならば、利得を得るよりも、損失を回避するために対外政策変更に伴う固有のコストを負担する（そして固有のリスクを受け入れる）傾向がある（仮説3）ことを示唆している。この帰結として、不釣合いなほど大きな利得の見込みがあって初めて、対外政策を変更しようという動機が生まれる、という仮説を提起できるだろう。

　以上の仮説が妥当ならば、対外政策変更が最も起こりやすいのは以下のような場合である。すなわち、現在の政策がひどい苦痛を伴い、政策変更に失敗するといっそう苦痛がひどくなることがほぼ確実であり、しかし、可能性は低くても、我慢できる結果に至るかもしれない選択肢が、少なくとも他に1つは存在している、と政策決定者が認識しているときである。さらに、変更が起こる境目となる敷居（threshold）は、高度に官僚的な民主国家よりも比較的官僚的でない独裁国家の方が、低くなるはずである。

　このことが、正確だという誤った印象を与える危険もあるが、より定式化された形で考えたい読者のために、明確であることを期して、理論の公理と仮定を定式化しつつ考察してみよう。それから全体として何が期待できるかを図表によって示そう。少なくとも理論の論理的筋道を明確にする助けとなるはずだ。続いてただちに、定式的な表現によって覆い隠されてしまうが、どうしても付きまとう漠然性や曖昧さの問題に取り組もう。

　公理（*Axioms*）
　① すべての国家行動は意図的なものである。
　② 政策決定者は利得か損失かという所与の枠組み（frame）の中では、自分の選好に順序を付けることができる。

仮定（*Assumptions*）
① t_nの時点における政策の初期的期待はt_{n-1}における政策である。
② 国家は単一のアクター（unitary actors）として扱われる。
③ 国家はある参照点に基づいて利得と損失を評価する。
④ 国家は利得の領域ではリスク回避的になり、損失の領域ではリスク受容的になる。
⑤ 国家は僅かな利得と損失の見込みに対しては鈍感である。
⑥ 民主的で高度に官僚的な国家は、独裁的で比較的官僚的でない国家よりも、僅かな利得や損失の見込みに対して鈍感である。

　これらの公理と仮定は、本章の前半で論じた3つの理論群から引き出したものである。しかし、この理論は、それらの理論群を国際政治の領域に厳密な形で応用したものではないことに留意すべきである。したがって、本書の理論に対する強力な実証的裏付けがあったとしても、そのことが元になっている理論群の実証的裏付けになるとはかぎらない。
　私はここでいくつかの理由から、元の理論群の厳密な応用を避けた。第1に、それらの理論は、もっぱら国際政治上の選択を説明したり予測したりすることを直接的な課題としているわけではない。2番目に、3つの理論のいずれか1つを厳密なテスト（それがどのようなものかを実際に確定できればの話だが）が可能な形で国際政治上の問題に応用するには、他の2つの理論には適さない手法をとらねばならないだろう。3番目に、これらの理論群が発展してきた領域と国際政治の世界には明確な違いがあるため、厳密に応用すればどうしてもその妥当性に疑問が呈されるだろう。例えば、プロスペクト理論と認知・動機論的心理学はすべて、個人の選択や判断についての理論であって、確実な検証が可能な形で集団的意思決定状況に応用できるとはかぎらない[43]。最後に4番目だが、これらの理論には範囲条件に本来的な限界があるので、国際政治上の行動について確定的な期待が得られないことがある。プロスペクト理論はリスク状況下での決定についての理論であるが、国際政治

における決定は不‍確‍実‍性‍(*uncertainty*)という条件下でなされる[44]。以上から、ここに述べた公理と仮定は、元の理論群の影響を受けてはいるが、全体としてそれらから導出されているわけではない。本書の理論の成否は、それ自身の価値次第なのである。

とは言っても、これらの公理と仮定には若干のコメントが必要である。1番目の公理はどうしても必要な(そして受け入れるしかない)ものである。なぜなら、もし行動に特定の目的がなければ、「利得」や「損失」といった概念が無意味になってしまうからである。しかしながら、1番目の公理は、政策決定者が「合理的(rational)」であることを自ずと意味しているわけではない[45]。合理的選択の最低限の条件は、意思決定者の選好が一貫し、推移律を満足させ、変化しないことである。言い換えれば、もしある人間がBよりもAを好み、CよりもBを好むならば、そのときまた、CよりもAを好むのでなければ、その人間は非合理的であるということになる。また、もしある人間に一度AとBの間で選択させ、Aを選好する結果を得たのに、全く同じ状況下で同じ人間がBを選好したならば、その人間は非合理的である。しかしながら、選択の枠組みが変化したら選好が逆転しうるということを示す証拠が豊富にある。AかBかという選択に関して、まず「利‍得‍が‍実‍現‍さ‍れ‍そ‍う‍で‍あ‍る」という言い方でそれを提示し、二度目は「損‍失‍が‍回‍避‍さ‍れ‍そ‍う‍で‍あ‍る」という言い方で同じ選択を提示する。その場合、実は両者の蓋然性と得失が同じであっても、選好に変化が生ずるのである[46]。したがって2番目の公理で単純に、所‍与‍の‍得失の枠組みの中では選好を必ず順序付けることがで

43　例えば以下を参照。Boettcher, "Context, Methods, Numbers, and Words."ただし、以下の議論も参照。

44　慣例的には、リスクをともなう選択とは、確率がわかっている選択肢の間での選択である。そして不確実性の下での選択とは、確率がわかっていない選択肢の間での選択である。

45　William H. Riker, "The Political Psychology of Rational Choice Theory"; Simon, "Rationality in Political Behavior."

46　Kahneman and Tversky, "Prospect Theory"; Paul Slovic and Sarah Lichtenstein, "Preference Reversals"; Amos Tversky and Richard H. Thaler, "Preference Reversals"; Richard H. Thaler, *The Winner's Curse*.

きるとしたのである。

　6つの仮定は、3つの仮説が起こりそうだとしていることの導出に必要なものである。第1の仮定は単純に、惰性という概念をリセットして、この理論を変更の理論にしてしまおうとするものである。第2の仮定は、非現実的であるのは承知しているが、理論操作のためのものである。集団の選好は単に個人の選好を集積しただけのものではないし、集団のリスク負担は個人のリスク傾向を集積しただけのものではないからである[47]。たしかに個人の特性から集団の特性を引き出すのが難しいのは事実だが、集団の選好やリスク負担の傾向について語ることが無意味なわけではない。実際それは（例えば、ベクトルの和として）モデル化さえ可能である[48]。それ以上に、政策選択は集団による熟慮の産物であり、集団を擬人化してはいけないという強い理由はない。なぜなら、より高いレベルから分析すれば、集団における意思決定でも、どの選択肢が自分にとって好ましいか決定しようとする個人の心のなかで繰り広げられる煩悶と熟慮が再現されている、と見ることもできるからである。第3に、対外政策に関して意思決定を行う集団の多くには、最終決断をし、決定の究極的責任を負う1人の個人（今日においては一般的に、大統領や首相）が存在している。その人間が対外政策決定過程において、相対的にどの程度の自律性や影響力を持っているかはある程度判断できるし、他のどの政策決定者がその個人に対して特に強い影響力を持っているのかも、概ね特定できる。こういった情報は、分析者にとって適切な手がかりになりうる[49]。

47　't Hart, *Groupthink in Government*; Shafir, "Prospect Theory and Political Analysis." しかし、以下も参照。Glen Whyte, "Groupthink Reconsidered"; Whyte, "Escalating Commitment in Individual and Group Decision Making."
48　例えば以下を参照。Bueno de Mesquita, Newman, and Rabushka, *Forecasting Political Events*.
49　もし集団の意思決定を形成する参照点、もしくはその参照点が全体としての集団の参照点の代理として機能するような1人の意思決定者を特定することができるのならば、そのとき生じる問題は、個人において観察されるのと同じリスク行動が、集団のリスク行動もまた特徴づけるのかどうかだけである。そうであるという無視できない証拠がある。それどころか、集団での決定は、損失の領域においては損失回避とリスク受容を、そして利得の領域においてはリスク回避を強化するようである。Timothy McGuire, Sara

最後に、普通の政策変更の前には、政府高官、外交官、その他の代表者、政府機関がそれについて語っているので、そこから政策決定集団全体としての選好とリスク負担の傾向について大体の感じがつかめる。語られたことが戦略的目的のための意図的な欺瞞でないかぎり、統一された声であればあるほど、選好とリスク負担傾向が明確であることを示している。そして、それが混乱していたり曖昧であればあるほど、政策変更は差し迫ったものではない。

　第3と第4の仮定は、参照点依存性と損失回避というプロスペクト理論の想定から直接引き出されたものである。これらは、自分は損失の領域にいると指導者が認識しているときに（他のすべての条件が等しいならば）対外政策の変更はより起こりやすいという期待を補強するものである。第5の仮定は、厳密に言えば、プロスペクト理論と期待効用理論のどちらとも合致しない。というのは、両方とも僅かな利得を確保したり僅かな損失を回避したりできる場合にも、政策変更が起こりうると期待させるからだ[50]。この仮定は、政策決定に作用する組織的、心理的制約を反映したものである。このような制約によって意思決定者は、意思決定環境における誘因の僅かな変化には敏感に反応しなくなるため、惰性が働きやすくなる。第6の仮定は、政策の惰性に組織的制約がどの程度影響するかは国家と政治体制の種類によって異なり、

　　Kiesler, and Jane Siegal, "Group and Computer-Mediated Discussion Effects in Risky Decision Making"; Avi Fiegenbaum and Howard Thomas, "Attitudes toward Risk and the Risk/Return Paradox"; John Schaubroek and Elaine David, "Prospect Theory Predictions When Escalation Is Not the Only Chance to Recover Sunk Costs"; Taliaferro, "Cognitive Realism,"; pp. 64-70. 以下も参照。Tatsuya Kameda and James Davis, "The Function of Reference Point in Individual and Group Risk Taking." したがって、集団のダイナミクスが個人レベルで期待される行動パターンを相殺してしまうことを恐れる理由はほとんどなく、集団のダイナミクスは個人レベルの行動パターンを増幅させると信じる理由がある。これまで見てきたように、集団による決定はまた、結局は、政策の慣性を強化し、誘因における僅かな変化に対する敏感性を減少させると期待されるようである。したがってそれは仮説的な関係の3つすべての見たところの妥当性を増大させるため、政策決定が通常は集団で行われるという事実は強みとなるのである。
50　本章注38を参照。

図2.2 仮説的な蓋然性曲線

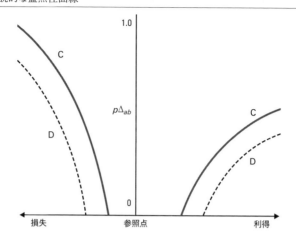

よって敏感性の閾値も様々に変化すると期待させるものである。

　仮説的な期待を図示するために、ある国家が現在の政策 (それを政策「a」と呼ぶ) に固執するか、それとも別の政策 (b) に切り換えるのかを決めようとしている場面を想像してみよう。政策変更の見込みは、図2.2のy軸で測られる蓋然性 ($p\Delta_{ab}$) と見なすことができる。この蓋然性は次の2つの関数である。それはまず、指導者が (現状に満足していない場合には) 回避できたり取り戻せたりする損失がどの程度だと信じているか、そして (現状に満足している場合には) 得ることのできる利得がどの程度だと信じているかに依存する。2番目に、それは政治体制と国家の性質に依存する。図2.2においてx軸は連続した尺度ではなく、aからbに切り換えることにどの程度の魅力があると認識されているかを測定するための便宜的なものさし (heuristic) である。他のすべての条件が等しいならば、参照点から遠ければ遠いほど、政策を変更することは魅力的になる。参照点の左側では、政策決定者は自分が損失の領域で行動していると認識している。他のすべての条件が等しいならば、彼らが理解している自分の位置が左側に寄るほど現状に伴う苦痛が大きく、また最善の代替となる選択肢が、たとえその利点を改めて吟味すれば割に合わない

ギャンブルであろうと、より魅力的に見える。参照点の右側では、政策決定者は自分が利得の領域で動いていると認識している。(繰り返しになるが、他のすべての条件が等しいならば)政策決定者の理解する自分の位置が右にあればあるほど、彼らは現状を改善できると信じていることになる(つまり、もし a から b へ変更することによって期待される限界効用が正であるならば、割に合わないギャンブルは利得という枠組みにおいては魅力的なものとはなり得ない)。Cは独裁的政治体制や官僚化のレベルが比較的低い国家に関する曲線を表し、Dは民主的政治体制や高度に官僚的な国家についての曲線を表している。曲線の形は、政策変更の可能性が損得の変化に鈍感になっていくことを反映したものである[51]。x軸の切片は、僅かな損失や利得に対して組織的あるいは心理的な理由で生ずる鈍感性が、どの程度になるかを示している。完全な情報を持つ制約のない合理的行為者については、利得の領域における x 軸上のすべての値に関して $p\Delta_{ab}$ は1.0に等しいということに留意されたい。また、政策変更から期待される限界効用が正であるならば、$p\Delta_{ab}$ は損失の領域における x 軸上のすべての値に関して1.0に等しくなり、損失の領域になくちょうど参照点にあるときには0となる。言い換えれば、かの有名な完全情報を持つ制約のない「合理的行為者」については、図2.2上に曲線は存在しておらず、単に水平な直線があるだけなのである。

3 悪魔は細部に宿る

　実利的な人や賢明な人なら、この理論が単純かつ美しいのでテストや応用が簡単だ、などと惑わされることはあるまい。そろそろ以下のような難問について、真剣に考えてみよう。この理論のテストも応用も簡単ではないこと、しかし一定の限界はあってもそれを実際に使い、その価値を評価できることを示したい。

51　Amos Tversky and Daniel Kahneman, "Loss Aversion in Riskless Choice," pp. 1048-1050.

▶概念の操作化

　これらの仮説をテストし、理論を実際に応用するためには、以下のような事を明確にできなければならない。

① 政策決定者にとっての操作的参照点 (operative reference point) がどこか[52]。
② 政策決定者が、参照点と比較して現状にどのような主観的評価を与えているか (つまり、現状が満足できるかどうか、あるいは政策決定者が現状を利得の枠組みで見ているのか、それとも損失の枠組みで見ているのか)。
③ 望ましい代替的選択肢が存在するならば何か。もしそれがないなら、論理的に可能性のある何らかの (いくつかの) 代替的選択肢は何か。
④ (いくつかの) 代替的選択肢に伴うリスクの度合いについての認識。
⑤ 政策決定者の行動 (すなわち、政策を変更するかしないか)。
⑥ 政治体制の性格 (民主的／独裁的) と国家の性格 (官僚的／非官僚的)。

　これらについて順に確認していこう。

　政策決定者はときに、その宣言、演説、コミュニケーションを通して、自らが何を受け入れ可能な状態であるとみなしているのかを、かなりの程度明らかにする。したがって、利用可能な公的記録は、現在進行形で参照点を特定するためには、概ね十分なものである。過去の出来事については、文書、回顧録、証言録、そして歴史研究も参照点についての証拠となる[53]。しかしながら、操作的参照点について見解の不一致の余地があることが自然な場合がある。例えば、政策決定集団が、対外政策の目的について、あるいは現状

52　我々が、政策決定集団は単一の政策決定者として扱われるという単純化された仮定の下で作業しているということを念頭に置かれたい。
53　例えば以下を参照。Farnham, ed., *Avoiding Losses/Taking Risks*; Stein and Pauly eds., *Choosing to Co-Operate*. 政策決定のインプットやパラメータを評価するための証拠の様々な情報源の長所と短所に関するさらなる議論については、特に以下を参照。James G. Blight, Bruce J. Allyn, and David A. Welch, *Cuba on the Brink*, pp. 6-7; Welch, *Justice and the Genesis of War*, pp. 37-39.

が受け入れられるかどうかについてさえ、結論が出せないかもしれない。集団政策決定に関する研究の示唆するところでは、そういった場合、指導者や集団の主要メンバーにとっての操作的参照点を代わりにすると便利なことがしばしばある[54]。国家は、自らの参照点を覆い隠したいと願う戦略的な理由を有する場合もある（例えば、何を求めているのかをあまりに明確にし過ぎると、他国からの抵抗に遭うに決まっているし、成功の機会を危険に晒してしまうと指導者は感じるかもしれない）。例えば1962年、ニキータ・フルシチョフは、実際のところはアメリカに有利な真の「ミサイルギャップ」と、アメリカの攻撃からキューバを防衛するという点で自身の不安をあまり公に表明してしまうと、両方の点で成功するチャンスを損なうと、明らかに感じていた。歴史記録はフルシチョフにとっての操作的参照点について十分な情報を提供してくれる。しかし、当時それを正確に特定するには、非常に注意深い、優れたインテリジェンス活動が必要だったであろう。フルシチョフは自らの恐怖感や目的を覆い隠そうと多大な労力を費やしたため、SN比（信号対雑音比）は低く、情報には多くの雑音が混じっていたのである[55]。

操作的参照点が現状からずれている場合、それは切望や期待があることを反映していると言える[56]。ある場合には、その切望や期待は単に身の安全や物質的な福利がどれだけ充足されているかに関するものである。別の場合、特に領土の支配、権利や特権の行使、権威の及ぶ範囲といったある種の問題がかかっている場合には、切望や期待の基礎には、人々の文化的、民族的／国民的、規範的、法的、道徳的な思い入れがある。思い入れの内容を特定す

---

54 Vertzberger, *The World in Their Minds*, pp. 192-259.
55 同時代の記録はフルシチョフの参照点を特定するのに十分情報を与えてくれるが、利用可能な証拠の解釈は簡単なものでも確たるものでもない。さらなる議論については、一般的なものとして以下を参照。Blight and Welch, eds., *Intelligence and the Cuban Missile Crisis*.
56 私は既に、授かり効果、一般化された損失回避、そして損失と利得に関する標準化の早さの違いなど、意思決定者がそれによって現状を参照点として扱うようになりうる理由の多くに言及してきた。もちろん、いつでも現状が参照点であるならば、検証すべき理論などないことになるだろう。なぜならその場合、意思決定者は決して自分が損失や利得の領域にいるとは見なさないからである。

ることは、わけても国際政治における操作的参照点を定めるのに役立つだろう。なぜなら、これらがかかっているとき、最も国際紛争に繋がりやすいからである[57]。またこういった思い入れは、とりわけ強力な道徳的情熱と連関していて、損失の領域であえてリスクを取ろうという傾向を強める。それはすなわち、「公正 (justice) を求める動機」である。人間は普通、実際に得ている利益と享受すべき権利と思っているものに食い違いがあると認識すると、無謀な行動に出やすくなる、独特な憤りの感覚を覚えるものである[58]。何が権利か、ということについての主観的認識は、2つのさらなる理由のために、特に有用な手がかりとなる。まずそれらは、指導者が受け入れ可能であると見なすような状況と、単純に有利であるような状況の相違を説明する助けとなる。そして翻ってそれは、国家の指導者が自国の富や力を増進させるよう

57　Kalevi J. Holsti, *Peace and War*.
58　Welch, *Justice and the Genesis of War*, pp. 18-32.「公正を求める動機」と自己利益の間に必ずしも矛盾があるわけではないが、両者は混同されるべきではない。人は「結果が道徳的に受け入れ可能なこと」を最も重視するかもしれないという証拠がある。その場合でも、多大な物質的犠牲をはらいつつ自分が公正だと認識しているものを追及している人が、自己利益のために行動していると見られることはあるだろう。Norman Frolich and Joe Oppenheimer, "Beyond Economic Man." さらに、あるべき権利と実際の利益の間に食い違いを認識している人は、同時に、物質的な損失を被っているとも感じるため、その不正を正そうとすることは事実上、物質的な満足を増進させることにもなるだろう。しかし公正を求める動機は、損失の回避や利得に対する欲求に単純に還元されるべきではない。なぜなら、この2つは現象学的に異なっているからである(すなわち、不公正の感覚によって、要求の声は甲高くなり、態度が非妥協的になり、得られる価値とそれが脅かされる危険性の間のバランス感覚が鈍り、リスクを取ろうという気持ちが強まるとともに、暴力的行動の可能性が高まる見込みを増大させるような、特有の感情的反応が引き起こされる)。Dale T. Miller and Neil Vidmar, "The Social Psychology of Punishment Reactions." それらはまた、対応すべき行動も異なっている(つまり、正しいことをしたいという欲求、正しいことがされているのを見たいという欲求があると、単に損失回避や利得確保を試みているときに観察されるものとは、異なる行動パターンが全体として生じるのである)。Daniel Kahneman, Jack L. Knetsch, and Richard H. Thaler, "Fairness and the Assumptions of Economics." そしてそれらは、対象となる範囲も (extensively) 異なっている(すなわち、不公正の感覚は、実際に権利であると認識されているような利益に対してのみ拡張される) さらなる議論については、以下を参照。Melvin J. Lerner, "The Justice Motive in Human Relations."

な目標をいつも追求するとは限らない理由を理解するのを助けてくれるのである。例えば、古典的に理解されているようなイギリスの「国益」の観点から見ると、イギリスがフォークランド／マルビナス諸島の地位について非妥協的で、香港の地位については物わかりが良かったというのは、まったく理にかなっていない。イギリスにとって香港は、考えうるすべての物質的な面でフォークランド／マルビナス諸島よりも価値があることは明らかであった。同じように、もしフランスが第一次世界大戦後、実際にチャンスがあった際に〔ドイツの〕ラインラントとルールを併合していたら、フランスは遥かに物質的に豊かになっただろう。獲物はすぐ手の届くところにあったのである。しかしフランスはそうせず、ひたすらそれらの地域の非武装化を求めただけであった。こういったイギリスとフランスの行動を説明するのは、双方が本来自分のものであると考えている領土と、本来他人のものであると考えている領土の違いである[59]。第2に、権利として獲得したものを主観的にどう考えているかによって、現状を当然のこととして受け入れるようになる標準化パターンにおいて、一見したところ例外的で興味深い実例を説明することができる。例えば、行動決定理論によれば、国家は領土的な利得については速やかにそれを当然視するが、領土的な損失については、当然と受け取ることはなかなかないとされる。しかしドイツは1871年にはアルザス・ロレーヌという利得を決して当然とは思わず、1918年にその損失を速やかに当然のことと考えるようになった。他方フランスは決して損失を当然の状況とは考えず、利得は速やかに当然視した。この違いは単純に、フランスはアルザス・ロレーヌに対して道徳的権利感覚を持っていたのに対して、ドイツはそうではなかったということによって説明されるだろう。

---

59 人々は自分が手に入れたいものすべてについて、それを権利上自分のものだと見なしているわけではなく、またしばしば、まったく不用なものを権利上自分のものとみなす。たとえ認識された権利がまったく不用なものだとしても、それらについて頑なになりがちであり、また自身の完全な満足以外の何物でもないものを受け入れる。対照的に、自身の権利だと考えていないものについてはより進んで取引したり、そうすることに多大な労力やコストが必要ならばそれを追い求めるのを控えるのである。Welch, *Justice and the Genesis of War*, p. 21.

政策決定者の参照点を特定することを可能にするのと同じ情報によって、現状に対する彼らの主観的な評価も見定めることもできる。しかし、参照点と現状に対する評価の間のギャップの程度を評価するという更にやっかいな問題は間違いなく操作上の課題であり、ひょっとしたら克服できないものかもしれない。1871年から1918年まで、フランスが領土に関する現状を受け入れ難いと思っていたことは疑い得ないが、しかし何が判断基準となるのだろうか？　量的な意味では、そのようなものは存在しない[60]。サダム・フセインもまた、1990年7月、明らかに現状を受け入れ難いと考えていたが、不満は複雑に込み入った形のもので、計量的評価が可能な場合もあれば不可能な場合もある。クウェートが自らの石油生産の切り詰めを拒絶したことは、確かにフセインが考えていた水準以下に世界の石油価格を押し下げたが、そのギャップの大きさは計量的に評価できる。クウェートはまた、イラク国境を跨いで広がる油田から石油を採掘しており、フセインはそれも受け入れ難いと考えていたが、こちらに関するギャップの大きさを測るのはより難しい。クウェートがその土地からどれだけの量の石油を採掘していたか、フセインがクウェートにどれだけの量を採掘する権利があると考えていたか、そしてクウェートの過剰な採掘をどれくらいまでならば許せるかをフセインが考えていたかどうか（もちろん、フセインはクウェートによる石油採掘はいっさい受け入れ難いと考えていたかもしれない）といったことについて知る必要があるだろう。またフセインは明らかに、クウェートからの領土的譲歩を望んでいた。彼は、最低でも、シャットゥルアラブ川への進入路を占める2つの戦略的に重要な島の物理的支配を望んでいたように思われる[61]。その一方、彼は長らくクウェート全土に対する権利を主張していた。問題が複雑になるのは、その時点でフセインが（もし譲歩に応じればの話だが）どこまでの要求が満たされれ

60　プロスペクト理論から得られるリスク回避に関する知見を解釈する際にとりわけ有意な測定基準がない場合、どのような課題があるのかについて、国際政治分野で有用な議論を展開したものとして以下を参照。Barry O'Neill, "Risk Aversion in International Theory."
61　ブビヤン島（683km²）とワルバ島（37km²）。

ば満足したのかを正確に知ることが難しいからである。結局のところ、フセインが考えていた1990年7月の現状と受け入れ可能な状況との間のギャップの大きさに、意味のある数値を与えることは著しく困難だと思われる[62]。

　ひとたび参照点を特定すると、通常政策決定者が利得の枠組みで動いているのか、それとも損失の枠組みで動いているのかを、ごく簡単に見定めることができる。しかし場合によっては、認識されたり見込まれたりしている利得と損失の大きさを、定性的に推定する以上のことができない。多くの興味深い事例においてせいぜいできることは、現状が示している、あるいはもたらすことになると政策決定者が感じている事象が、僅かな損失、無視できない損失、主要な損失、破滅的な損失のいずれであるのかを見定めることぐらいだとしても驚くには値しないだろう。これらは結局、政策決定者自身が、損失の程度を表す際に通常用いている言葉である。だとすれば、彼らの言葉が実際に手に入る最良の指標であろう。なぜなら、政策決定者は彼らの名詞や形容詞の選び方を通してしか、そのような評価に関する明確な情報を与えてくれないからである。しかし、これらが常に正確な指標であるとはかぎらない。言葉というのは曖昧なものである。それぞれの人間が同じ言葉を少しずつ異なった意味合いで使う。また政策決定者は、自己正当化をする時には誇張しがちであり、自らの目的に関する情報をあまり公にしたくないときには、控えめな言及に留めがちである。人はいつでも自身についての報告は慎重に行うものである。我々にできることは、その他の（それもまた不完全な）指標と組み合わせてそれを考察することぐらいだろう。その他の指標とは例えば、──政策決定者が自分は損失の領域にいると認識している場合には──自らの目的を達するために費やした資源、支払う用意があるコスト、その問題に費やした時間、対外政策課題に関する立ち位置、あるいは、権利と現実のギャップのせいだと思われる物質的苦痛や被害、社会的・政治的ストレスの程度などである。

62　さらなる議論については、以下を参照。Judith Miller and Laurie Mylroie, *Saddam Hussein and the Crisis in the Gulf*; Stein, "Deterrence and Compellence in the Gulf, 1990-91."

現状と操作的参照点の間のギャップがどの程度顕著かという点で、とりわけ有用な指標——加えて言えばそれは損失の枠組みで現状を認識している政策決定者にのみ当てはまるように思われるが——は、差し迫った「区切りの (liminal)」出来事であろう。個人としても集団としても、人間にとっていくつかの段階とその間の経過という観点で物事を考えるのは自然なことである。だからこそ、様々な文化や宗教は一般に、子供から大人へ、前性的段階から性的段階へ、未婚から既婚へといった移行に伴って、儀式を執り行ったり、それを祝ったりする。国際政治も我々は同じように、期間 (periods)、時期 (eras)、時代 (epochs) といった観点から考える。実際の過程や、誰が見ても重要な時点の出来事のような、諸段階の間の経過がいわばケジメとなる場合がある。例えば、思春期は前性的段階と性的段階を分かつものである。しかしその区切りとなる出来事は、ときに全く恣意的なものである。千年紀 (millennium) などその好例であろう。暦は人間が発明したものであって、時間を記す方法は他にいくらでもあったはずだ。世界史において2000年1月1日が特別な日であるという自然な、あるいは客観的な理由はない。この日は他の日付と何ら変わるところがないが、単に時を表す恣意的な人工物で表すと、たまたまきりのいい数字というだけのことである。それでも、それが何かを予兆しているのではないかという恐怖感や、歴史のある段階から別の段階へ移行することが実際に重要である、という感覚は非常に実感を伴った、人間的なものである[63]。

　時期を区分し、区切りを跨ぐというように物事を考える傾向があるということは、政策決定者はときに、ある特定の日付や出来事を決断のポイントや最終期限として心に決める可能性を示唆している。そうすると、彼らが抱える不満が一層際立ってくるという効果がある。彼らは最終期限が近づくにつれて、より声高になるだろう。そして、より大きなリスクを進んで取るだろう。さらに、象徴的なものにとり憑かれ、感情に流されるようになるかもしれない。歴史書を紐解くと、我慢の限界を予め決めた指導者の話は枚挙に

63　例えば以下を参照。Mark Kingwell, *Dreams of Millennium*.

いとまがない。したがって、政策決定者が目的を定めていても、単にいつの日か達成したいものと考えて期限を決めずにいるのか、それとも自らの満足のために確固とした工程表を内心定めているのかについて、とりわけしっかりと注意を払うべきである。もし後者を示唆する兆候があるなら、最終期限が近づくにつれて政策変更の可能性が増すと期待してもいいだろう[64]。

　代替的選択肢の特定についてはどうだろうか？　特定の状況下においては、これはわけもないことである。ときには、現在の政策以外には、1つしか代替的選択肢のない場合がある。これは、政策の特徴を非常に抽象的に特定できる場合に、当てはまる傾向がある。たとえば、損害が大きく、苦戦している戦争を続けることの代替的選択肢となりうるのが、和平を模索することしかない場合はしばしばある。しかし多くの興味深い事例において、政策決定者は複数の代替的選択肢（和平を模索するか、核武装するか、など）を取る可能性を考えうる立場にある。あるいは政策変更が起こりそうかどうかの手がかりを得るために、代替的選択の幅の中で特定の選択肢（和平を模索するという幅の広いカテゴリーの中でも、無条件降伏するのか、交渉をして休戦を模索するか、など）の性格をより細かく評価する必要に迫られることもあるだろう。複数の代替的選択肢がとりうるか、少なくとも考えうる場合、どういう手段でそれを特定できるだろうか？

　政策決定集団が考慮していた特定の選択肢について、文書的な手がかりから多くのヒントが得られることが多い歴史的な事例では、この課題は比較的扱いやすい。しかし現在進行中の事例では、これは相当に難しくなる。政策決定の最上位の集団に信頼できる情報提供者がいなければ、どの選択肢が議論されているのか、そして政策決定者がそれらについてどう考えているかを正確に知ることは難しい。しかし内部情報や有用なリークが得られないときでも、様々な可能性にどの様に準備しているのかを調べることで、どういった代替的選択肢が俎上に載っているのか、何らかの手がかりが得られること

64　この指標は、現状は損失の領域にあると認識している政策決定者にのみに当てはまると思われるということを示唆しておく。なぜならばごく単純なことに、利得の枠組みで動いている政策決定者は下手な手を打つことに耐えられないからである。

085

もある[65]。指導者が、恐怖、不安、願望、そして不平の声を上げる中で、自分がとるかもしれない一連の行動について手の内を見せる場合もある。分析する側は、利用可能な証言を、行動や状況からの注意深い推論と組み合わせなければならない。また、証拠や推論が確定的ではない場合には、分析する側の偏向、信念、先入観で勝手にギャップを埋めることがないように特に注意しなければならない[66]。これが、導き出される予測にとって危険な地雷原になりうることは明らかである[67]。

　代替的選択肢を特定することすら困難だとすると、そのリスクの度合いがどう認識されているかを推し計ることは一層難しい。多くの場合、非常に漠然とした、印象論的な評価に辿りつくのが精一杯である。これはある程度、政策決定者自身がリスクを見誤る可能性があるからである。彼らは、希望的観測によって、あるいは決定後のストレスを回避するために、リスクを過小評価することがある[68]。下調べをしないため、リスクを誤って判断すること

65　しかしながら、緊急時対応計画は、意図に関しての確かな手がかりとはならないことに留意されたい。この問題については、以下も参照。David A. Welch and James G. Blight, "The Eleventh Hour of the Cuban Missile Crisis"; James G. Hershberg, "Before 'the Missiles of October.'"

66　例えば、たとえその証拠がなかったとしてもソ連は西欧に対する計画を隠し持っているという誤った見解を信じたいという西側の人々の思いが、冷戦期の戦略分析を妨げた。David Holloway, *Stalin and the Bomb*; Zubok and Pleshakov, *Inside the Kremlin's Cold War*. ベルリン占領やラインへの急速な侵攻が、実質的にすべての冷戦期の直接的な対峙のなかで、ソ連の最も好ましい代替的選択肢であっただろう。明らかにこれは、「オペレーショナル・コード（operational code）」という考え方に頼る分析者にとって、とりわけ危険なことである。Nathan Leites, *The Operational Code of the Politburo*.

67　残念ながら、政策決定者が考慮する政策の選択肢群やそれらの間の彼らの選好を推論する方法はない。しかし、選好は行動主体によって構築され、参照点や文脈に依存するということは、実験によって証明されている。Tversky and Thaler, "Preference Reversals"; Amos Tversky and Itamar Simonson, "Context-Dependent Preferences." 危機や戦争における政策決定を研究した際に、選択肢群は個々の政策決定者の創造性、才能、あるいはもしかすると愚劣さの産物として（選択肢を定式化し実行する組織が何を望ましいと見なすのかによっても、ある程度制約されはするが）大急ぎで作り出される、と考えるべき十分な証拠を私は見出だした。例えば以下を参照。David A. Welch, "Crisis Decision-Making Reconsidered"; James G. Blight and David A. Welch, *On the Brink*; Welch, "The

もある。単に賢明でないか、事態がよく見えていないこともある。いずれにせよ、彼らは滅多に自分のリスク評価を数値的に示さないため、我々は、政策決定者自身のやや漠然とした特徴や僅かな行動に見られる手がかり（どの程度、神経質になり怒りっぽくなるか、パニックや自暴自棄の兆候があるかどうか、あるいは彼らが重要なリスクを認識しない場合には、場違いに落ち着いていたり冷静だったりしないか、など）以外に、問題を解く手がかりを得ることが出来ない。これは到底満足のいくものではない。

　それでも、政策決定者のリスク評価を十分に知り、その正確さを評価することができることもある。例えば、キューバに戦略核ミサイルを配備するという自らの試みに、それが作戦可能になる前にアメリカが気付く可能性、そして、それを発見したケネディ大統領が強硬に反応するリスクを、ニキータ・フルシチョフがひどく過小に評価していたことは明らかである。フルシチョフの非常に楽観的な評価が希望的観測や動機から来るバイアスのせいで

Organizational Process and Bureaucratic Politics Paradigms"; Welch, "The Politics and The Psychology of Restraint." それにもかかわらず——この点は以下で取り組む対外政策変更という概念を操作化するという難しい問題に関係しているが——実務家と分析者は通常同じように、行動の数多くの大まかなカテゴリーを区別している。そして、興味深く重要な対外政策変更は一般に、あるカテゴリーから別のカテゴリーへの移行を伴っているものである。例えばそれは、外交から武力行使へ、武力行使から外交へ、単独行動主義から協調へ、対立から和解へ、抑止から再保障への移行といったものである。我々は一般に、これらの対になる種類を正反対のものと考える。また、あるものは国際社会における文明的な行動の規範に合致し、別のものは背馳するというだけの理由で、行動のあるカテゴリーから別のカテゴリーへの移行を重要であると見なす。例えば脅威認識というのはある程度、他国の行為がそのような規範にどの程度従うものか侵すものかの関数であるように思われる。Raymond Cohen, *Threat Perception in International Crisis*. 通常、少なくともどのカテゴリー内で政策決定者が選択肢を検討していることをうかがわせる情報があるものである。したがって、推論によって選択可能な行動までは予言することは出来ないが、政策決定者が検討している様々な選択肢が、所与の事例においてどのカテゴリーに含まれるかを予期することはしばしば可能である。つまり、魅力的な代替的選択肢を特定出来さえすれば、損失回避の理論によって対外政策の変更を予期することができるが、ともかくどの行動のカテゴリーを政策決定者が検討しているのかは、実証的な問題として扱わなければならないのである。

68　これらは動機から来るバイアスの例となるだろう。

あったことは想像に難くない。それはソ連軍の兵站能力、アメリカのインテリジェンス能力、アメリカの政治的文脈を無視したことに起因しており、ソ連の外交、軍事、諜報のコミュニティにあった専門知識がどのようなものであったにせよ、フルシチョフがその有効活用に失敗したことが原因だったのである（ソ連の軍やスパイが明らかに能力不足だったことを考えると、これらの専門知識に十分に頼っていたとしても彼の置かれた状況はほとんど良くならなかったかもしれないが）[69]。我々は問題となっている案件ついて、政策決定者より多くの知識や情報を入手することで、彼らの評価が不正確であることがわかるようになる。今日ではフルシチョフの誤りについてかなり多くのことを語ることができる。なぜなら、我々はフルシチョフよりも多くのことを知っているからである。

　しかし我々はいつでも、特に予測を試みるときには、主観的判断を政策決定者に投影してしまう危険性があるが、そういった主観的判断はあくまでも分析者のものに過ぎない。例えば、冷戦期の戦略核兵器にまつわる議論がやや神学論争的な性格を帯びるのは、分析者がいかに循環論法的に考えてしまうかということを表している。アメリカの抑止戦略の熱心な支持者たちはしばしば、ソ連は自分たちとまったく同じようにリスクを計算するだろうと想定していた。それによって、ある種の戦力構成やドクトリンを好んだり、軍備管理案に賛成や反対をしていたのである。しかし後に、これらの問題に対するソ連の認識に関して正確な証拠や証言を手に入れてみると、アメリカとソ連がしばしばリスクをまったく異なった形で理解しており、当然それによって軍備管理交渉が非常に複雑になってしまったことがわかった[70]。これにより、深刻な核危機においてアメリカとソ連が核戦争のリスクを見誤ったかどうか（そして見誤ったのならば、どの程度見誤ったのか）を見定めようとする場合、困った事態に逢着する。アメリカは、アメリカ自身と同じようにソ連が行動すると期待し、ソ連は、ソ連自身と同じようにアメリカが行動すると期

69　Aleksandr Fursenko and Timothy Naftali, "Soviet Intelligence and the Cuban Missile Crisis."
70　Svetlana Savranskaya and David A. Welch, eds., *SALT II and the Growth of Mistrust*.

待した。おそらく、双方とも自分の理解に基づいて行動し、双方とも相手を驚かせただろう。これによって核危機が、双方の想像よりも危険になったのか、危険でなくなったのか、それともあまり変わらなかったのか？　これに答えるのは非常に難しい。

　もちろん、政策決定者が自らの選択にリスクが伴うことを認識していて、分析する側がリスクの程度を評価する際の根拠を提供してくれる状況もありうるだろう。したがって政策決定者の主観的なリスク評価は出発点として有用である。ケネディ大統領が、キューバミサイル危機の最中、ソ連が核戦争にまで行く覚悟のある確率は「3分の1から五分五分の間」だと述べたとされる例を取り上げてみよう[71]。これは、政策決定者がリスク評価を数値的に表現しようとした、顕著かつ珍しい例である。ケネディが蓋然性を幅のある数字で表現したこと、その幅が非常に広いこと、そしてそれが印象論的なものであることは要注意である。ソ連が全面核戦争の危険を冒す傾向の基準値に関する情報は利用できなかったのだから、この評価に経験的な価値はない。しかし、もし自分が柔軟な対応をとらなければ、ソ連は強硬姿勢を貫くかもしれないという、ケネディの抱いた恐怖がそこからは伝わってくる。核戦争に対する彼の恐怖心を考えると、ケネディにとっては3分の1という主観的評価でさえ、キューバをミサイル配備前の状況に戻そうという彼の試みの中で、まったく妥協をしないという選択肢を除外するのに十分であった。したがって彼はよりリスクの低い選択、すなわちソ連の核ミサイルをキューバから撤去することを要求しつつ、その見返りとしてアメリカの核ミサイルをトルコから秘密裏に撤去すると申し出ることを選んだのである[72]。

　ケネディ自身が検討していた様々な選択肢のコスト、利益、蓋然性につい

71　Theodore C. Sorensen, *Kennedy*, p. 705.
72　これが最もリスクが低い利用可能な選択肢ではなかったことに留意されたい。ケネディは、キューバにおけるソ連のミサイルに何とか順応する方法を見つけようとしたかもしれない。あるいは、純粋に外交的な手段を試みたかもしれない。またあるいは、トルコにあるアメリカのミサイルとキューバにあるソ連のミサイルのおおっぴらな交換をより積極的に追求したかもしれない。さらなる議論については、例えば以下を参照。Mark J. White, *The Cuban Missile Crisis*.

て主観的にどのように評価していたのかを数値で表そうという試みは、どのみち正当化し難いだろう。しかし、そこから以下のような説明ができる程度には、ケネディ（と彼に近い補佐官たち）の選択肢の評価に関する情報が読み取れるだろう。つまり、一方では受け入れ可能な状況を回復するために危険を冒す気はあるが、他方では（強硬派の側近が請願したように）より大きな利得を確保しようとして戦略核や通常戦力における優位を最大限利用したりすると途方もない災厄を引き起こす危険もあると思っており、そこまでソ連に圧力を加えたくないという心理も、彼の選択に反映されていたということである[73]。政策決定者によるリスク評価の特徴を有益な形で語るのはこのあたりまでが限界だとしても、驚くには足りないだろう。

　5番目の点、つまり政策変更の有無を評価するのは一見簡単だが、残念ながらそうではない。対外政策変更とは正確には何であり、そして仮にそれを目にしたとして、どうやってそれが政策変更だと判断するのだろうか？　国家は常に自らの政策を細かく調整する。例えば、どのような交渉の過程においても国家は、要求や条件を追加、撤回、変更し、除外されていたものを含めたり、含められていたものを撤回したりするだろう。1980年代の2国間の自由貿易交渉において、文化産業における障壁を撤廃せよというカナダへの要求を、アメリカが撤回する決定を下したことは、対外政策変更であると感じられる[74]。他方、そうでないかもしれない。これは単に交渉上の立場の調整——より大きな目的、すなわち世界最大の貿易関係の再定義、一層の自由化、安定化を実現するという高次の目的のための駆け引き（strategic maneuver）——であるのかもしれない。カナダとの自由貿易を追求するというアメリカの決定は、文化保護に対する反対を取り下げるという決定よりも、ずっと劇的な対外政策変更であったことは確実である。そして、米加貿易に対する依存度の非対称性を考えれば、アメリカとの自由貿易を追求するというカナダの決定は、アメリカの決定よりさらに劇的な対外政策変更であった。これが

73　Welch and Blight, "The Eleventh Hour of the Cuban Missile Crisis."
74　William A. Dymond, "Cultural Issues," p. 114.

近年のカナダ史において最重要の対外政策変更であったことはほぼ間違いない。この変更はカナダと、その南の隣国との関係を根本的に再定義し、カナダの主権のあり方を変質させる──「損なう」、「侵食する」と評する人もいるだろうが──ため、カナダ史全体を通じて最重要の対外政策変更であったとまで論ずる向きもある[75]。

　一般的、抽象的、かつ簡潔な理論から予期できる政策変更は、正確に言えばどのような種類のものなのだろうか？　著者は、アメリカとの自由貿易を追求するというカナダの決定のようなものを予期したり、説明したりできる対外政策変更の理論を欲している。どのような基準に照らして見ても、これは政策の劇的な転換である。その他、私が本書の理論によって予測し、説明したいと望んでいる種類の変更とは、開戦、降伏、終戦、同盟関係の変更、核武装、軍縮、真剣な国際統合実験、重要な統合の解消、そして久しぶりの紛争解決交渉再開、こういった決定なのである。マスコミが注目し、他国が驚いて注意し、何らかの反応や調整が必要とされ、そして脅威環境や機会構造を劇的に変えてしまうようなもので、端的に言って、これらはすべて劇的な対外政策変更である[76]。

　本書の理論によって、カナダと自由貿易交渉を行うというアメリカの決定のようなものを予測し、説明できたら良いだろう。これはアメリカにとって

75　Maude Barlow, *Parcel of Rogues*; David Orchard, *The Fight for Canada*.
76　また前掲注67における私の議論も参照。したがってこの理論は、例えば、領域の多様性に関係なくただ1つの種類の行動を説明しようとする国際協調（international cooperation）理論など、より狭い範囲条件を備えた特定の他の諸理論を包摂する、または補うということに留意されたい。Joseph M. Grieco, *Cooperation among Nations*; Lisa Martin, *Coercive Cooperation*; Kenneth A. Oye, ed., *Cooperation under Anarchy*. そのような理論は、国家が互いに協調する、あるいは協調しないような条件やその理由を特定しようとするものである。私は、国家の目的における多様性と不確実性のため、国際協調をそれ自体として説明することは不可能ではないかと疑っている。異なる国家は──同じ国家でさえ時が異なれば──異なる理由で他の国家と協調する（または協調を拒否する）だろう。協調に関する議論の明らかな扱いにくさは、この疑念を正当化しているようである。例えば以下を参照。David A. Baldwin, ed., *Neorealism and Neoliberalism*. しかし、我々が興味を持つ現象、すなわち国家の政策における対立、例外主義、自主的行動

は、カナダほどの重要な変更ではなかっただろうが、これによって、事態を追跡している人なら重大だと指摘しそうな帰結が生じた。本書の理論がこの変更を捉えることができるかどうかわからないが、もし成功すれば、理論自身が自然とそのことを表現するだろう。しかし、文化産業の保護に対する反対を撤回するアメリカの決定まで捉えることができるような理論があるかどうかについては、私は強い疑念を抱いている。この変更は、話の全体像の中ではさして重要ではない。外交や交渉における些細な戦略的調整というのは、体感できない無数の微震のようなものである。それを予測することはできないし、どうしても予測をしなければならない理由もない。甚大な被害を引き起こす巨大地震こそが重要なのである。

したがって、この理論が本当に主要な対外政策変更の理論であることを認め、主要な政策変更とそうでないものの区別について、いくぶん主観的で不正確な基準でも良しとしなければならない。よって、対外政策変更の有無は、どうしても見る人次第という部分がある。理想的な世界では、この理論によって大して劇的ではない変更すらも同じように理解し、予知することができるかもしれない。しかし少なくとも1つの慰めとなる材料は、この理論は我々がより重要だと思う類いの出来事を理解し予測するのを助ける場合の方がうまくいくと期待できそうなことである。さらに言えば、この理論を用いて政策変更をうまく予測すれば、付属的な利点もある。最も魅力的な代替的政策が明らかな場合には、変更した政策がどのような性質のものになるかも正確に予測できるということである。これは励ましと受け取ってよいのではないか[77]。

最後6番目に、政治体制と国家の性格という問題がある。我々は、民主的

から協調への、あるいはその逆の変更を説明する、または予言するために、協調をそれ自体として説明しなければならないというわけでは必ずしもない。現状がどのようなものであるにせよ、我々にとって最も価値があるのは、断絶を理解し、予期する能力である。我々は、所与の事例でなぜ協調が例外や規範になるのかを一般論として説明することはできないが、それにもかかわらず、その規範から逸脱するという決定を一般論として説明することができるであろう。

な政治体制と独裁的な政治体制、そして非常に官僚的な国家と比較的官僚的でない国家を区別するための、何らかの方法を必要としている。「民主国間の平和（democratic peace）」をめぐる議論のなかでも、どの国を民主的と見なすかについての激しい論争があり、我々は躊躇してしまう[78]。

民主主義に度合いがあるという議論に、直感的には納得がいく。一方の端には、複数政党政に基づく立憲民主体制があり、そこでは規則的に競争的な選挙が行われ、公衆に対する説明責任を果たすメカニズムが確立し、国内の様々な利害が政治に反映される多元的な経路があり、公共の意志を尊重するという強力な規範がある。もう一方の端に正確に何が位置しているのかということは、民主的平和論の支持派と批判派の間で意見が必ずしも一致していない。しかし、緩い基準を使えば、例え単一政党が支配的で、統治エリートが民主的圧力や制約から比較的独立して統治していても、少なくとも時には人々が選挙をして政府を選ぶような国（例えば、PRI下のメキシコ）も「民主的」と呼んでも良いだろう。

「官僚的」な国家とは、どのようなものなのかを決めるのはさらに難しい。これは、「官僚的」という形容詞が、少なくとも2つのやや異なる意味のどちらかの意味か、あるいは両方の意味で用いられるからである。それは第1に、政府組織の複雑さそのもの（省、庁、府、あるいは部局の多さ、それらの内部の複雑さ、政府の諸々の部署の内部やその間のチャンネルの多さ、国家に雇われている公務員の多さ）を意味している。そして第2に、それらが示す典型的に「官僚的」な行動の程度、すなわち、その手続きの厳格さ、生み出す書類の量、政策の形成と施行に見られる形式主義、そして官僚機構の中で政策立案者が直面する他の政府部局や政府関係者からの抵抗の量を意味している。これら2つが

77 　2つ以上の代替的選択肢が等しく魅力的なとき、理論はそれらのうちのどれかを選択しない。しかしながら分析者は、理論に外在的な要素から、どれが最もありうるかついての手がかりを得られるであろう。例えば、本書の第4章、第6章における類推の役割についての著者の議論を参照。

78 　Joanne S. Gowa, *Ballots and Bullets*; John M. Owen IV, *Liberal Peace, Liberal War*; Russett, *Grasping the Democratic Peace*.

相関していると語ることは直観的には正しそうだが、そうではない興味深い事例が存在している。例えばナチス・ドイツは、1つ目の基準からすれば非常に官僚的な国家だが、2つ目の基準からすればそうではない。ドイツの官僚制は巨大なものであったが、それはまた従順でもあった。ヒトラーと彼の部下たちは、自分たちの指令に対するあらゆる抵抗をすべての省庁において実質的に無効化し、まるでいかなる政府機関からもまったく妨害されていないかのように統治してのけたのである。

　残念ながら、官僚化の度合いについて広く受け入れられている指標はない。しかしながら、民主化の度合いについては様々な測定法が存在しており、その中でもポリティ・プロジェクト (Polity project) に見られる手法は、急速に標準としての地位を確立しつつある[79]。ポリティ・プロジェクトのデータ・セットは、民主的、独裁的性格の双方について毎年各国に点数を付け、POLITY変数 (非常に独裁的な国家に与えられる-10から非常に民主的な国家に与えられる+10までの値を取る) として全体的に総合した民主化の点数を報告している。たまたま、ポリティのデータ・セットは、(XCONSTという変数で) 各国の「最高行政官に対する制限 (Executive Constraints)」に点数を付けていて、それは完全ではないにせよ官僚化度についての尺度としてまったく満足できないものではない。このプロジェクトの責任者たちが述べているように、XCONST変数は操作的には「個人であるか集団であるかにかかわらず、最高行政官の意思決定能力に対する制度化された制約の度合い」のことなのである。すなわち、

　　そのような制限は、どのような「説明責任グループ (accountability groups)」からでも課されうる。西洋の民主的政治体制においては、これ

---

[79] 一般的なものとして以下を参照。the *Polity IV Project*, Integrated Network for Societal Conflict Research (INSCR) Program, Center for International Development and Conflict Management (CIDCM), University of Maryland, College Park; http://www.cidcm.umd.edu/inscr/polity〔左記URLリンク切れ。2015年9月14日現在、http://www.systemicpeace.org/inscrdata.html で閲覧可〕

は通常、立法府（議会）である。その他の種類の説明責任グループは、一党制の国家における支配的政党、君主国における高位者や有力助言者の合議体、クーデターがしばしば起こる政体における軍、そして多くの国家における強力で独立した司法府である。大事なことは意思決定過程の様々な部分の間のチェックアンドバランスにある[80]。

XCONSTは1（「最高行政官の活動に対する規則的な制限」の不在を意味している「最高行政官の権威は無制限（Unlimited Authority）」）から7（「活動分野の大半において説明責任グループが最高行政官と同等かそれ以上の実効的な権威を有している」ことを意味する、「最高行政官の対等性、あるいは従属性（Executive Parity or Subordination）」）までの点数を付ける[81]。先に述べたように、官僚制は最高行政官の行動に対するある特定の種類の制限であるため、これは官僚化の尺度としては不完全である。すべての説明責任グループが官僚、政府機関、省、庁であるというわけではなく、また官僚、諸機関、省、庁が常に説明責任グループとして動いているわけではない。それ以上に、民主化度と官僚化度は概念的に独立しているが、ポリティ・プロジェクトはXCONSTをPOLITYへのインプットとして用いている。しかし、高度に官僚的な国家においては、官僚制は実際に行政府を制限するので、直観的にはXCONST変数と官僚化度の間には何らかの相関があると思って良いだろう。後に事例研究のなかで見ていくように、1つだけ例外はあるが、ポリティ・プロジェクトによるXCONSTの点数は、地域専門家が適切な経験的手法で行った判断と、非常に良く合致するのである。

▶ 範囲条件

概念の操作化についてはこのくらいにしておこう。我々はどのような状況下でなら理論を適用できると期待しうるのだろうか？　あるいは、我々がど

80　*Polity IV Project: Dataset User's Manual*, p. 23; 以下から入手可能。http://www.cidcm.umd.edu/inscr/polity〔左記URLリンク切れ。2015年9月14日現在、http://www.systemicpeace.org/inscr/p4manualv2012.pdf で2012年版が閲覧可。〕
81　Ibid., pp. 23-24.

のような状況下では理論を適用できると期待できないのだろうか？

　これはある程度、ありふれた国家を運営する、ありふれた政策決定者についての理論である。「典型的な」リスク傾向を示す人々によって行われる主要な対外政策変更を説明し、予測するのを助けてくれるよう設計されたものである。一見したところ、対外政策変更のリスク回避理論によって、機会主義者、投機家、リスク志向者、誇大妄想狂、狂人の行動を説明するのは難しいように思われる。例えば、ヒトラーは理論の範囲条件の外に位置するようだ。毛沢東、フルシチョフ、金日成、そしてサダム・フセインもそうである（少なくとも、そう論じる人間はいるだろう）。もしそうならば、この理論は20世紀の興味深い事例の大半において、我々を見捨てることになるだろう。本当にそうなのだろうか？　もしそうならば、それはこの理論にとって致命的な限界なのだろうか？

　もし最もこの理論を必要とする事例の大多数において、この理論が役に立たないならば、これに全く価値がないということは明らかだろう。理論の厳密な評価はその働きに基づいて下されるべきものである。とにかくやってみるべきだと答える人間もいるかもしれないが、理論を評価するのに時間と労力を費やす前に、その労力に価値があると一見してわかる十分な理由が欲しいので、これは満足できる応答ではない。実際のところ、我々がそれを最も必要としている、まさにその時にこの理論が失敗すると考えるべきなのだろうか？

　我々に問うことができる1つの質問は以下のようなものである。すなわち、我々が本当に関心を持っている対外政策変更のうちどれくらいのものが、機会主義、投機的傾向、リスク志向、誇大妄想、あるいは狂気の結果なのだろうか？　私が考えるに、「1つもない」という回答を想定するのは非現実的だろう。ヒトラーからすれば広大な東欧の後背地を支配する人種的に純粋なドイツ以外のものは受け入れ難かった。そしてヒトラーは1930年代を通じて自分が損失の領域で動いていると理解していた。よって、自らの参照点に到達するため、あるいはドイツ国家にとって一層苦痛の大きいコストであると彼が見なすものを避けるため、割に合わない様々なギャンブルを受

け入れるという彼の決定は確かに理論が予測するものである、と論じようとする人間がいるかもしれない。しかし私は、このように問題含みの事例を自陣に引き込むことで理論を防御しようという試みには懐疑的である。これが間違っているのは、ヒトラーの思考過程を誤って特徴付けているからではない。実際、自分が東欧の後背地を支配する人種的に純粋なドイツを求めていることを、ヒトラーが戦前期に頻繁に表明していたことは確かである。彼が幾度も、ドイツには「生存圏 (lebensraum)」が早急に必要であることを強調し、それを守るのに失敗した場合の結末を悲惨であると表現したのも事実である[82]。これが間違っているのは、上記のようにヒトラーの思考過程を特徴付けることで、ヒトラーは戦争を欲し、その見込みにスリルを見出し、リスクを取ることを楽しみ、そして明らかに侵攻と支配から大きな満足感を得ていたという明白な事実が覆い隠されるからである。彼は投機的で、機会主義的で、リスク志向的で、誇大妄想的で、そして狂人であった[83]。ヒトラーは、プロスペクト理論の提唱者、カーネマンとトヴェルスキーの実験の被験者の典型ではない。にもかかわらずあたかも彼を典型だと取り扱うことに意味があるとは思わない。図2.2はヒトラーの戦争についてのリスク傾向をまったく正確に表していないため、彼は理論の範囲条件の外に位置するのである。

　金日成も、広くとればヒトラーのカテゴリーに入るように思われる。ソ連の文書館に所蔵された記録は、ソ連と中国のパトロンを巧みに操って自分が朝鮮半島で奔放に振る舞うのを認めさせた機会主義的なリスク志向者としての金日成の姿を、非常に鮮明に描き出している[84]。フルシチョフ、毛沢

82　例えば以下を参照。Adolf Hitler, *Mein Kampf*, pp. 288-289, 601, 947; Hans Staudinger, *The Inner Nazi*, pp. 31-52; H. R. Trevor-Roper, "The Mind of Adolf Hitler."
83　例えば1937年11月、ヒトラーは軍と文民の指導者たちに次のように語った。「ドイツの政策の目的は人種的共同体を守り保持するとともに、それを拡大することである。したがって問題は空間なのだ。……ドイツの問題は力という手段によってのみ解決されうる。そしてこれは決して危険をともなわずにはいない」。Minutes of a Conference in the Reich Chancellery, Berlin, 5 November 1937 ("Hossbach Memorandum"), in Auswärtiges Amt, *Documents on Germany Foreign Policy*, pp. 29, 34.

東、フセインは、より複雑な事例である[85]。彼らが正確にはどれくらいリスク志向的で機会主義的であったかについて、興味深い議論ができるかもしれない。私自身は、フルシチョフと毛沢東のリスク傾向は平均的な人間のまさに典型であったと言いたい。フルシチョフはその空威張り、虚勢、大胆な手に出る性癖で知られていた。1964年、フルシチョフの同志たちがついに彼を権力の座から引きずり下ろしたとき投げかけた非難の1つは、無謀な対外的冒険主義というものだった。しかし、ベルリン危機やキューバミサイル危機のような事例における彼の動機と計算について我々がいま知っていることは、彼は機会よりも恐怖に、攻撃性よりも不安感に突き動かされたということ、そして肝心なときにやり過ぎるのを非常に警戒していたということを強く示唆している[86]。毛沢東もまた——彼はしばしば常軌を逸したゲームを口にしたが[87]——今考えてみれば対外的な事柄においては非常に現状維持志向で、深刻に挑発されたと認識した事柄に限って、強硬に反応したように思われる[88]。フセインは、ヒトラーと金日成を一方の端に、フルシチョフと毛沢東を他方の端に置いた場合、後者に近いかもしれないが、両者の間のどこかに位置するように思われる。公に手に入るもので最も精緻なフセインの心理

84　Kathryn Weathersby, "Korea, 1949-50"; Weathersby, "New Russian Documents on the Korean War," esp. pp. 30-39; Evgueni Bajanov, "Assessing the Politics of the Korean War, 1949-1951."

85　Philip Short, *Mao*; Ross Terrill, *Mao*; Miller and Mylroie, *Saddam Hussein and the Crisis in the Gulf*; Elaine Sciolino, *The Outlaw State*.

86　Aleksandr Fursenko and Timothy Naftali, *'One Hell of a Gamble'*; Nikita S. Khrushchev, *Khrushchev Remembers*; Sergei Khrushchev, *Nikita Khrushchev and the Creation of Superpower*; William Taubman, *Khrushchev*; William J. Tompson, *Khrushchev*; Zubok and Pleshakov, *Inside the Kremlin's Cold War*.

87　例えばアンドレイ・グロムイコによると、1958年の第二次台湾海峡危機の間に毛沢東は、アメリカを核戦争に引きずり込むことを提案した。Andrei Gromyko, *Memoires*, pp. 251-252.

88　例えば、朝鮮戦争や中印紛争など。例えば以下を参照。Alexander Y. Mansourov, "Stalin, Mao, Kim, and China's Decision to Enter the Korean War, September 16-October 15, 1950"; Yaacov Verzberger, *Misperceptions in Foreign Policymaking*; Lebow, *Between Peace and War*, chap. 6.

学的プロフィールを作り上げたジェロルド・ポストは、彼を、ひどく大げさな自己意識と仰々しい野望を持った「悪性のナルシスト」と特徴付けている。フセインは、何よりも自身の生き残りと権力をいつも気にしていて、無慈悲で道徳など無関心だったが、非常に目的合理的 (instrumentally rational) であった。自分の地位が脅かされていると感じたときはいつでも、手のひらを返したように路線を覆した。判断と認識を間違ったのでしばしばこの点で失敗しはしたが、彼は自分が勝てると思えない戦いをふっかけたりはしなかった。進んでリスクを取ったが、異常なリスク志向があったわけではなかった[89]。1980年にイラン攻撃を決めたのは機会主義的なギャンブルのようなものだったが、1990年のクウェート侵攻はむしろ、自暴自棄と憤慨の産物であったと思われる[90]。指導者が、自分の直面している選択をどう理解していたかを正確に把握するためには、彼らの主観的世界観を注意深く再構築する必要があることをフセインの例は鋭く示しているものの、全般的に見て、彼はこの理論の範囲条件内に収まるように思われる。

　これらすべての事例が示すように、リスク傾向は様々である。この理論でその行動を容易に把握できる指導者もいれば、そうではない指導者もいる。しかし、機会主義的な侵略者、リスク志向者、誇大妄想狂、そして狂人が、近年の非常に劇的な歴史的事件を引き起こした場合もあるのは事実だが、結局のところ本当に彼らがどこまでありふれた存在と言えるのかははなはだ疑わしい。ヒトラーと金日成がいるからといって、本書のプロジェクトの潜在力について当初の楽観がすぐに台無しになるのか、私には理解できない。国家の指導者の大半は、まったくもって普通の人間である。元国務長官のディーン・ラスクはかつてこう語った。「私は、歴史書やニュースの見出しに名前が登場するような人々と非常に多く出会い、ともに仕事もしたが、半神半人や超人には一度も出会ったことがない。ただ、自分が直面している問題に苦労して対処している、どちらかと言えば普通の男女に会っただけで

89　Jerrold M. Post, "Saddam Hussein of Iraq."
90　Majid Khadduri, *The Gulf War*; Stephen C. Pelletiere, *The Iran-Iraq War*; Pollack, *The Threatening Storm*, pp. 30-34; Stein, "Deterrence and Compellence in the Gulf."

あった」[91]。

　ヒトラーや金日成はこの理論が想定するリスク傾向を示さず、したがってその範囲条件外に位置するため、彼らの行動にこの理論を応用するのは技術的な意味では間違っているもしれない。それにもかかわらず、この理論は彼らの行動を(もし説明しないとしても)うまく言い当てることがあろう。つまりハンマーがないとき、代わりにレンチで釘を打つのとちょうど同じように、誤って使われても、この理論は有用かもしれない。ここで、2つの種類の誤りを区別することが役に立つだろう。すなわち偽陽性(false positive)と偽陰性(false negative)である。偽陽性は、この理論が誤って劇的な変更が起こりそうだと結論を出した時に生じ、偽陰性は、この理論が誤って政策が継続すると結論を出したときに生じるものである。偽陽性は、自分が損失の領域で行動していると固く思っている機会主義的侵略者の行動を予測しようとする場合には、あまり起こりそうもない。実際、劇的変更は、ありふれた意思決定者よりも機会主義的侵略者が現状を損失の枠組みで理解するときの方が、いっそう起こりやすいはずだ。この理論はヒトラーの行動をとりわけうまく説明はしないだろう。なぜなら彼は、戦争それ自体を目的として求める異常者だったからである[92]。しかし、ヒトラーは確かに現状を我慢できないほどコストの大きい状態だと理解していたので、彼が様々に大胆な行動に出て、ついにはポーランドに戦争を仕掛けるということを、この理論はかなり正しく予測したかもしれない。この理論が失敗しそうなのは、機会主義的な侵略者や狂人に不適切に応用された時で、たとえば彼らは現状を利得の枠組みで理解していて、ありふれた政策決定者なら代替的選択肢に魅力を感じないため、政策変更が起こらないと理論が予測するような場合である。したがって、この理論がその適切な範囲条件の外に位置するような事例に拡張して応用されると、偽陰性は偽陽性よりも起こりやすいだろう。

　もう2点付言しておく必要がある。まず、自由民主主義的な規範が広が

91　Blight and Welch, *On the Brink*, p. 183.
92　以下も参照。Alan Bullock, *Hitler*; Fritz Redlich, *Hitler*; Robert G. L. Waite, "Adolf Hitler's Anti-Semitism."

り、現代的メディアと遠隔通信が地球規模で発達したことによって、機会主義的侵略者や狂人が興味深い国家を支配することは難しくなったと言えよう。暴君や異常な独裁者の全盛期は過ぎ去りつつあるのかもしれない。ウラジーミル・プーチンのような独裁的性格の人間が、ロシア的基準では本質的に民主的な路線を受け入れて、初めて大統領になれたのも時代は変わったからだろう。極右政党であるオーストリア自由党の党首イェルク・ハイダー程度のファシストですら、ナチスを少しばかり称揚しただけで、国際社会の怒りを買い、オーストリア政治の表舞台から実質的に追放された。世界はヒトラーの再登場というリスクを受け入れる気が一切ないことが明らかになったのだ。もし現在の傾向が続くならば、ヒトラーや金日成のような人間は単に一層物珍しい存在になっていくはずである。

 2番目に、ヒトラーや金日成のような人間が多数いるような世界においてすら、彼らの存在は単に、この理論を使おうとする学者や政策決定者に、どのみち常に考えなければならない重要な問題を最初に考えるよう求めるだけだろう。その問題とはすなわち、「この理論が適用されることが予定されているのは、この種の人間、あるいはこの種の国家なのだろうか？」である。その答えは「ノー」かもしれない。その場合には、異なる道具立てによって説明や予測という作業に取り組むのが適切だろう。しかし、あらゆる有用性を無視してこの理論の範囲条件を小さくしないといけないほど答えが頻繁に「ノー」になると考えるべき理由もないのである。

▶ テスト

 最後に、この理論を「テストする(testing)」という問題がある。ここでの仮説はすべてある条件のもとでの事象の起こりやすさという枠組みで提起されているので、考えられる限りもっとも理想的な世界で、多数の標本をとった研究をして何らかの関係性の強さを測定すべきだと論じる人もいるかもしれない。しかし、これは不可能だ。まず、テストすべきデータ・セットがない。2番目に、先に論じたように、問題となる概念の操作化で様々な困難があるので、定量的手法が実現できる精度とデータの信頼度の間のバランスが

非常に悪くなるだろう[93]。3番目に、データ・セットから事象のダイナミクスをうかがうことはできず、それから得られるのは単に世界の恣意的なスナップショットにすぎない。つまり、多数の標本をとって統計的な研究をしたところで、それによって満足のいくテストができるとは思われないのである。

　代わりに提案したいのは、見ようによって野心的とも謙虚ともいえるものである。それは一連の詳細な事例研究をし、理論をいわば試運転（*test drive*）して、自動車のようにそのデザイン、快適性、操作性を評価することである。これは、それよりかなり少数の歴史的な出来事しか考察しないため、その点では多数の標本をとって行う厳格な研究ほど野心的ではないが、しかし、より詳細に過程を追跡する必要があるので、より野心的とも言える。過程の追跡をすると、事象の複雑性と流動性に取り組まねばならなくなる。またそれによって経路依存性が明らかになる。種々の反実仮想的推論を比較してその妥当性を検討する機会が得られる。事象をより詳しく知ることが求められる。データ・セットをコード化してしまうと、こういったことをすべて抽象的な符号にしてしまい、それによってそれぞれの事象の持つ内生的要因の理解ができなくなる。政策決定者は絶えず歴史と経験に反応しながら教訓や着想を得るが、そうすることで自身の後の決定に強い影響を絶えず及ぼしているのだ、ということをあらためて想起しようではないか。対外政策変更のパターンを理解するためには、それによって政策変更のダイナミクスが理解できるような方法が必要であるが、世界を静的なスナップショットで捉えるのは、この意味でとりわけ不十分なのである。

　少数のかなり長期にわたる事例をしっかりと考察することには、現在進行形で変更を予測しようとしてこの理論を利用する分析者が、実際にどうすれ

---

[93] 測定不可能な変数を指標化するためには、詳細で、緻密で、骨の折れる歴史解釈が必要となるが、それは最も恵まれている場合でも論争を呼ぶものである。以下も参照。Huth and Russett, "What Makes Deterrence Work?"; Lebow, and Stein, "Rational Deterrence Theory"; Huth and Russett, "Testing Deterrence Theory"; Lebow, and Stein, *When Does Deterrence Succeed and How Do We Know?*; Lebow, and Stein, "Deterrence."

ばよいのか理解するのを助けるという利点もある。言い換えれば、それによって分析技術を実演できるのである。終章においてより明示的に論じるが、情報分析やどの程度機が熟しているかを判断するのにも、この理論は何らかのかなり明確な実践的意味があり、もしこの理論が非常にうまく機能することと、その使い方を示すことができれば、そういった実践的意味の重要性は一層際立つだろう。

　一定の条件下である事象が起こりやすいという主張の信頼性が、その主張が実際に妥当するほど高まることは言うまでもない。事例は多ければ多いほど良い。また、発見されたパターンが、まったく別の何かによって出てきた虚偽の結果ではなく、本書の理論が想定したメカニズムとダイナミクスの結果であると、はっきりと論じることができればできるほど、信頼は増すことになる。つまり可能なかぎりいつでも、他の要因を制御するように努めなければならない。これが「構造化された重点的比較 (structured, focused comparison)」と呼ばれる手法によって事例研究を律することの要諦である[94]。この発想は、重要性を測定したい決定的な側面を除けば相互に可能なかぎり異ならないような出来事を比較するというものである。次の3章から、私は自らの3つの仮説を多様な観点から精査するために、様々な方法で構造化され重点化された、一連の事例を考察していく。

　第3章では、なぜアルゼンチンがフォークランド／マルビナス諸島をめぐる長いイギリスとの領土紛争を解決するため武力に訴え、一方、日本は北方領土をロシアから取り戻すため外交努力に終始したのかを問う。物質的側面では、これら2つの紛争の本質は似ている。アルゼンチンと日本のどちらも、経済的にも戦略的にも取るに足らない価値しかない比較的小さな諸島を、それを占領し住民の大半を追い出した国から「取り戻そう」とした。そして、〔自分たちより〕軍事的に優勢で核武装した大国に対して権利を主張した。係争対象の手段的価値と地政学的な文脈のどちらによっても、なぜ一方

94　George, "Case Studies and Theory Development"; George and Mckeown, "Case Studies and Theories of Organizational Decision Making."

の事例では劇的な政策変更が観察され、他方では観察されないのかを理解できそうもない。それでは本書の3つの仮説によって、この違いを理解することはできるのだろうか？

　第4章は、長期にわたる単一の事例のなかでの、一連の決定時点を比較する。1965年、なぜアメリカは突如として自国の軍隊をヴェトナムにおける戦争に送ったのだろうか？　その後、なぜあれほど長期間この方針を維持したのだろうか？　1973年、なぜアメリカは突然撤退したのだろうか？　長い政策の安定期を挟んだ2つの興味深い劇的政策変更がここにある。大半の点で（もちろん、すべてではない。歴史は変数を完全に制御できるような性質のものでは決してない）、争点と政治的文脈は変わらなかった。アメリカは一貫して本質的に同じ目的を持ち、本質的に同じ敵と向き合い、そして本質的に同じ制約の下で行動した。この事例には、それ以前の政策安定期と劇的な政策変更という出来事が、いかにして後の政策安定期と政策変更にとっての重要な内生的要因になりうるのかを理解できるという、さらなる利点がある。

　第5章は、20世紀カナダの自由貿易に関する政策の変動を考察する。カナダの歴代首相は三度にわたり、アメリカとカナダの経済を緊密化させて経済ナショナリズムを放棄することを真剣に検討した。最初の2回——すなわち1911年と1948年——カナダは二の足を踏んだ。1988年の際はそうではなかった。二度にわたってカナダがその政策の変更を躊躇したこと、しかし三度目には変更を熱望したことは、何によって説明されるのだろうか？　この事例を考察するのは、先にも指摘したように、この種の政策変更の予測にこそ、この理論が寄与して欲しいと思っていることもある。しかし、一義的には、この理論が安全保障領域と同じように経済領域でも機能するかどうかを、確認したいからである。第3章と第4章は概ね、軍事力の行使に関するものである。対して5章は、実際にも、潜在的にも軍事力行使がいかなる役割も果たさなかった事例である。ここには同じパターンが現れるのだろうか？　もしそうでないなら、なぜそうでないのか、この事例は我々に何か手がかりをくれるのだろうか？

　これら一連の事例によって、3つの仮説を試してみることができるが、も

ちろん、それらが十分に説得力のある「検証」になるということではない。なんといっても、問題とすべきあらゆる側面から見て、十分なバリエーションを備えた事例が十分な数あるわけではないので、どの仮説がより強固でより脆弱なのかを見極めることはおろか、仮説とされた関係すべてを理解する手がかりも得られないからである。しかしいずれにせよ実験室的条件は満たされないので、完全に満足できる検証はここでは不可能である。国際政治の現実は静的ではないし、しっかりと変数の制御できるようなものでもない。そしてここでの関心の対象である対外政策の変更は、単純に観察も測定もしにくい。しかし、これらの事例は、理論を自動車にたとえれば、いわば良い実地走行訓練になるし、私はドライビングテクニックを披露することができる。終章で、理論の堅牢性と脆弱性、そして潜在能力と限界の双方に慎重に留意しながら、1歩下がってこの理論の全体的な性能を再度検討する。

第3章 無益な島をめぐる紛争

　国際政治の研究者が、変数がうまい具合に制御されていて、対照実験に適するサンプル（統制群）に恵まれることはごくまれだが、そうした中でも注目すべき例外がある。それはアルゼンチンと日本が抱える領土紛争の事例である。フォークランド／マルビナス諸島[1]をめぐってイギリスとの間に1833年から続く領土紛争を抱えていたアルゼンチンは、問題を軍事力で解決しようとした。対照的に日本は、前者に比べればさして長年にわたるものではないものの、日本が「北方領土」と呼び、ロシアが「南クリル諸島」と呼ぶ島嶼をめぐり[2]、ソ連（およびその後継国のロシア）との間に領土紛争を抱えていたが、その解決のため政治的働きかけ以外の選択肢をとることには消極的であった。アルゼンチンの事例は、明らかに劇的な政策変更であり、言うなれば、純粋外交から強制外交への突然の変貌であった。1982年4月2日の朝、「ロサリオ作戦」の下、2800名（フォークランド諸島に在住する全イギリス人住民の1.5倍以上）のアルゼンチン兵で海岸は埋め尽くされ、イギリスの守備隊は圧

1　中立を期すために、イギリスおよびイギリスの観点について論じる際には「フォークランド（Falklands）」ないし「フォークランド諸島（Falkland Islands）」を、アルゼンチンおよびアルゼンチンの観点について論じる際には「マルビナス諸島（Malvinas）」を、その他の場合には「フォークランド／マルビナス（Falklands/Malvinas）」を用いる。
2　同様に、日本および日本の観点について論じる際には「北方領土」を、ソ連／ロシアおよびソ連／ロシアの観点について論じる際には「南クリル諸島」を、その他の場合には「北方領土／南クリル諸島」を用いる。

倒された。そして、アルゼンチン国旗が掲げられ、イギリスの総督は放逐された。これはアルゼンチンがマルビナス(the Malvinas)を「取り戻し」、領土紛争に最終的な決着をつけようとして計画された大胆かつ決定的な一撃であった。

　他方、日本はアルゼンチンのように力ずくでロシアとの領土紛争に決着をつけようとはしなかった。日本は1950年代から現在に至るまで、純然たる外交的解決を辛抱強く一貫してめざしてきた。とりわけ興味深いのは1990年から1995年の期間である。この時期、ソ連の崩壊によって北方領土返還に向けた日本の期待はにわかに高まった。ソ連の領土は540万平方キロメートル（ほぼ25パーセント）以上も縮小し、かつてのロシアに戻りつつあった。小さな島嶼をあと2つ3つ失っても大した違いはなさそうで、日本の当局者は楽観的期待に舞い上がっていた。にもかかわらず日本はいかなる種類の脅しも、武力を振りかざすことも一切しなかった。それまで40年以上にわたって続けてきたこと、つまり外交的働きかけと根本的に違うことは何もしなかったのである。しばらくの間、それまでよりも働きかけをやや強化したが、外交的手段を放棄することは決してなかった。

　2つの事例は、これ以外の非常に興味深い面で驚くほど似ていた。アルゼンチンと日本はともに、自分たちが要求しているのは、遠い過去にどさくさに紛れて武力により奪われた未回復の領土であると理解していた。いずれの事例でも、もともとの住民の大半は追い払われていた。両国とも時効による自国の権利の喪失を認めず、積極的かつ辛抱強く交渉による解決を目指していた。両国とも、核兵器を保有する大国に相対的に弱い立場から譲歩を得ようとしていた。そしてどちらの国にとっても、この紛争に賭かっていたのは、物質的な意味では基本的に何の価値もない島であった。もちろん2つの事例の間には違いがあり、ことさら類似点を強調しようというのではない。しかし、相違点のいくつかによって、観察できる両国の行動上の相違がむしろ一層不可解になる。たとえばイギリスとアルゼンチンの関係は、全般的に言えば友好的かつ相互の利益にかなうものであり、フォークランド／マルビナスをめぐる紛争は、両国関係における唯一の火種であった。他方、日本と

ロシアの間には対立と衝突の長い歴史がある。だが、驚くべきことに、関係がより友好的な二国の間で戦争が起こったのである。

ここではフォークランド／マルビナスから議論を進めたい。簡単に背景を説明した上で、主権をめぐる紛争の解決に武力を用いるというアルゼンチンの軍事政権であるフンタ（military Junta：軍事評議会）が下した破滅的な決定の動機と、その背後にある計算を明らかにする。その際、彼らの参照点、代替的選択肢の評価、そして彼らの行動に対する組織的制約に特に注意を払う。そして、アルゼンチンの事例に本書の理論が見事に合致することを指摘する。北方領土／南クリル諸島の紛争については、日本の指導者がそれまでと劇的に異なる何らかの行動を採る可能性が高まった1990年から95年の期間に着目して同様の検討を行う。結論を述べれば、本書の理論はかなりの程度適合しているが、2つの事例とその差異について納得のいく説明をするには、理論に外在する要因を考えに入れることが必要かもしれない。本章の最後にこれらを検討し、理論に対する含意を説明する。また行論中、提起されそうな反論には、あらかじめ応えておくつもりである。

1　マルビナス諸島

かつてサミュエル・ジョンソンは、「フォークランドの島」のことを「荒涼たる陰気で孤立した場所、人間が利用しようともしない島、冬には嵐が吹き荒れ夏には不毛／南に住む野蛮人ですら居住しようとしない島、その守備隊にはシベリア追放すら羨望の的／出費は永遠に続くが役に立つことはたまにしかない／そして労働がうまくできる平時には密輸業者の温床となり、戦時には将来の海賊の避難場所となる」と記した[3]。アルゼンチンがマルビナスとよぶものは、1つの島ではなく実際には群島で、2つの大きな島と200

3　"Thoughts on the Late Transactions respecting Falkland's Islands," quoted in Paul Eddy et al., *The Falklands War*, p. 38.

以上の小さな島で構成されている。1833年にイギリス海軍が上陸しスペイン語を話す住民の大半を追放した際、アルゼンチンがスペインから継承した権原をイギリスが侵害した、という論理を根拠としてアルゼンチンは主権を主張している[4]。イギリスの反論は、概ね島民たちの自決権を根拠としている。「ケルパーズ」――フォークランドの住民は自分たちをこう呼ぶが――の圧倒的多数はイギリス人の血をひき、作法や慣習もイギリス的で、言語は英語、そしてイギリス人であり続けたいと望んでいる[5]。

　1965年、国連は解決に向けて話し合いをするよう両国に呼びかけ、この紛争に介入した。イギリス政府は喜んでこれを受け入れた。島には戦略的にも経済的にも価値はなく、その管理には多額の費用がかかっていた。加えて、島の繁栄がアルゼンチン本土との緊密な関係に依存しているのは明白と思えた。1968年8月、さしたる困難もなく、両国は了解覚書に合意した。決定的に重要なのは以下の部分である。

4　これに対するイギリスの普通の応答は、アルゼンチンが独立し統一されたのは1860年あたりまでしか遡れないため、アルゼンチンがアルゼンチン人の領土であるのよりも長い期間、フォークランド諸島はイギリスの領土であった、というものである。これは交渉上の詐術のようなもので、イギリス政府関係者も、1833年のイギリスによる占拠は不法なものであった、と時折個人的には認めている。たとえば1910年、イギリス外務省調査局のメンバーであるガストン・ド・バーンハート（Gaston de Bernhardt）は、主権をめぐる紛争についてメモを書いたが、それを読んだアメリア局長は次のようにコメントした。「アルゼンチン政府の態度は、まったく不当というわけではなく、われわれの行動も多少横暴だった、と結論づけざるをえない」。1946年に作成された外務省の文書は、［イギリスによる］占拠は「正当化できない侵略行動」だとにべもなく表現している。Ibid., pp. 40-41. イギリス公文書館に所蔵されている外務省ファイルの目録には、「フォークランド諸島のアルゼンチンへの再統合、および租借承認に関するイギリス政府の提案」と題された1940年の項目があるが、これは同島がかつてアルゼンチンの領土であったことを暗に認めている。FO 93 14/4 (A 4514/2382/2, Public Record Office, London, embargoed until 2016).

5　紛争の細部は非常に複雑で、さらに脱植民地化と取得時効という問題がかかわっている。とりわけ、イギリスは、［植民地帝国から独立という］外部に対する自決権ではなく、［独立後の国家］内部における島民の自決権だけを主張した。これについて最良の議論は以下の文献で見ることができる。Lowell S. Gustafson, *The Sovereignty Dispute over the Falkland (Malvinas) Islands*; and Fritz L. Hoffmann and Olga Mingo Hoffmann, *Sovereignty Dispute*.

連合王国政府は［…中略…］最終的合意の一環として、合意によって定められた日から当該島嶼に対するアルゼンチンの主権を承認するであろう。その日付は、①アルゼンチン政府の提供する保護および保証によって島民の利益が確保されるかどうかを連合王国政府が検討する際の基準について、両国政府が相違を解決し、②連合王国政府が島民たちの利益が十分に確保されたと確信した後に、可能な限り早急に合意されるであろう[6]。

障害となったのは「利益」という言葉であった。もしこれが中心的な考慮事項なら、自分たちの運命は終わりだと島民たちは悟った。少数の保守党議員の助力を得て、島民たちはフォークランドをアルゼンチンに譲渡しようとする外務省の計画を阻止する方策を探るべくフォークランド諸島緊急委員会（後にフォークランド諸島委員会と名前が簡略化される）を設立した。法廷弁護士で、外務省員としてブエノスアイレス勤務の経験もあるハンター・クリスティは、フォークランド問題に関する強硬派として名を馳せており、彼の指導の下、フォークランド諸島緊急委員会は、見事なキャンペーンを主導した。議会を大いに紛糾させ、いかなる取引が行われるにせよ、島民の「利益」ではなく「願い」を「絶対条件」とすると政府に保証させたのである[7]。それによって、以降単に現状維持が好ましいと表明するだけで、島民は主権のいかなる譲渡も阻止できるようになってしまった。そして、まさにこれこそが実際起こったことだった。

ケルパーズとの駆け引きが成功しなかったため、外務省は、今度は主権譲渡に利点があることを島民に納得させようとして、主権が譲渡されればいいことが起こるとアルゼンチンに宣伝をさせた。海外領土担当の次官補であるディヴィッド・スコットは、イギリスはフォークランド諸島が強奪されるのを容認はしないが、アルゼンチンに誘惑されるよう積極的に誘導する

6　The RT. Hon. Lord Franks, Chairman, *Falkland Islands Review*, p. 6 以降 Franks Report（フランクス報告）とする。

7　Clive Ellerby, "The Role of the Falkland Lobby."

つもりだと述べた[8]。そのために、両国は1971年に交流協定（Communications Agreement）を締結し、これによってアルゼンチン本土との定期航空路が開設され、新鮮な果実などの珍しい商品や旅行客が島にもたらされた。だがケルパーズはつれなかった。交流協定の恩恵を享受しながらも、彼らは断固として主権の譲渡には反対した。一匹狼の労働党議員であるタム・ダリエルは次のように不満を漏らした。「島民のアルゼンチンに対する疑念や敵意は非常に深かったので、たとえ大天使ガブリエルですらハンター・クリスティ氏とその仲間たちと対話することはできなかっただろう。彼らは頑(かたく)なだった。外務省はフォークランド島民の代表に分別があり、アルゼンチンに対して柔軟であることを望んでいたが、ほとんど絶望した。気持が通い合う希望は全くなかった。彼らはイギリス人以上にイギリス人だったのである」[9]。

1973年、アルゼンチンの大統領に返り咲いたフアン・ペロンは、マルビナス問題に進展のないことに対する苛立ちもあり、ナショナリズムを爆発させる引き金を引いた。4月には交渉が事実上休止状態になった。またしても国連が介入し、両国に交渉再開を促した[10]。だが、アルゼンチンは主権の譲渡を強硬に主張し、ケルパーズが頑なに反対したので、交渉に進展の余地はなかった。

1975年末に向けて、アルゼンチンのカルロス・オルティーズ・デ・ロザス国連大使は、イギリスの交渉姿勢が真剣ではないと公式に失望を表明し、アルゼンチンの忍耐が限界に達しつつある、と不穏な調子で述べた[11]。イギリスも、フォークランドの潜在的経済力を評価するためにシャクルトン卿を派遣したが、アルゼンチンはそれを、交渉継続を一方的に拒絶するものと解釈し、問題は一層こじれた[12]。行き詰まりから生じた外交上の応酬の末、事

8　Max Hastings and Simon Jenkins, *The Battle for the Falklands*, p. 23.
9　Tom Dalyell, *One Man's Falklands...*, p. 10.
10　国連総会決議3160号（1973年12月）。
11　Hoffmann and Hoffmann, *Sovereignty Dispute*, p. 127.
12　Lord Shackleton, *Economic Survey of the Falkland Islands*. 400頁に渡るシャクルトンの報告書を要約したものとしては、以下を参照。Lord Shackleton, R. J. Storey, and R. Johnson, "Prospects of the Falkland Islands."

態は1976年にはとうとう大使の召還にまで発展した[13]。

1976年のアルゼンチンの軍事クーデターによって、ケルパーズはアルゼンチンへの主権譲渡に対する関心をますます失うとともに、両国間の緊張は高まった[14]。その後の3年間は全面的な膠着状態が続いた。マーガレット・サッチャーを首相とする新保守党政権は、1979年、選択肢を再検討することを決めた。英国外務省は、フォークランド問題担当の新任の国務大臣ニコラス・リドリーに以下の3つの政策案を提示した。

① 「フォークランドの要塞化」、つまり交渉を打ち切り、島の防衛準備を整える。
② フォークランド諸島を放棄し、島民には英国本土への移住という選択肢を提示する(外務省は、これは「政治的にも道徳的にも擁護しきれない」と考えていた)。
③ アルゼンチンとの合意を求めて、交渉を継続する[15]。

外務省は第3案を取ることにし、すでに1940年に検討された「リースバック」と呼ばれる方式に傾いた[16]。この考えは、香港モデルに基づいて、島の長期租借と引き替えにアルゼンチンに主権を譲渡するというものであった。1980年11月にリドリーはフォークランドを訪問し、この政策をケルパーズに売り込もうとしたがうまくいかなかった[17]。

それでもなお外務省は交渉の打ち切りを拒み、イギリスは正式に主権譲渡

---

13 Hoffmann and Hoffmann, *Sovereignty Dispute*, p. 127-128. この2カ国は1979年に大使を交換する関係を回復した。
14 Franks Report, p. 75. 軍事体制の性格については、以下を参照。Charles Maechling, Jr., "The Argentine Pariah."
15 Franks Report, p. 20. 直後の1979年9月20日、外務大臣のキャリントン卿は、サッチャーおよび他の防衛委員会のメンバーに、改訂版の選択肢リストを送付した。その選択肢とは、①フォークランドの要塞化、②主権について譲歩せずに交渉を長引かせる、③主権について実のある交渉をする、である。Ibid., pp. 20-21.
16 本章注4に挙げた外務省文書を参照。
17 Franks Report, p. 23.

を取り決めるのを真剣に望んでいる、と主張し続けた。この方針はアルゼンチンの希望も期待も助長し、自分たちの主張が正義に適っている、というアルゼンチン指導者たちのそもそも強かった信念を一層強化した。もしフォークランド島のアルゼンチン領有が正当でないなら、イギリスがなぜ主権を譲渡するための方策を探りたいと主張するのか。だが、具体的な進展なく時間が経過すると、アルゼンチンの苛立ちは増していった[18]。

　1981年12月、フンタが政権に就き、結局彼らの堪忍袋の緒は切れてしまうことになる。フンタの3人のメンバーは、大統領兼陸軍総司令官のレオポルド・F・ガルチェリ将軍、海軍総司令官のホルヘ・イザーク・アナヤ（「アナシャ」と発音する）提督、空軍総司令官のバシリオ・ラミ・ドゾ准将であった。アナヤはこの問題の原動力で、生涯にわたって彼の野心はマルビナスをアルゼンチンが奪回することであった[19]。アナヤはガルチェリの大統領就任を支持したが、それにはイギリスによるフォークランド島占領から150周年の記念日となる1983年1月までにアルゼンチンがマルビナスを取り戻すという条件が付いていた。ガルチェリとラミ・ドゾもアナヤのこの目標を共有していた。ただし、フンタのジュニア・メンバーであったラミ・ドゾは、他のふたりよりも用心深い性格だった。しかし3人は自ら課した最終期限までに目的を達成するために、いざとなったら外交の支援策として軍事力を用いることでは一致した。

　フンタは政権の座につくと間もなく、真剣に軍事的な非常事態計画の立案を開始した[20]。フンタは忍耐が限界に達しつつあるというシグナルを送り始

18　以下の記述の多くは、筆者がブエノスアイレスで実施したアルゼンチン政府関係者への聞き取り調査に基づいている。話の全体、あるいは特定のポイントについて、匿名を希望した人物もいた。可能な場合には、聞き取りの相手を誰なのか明示する。

19　Anaya interview, 30 August 1995; また、以下も参照。Michael Charlton, *The Little Platoon,* p. 116; Jorge I. Anaya, "Malvinas." アメリカ国務長官のアレクサンダー・ヘイグは、1982年4月に自ら行った和平の仲介の間に見られたアナヤの激越ぶりについて記している。アナヤはヘイグに次のように語ったと言う。「私の息子はマルビナスのために死ぬ覚悟がある。そしてもし息子の血がマルビナスの神聖な土と混じり合ったのを知ったならば誇りに思うだろう。これが我が家のものの見方だ」。Alexander M. Haig, Jr., *Caveat,* p. 288.

めたが、もちろん、イギリスが同地域における貧弱な軍事力を強化するという対応をしないよう、武力を用いる意志があるということをあまりはっきりとは伝えぬよう心がけた。(イギリスの軍事力は、ポートスタンレーに配備された少数の海兵隊、軽武装の砕氷船「エンデュアランス」がすべてであったが、それすらサッチャー政権による1981年国防政策見直しの下、何ヶ月かのうちに撤退する予定であった)。それゆえ、フンタとの深い関係があるとされていた有力なジャーナリストであるジーザス・イグレシアス・ロウコは1982年初頭の2本の新聞記事で、アルゼンチンはイギリスに対して、問題解決に向けた厳格な期限とともに交渉継続の「明確かつ断固たる」条件を近い内に提示するだろう、と警鐘を鳴らしていた。あからさまには言わなかったが、彼は、もしイギリスが頑なな姿勢をとることが判明した場合には、アルゼンチンがマルビナス奪還のために軍事的手段を用いる可能性を示唆した[21]。1月27日、アルゼンチン外務省は文書をイギリス大使に手渡し、「妥当な期間内に遅滞なく」アルゼンチンの主権の承認に至る交渉を呼びかけた。

イギリスは、結果についての前提条件を設けないという条件で、ニューヨークでの交渉に同意した。だが、両国の行動の舞台がサウスジョージア——ポートスタンレーの南東700マイルに位置する「フォークランド諸島属領」の1つで、南サンドウィッチ諸島とともにアルゼンチンが主権を主張していた(図3.1参照)——へと移ったため、何の成果も得られなかった[22]。放棄

20　先導したのは海軍で、計画立案は1982年1月、国家戦略指令1/82をフンタが承認したときに本格的に始まった。「マルビナス、ジョージア、そして南サンドウィッチ諸島に対するわが国の主権を承認させるためのイギリスとの交渉において、明白かつ反復的な進展の遅延に直面し、軍事委員会は、この状況を引き延ばすことは国家の威信、主権の完全なる行使、そして資源の探索に影響を与えると確信するに至った。よって、政治目的を達するために軍事力を行使する可能性について検討することを決議した。この決議は厳格に秘匿されるべきであり、回覧されるのは当該の軍関係部署の長に対してのみとされなければならない」。Lawrence Freedman and Virginia Gamba-Stonehouse, *Signals of War*, pp. 12-13.
21　*La Prensa* (Buenos Aires), 24 January and 7 February 1982.
22　行論中全体を通じて、「マルビナス」に対するアルゼンチンの主張に言及しているときは、常にその属領に対する主張もそこに含めている。

図3.1 南大西洋における係争中の領土

出典：Disputed territories in the South Atlantic.

された捕鯨基地の解体の契約をスコットランド企業とかわしたアルゼンチン人のくず鉄回収業者のコンスタンティノ・ダヴィドフは、3月18日、アルゼンチン海軍の輸送艦「バイア・ブエン・スセソ」でリース港に入港したが、契約上必要なグリトビケンにあるイギリスの南極探査基地への事前通報をしなかった。サウスジョージアでの手続きをダヴィドフが怠ったのはこの4ヵ月で二度目のことであった。彼の乗った船がいずれの航海でも無線封鎖を実施していたこともあり、イギリス当局は彼が良からぬことを企んでいるのではないかと疑い[23]、ダヴィドフに退去を要求した。

両国の外交当局は事態の悪化を抑えようとし、「バイア・ブエン・スセソ」がサウスジョージアを離れることで同意した。そして、3月22日にそれは実行された。他方でイギリスはダヴィドフ一行が全員乗船するものと考えており、その旨の公式声明を同日夜に発表した。だが一行全員が退去していないことが明らかになると、イギリスの新聞はこれを「侵略」と報じ、サッ

チャーは残りのアルゼンチン人員を退去させるために「エンデュアランス」のサウスジョージア派遣を命じた。アルゼンチン側にはまったく無害な解体作業と映ったものに対して、イギリスが思いのほか激しい反応を示したことに疑念を抱いたフンタは、このような屈辱は許すまいと、2隻目となる砕氷船「バイア・パライソ」を同海域に派遣し、海兵隊を上陸させてダヴィドフの部下を保護するよう命じた。

　それでもなお、危機を抑える方法が模索され、アルゼンチンのニカノール・コスタ＝メンデス外相はグリトビケンのイギリス当局がサウスジョージアのアルゼンチン人に「ホワイトカード」を支給することを提案した。ホワイトカードとは、1971年の交流協定以来、マルビナスに滞在するアルゼンチン人用の渡航書類となってきたものである。それはパスポートではないので、如才なく巧みに主権問題を回避していたのである。だがフォークランド総督のレックス・ハントは、交流協定はあくまでフォークランド諸島のみに適用されるものであり、属領であるサウスジョージアでホワイトカードは有効ではないと主張した。彼は、もしアルゼンチン人がリースに滞在を続けたいと望むなら、総督府がパスポートにスタンプを押す必要があるとアルゼンチン側に要求するよう、イギリス政府を説得した。

　フンタはこれを甘んじて受けようとはしなかった。もしダヴィドフ一行に

23　この疑念にはもっともな根拠があったとみるべき理由がある。アルゼンチン海軍は1981年9月、「プロジェクト・アルファ」の立案を始めた。これは、アルゼンチン海兵隊がダヴィドフの作業員の一員に紛れ込み、諸島において恒久的なプレゼンスを確立する、というものであった。この狙いは、1976年に南サンドウィッチ諸島で実行された類似の作戦を繰り返すものということで、この時アルゼンチンは「科学事業所」を南テューレに密かに建設したが、イギリスはこれに抗議しただけだった。1982年2月、アルゼンチン外相のニカノール・コスタ＝メンデスは、すぐ後に予定されていたニューヨークでの交渉を複雑にしないため、プロジェクト・アルファを延期するよう勧告した。フンタはこれに同意したとされている。Anaya interview, 29 August 1995; Galtieri interview, 29 August 1995; Lami Dozo interview, 30 August 1995. それにもかかわらず、筆者が聞き取り調査をし、この点に関して匿名希望の事情に通じているあるアルゼンチン高官は、ダヴィドフのチームには、プロジェクト・アルファの主たる内容を実行する命令を帯びた海兵隊員が混じっていたに違いないと述べた。ただし、この情報を語った人物は、フンタの3人のメンバーは誰もこのことに気付いていなかったと強く主張した。

パスポートを提示させよというイギリスの要求をアルゼンチンが呑めば、それは事実上サウスジョージア、さらにはその延長線上にある（彼らはそう考えていた）マルビナスを含む係争地におけるイギリスの主権を承認することになる。アナヤは「これはアルゼンチンの領土に対するイギリス側の侵略」と見ていたのである[24]。

　3月26日の夜、フンタはマルビナスを占領することを決定した。イギリス人の血を一滴も流すことなく守備隊を制圧、武装解除し、さらに総督を追放した上で撤退、その上でマルビナスを一時的に国際管理下に置き、両国間でアルゼンチンの主権を公式に承認する一方で、島民たちの「利益」を保護する協定を結ぶ、という筋書きだった。無血で占領と撤退を急速にする作戦がアルゼンチンの決意を伝えるシグナルとなり、膠着状態となっていた交渉の刺激になるとフンタは考えていた。彼らはそれが国際的な非難やイギリスの軍事的な対応に繋がるとは予想していなかった。言うまでもなく、ここで彼

24　Interview, 29 August 1995. ラミ・ドゾが述べたところによれば、「イギリスが紛争を激化させたこと、とりわけパスポートについて要求したことは、まったくの驚きであった……われわれはこれを認めることは出来ないと全員一致で合意した」。Interview, 30 August 1995.

25　彼らがここで判断を誤った理由は興味深く、しかも多くを教えるものである。しかしここでそれを十全に説明する紙幅がない。この問題に関心を持つ読者はWelch, "Culture and Emotion as Obstacles to Good Judgment." を参照されたい。

26　フリードマンとガンバ＝ストーンハウスはイギリスの動員に対するアルゼンチンの認識をかなり詳細に調査したが、そのようなインテリジェンスの報告の根拠は見つけることができず、4月1日までは南大西洋に向けて出発したイギリスの潜水艦は無かったと述べている（4月1日以降、「スパルタン」がジブラルタルから、「スプレンディッド」がファスレーンから出航している）。*Signals of War*, pp. 73-77. 2人の説明では、イギリスが様々な種類の増援を動員しているという、よりざっくりしたアルゼンチンの不安を強調している。筆者による聞き取りではフンタは、原子力潜水艦に対する彼らの懸念という話題を特に強調して、3月25日にイギリスの原子力潜水艦が南大西洋に派遣されたという信頼に足る情報があったと断固として主張した。

　アメリカ海軍大西洋連合軍最高司令官ハリー・トレイン大将が1982年に回顧した内容は、むしろ話を一層混乱させた。「3月17日だったと思うが、『スーパーブ』がジブラルタルから出港したとBBCが伝えたとき、アナヤが私に言ったところでは、アナヤはマルビナス諸島をアルゼンチンに取り戻すという生涯の野望を成し遂げる最後のチャン

らは誤ったのだ[25]。

　フンタは行動するのであれば速やかに事を運ばねばならないと考えていた。チャンスの窓は狭く、閉じかかっていると思っていたのである。「エンデュアランス」はサウスジョージア近海に待機し、ポートスタンレーから海兵隊の分遣隊を伴っていた。アルゼンチンのインテリジェンス機関は、どうやら間違っていたらしいが、イギリスの原子力潜水艦が南太平洋に向けてジブラルタルを既に出発したと報告していた[26]。フォークランドは事実上無防備同然だったが、それはごく一時的なことだった[27]。軍事的な準備は十分に完了してはいなかった。フンタは、実際に軍事的カードを切る必要があるにしても、わずか数ヵ月の間にその必要に迫られるとは思っていなかった。一番早く作戦実施が可能なのは4月1日であり、フンタの3月26日の会合においてこれが承諾された。その後、天候の関係で上陸は4月2日に延期された。

スだと感じた。この原子力潜水艦が現場に到着したら、アルゼンチン部隊をポート・スタンレーに上陸させるのに必要な海上作戦を実施することは不可能になるだろう、ともアナヤは言った。『スーパーブ』がジブラルタルからフォークランド諸島周辺海域に到着するのにかかる時間が、チャンスの窓が空いている期限だったのである」。Quoted in Charlton, *The Little Platoon*, p. 116. BBCには3月17日にそのような報道をしたという記録は残っていない。BBCが最初にそれを伝えたのは3月29日であった。

27　カルロス・ビュッサー海軍少将が語ったところによれば、「アルゼンチンは、行動すべきごく短い期間を得たが、その間イギリスは行動できなかった。その後は、立場は完全に逆になっただろう。イギリスは行動することができ、アルゼンチンはくず鉄の作業員がジョージアから排除されるのを止めることができない立場にたたされるはずだった……その時点で、全体状況は次のような構図になっていた。イギリス軍は南へと向かっていた。交渉を続ければ、問題は解決せず、イギリスの軍艦がそこに移動する時間を与えるだけであった。国連安保理にわれわれの主張を持ち込むこともできたが、安保理ではイギリスが拒否権を握っており、見込みは薄かった。3番目がイギリスに交渉を強いるための軍事的解決だった。基本的なアイディアは小規模な戦力によって諸島を奪還し、その小規模な戦力を現地に残すというものだった。われわれが実際にやったようにである。上に述べた代替的選択肢の中で、軍事的選択肢のみが確実な解決の見込みを与えてくれた」。Quoted in Charlton, *The Little Platoon*, pp. 114-115. 1995年8月28日にわたしが実施した聞き取り調査の中で、フンタの側近であるアルベルト・デ・ヴィータ博士は、自分たちの選択肢についてフンタがどう表明していたかに関するブセルの説明は正しいと認めている。

▶ 理論との適合性

　本書の3つの仮説はアルゼンチンの事例にどれくらいうまく適合しているのだろうか。第2章では、以下の点を決定できることが必要だとした。

① 政策決定者にとっての操作的参照点がどこか。
② 政策決定者が、参照点と比較して現状にどのような主観的評価を与えているか(つまり、現状が満足できるかどうか、あるいは意思決定者が現状を利得の枠組みで見ているのか、それとも損失の枠組みで見ているのか)。
③ 望ましい代替的選択肢がもし存在するならば何か。もしそれがないのなら、論理的に可能性のある何らかの(いくつかの)代替的選択肢は何か。
④ (いくつかの)代替的選択肢に伴うリスクの度合いについての認識。
⑤ 政策決定者の行動(すなわち、政策を変更するかしないか)。
⑥ 政治体制の性格(民主的／独裁的)と国家の性格(官僚的／非官僚的)。

　それでは各々を順番に見て行こう。
　アルゼンチンの指導者にとって、操作的参照点がこの時期一貫してマルビナス領有であったことは明白である。主権をめぐって争いのある島をイギリスが事実上支配しているという現状は、アルゼンチンの政策決定者にとって、常に満足できないものであった。ほぼ150年間にわたって、アルゼンチン人は明白かつ苦痛に満ちた喪失感を持っていた。
　ここで指摘しておくべき重要な事実は、アルゼンチンで語られる神話とは逆に、この明白かつ苦痛に満ちた喪失感が常に一定なものではなかったということである。それは時代によって相当な変化を見せてきた。誰もが想像するように、1833年にイギリスが島を奪取した際、フアン・マヌエル・デ・ロザス率いるブエノスアイレス政府は、侵略されたことに激しい憤りを見せた。だが19世紀の大半と20世紀の前半、アルゼンチンは政治的団結と国家建設の困難な過程にあり、独立まもない国境が有って無きが如き状態のなか、統治可能な領域を確定することに懸命だった。それゆえ、マルビナス以

外の他の問題にとらわれていたことは驚くべきことではない。マルビナスの領有権に関する主張は、消滅していたわけではなく休眠していたのである。この問題は、第二次世界大戦後にはじめて人目を引くようになった。1960年代になってようやく、アルゼンチンの指導者はこの問題に執着するようになった。そして1970年代になって始めて問題は先鋭化した。休眠、復活、そして最終的に事態が切迫化したことは、どのように説明できるのであろうか。

　その答えは、アルゼンチンが一貫して、南米で最も民族的に多様な国の1つであることと大きく関係している。アルゼンチンは、建国初期に深刻なアイデンティティの危機を経験している。政治的団結には、アルゼンチンの国民的一体感を涵養することが必要だった。これは政治的優先課題であったが、困難な課題でもあった。しかし、アルゼンチンのエリートはここにいたって都合の良い手段を発見したのである。それは領土回復運動（irredentism）である[28]。

　集団意識、あるいは身内意識を涵養する簡単な方法は、他者への不満感を作り出すことである。国民的アイデンティティは領土に結びついている。人は領土に強い感情的思い入れがあるので、領土回復運動はとりわけ有効である。もし、他国が自国の正当な領土を不当に奪ったという話を納得させれば、こういった信念に伴う感情的義憤は、一種の愛国的紐帯として作用する。アルゼンチンの政治エリートは、こういったメッセージにとりわけ感化されやすい聴衆、つまり子供に狙いを定めるという見事な作戦に出た。領土回復運動は教科書で意識的に強調されたが、その目的はまさにアルゼンチンの子供がナショナリストになるよう社会化することにあった[29]。

　アルゼンチンの教科書は時点によって様々な異なった領土回復運動を強調してきたが、その利点も様々であった。アルゼンチンの隣国はほとんどすべて、どこかの時点で復讐の女神役を果たした。先に触れたようにマルビナス

---

[28] いかなる基準から見ても、彼らの成功はあざやかである。アルゼンチンのナショナリズムはとりわけ憎しみに燃えた類いのものであると広く認識されている。
[29] Calrols Escudé, *Education, Political Culture, and Foreign Policy*.

が目立つようになったのは戦後になってからのことである。それは、アルゼンチンの陸上での国境線が安定し、隣国との関係が正常化するにつれ、もっと重要な領土問題がしぼんでしまったからである。たとえば、19世紀にはアルゼンチンの指導者は、ウルグアイを自分たちが建設しようとしていた国家の不可分の一部だと見なしていたが、ウルグアイのような大きな戦利品を得られるチャンスが、もう永遠に巡って来ないことは明らかだった。マルビナスをめぐるイギリスとの紛争と、チリとの間のビーグル海峡にある諸島の紛争だけが残り、1970年代までにはアルゼンチンにとってビーグル紛争の先行きも暗いことが明らかになった[30]。しかしアルゼンチンの指導者には、マルビナスが究極的には戻ってくると願い、またその実現を期待する強い理由があった。ビーグル海峡諸島については、押しの強いアルゼンチンの指導者の中にすらアルゼンチン側の主張の正統性に疑問を持っていた人物もいたが、これとは対照的にアルゼンチンの島マルビナス（*las Islas Malvinas son Argentinas*）については、アルゼンチンの主張の正統性に事実上誰も疑問を持っていなかった[31]。国連が繰り返し、交渉による解決を呼びかけたことも、正すべき重大な歴史的不正が存在するというアルゼンチン側の見方を強化する効果があった。そしてイギリス側が交渉に応ずる姿勢を見せたことも、こういった確信を一層たしかなものにする結果になった。しかしイギリスが後に強硬姿勢を採り、見たところ誠意を欠いていたことによって、かつて不当行為を働いたのに、まるでバカにしているようにアルゼンチン側には映った。それに加えて、イギリスによるマルビナス占領から150年記念日という、合理的には意味もないが、心理的には強い意味のある日付が近づいてきたのである。

---

30 国際司法裁判所は1977年、チリの主張に好意的な判断を下した。しかし教皇がチリの主張を支持した後でようやくアルゼンチンは白旗を上げ、1984年にチリの主権を正式に承認した。
31 これは学校の運動場で歌う歌の反復句だった。この問題についてのアルゼンチンの感情の強度に関する更なる一般的な議論については、Welch, *Justice and the Genesis of War*, pp. 171-172および同書の引用を参照されたい。

1981年12月に政権についたフンタのメンバーは、マルビナスを大々的に取り上げた教科書で育った最初の世代に属する人々である。彼らはまた、ビーグル海峡諸島紛争でのアルゼンチン側の主張を、渋々あきらめなくてはならなかった最初の世代でもある。彼らは1983年1月の重要きわまりない150周年というタイミングに、アルゼンチンを率いることになっていた。マルビナスをアルゼンチンに取り戻すことは、アナヤにとって「一世一代の夢」であり、彼は同僚とともにそれを実現するために、わずかながらチャンスがあることを見てとった。この政権が、それまで、あるいはその後のいかなる政権よりも強く損失を感じ、それを早急に回復しようととりわけ鋭く感じたことは全く驚きではない。

　ガルチェリ政権ももちろんそうだが、あらゆるアルゼンチンの政権にとって、軍事的解決より交渉による解決の方が好ましかった。アルゼンチンではそれまでの16年間のうち3年間を除く全期間にわたって軍が統治してきたにせよ、アルゼンチンは軍国主義的な社会ではなく100年以上も戦争をしてこなかった[32]。国民の教育水準は高く、コスモポリタン的で都会的だった。社会的政治的な人々のつながりは、軍が左翼とその同調者と疑われた人々を弾圧した「汚い戦争」によって引き裂かれ、その経済はひどい有様だった[33]。アルゼンチンは戦争ができるような状態にはなかったのだ。しかし、交渉よりも望ましいと思われた選択肢は、力による解決だった。アルゼンチンの指導者たちには、もう他に知恵はなかった。彼らは誘導、説得、第三者（主として国連）からの圧力を試み、オブラートに包んで脅しもやってみたが、どれもうまくいかなかった。フンタの見方では、アルゼンチンは我慢強く、

32　アルゼンチンが参加した最後の大きな戦争は、1865〜1870年のパラグアイに対する三国同盟の戦争であった。フアン・ペロンは1945年ドイツへ宣戦布告し、アルゼンチンが間違いなく国連に加盟できるようにしたが、それは本質的に形式的なものだった。

33　1981年、アルゼンチンのインフレは130パーセントにまで達した。ペソはドルに対して価値が5分の1まで減少し、GNPも6パーセント減少した。製造業の生産は22.9パーセント下落し、実質賃金も19.2パーセント下落した。800万人未満の労働力のうち、50万人が失業状態だった。*Economist*, 10 April 1982, p. 22; Jimmy Burns, *The Land That Lost Its Hopes*, p. 29.

他者を配慮し、自制的であった。サウスジョージア島で事件が展開するにつれて、そしてイギリスがこの事件を利用して強硬策を正当化し、フォークランド島「要塞化」政策に乗り出すのではないかという疑念が強まるにつれて、フンタとしては軍事的カードを切るかそれとも降参するかという、ますますくっきりとした二者択一を迫られていると感じた[34]。

　実際のところ、軍事的解決という選択はある期間真剣に検討され、アルゼンチン政府が何回かその方針に傾いた時期すらあったようである。ジミー・バーンズによればアルゼンチン政府は1942年、ブエノスアイレスの軍学校に侵攻作戦の実現可能性を研究するよう依頼した[35]。アナヤ自身、1960年代末には軍事計画の策定に関与していた[36]。1966年12月にはアルゼンチンの潜水艦が東フォークランドの綿密な偵察を実施した模様である[37]。マックス・ヘイスティングスとサイモン・ジェンキンスは、ヴィデラ政権が1976年のクーデター後、および1978年のサッカーのワールドカップでの優勝後にも再び侵攻を考えたが、結局イギリス潜水艦の威力によって抑止されただけだったと示唆している[38]。イギリス議会のフランクス報告書は、1977年にアルゼンチンはこの海域での軍事活動を活発化させ、イギリスは「限定的な侵攻に柔軟に対処できるよう」海軍力の展開で応じたとしている[39]。軍事行動の可能性が、アルゼンチン指導者の意識から遠いところにあったわけ

34　イギリスが南大西洋での軍事プレゼンスの増強を正当化するために、なぜサウスジョージアでの出来事を画策する必要があるのか、フンタはその正確な理由を一度も説明してこなかったように思われる。しかし事後には、サッチャーがふらちな地政学的目的のために仕掛けた罠に、見事に引っかかってしまったのだ、とフンタが大まじめに信じていたことは、私の聞き取り調査によれば、疑問の余地はない。その点についての詳細はAlberto A. De Vita, *Malvinas 82*に詳しい。
35　Burns, *The Land That Lost Its Heroes*, p. 3.
36　これは「ゴア計画」と呼ばれたが、それはインドによるポルトガル植民地の奪取作戦に敬意を払って、名前がつけられた。この計画には奇襲上陸作戦とともに、どうやら現在居住しているイギリス系島民を追い払い、アルゼンチン人を植民させることも含まれていたようである。これは1833年のイギリスのやったことのお返しである。Hastings and Jenkins, *The Battle for the Falklands*, p. 31.
37　Burns, *The Land That Lost Its Heroes*, pp. 3-5.
38　Hastings and Jenkins, *The Battle for the Falklands*, p. 32.

では全くなかった。しかし1982年になって初めて、これがアルゼンチンにとって、最後の望みのように思われるに至ったのである。

軍事的選択にはどれほどのリスクがあると思われたのだろうか。話はいささか複雑で、直感に反するものである。アルゼンチンの指導者は以下の4つの疑問に答えなくてはならなかった。①アルゼンチン軍がマルビナス確保に成功する可能性はどれくらいか。②イギリスが奪回作戦を試みる可能性はどれくらいか。③もしイギリスが奪回を試みれば、それが成功する可能性はどれくらいか。④ありうべき国際政治上の影響がどれくらいのコストを伴うか。理想的な観察者なら、こういった疑問に次のように答えることになろう。

① 現地での通常兵力が圧倒的に優越していることを考えれば、アルゼンチンがマルビナスを確保するのに大した困難はないだろう。アルゼンチンは完全に航空優勢も保持しているし、イギリス海軍が(たとえば、原子力機動のハンターキラー潜水艦を派遣するといった形で)本格的に展開しない限りは、アルゼンチンの艦船が深刻な脅威にさらされることもないだろう。ポートスタンレーにいる小規模な英国海兵隊の駐屯部隊は、せいぜい名目的な抵抗をすることしかできないだろう。

② マーガレット・サッチャーがアルゼンチンの侵攻を我慢することは、まずありえない。もし外交的手段で確実に侵攻以前の状況を回復できないのなら、彼女はマルビナス奪還を力づくでも試み、以下の目的を達成しようとするだろう。(a) 彼女が島民およびイギリス本国が正統な権利だと考えるものを回復すること、(b) アルゼンチンが攻撃によって利益を得ることがないようすること、(c) 弱腰で宥和政策を採ったという汚名を受けないようにすること、(d) イギリスの約束の信頼性を維持すること、(e) 他国が次々にイギリスに領土要求をする

39　しかしこれらの展開は秘密裏に実施された。フランク委員会は「アルゼンチン政府がそれらについて把握した証拠を見つけなかった」としている。Franks Report, p. 18.

よう助長しないこと[40]。

③　核兵器を用いなければ、イギリスがマルビナス島を奪回するのは難しいだろう。核兵器を非核保有国の相手に使用することについては国際的なタブーが存在し、イギリス自身もそのタブーを完全に内面化しているので、問題外だろう。イギリスにはフォークランドをカバーする作戦範囲内に空軍基地がないし、航空母艦による空軍力も限定的なので、この空域で航空優勢をあてにできない[41]。海軍力で優越することは確実で、アルゼンチンの救援部隊や増強部隊は阻止できる。しかし、待ち構えている守備隊に対して攻撃を成功させるには攻撃側には3倍の兵力が必要だ、とする軍事計画で普通使われる大雑把な基準に照らすと、イギリスは部隊を上陸させるために海岸に近づけるとは考えにくい[42]。加えて、本国からほとんど7000マイル彼方の侵攻軍を補給し維持する兵站は、想像を絶するほど大変な仕事である。確かにイギリスはインテリジェンス、練度、リーダーシップ、そして装備の各面で優れており、それによって数的劣勢や兵站上の困難の一部は相殺できる。しかし全体的に見れば、とりわけ、回復すべき非常に少数の島民の権利に比して、負担すべき人的物的コストがあまりにも見合わないので、サッチャーがフォークランドの軍事的奪回に楽観するの

40　こういった懸念と他のあり得る選択について、他の研究でより詳細に検討したことがある。特に以下の文献を参照。*Justice and the Genesis of War*, pp. 177-184と"Culture and Emotion."ここでは私の重要性の評価の順序で列挙した。戦略的、経済的動機については重視していない。この点は後述する。

　　5月半ばのイギリス軍上陸直前のサッチャーの交渉姿勢からは、主権委譲が島民の希望に反して行われず、交渉による最終的解決までは既存の法律と慣行が維持される限り、アルゼンチンも関与する形で、島の国際管理にサッチャーは応じたであろうと思われる。

41　戦闘の間、高性能航空機について、アルゼンチンが4対1の割合で数的優勢を保持していた。

42　実際は、敗れたアルゼンチン守備隊は勝利したイギリスの攻撃隊に対して、倍以上の数的優位を持っていた。イギリスとアルゼンチンの戦力組成についてはMartin Middlebrook, *Operation Corporate*, pp. 395-409を参照。

は難しい。ただし、だからといってサッチャーが絶対それを試みないということにはならない。

④　アルゼンチンは紛争解決に軍事力を用いたことで国際的批判にさらされる可能性が高い。そもそも自国領なのだからこれが侵略のはずはない、というアルゼンチンの主張に好意的な国はほとんどないだろう。アメリカは、イギリスとの歴史的、文化的、言語的、政治的、そして軍事的な関係の親密さを考えると、結局イギリスを支持するだろう。アルゼンチンは大国からの支持を一切期待できない。南米の国の中には、アルゼンチンの主張が公正だ、と口先で支持する国もあるだろうが、軍事政権は暴力的だしアメリカの中米政策を支持しているので、アルゼンチンの評判はよくない。というわけで、ほぼ確実に、国際政治上のコストは相当に大きい。

　全体的に見れば、軍事的選択はかなりリスクが高いように思えるはずである。アルゼンチンは軍事的外交的に屈服を余儀なくされるか、島を保持するにしても大きなコストがかかるか、いずれかになりそうである。
　しかしフンタは事態をいささか異なった形で見ていた。彼らは相当楽観的で、上記の4つの疑問に対する彼らの答えは以下のようなものであった。

①　すでに述べたような理由から、島を奪取することは困難ではないが、イギリス人の血を流さずに島を奪取しようとすると困難は増す。フンタは戦闘員が戦場の興奮の中で何をするかを制御できないし、イギリス軍が同士討ちで血を流すのを止めようがないからである。しかしイギリスの戦闘犠牲者は、ポートスタンレーの守備隊が小規模であることを思えば、最悪の場合でも決して多くはならないだろう。

②　イギリスが島の奪回を試みる可能性は小さいだろう。理由はイギリス軍基地から島までの物理的距離が大きいこと、わずか1800人の島民による要求を満たすために、サッチャーは必要となる努力も、国際的な政治代償の負担もしないだろうということ、そしてサッチャーが

島民の要求を満たすことよりも、イギリスとアルゼンチンとの将来の関係の方が重要だと考えるだろう、ということである[43]。もし彼女が何らかの理由で軍事的対応に傾斜しても、アメリカが彼女を抑制し、最終的な外交的決着を交渉するよう促すだろう。その理由は、(a) アルゼンチンがアメリカの中米政策を支持していること、(b) アメリカにとってアルゼンチンが南米の共産主義に対する防波堤として価値があること、(c) モンロードクトリン、そして (d) 南米諸国に対してヨーロッパの植民地主義国家を支援しているとアメリカが見られたくないと思っていること、である[44]。

③　もし何らかの理由でサッチャーが力づくで島を奪回しようとしても、作戦の成功は上に述べた理由でおぼつかない[45]。

④　アルゼンチンの作戦に対してある程度の国際的批判はあるだろうが、これも限定的であろう。ほとんどの国は、アルゼンチンに同情的なはずだ。アルゼンチンの主張は正しいから、侵略とは見なさないだろうし、そもそもマルビナスはアルゼンチン領なのだからアルゼンチンの作戦は侵略ではあり得ないからだ。しかもアルゼンチンは国際的

43　フンタが女性蔑視的なステレオタイプを内面化していたことも、イギリスが軍事的に対応するリスクを過小評価した理由だと信じるべき根拠がある。米国務長官のアレクサンダー・ヘイグは、「あの女があえて」島の奪回のために戦いはしないだろう、とガリチェリが言ったことを回想している。Haig, *Caveat*, p. 280.

44　聞き取り調査による。また、David Lewis Feldman, "The U.S. Role in the Malvinas Crisis, 1982" も参照のこと。こういった評価に達するにあたって、フンタはコスタ・メンデスの判断に大きく依拠した。アナヤは次のように想起している。「コスタ・メンデスの見方は、〔スエズ危機時の〕1956年からイギリスの行動は常に交渉であって、軍事力を基礎にしたものではなかった、といったものだった。ローデシアは最近の例であった。そこでイギリスは60万人ものイギリス人を見捨てた。こういった認識を合わせて、イギリスは軍事的反応しないだろうという結論が導き出された。……3月26日に我々が会った際、コスタ・メンデスは状況を説明し、イギリスの行動からするとイギリスに真剣に交渉させるには軍事行動が必要であると言った。我々は彼の知識と業績に敬意を持っていた。……彼には膨大な経験があって、我々に軍事行動をとるよう助言した。いったいどうして、我々が彼の判断を疑うことができるだろうか。」1995年8月29日に行った聞き取り調査による。

に認められている脱植民地化の原則に沿って行動している。アルゼンチンは、イギリスの行動が不誠実な時も、忍耐と誠意をすでに示してきた。実際はイギリスが攻撃してきたのであって、それはリースにいたアルゼンチン人のパスポートにスタンプが押されねばならないと主張した時や、そうしなければ「エンデュアランス」を派遣して彼らを追い出そうとした時にも明らかだ。最後に、イギリスとの最終的な交渉による解決までの間、島を直ちに国際管理下におくことで、島を強奪したという批判をかわすことができるだろう[46]。

もちろんこの分析は、作戦のリスクを実際よりずっと低いように見せているし、多くの重要な点で間違っていたことが明らかになったのだから、フンタの判断が誤りだったことの証拠となる。フンタが作戦のリスクを過小評価したのは、希望的観測や動機が思考に影響したせいであるということも、当

45 　今日に至るまで、もし神とアメリカがいなければ、イギリスによる島嶼奪還の努力は失敗に終わっていただろう、とフンタは主張している。アナヤによれば、アルゼンチンの潜水艦はイギリスの航空母艦2隻のうち1隻(2隻のうちはるかに優れた能力を持った「インヴィンシブル」)を苦労して視認するところまで行ったが、魚雷が不発だった。もしインヴィンシブルが沈没したり損傷していたら、イギリス部隊はおそらく撤退しなければならなかっただろう。このことからアナヤは「神はイギリス人なのだろう」と皮肉を述べるに至った。これは1995年8月29日の聞き取り調査による。
　アメリカはアセンション島の施設、衛星やその他の情報、改良型のサイドワインダー対空迎撃ミサイルなどをイギリスに供与した。このミサイルによって、比較的少数のイギリスのハリアー戦闘機が猛烈なアルゼンチンの航空機による攻撃を排除することができた。フンタはアメリカがイギリスにアセンション島のそういった施設の利用を許したことが、中立のはずのアメリカの立場からの言語道断の逸脱だと考えた。だが、アメリカにはその問題において選択の余地はなかった。アセンション島はイギリスが領有しており、アメリカへの租借の条件として、「緊急時」にはイギリス軍が利用できるようにすることが定められていたのである。
　イギリスによる島嶼の奪還努力が成功しそうかどうかについて、フンタの評価には矛盾する部分がある。ラミ・ドゾは次のように報告する。「我々は島を奪取可能だったと信じていたが、それを確保することはできないと考えていた。それは、アメリカがイギリス軍を支持するだろうからである。」1995年8月の聞き取りによる。アナヤとガルチェリは聞き取りで、アメリカが中立を維持するのは間違いないと確信していたと明かした。

然あり得る。前章で論じたように、たとえそうだとしても全くもって正常なことである。フンタの判断の間違いを説明するのに、動機論的心理学の比重をどれほどにするべきかは判然としないが、すでに論じたように、彼らが本気でそう判断したことは明らかで、それに関しては彼らの特異で閉鎖的な世界観に帰すことができる部分もあろう[47]。

　軍事作戦を許可したことによって、当然、フンタは問題の純然たる外交的解決を放棄したと見ることができる。しかし、フンタはそれを外交の「刺激」とか「付属物」と理解しており、目的達成のための追加的もしくは補助的手段と見なしていた。彼らの意識では、外交を完全に放棄したわけではなかったのである。それでも、彼ら自身これが過去の行動からの劇的かつ画期的な変化であり、決定的な一歩を踏み出していると明らかに認識していた。彼らは、全員一致でなければことを前に進めないと合意し、3月26日の雰囲気は、それにふさわしい厳粛なものがあった[48]。いかなる基準に照らしてもこの決定は劇的な政策変更であり、フンタもそう理解していたのである。

　アルゼンチンの体制と国家の性格については何が言えるのだろうか。軍事体制は明らかに権威主義的なもので、国家は特に官僚的ではなかった。国内や政府内の諸々の利害が、アルゼンチンの政策を形成する機会はほとんどなかった。反体制派はもちろん弾圧されていたし、大臣たちは、自分たちの言いなりになる部下に取り囲まれていた。マルビナスを占領するというフンタの決定は、アルゼンチン国内全体の意見を広く聞いた上でなされたものではなかったし、政府内ですら討議されたわけではない。イギリスがどのように

46　もちろん、フンタはこの最後の点についてはこのシナリオに固執しなかった。むしろ、ガルチェリはそれに失敗したと言うべきだろうか。4月3日にアルゼンチン軍がポートスタンレーを掌握したというニュースが流れた時、ブエノスアイレスの通りでは自然発生的に熱狂的なお祭り騒ぎが繰り広げられた。ガルチェリは「マルビナス諸島の解放者」(*Libertador de Las Islas Malvinas*)と祭り上げられてのぼせ上がってしまい、カサ・ロサダのバルコニーから、アルゼンチンはマルビナスから決して撤退しないと言い放ってしまった。彼の後で、アナヤとラミ・ドゾは唖然として顔を見合わせた。匿名条件の聞き取り調査による。
47　Welch, "Culture and Emotion."
48　1995年8月30日ラミ・ドゾからの聞き取り。

反応しそうかについてはコスタ・メンデスの判断に頼っていたことから明らかなように、フンタもある程度の相談はしたが、様々な利害が競合し、相互に影響力を打ち消しあってアルゼンチンの政策が形成されたという感じはなかった。これについて特記すべき例外は軍内部の協議である。占領の後に、フンタの各メンバーは、陸海空3軍それぞれの高級将校に助言を求め、それを聞いていた。このことは、フンタの柔軟性に対する制約を表しているようである。ともかく、米国務長官のアレクサンダー・ヘイグにはそう思えた。ヘイグは解決のための交渉をしようとした際のフラストレーションを次のように語っている。「もしガルチェリが決定権を握っていないとするなら、フンタも同じことだった。アルゼンチン政府が決定をするのには、どうやら陸軍の軍団司令官全員、そして海軍や空軍の同格の将校の全員の同意を、いちいち確保しなくてはならなかったようだった。進展は片言隻語をめぐって遅遅としか進まず、それにすら交渉に関係していない連中が拒否権を発動するという有様だった」[49]。つまりフンタは、占領後には、自分たちの身内にいる非妥協的な勢力によって手を縛られていると感じていたのである[50]。しかし、侵攻に至る政策決定過程が、同様に拡散的なものであったことを示す証拠はない。どこから見ても、フンタは件の島を占領するという運命的な決定を、概ね自分自身でしたのである。事実、占領に関係する様々な最重要な仕事を任された高級将校たちも、決定が下されてから3日後になって初めて自分たちの任務を知らされた[51]。ガルチェリ政権にポリティ・プロジェクトが与えた数値は全く適切と思われるが、それによると、POLITY変数は8（高度に独裁的）で、XCONST変数は1（政府の権威は無制限）と評価している[52]。

　それでは3つの仮説はどれくらい妥当するだろうか。第1の仮説は、民主的な体制を持つ高度に官僚的な国家では、独裁的な体制を持つあまり官僚的でない国家よりも、対外政策の変更は起こりにくいはずである、というもの

49　Haig, *Caveat*, p. 289. 以下も参照。*Times* of London, 5 May 1982, p. 10.
50　そうでなければ、フンタは自分たちの非柔軟性の言い訳として、それを部下たちのせいにした。
51　On March 29; Freedman and Gamba-Stonehouse, *Signals of War*, p. 109.

だった。アルゼンチンの指導者は、国家もしくは体制の性格によって、あまり制約を受けていなかったのは確実である。思考実験的な反実仮想として、アルゼンチンがもしとても官僚的な民主国家だったら、同じくらい簡単に軍事カードを切ったかどうか判断してみるとよいだろう。こういった類いの条件を大きく変える反実仮想を厳密にやるのが非常に困難なことはよく知られており、この問いに明確な答えを出して、それがどんなものであっても正しい答えだと主張するのは難しい[53]。しかしアルゼンチンの事例では、もしアルゼンチンが官僚的な民主主義国家なら、軍事カードをもっと簡単に切っただろうと論ずるのは難しく、逆に軍事力を使う意欲が削がれただろうと論ずることはたやすい。すでに述べたように、アルゼンチン社会は軍国主義的ではなく、問題とされる時期のほとんどの間、軍の社会的地位は低かった。実業界や外交政策エリート、そして文民の官僚たちは、少なくともフンタよりは軍事行動のリスクについて敏感で、イギリスとの合意のタイミングや条件についても柔軟だった[54]。アルゼンチン人全般が自国の主張に正当性があるというフンタの信念を共有していたものの、皆がそれをアナヤほど鋭く個人的に感じていたわけではなかった。いずれにせよ、もし軍事政権が権力の座におらず、イギリスが反応することになるああいった類の冒険主義の必要条件となる環境をつくらなければ、サウスジョージアでどのような出来事の連鎖が起こり軍事行動の引き金になったのかは想像し難い。総合的に判断すると、もし劇的な対外政策変更の・頻・度・が・そ・の・起・こ・り・や・す・さに依存しているとすると、アルゼンチンの事例は第1の仮説に適合しているように思われる。しかし厳密に言えば、他の事例と比較するまでは、頻度に関する結論を保留す

---

52 Polity IVプロジェクトによるアルゼンチンの指標化の結果は、国連が戦争以前にフォークランド／マルビス諸島の地位に関心を持った期間、相当変動している。1965年にはPolity変数は-1でXCONST変数は3、1966～1972年には-9と1、1973～1975年には6と5、1981～1982年-8と1だった。表6.1を参照。

53 一般にPhilip E. Tetlock and Aaron Belkin, eds., *Counterfactual Thought Experiments in World Politics.*

54 各聞き取りに基づく。Oscar Raúl Cardoso、1995年8月28日。Dr. Lucio García del Solar、1995年8月30日。

るべきだろう。

　第2の仮説は、対外政策変更が最も起こりやすいのは、政策が何回も繰り返し失敗するか、破滅的な大破綻をきたすか、すぐにでもそうなると指導者が確信したときである、というものである。確かにこれによって、フンタの純然たる外交的解決に対する態度をうまく描くことができる。1982年はじめまでには、フンタは、長年にわたる精力的な外交努力で島の返還実現には近づけなかっただけでなく、島の奪回のための時間的限界が近づきつつあると確信するようになっていた。操作的参照点のことを考えると、このような恒久的な島の損失は、まさに破滅的に見えたに違いない。

　最後に3つの目の仮説は、他のすべての条件が等しいなら、指導者は、利得と損失が同等ならば、利得を得るよりも、損失を回避するために対外政策変更に伴う固有のコストを負担する(そして固有のリスクを受け入れる)傾向がある、というものであった。ここでも結論に達するには、反実仮想的な問いに頼らざるを得ない。もしフンタが、損失の領域ではなく利得の領域で行動していたなら、はたして軍事行動を取ることに同じくらい積極的だっただろうか。ある観点からはこの問いに答えるのは簡単だが、別の観点からは難しい。たとえば、もしアルゼンチンがマルビナスに対する領有権を主張せず、それを未回復の領土と見なしていなかったら、フンタがそれを獲得しようとして軍事的冒険に乗り出す可能性は事実上ゼロである。フンタのメンバーの中に、というよりも文官であれ軍人であれ、歴史に記録されているアルゼンチンの指導者の中で、リスク追求的で機会主義的な侵略者と言ってよいような人物はいない。マルビナスの領有権に対する要求がなければ、そのために国際的同情を受けず、他国領に対する攻撃だと理解されざるをえないような文脈で、友好的で核兵器を保有する大国との戦争の危険を冒そうという気持にアルゼンチンのリーダーがなったはずはない。

　しかしもちろん、あらゆる立場のアルゼンチン人がイギリスによって蒙った歴史的不正の結果だと信じている損失と同等の利得を得る可能性は、実際には全くなかった。アルゼンチンにとってこの事例で賭かっていたのは全く象徴的なものであり、それが大きいことは損失の領域にあることの直接的結

果で、その性質は損失の領域にあることと切り離せない性質のものであった。道徳心理学によると、自分の当然の権利が侵害されたと感じている人とは、取引によって問題を解決するのがとりわけ難しいことがよく知られている。そういう人物の要求は絶対的になる傾向があり、普通妥協あるいは他の交換条件を受け付けない。オスカー・カミリオンが「形而上学的」あるいは「国家の本質あるいは存在そのもの」[55]と呼ぶものに匹敵するほど重要なものがあるはずがないのは、ほとんど定義上そうなのである。これと比較できるくらい魅力的な利得を想像することは、リチャード・ネッド・ルボウの言う、分析的に手に負えない「奇跡のような世界」の反実仮想をもてあそぶに等しい[56]。

　しかしここで言えることは、アルゼンチンがこの事例で賭けていたものが、物質的価値の非常に貧弱なものだったことを考えると、アルゼンチンがこのような無謀な行動に出た動機が、自分たちの権利が侵害されたという感覚以外のものだとはおよそ理解しにくいということである。ともあれ、ここでは損失の枠組みそれ自体が、観察される行動の必要条件のように思われる。そしてもちろん、このことは第3の仮説を支えている理論と合致するのである。

▶ 反論とそれへの応答

　フォークランド戦争とその解説を記憶している読者は、以下の3つのよくある反論のいずれかを思い浮かべる可能性が高いのではないだろうか。1つ目は、戦争は石油や何か別の経済的利益を争った戦争ではなかったかというものである。2つ目は、この戦争には隠された戦略的動機があったのではないかというものである。そして第3番目は、この戦争は単にアルゼンチンの体制が権力を維持するためにやったことではないか、というものである。以上は、この戦争で何が争点で、何が動機だったのかをめぐってここで展開し

55　Quoted in Charlton, *The Little Platoon*, p. 102（イタリックによる強調は原文による）.
56　Richard Ned Lebow, "What's So Different about a Counterfactual?"

た説明に対する反論でもある。

　件の島には経済的価値が事実上なかったので、フンタが経済的な利害関心を持っていたと論じ難い。もし経済的価値があったのなら、イギリスもあそこまで島の返還に応ずる姿勢を見せなかったであろう[57]。時折島のすぐ沖合に石油が埋蔵されていると信じる人が現れたが、いつもひどい失望に終わった。採掘可能な石油資源はまだ発見されていない[58]。島の土地はと言えば、ピート〔泥炭〕があり羊が育つだけだ。観光業の可能性も、島が恐ろしく辺鄙な場所にあるのに加えて、インフラが不十分なことから限定的だ。沿岸の海は海藻やオキアミが豊富だが、いずれも大きな市場に恵まれていない。沖合の漁業資源は豊富だが、イギリスは包括的解決の一環として、常にアルゼンチン漁民に漁業権を与えることに前向きだった。

　いずれにせよ、1982年のフンタにとって経済的関心が大した動機になっていなかったことは、十分に明らかである。沖合にひょっとすると利用可能な石油資源があるかもしれないということは、確かにアルゼンチンの指導者の関心を引いたが、それは島の天然資源の開発が成功すると領土権に関する交渉が厄介になるという理由からだった[59]。イギリスもヘイグ国務長官に石油は問題ではないとにべもない調子で伝えたし、ヘイグもこれが「ガルチェリの関心事からほど遠い」ことを確信していた[60]。ダグラス・キニーが述べ

57　島が経済的に重要な価値を有していると主張する数少ない研究書の1つとして、Alejandro Dabat and Luis Lorenzano, *Argentina*, esp. pp. 45-50。その議論は根拠薄弱で説得力に欠ける。それはマルクス主義の分析として当然のことながら、アルゼンチン政治の唯物論的説明を展開しなければならない。よって、同書が「マルビナス『奪還』におけるフンタの主要な目的は、コンセンサスの新たな基礎を形成することであり、国家とそれを支配する金融支配勢力を再正統化することだった」(p. 76) と結論しているのも驚くにあたらない。

58　1976年、シャクルトン卿は、石油生産はその地域で経済的にやっていけるかもしれないと示唆している。しかし、彼は1982年には違う結論を出している。Peter Beck, *The Falkland Islands as an International Problem*, p. 185; Lord Shackleton, *Falkland Islands*. ブームの期間にフォークランド沖での石油採掘権にその将来をかけたデザイア・ペトロリアムという企業がある。その株価は1998年に最高495ポンドにまで上がってから2004年初頭に10ポンドまで急落し、まったく営業収益をあげないままとなっている。

ているように、いずれの側も、「天然資源に関する考慮は、その外交活動の動機となっていなかった」[61]。この点については、この紛争を詳しく研究する学者の間で、事実上全員の意見が一致している。経済的考慮はアルゼンチンのマルビナスに対する関心の中で、ほとんど重要性はないのである。

フランクス報告書は、チリとのビーグル海峡諸島の領有権争いで敗れたことによって、アルゼンチンのフォークランド島への戦略的関心が強まった可能性を指摘しているし、こういった議論に賛同する分析家も散見される[62]。特筆すべきなのは、ローレンス・フリードマンとヴァージニア・ガンバストーンハウスという、紛争研究でもっとも知識にも洞察にも恵まれている研究者の議論で、彼らは、アルゼンチン軍部の地政学的観点から見れば、ビーグル海峡諸島を喪失したことによって、南大西洋におけるアルゼンチン全体の戦略的立場が悪化したのではないか、と論じている。チリがビーグル海峡諸島を、そしてイギリスがフォークランド諸島とその属領を支配すれば、何か紛争が起こったときに両国はアルゼンチンに対抗して協力することがより容易になる。しかもこれによって、1991年に予定されていた南極条約（1959

59　ピーター・カルバートは次のように書いている。「フォークランド諸島の事例では、その領海に価値のある石油資源が埋蔵されているというアメリカの憶測が、シャクルトン報告によって多少裏付けられたように見えるようになるまでは、島の経済的価値がアルゼンチンにとって何らかの関心を引いたという証拠はない。石油の話によって、1976年に権力の座に就いた軍事政府が、アルゼンチンに帰属する財産を利用しようとするいかなる企図にも抵抗する決意を強める効果があった。これは純粋に否定的な感情であったと言うべきである。軍事政府は、確認できる限り、商業的利益はまったく行動の動機となっていなかった。……島民の側はと言えば、島が経済発展すればするほど、アルゼンチン本土ではナショナリスト感情が強まることに、気付かなかった（そして今でも気づいていない）」(p. 51)。Calvert, "The Malvinas as a Factor in Argentine Politics," p. 51.
60　Haig, *Caveat*, p. 268.
61　Douglas Kinney, *National Interest/National Honor*, p. 87. フンタの頭に経済的関心があったという唯一の真剣に捉えるべき証拠は、国家戦略指令1/82が「資源探索」について軽く言及している点である。文脈を見ると、単なる形式的なもののように思われる。注20を参照。
62　Franks Report, p. 75; 以下も参照。Eddy et al., *The Falklands War*, p. 29.

年締結)の改訂で、アルゼンチンの影響力は大幅に弱まりそうだった[63]。

この反論は、第1のものより一見したところずっと強い説得力がある。しかし興味深いことに、アルゼンチン側の説明にはこういった戦略的論理は見い出せない。筆者の聞き取り調査の相手で、領有権を求めた理由としてこういった戦略的考慮にあえて触れた人物は、ほとんどいなかったし、軍人に至っては皆無であった。軍人であれば、こういった戦略的正当化を適切かつもっともだと考えるはずなので、これはとりわけ奇妙なことである。この点で典型的なのが、アルベルト・デ・ヴィータ博士の発言で、彼は島の戦略的価値に関する筆者の質問を遠慮なく途中で遮って、「マルビナスは国民的アイデンティティの問題であり政治的、軍事的、あるいは戦略的な問題ではない」と強く主張した[64]。アナヤも同様ににべもない。

> マルビナスを再占領した動機の圧倒的な部分は**正義**(justice)であり、それはアルゼンチン人の心なのだ。我々は大国に力によって押さえつけられたのである。国民の心を抹殺することはできない。1989年に、アルゼンチンがマルビナスを取り戻せると言った政治家は、[カルロス]・メネムだけだった。彼は何世代もかかるだろうし、必要なら血も流されるだろう、だがマルビナスは再びアルゼンチンのものになると述べた。彼は正しかった。1989年9月26日、彼は国連で同じようなことを述べた。ただし、彼はマルビナスを取り戻すために、アルゼンチンが政治的・外交的手段だけを使うと強調したが。この点については幅広い国民的合意がある。我慢できない不正があるという感情が存在するのだ[65]。

というわけで、戦略的考慮がアルゼンチンの政策決定で重要だったという

63　Freedman and Gamba-Stonehouse, *Signals of War*, pp. 4-7.
64　1995年8月28日の聞き取りによる。
65　1995年8月29日の聞き取りによる。アナヤは後に次のように付け加えた。「名誉も動機だった。しかし、名誉と経済的関心は正義に対する基本的関心に完全に従属していた。いろいろな利害が関係すればするほど、不正義による痛みも大きくなる」。

考えは、筆者の判断できる限りでは、純粋に演繹的な憶測に過ぎない[66]。

　第3番目の反論は、戦争中およびその直後に英語圏のマスコミでよく聞かれた考えを展開したもので、今日に至るまで政治学者の間では人気がある。それは、フンタがマルビナス占領を命令した本当の動機は、アルゼンチン国民の関心を経済的苦境からそらし、軍事体制への支持を強化するためだったというものである[67]。この説明が長期にわたって魅力を保ってきたのは、フンタの実際の行動が、もしこのような動機を持っていたなら観察されるであろう行動と一致するし、一国の指導者というものは冷笑的に自分の利益を追求し権力に執着するものだ、と自然に仮定する傾向もあるからだ。しかし、国民の関心をそらせるため、という仮説の根拠となる重みのある証拠、あるいは証言はない。島の占領へと至る政策決定過程で判明している事実は、単純に失われた領土を回復したいという動機による説明が正しいことを示している[68]。

　しかし、たとえ国内政治上の関心や、ビーグル海峡諸島の喪失を埋め合わ

---

[66] いずれにせよ、戦略的説明の利点を疑う理由は他にもある。島は単純にあまりにも辺鄙なところに位置していて、いかなる戦略的価値も持ち得ないのである。チリと戦争をする際には、無益以下の存在である。というのも、イギリスがあまりにもよく知っているように、島の基地は補給が困難で、維持コストがかかり、さらにアルゼンチン本土の基地よりも攻撃に脆弱だからである。そもそも地域全体で商業輸送は非常に小規模だし、南アルゼンチンにある多少とも価値のある標的で、アルゼンチン本土の基地からより安上がりかつ効果的に防衛できないようなものはない。さらに、もしチリとイギリスが組んでアルゼンチンに立ち向かっても、ビーグル水道諸島がアルゼンチンの手にあろうがチリの手にあろうが、現実的に何の違いもないだろう。
　ルベン・モロは、喜望峰周辺を回って大量の石油が輸送されているから、この地域には戦略的価値があると主張する。*The History of the South Atlantic Conflict*, p. 17. しかしフォークランド／マルビナス諸島は喜望峰から何千マイルも離れており、これらの島々から作戦行動をする軍隊が南部アフリカの先端を支配しようと望むべくもない。そしていずれにせよ、イギリスやアルゼンチンがヨーロッパや北アメリカへの石油輸送を阻止しようと欲する理由が想像しがたい。

[67] Jack S. Levy and Lily I. Vakili, "Diversionary Action by Authoritarian Regimes." 注33も参照。

[68] 例えば、*Justice and the Genesis of War*, pp. 164-169 と Welch, "Culture and Emotion" を参照。

せることがフンタの動機だったとしても、本書の理論はこの事例にうまく適合する。いずれの場合でも、フンタは国内社会あるいは政府内の圧力によって大胆な政策がとれないよう制約を受けたわけではなかったということになるだろう。また、いずれの解釈を受け入れても、それまでの政策が明らかに失敗していたので大胆な行動が魅力的になったし、今後起こることが確実そうな損失を避けようとして無謀な賭けに出たと理解できるだろう。本書の理論が適合的でなくなるのは、経済的動機を想定した場合だけである。なぜなら、アルゼンチンはイギリスのマルビナス占領150年の結果、特段の経済的損害は受けてこなかったからである。もし経済的動機が作用していたのなら、フンタは将来の不確実な利得を確保するために明白な賭けに出たことになってしまうだろう。

つまり本書の理論は、実際のところ、アルゼンチンのフォークランド／マルビナスの事例と非常にうまく適合している。ここにあるのは、権威主義的で比較的官僚化の度合いが低い体制が、それ自身も劇的と認識し、実際にいかなる基準から見ても劇的な政策変更に乗り出した事例で、それはそれまでの政策が明らかに失敗したことを受けて、辛い損失を避けようとしたものだったのである。それでは北方領土／南クリル諸島についての紛争で、似たような大失敗があったにもかかわらず、日本による劇的な政策変更が見られないのはなぜなのだろうか。

2 北方領土

1945年8月8日、スターリンは日本との中立条約を廃棄して日本に宣戦し、日本領だった樺太(からふと)の南半分とカムチャッカ半島から北海道に連なる列島を攻撃した[69]。第二次世界大戦の終局時のどさくさに紛れた機会主義的な領土強奪は、以来ずっと日本には我慢のならないものだった。事実、日本とロシアの間では、戦争状態こそ1956年の共同宣言で終わっているが、依然として平和条約が締結されていない。その主要な理由は日本が正式な平和条約

表3.1 北方領土／南クリル諸島(陸地部分)

	広さ(㎢)	日本領土全体に占める割合(%)
択捉	3,139	0.84
国後	1,500	0.40
色丹	254	0.07
歯舞	101	0.03
全体	4,994	1.33

の前提条件として、モスクワが取ったいくつかの島を返還するよう、頑として主張し続けているからである。

問題となっている島は、千島列島最南端の国後、択捉、色丹、歯舞である。全部あわせても、その広さは5000平方キロメートルにしか過ぎず、日本の領土全体の2パーセントにも満たない。（表3.1を参照）実は、日本はこれらが「クリル」諸島であることも否定している。その理由はすぐ後に述べることにして、ここでは日本がその返還を、極めて強く求めていることを指摘するに留める。

問題はそれがなぜか、ということである。いかなる基準から見ても、これらの島の物質的価値は、歴代の日本政府が島を取り返すために費やした時間、労力、政治的資源、機会費用に見合うものではない[70]。経済的価値は取るに足りない。石油資源はない。国後、択捉は森林に覆われており、ある程度の鉱物資源もあるが、自然地理とインフラの不足からすると、それを利用することは費用もかかるし困難である[71]。島から広がる排他的経済水域（EEZ）はなかなかのもので、様々な商業的価値のある魚類の産卵場所を含んでいるが[72]、主権は日本がそれから利益を得るためにどうしても必要な条件というわけではない。ロシアの警備当局は、普通日本側漁船の操業を防ぐことができないし[73]、ソ連あるいはロシアの政府関係者は、日本が主権に固執さえしなければ、日本側に漁業権を与えてもよいと常に表明してきた[74]。も

69　David Rees, *The Soviet Seizure of the Kuriles*.
70　より詳細な分析については、Kimura and Welch, "Specifying 'Interests'" を参照。この文献から本文の次の文章の一部を引いている。

し日本が主として海洋資源の利益を得るために主権への関心があるとすれば、なぜ北方領土／南クリル諸島に限定せずにずっと魅力的なEEZを伴う千島列島全体の返還を求めないのか、またなぜ国後・択捉よりも大きく豊かなEEZを持つ歯舞、色丹だけの返還（この2島の地位についてソ連は1956年という早い時点から交渉に応ずる姿勢を示している）を求めないのか、理解できない[75]。

　日本の指導者が千島列島全体の返還を求めなかったのは、冷戦中にソ連がそれを安全保障上死活的に重要と考えていると判っていたためかもしれない[76]。それは、バレンツ海とオホーツク海がともに、潜水艦発射弾道ミサイル（SLBM）を搭載するソ連潜水艦をアメリカ対潜水艦作戦（ASW）から守るための「要塞」の役割を果たしていた1970年代と80年代には、とりわけあてはまる[77]。しかし、色丹と歯舞は千島列島の太平洋側にあり、日本やアメリ

71　Tsuneo Akaha and Takashi Murakami, "Soviet/Russian-Japanese Economic Relations," pp. 168-169. 1990年、エコノミストの大前研一は島のインフラを日本の基準にまで引き上げるためのコストは、およそ納税者1人当たり6万円になるだろうと見積もった。"Calmer Waters: Ambitious Plans May Transform Contested Islands." 筆者が1994年7月外務省と防衛庁で聞き取り調査をした政府高官で、島の返還が重要なのがそこに存在する木材や鉱物資源のためだとは主張した人物はいない。

72　北方領土／南クリル列島の排他的経済水域は全体で19万6000㎢になる。また、もし採掘の方法が見つかれば、海底には利用可能なチタン、磁鉄、ニッケル、銅、クロム、バナジウム、ニオブの鉱床が存在するかもしれない。Akaha and Murakami, "Soviet/Russian-Japanese Economic Relations," pp. 168-169.

73　William F. Nimmo, *Japan and Russia*, p. 130.

74　Andrew Mack and Martin O'Hara, "Moscow-Tokyo and the Northern Territories Dispute"; Gerald Segal, *Normalizing Soviet-Japanese Relations*; 田中孝彦『日ソ国交回復の史的研究』; Gerald Segal, "Moscow Adopts a New Realistic Line on Japan" も参照。1990年代末、日本政府は戦術を変更し、完全で包括的な解決のステップとしてロシアとの機能的協力協定を積極的に推進した。これらの実例には、ロシアとの北方四島周辺水域における日本漁船の操業枠組み協定がある。外務省『平成11年版　外交青書』。しかし日本は一貫して最終目的が1993年10月の「日露関係に関する東京宣言」（同上）に基づく包括的解決であるとする。この東京宣言は、「歴史的法的事実に立脚し、領土問題の解決を通じた平和条約の早期の締結へ向けての交渉」を求めている。つまり日本の観点からは島の返還を要求する、という符牒である。外務省「日露関係に関する東京宣言」（暫定的翻訳）。

75　Akaha and Murakami, "Soviet/Russian-Japanese Economic Relations." p. 169.

カの軍事的能力に本質的に何も資することがないので、それを返還してはいけないという理由はほとんどなかった。ソ連にとっては、もし南クリル列島が敵の手におちると、アメリカの潜水艦がオホーツク海に出入りするのはその分簡単になるので、自国の潜水艦の脆弱性がわずかながら高まったであろう[78]。しかし冷戦が終わって以来、日本の防衛当局は島の戦略的価値の評価を引き下げたし[79]、今では戦略的利害によっては、日本の持つ不満の一貫性も、激しさも、またその内容も説明できないことに、分析家の間で一般的な合意がある。日本が執拗に要求をしたのでソ連を怒らせたのなら、むしろ実際には、どちらかというと日本の安全保障を損なっただろう。ウィリアム・ニンモの述べるように、「経済的、軍事的、政治的、戦略的そして外交的に島の価値を現実的に分析すると、それを獲得しようが失おうが、ロシアと日本のいずれの繁栄にも物質的影響はない」[80]。

　日本にとって島の価値は、本当のところ象徴的なものである。北方領土は、ちょうどアルゼンチンにとってマルビナスがそうであったように、日本の国民的アイデンティティの問題になっている。北方領土の主権が認められなければ、日本人としては日本に何か欠けたところがあると感じられるのである。この点について、意見の相違は事実上ない。毎年2月7日は、北方領

76　島嶼の戦略的価値の最良の分析は、Geoffrey Jukes, *Russia's Military and the Northern Territories Issue*である。以下の文献も参照されたい。Michael MccGwire, "The Rationale for the Development of Soviet Seapower"; Rajan Menon and Daniel Abele, "Security Dimensions of Soviet Territorial Disputes with China and Japan"; Mike M. Mochizuki, "The Soviet/Russian Factor in Japanese Security Policy"; Alexei Zagorskii, "Russian Security Policy toward the Asia-Pacific Region"; Nimmo, *Japan and Russia*, p. 118; Brian Cloughley, "Bring the Boys Home from the Kuriles, Too"; Edward W. Desmond, "The Screen of Steel."

77　ソ連の戦略核抑止は、主として脆弱な地上配備の大陸間弾道ミサイル（ICBM）によっており、有人航空機への依存はわずかなものであった。ソ連の観点からすると、比較的に脆弱ではない潜水艦発射弾道ミサイル（SLBM）は、第2撃能力を確保するために、決定的に重要であった。

78　1994年7月の自衛隊の高級幹部と、防衛庁の文民官僚からの聞き取りによる。

79　例えば、"A Gentle Breeze of Change Blows through Japanese Defence," *Jane's Defence Weekly*, 15 July 1995, pp. 20-21.

80　Nimmo, *Japan and Russia*, p. 177.

土の日とされている。北方領土返還を求める政治団体が100近くある[81]。そういった声をうまく集約できた指導者は、直ちに長期にわたる政治的利益を得る[82]。他方で、日本の主張に疑義を表明しようものなら、政治的自殺行為になる。なぜなら「返還要求を放棄すれば、日本人の怒りが爆発するだろう」[83]からである。

　こう見てみると、島を取り戻すことは**道義的至上命題**であり、それが日本の対外政策で驚くほど高い優先順位になるほど、強力な説得力を持つのである[84]。これが道徳的至上命題となるのは、日本人が純然たる不正と見なすソ連の占領と併合から生まれている部分があり、それは機会主義的で日本人が国際法上の権利と見なすものへの侵害を意味しているのである。またモスクワが日本を不平等に取り扱っていると感じている日本人もいる。ソ連は1984年には北朝鮮に、1986年には中国にそれぞれ領土問題で譲歩をしているし[85]、ロシアは旧ソ連を構成していた新独立国家には、何百万平方キロもの本当に重要な領土を譲っている。また多くの日本人は、ロシアによる島の占領が「忘れたいと思っている戦争と敗戦の記憶をよみがえらせるものとして、ますます耐えがたい」[86]とも見なしている。その底流には両国の対立と敵対の長い歴史があり、それはそれ以前にもさかのぼれるが1904年から05年の日露戦争時に先鋭になった。デーヴィッド・サンガーは、「本当の争点は、1世紀にわたる民族的エゴの衝突だ」と述べている[87]。

　島の象徴的価値によって日本が衝き動かされていることは、筆者が1994

81　Miyuki Mineshiga, "In the Way."
82　1992年、ロシアが日本のミュンヘン・サミットでの主張を認めてくれるかもしれないという日本の期待が盛り上がった時、エコノミスト誌の東京特派員は次のように記している。「もしエリツィン氏に対して日本の島の主権を少なくとも原則的に認めるよう説得できるのならば、宮沢喜一首相は勝ち誇って帰国できるのみならず、彼の望むままに長期にわたる政権を維持できるだろう」。"Alternatively, Harakiri," p. 36.
83　1994年7月、外務省幹部職員からの聞き取り調査による。
84　例えば、Kenichi Ito, "Japan and the Soviet Union," p. 40.
85　Ibid., p. 43; Mack and O'Hara, "Moscow-Tokyo and the Northern Territories Dispute," p. 386. 以下も参照。Segal, *Normalizing Soviet-Japanese Relations*.
86　Wolf Mendl, "Japan and the Soviet Union," p. 198.

年に外務省及び防衛庁の幹部職員を対象に行った聞き取り調査でも明らかだった。ただ、この問題が当時おおいに注目を浴びていただけに、残念ながら皆、匿名でという条件付きの調査となった。聞き取りの相手は6名で、これはエリートの見解について強い結論を出すのに十分大きな数字ではないが、このレベルの政府関係者の総数を考えるとまず良好なサンプルであった。聞き取りでは4つのトピックをめぐる質問をし、それから相手に応じて各々のトピックの内容を深める質問をしてみた。ここでの目的は、公式の反応と同時に個人的な反応も得ることだった。両者の間で、常にではないにせよ、興味深い相違が見られることもあった。4つの質問内容は以下の通りである。①日露関係の現状をどのように評価するか。②領土問題で何らかの前進はあったのか。③領土問題で、近い将来もし進展があるとすると、どのような進展を期待するか。④島の返還を確保することにかかっている日本の国益を、どのような性格のものと考えるのか。最初の3つの質問は前置きのようなものだったが、4番目の質問は実に興味深い反応を引き出すことができ、やりとりのほとんどの時間をこの点に費やした。表3.2に反応を要約しておいたが、それによるとこれらの政府関係者が日本の主張を主として道徳的、法律的そして象徴的な観点で理解していることがはっきり見て取れる。概して彼らは、島の持つ手段的価値は重視していない。

　調査対象者の回答とともに興味深かったのは、彼らの態度であった。最初の3つの質問には皆が当然のことだという態度で回答した。しかし4番目の質問が島の手段的価値を超える問題に来ると、6人のうち4人は混乱した[88]。島の領有権を完全に放棄してロシアの主権を認めた方が、日本の国益上望ましいのではないかと追加質問を投げかけると、彼らは面食らった様子だった。しばしの沈黙があったのは、こういった命題が単に考えの及ばないものだったからなのは明らかだ。沈黙から脱すると、この命題への反論を筋道

87　David E. Sanger, "In Russia and Japan, Once Again, National Egos Block Cooperation."
88　6人のうち1人は自衛隊幹部で、ひたすら戦略的な点について話した。6人目の人物は、領有権要求に懐疑的で、個人的には島の返還が日本にとって重要と見なさなかった。

表3.2 質問4への回答のまとめ:「島の返還を確保することにかかっている日本の国益を、どのような性格のものと考えるのか」

	言及の回数——外務省(n=3)						言及の回数——防衛庁(n=3)					
	重要ではない		やや重要		非常に重要		重要ではない		やや重要		非常に重要	
	M	P	M	P	M	P	M	P	M	P	M	P
島嶼の経済的価値	3	3					2					
島嶼の戦略的価値	2	2	1	1			1	1	1	2	1	
威信					1							
評判					1							
第二次世界大戦の清算					1	1						
日本外交の信頼性		1										
国民の意志					1	1						
ソ連による占領の不正義/違法性を正す					3	3					1	1
ロシアによる日本の公正な扱い					1	1						
権利					3	3					1	1
退去させられた住民の権利			1									
日本の領土の完全性/主権					2	2	1				2	2
感情						1						1

注:M=省庁の見解、P=個人的見解

てて説明するのに四苦八苦したが、それは領土回復の重要性が彼らには自明だったからだ。4人の回答の実質的な内容は、つまるところ道徳的、法律的そして象徴的な重要性が領土返還にあるということだった。「領土問題は特別だ。非常に感情的な問題だ。この問題は消え去らない。これは我々日本人が何者かという問題だ」。ある人物はこう述べた。要するに、ここで観察できたのは、アルゼンチンの指導者と全く同じ、道徳心理学的力学が作用しているということ、つまり心の底から正当な権利が侵害された感覚があり、それによって声高な感情的反応が引き起こされているということである。

驚くほどのことではないかもしれないが、この問題についての日本側の思いの強さによって、北方領土の返還を実現することが、40年以上もの間、ソ連およびロシアとの二国間関係で他の考慮事項を圧倒してきた。ある論評は、この問題は半ば「宗教」であって、「日本の対ロ政策全体の代用品」に

なったと描いている[89]。ソ連が崩壊したとき、ロシアの政治的経済的安定に貢献したり、ロシアを円滑に経済や安全保障上の多国間枠組みに組み込むのを支援したりすることよりも、領土返還を実現することの方に外交政策上の高い優先順位が与えられた[90]。日本の指導者はこの問題について十分にはっきりとした考えをもっており、G7サミットでも珍しく強硬な姿勢で臨み、ロシアへの援助供与で他のG7諸国と共同歩調を取らなかった[91]。リチャード・デ・ヴィラフランカはいささか不思議だという調子で次のように記している。「ロシアの前身であるソ連が、4島の奪取よりもはるかに大きな経済的人的被害を与えてきたにもかかわらず、他のG7諸国の納税者はすべて、ロシアへの援助の供与を、歴史的ではなく安全保障上の観点から理解しているように思われる」[92]。戦術的な理由と、他にもっと切迫している問題があるせいで、かつてほど声高に主張はしなくなっているが、4島の返還は依然日本の対外政策の第1の目標である。

　日本の強硬姿勢には、相当規模の代償が伴った。第1に最も直接的なのが、日ロ関係がこの問題のために緊張したことである。ソ連崩壊の際に日本の願望と期待が高まったとき、いくつかの非常に困った外交上の事件によって両国の敵意が一挙に高まった[93]。ミハイル・ゴルバチョフは、1991年の東京訪問（これはソ連の指導者初の東京訪問であった）の際にこの問題でつまずいた。日本政府が彼を招待した条件が、領土問題の討議のみであったという理由で、ソ連側は一切譲歩を示さず、それによって反ソ感情の波が起こっ

89　"Boris, about Our Islands," p. 30; Tsuyoshi Hasegawa, "Rocks and Roles."
90　公式の日本の見解はこの優先順位をはっきりとは示しておらず、その代わり、これらが同時的目標であると主張する。例えば、Japan, Ministry of Foreign Affairs, *Japan's Policy on the Russian Federation* の次の記述。「日本の対ロシア政策の基本的な目的は、北方領土問題を解決するために最大限の努力をすることであり、それによって平和条約を締結し、ロシアとの関係を完全に正常化する、そして国際共同体と協調してロシアの改革努力に対し適切な援助を行うことである」。
91　日本は1990年のヒューストン・サミットで最初に論争を国際化しようとし、1992年のミュンヘン・サミットでこの問題について特に強く主張するようになった。"Yeltsin's Yoke." また "Carrots for Gorbachev" および "Stuck on the Rocks" も参照されたい。
92　Richard de Villafranca, "Japan and the Northern Territories Dispute," p. 623.

た[94]。後任のボリス・エリツィンは、この問題を話し合いたくないという理由で、日本への訪問を2回取り消し、そのうち1回は3日前になって通告するという有様だった。2回とも日ロ関係に騒動が持ち上がった[95]。もっとも重要なことは、この紛争のせいで、ロシアでは反日感情が、日本では反ロ感情が強まったことである。こういった二国間の悪感情は、両国関係のあらゆる次元に影響を与え、取引するのが難しくなった。

　日本はG7の他のメンバー国との関係でも代償を支払った。対ロ援助で共同歩調をとることを拒み、欧米諸国がエリツィンの国内での立場を弱めないようにこの問題を穏便に扱おうとしている時に、領有権要求でG7諸国の支持を得ようとしたので、他のG7諸国を苛立たせることになった[96]。G7という手札を、このグループが実際には影響力のない問題につぎ込んだことで、日本は明らかに自分の政治的資源を浪費した。日ロ関係の緊張は、今日に至るまでアメリカのこの地域における安全保障政策の礎石たる日米安全保障関係と関係する話なので、アメリカはとりわけ苛立った[97]。

　第3に、領土紛争に関する日本の政策は、日本外交の信頼性を損なった。ソ連崩壊後の経済再建にロシア側が日本を死活的に重要と見ていると日本政府の指導者たちは認識し[98]、ロシアに経済的誘因を提供して領土問題での譲歩を得ようとした。公的援助や借款の約束なら、日本政府の責任で申し出る

93　ソ連自身は1988年、公式に初めて問題の存在を認め、島の非軍事化、特別協力の準備、国連の信託統治、1956年の日ソ共同宣言の合意内容の復活を含む、非公式にいくつかの観測球を飛ばしたので、日本側の期待を助長した。日ソ共同宣言では、国後と択捉の地位に関する長期的交渉と引き換えに、色丹と歯舞が日本にただちに復帰する(いわゆる2島返還論)とした。しかし公式には、ソ連は柔軟さを示さなかった。Brian Bridges, "Japan," esp. p. 57; Gerald Segal, "Gorbachev in Japan"; また "Four Bones of Contention" を参照。

94　Nimmo, *Japan and Russia*, p. xxv. 多くの論者がこれを「彼の経歴の中で唯一本当の外交的大失敗」と見なした。Alexei Zagorsky, "Kuriles Stumbling Blick."

95　Serge Schmemann, "Yeltsin Cancels a Visit to Japan as Dispute over Islands Simmers"; "Off Again."

96　例えば、Yoji Takagi, "Getting on Track" を参照。

97　Harry Gelman, *Russo-Japanese Relations and the Future of the U.S.-Japanese Alliance*.

ことができただろう⁹⁹。だが、貿易や民間投資は日本政府が大して左右できるわけではないので、それを増加させるというのはまったく別の問題である。にもかかわらず、1988年から日本の政府当局者はあらゆる機会をとらえてソ連およびロシアに、領土問題で前進すれば日本の貿易と投資の水門が開くという話を納得させようとし、貿易や投資のレベルが停滞している理由を、直接的にソ連／ロシアの頑なな姿勢に結びつけた¹⁰⁰。日ロの貿易および投資の水準、とりわけ極東における数字は確かにロシアの願望や期待を裏切っていたが、その主な理由はエネルギー価格の低下とインフラ不足、そしてロシアの政治的不安定性であった¹⁰¹。日本の実業界はロシアにうんざりしていたが、その理由は領土紛争以外のものであった。表3.3が示すように、他のG7諸国と比べて、ソ連崩壊後のロシアとの貿易に日本は特に積極的でも消極的でもなかった。また、日本はG7諸国のなかで対ロ投資に最も消極的だが（表3.4を参照）、G7諸国の中で東ヨーロッパ全体への投資が目立って少ないことを考えると、領土紛争がこういった投資を手控えていることの主要な理由とは考えにくい¹⁰²。というわけで、民間部門の経済活動を餌にする日本の試みはハッタリであったように思われる。ハッタリを言ったことと、ハッタリがハッタリであるという事実によって、ロシアにおいて、日本はロシアを真剣に扱っていないと論ずる人々や、ロシアが苦しい政治経済上

---

98 Segal, "Moscow Adopts a New Realistic Line on Japan"; Mette Shak, "Post-Soviet Foreign Policy," pp. 165-166.
99 例えば、deVillafranca, "Japan and the Northern Territories Dispute," p. 622を参照。「エリツィンが訪日をキャンセルした直後のNHKニュースへの注目すべき発言のなかで、外務大臣の渡辺美智雄は、日本がこれまで領土問題の完全な解決までは差し控えるとしてきた『本格的な』援助の開始には、ロシアが1956年の日ソ共同宣言［本章注93を参照］を再承認し、択捉と国後の将来についての討議に合意するだけで十分だ、とロシア政府に事前に伝えていたことを明らかにした。」
100 1994年7月、外務省幹部へのインタビュー。以下も参照。Bridges, "Japan," esp. pp. 57-58.
101 "The Rising Sun in Russia's Sky."
102 United Nations Conference on Trade and Development Division on Transnational Corporations and Investments, *World Investment Report 1994*.

の調整を迫られているときに、日本が弱みにつけこもうとしていると感じる人々の勢力が強まり、結果として日本外交を傷つけることになったとの懸念を、日本の政府関係者も個人的には打ち明けている[103]。

最後に第4として日本のグローバルな役割とその評判が相当損なわれたことである。冷戦の終焉によって、安定した経済安全保障体制を構築するにあたって地域のリーダーとしての新たなイメージと新たな役割を涵養する機会を日本はつかんだ。長期的視野を持つ分析家の中には、日本が軍事的にはともかく、グローバルな「シビリアンパワー」として、大国の地位を回復する可能性を予測した人もいた[104]。そのためには、日本は長期的で巨視的な地政学的傾向を予期しつつ、広範な多国主義的課題を追求して、現れつつある協調的取り決めに旧ソ連を取り込むとともに、軍事力の意義を縮小することが必要だった。だが日本はこれに失敗し、「昔のさして重要でもない領土問題のとるにたりない細かなことで身動きができなくなったまま」[105]なのである。長谷川毅が語るように、北方領土問題の「究極の犠牲者」は日本の対外政策であり、それは「ソ連における意味深い変化に十分に対応できず、こういった失敗のために、日本の影響力に見合ったグローバルな責任を果たせないでいる」[106]。ニューヨークタイムズはもっとぶっきらぼうである。「より広範で困った問題は、ロシアと日本はあらゆる理由で両国関係を改善させたいはずなのに、なぜ小規模な領土紛争をこれほど有害なまでに拡大してしまったのかということである。合理的な外交政策にナショナリズム感情が勝利したことは、両国が未成熟で危ない国であることを示唆している」[107]。

103　1994年7月、外務省における聞き取り。
104　Yoichi Funabashi, "Japan and the New World Order."
105　Segal, *Normalizing Soviet-Japanese Relations*, p. 38.
106　Tsuyoshi Hasegawa, "The Gorbachev-Kaifu Summit," p. 78. また Robert M. Orr, Jr., "Japan Pursues Hard Line on the Northern Territories Issue" を参照。「太平洋の比較的取るに足りないような小さな幾つかの点の運命ばかり重点的に取り扱うことは、再び冷戦後秩序における［日本の］リーダーシップ能力に疑問を付すように思える」。
107　Serge Schmemann, "Little Isles, Big Fight."

表3.3 対ソ連／ロシア貿易額の国際比較

G7諸国への輸出（100万米ドル）

	1985	1986	1987	1988	1989
カナダ[a]	21	19	26	114	99
イギリス[e]	851	936	1,319	1,178	1,237
アメリカ	402	551	427	592	713
日本	1,307	1,807	2,152	2,520	2,718
イタリア	2,738	2,111	2,588	2,850	3,273
ドイツ[f]	4,264	3,889	3,678	3,558	4,061
フランス	2,267	2,400	2,317	2,548	2,383

G7諸国からの輸入（100万米ドル）

	1985	1986	1987	1988	1989
イギリス[e]	756	871	887	1,009	1,227
アメリカ	2,665	1,372	1,628	3,033	4,698
ドイツ[f]	3,963	4,752	4,817	5,904	6,763
イタリア	1,697	1,795	2,428	2,323	2,842
日本	3,049	3,496	2,845	3,444	3,376
カナダ[e]	1,280	970	666	1,025	639
フランス	2,070	1,677	1,928	2,132	1,893

出典：For 1994, International Monetary Fund, *Direction of Trade Statistics Quarterly* (June 1995); for 1992-1993, International Monetary Fund, *Direction of Trade Statistics Yearbook*, 1994 (Washington, DC; IMF, 1995); for 1985-1991, International Monetary Fund, *Direction of Trade Statistics Yearbook*, 1992 (Washington, DC: IMF, 1993).

注：a 貿易相手国のデータから計算。N.B. カナダを除き、全てのデータが1994年以前の貿易相手国のデータに基づく。
b 長期的増加率（傾きに基づく）。
c 他の方法により計算。
d 貿易相手国のデータを含む他の方法により計算。
e 1992年のカナダとイギリスの貿易額は旧ソ連とのもの。1992年以降の他の全ての国の数値はロシアとのもの。1992年以前のすべての数値はソ連とのもの。
f 1990年以前の数値は西ドイツだけとのもの。
N.B. 貿易統計はIMFの慣行に倣い、輸入のための輸送コストと保険料を差し引いて計算されている。貿易相手国のデータは相手国の数値との比較で、輸入では10％増、輸出では10％減で調整されてきた。

1990	1991	1992	1993	1994	傾き	順位[b]
140	185	218[a]	273[c]	184	0.03166	1
1,453	1,444	1,077	1,121[a]	3,640	0.00226	2
1,062	832	465	1679[a]	3,694	0.00212	3
3,064	**3,016**	**2,184**	**1,713**[a]	**2,165**	**0.00154**	**4**
3,775	4,100	1,881[d]	3,519[a]	2,729	0.00116	5
6,680	8,018	3,887	5,890[a]	5,296	0.00099	6
3,063	2,778	1,210[d]	2,367[a]	1,234	−0.00214	7

1990	1991	1992	1993	1994	傾き	順位[b]
1,165	687	887	907[a]	889	0.00085	1
3,396	3,935	2,307	3,264[a]	2,029	0.00063	2
13,038	12,179	3,999	7,565[a]	5,520	0.00029	3
2,921	2,656	1,303[d]	1,889[a]	1,489	−0.00096	4
2,819	**2,329**	**1,187**	**1,659**[a]	**1,088**	**−0.00280**	**5**
1,061	1,411	1,169[a]	277[c]	180	−0.00345	6
1,645	1,604	744[d]	1,620[a]	984	−0.00495	7

表3.4　海外相手国によるロシアでの共同事業(1992年4月23日現在)

国	共同事業の件数	投資総額(100万ルーブル)
アメリカ	398	11,034
ドイツ	373	781
イタリア	198	1,038
イギリス	122	228
フランス	90	501
カナダ	71	328
日本	43	138

出典：*Foreign Direct Investment in the States of the Former USSR* (Washington, DC: World Bank, 1992), table 24.

▶ 理論的考察

　日本の指導者が、現状を過去50年間一貫して損失の領域にあると理解してきたのは間違いない。彼らの操作的参照点は、北方領土に日本の主権が及ぶことである。しかしながら、満足できる状態とはどんなものかということに関する特定の概念化が、多少恣意的で歴史的偶然性の産物であるという興味深い点を指摘しておこう。参照点の形成について何らかの洞察を得るために、なぜそうなのかについて少し見てみる値打ちはあるだろう。そのためには、領有権要求の歴史的変遷を簡単に見ておく必要があろう。

　領土問題がロシアと日本の間で最初に起こったのは19世紀で、ロシア人と日本人がともにサハリンと千島を探検し定住し始めた時だった。1855年の下田条約では、両国は国境線を択捉とウルップ島との間に引いた(これは現在日本が回復しようとしている国境線である)。しかしながら、サハリンの帰属については決めることができず、その後20年にわたって両国が共同でそれを支配することにしたが、1875年のサンクトペテルブルグ条約(千島樺太交換条約)で、ロシアは千島列島全体を日本に譲渡する代わりにサハリン全体を領有することにした。日露戦争が終わるとポーツマス条約(1905年)の条項によって、日本はサハリンの南半分を再び得た。よって第二次世界大戦が勃発する時には、日本はサハリンの南半分と千島列島全体の国際的に認められた領有権を保持していたのである。(図3.2参照。)

　サンフランシスコ講和条約(1951年)では、日本は「日本国は、千島列島並

図3.2 1855年以後の日露国境

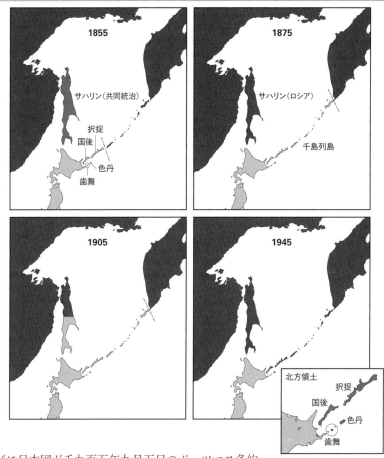

びに日本国が千九百五年九月五日のポーツマス条約の結果として主権を獲得した樺太の一部及びこれに近接する諸島に対するすべての権利、権原及び請求権を放棄する」こととなった[108]。この条約は、公式に日本とアメリカとの戦争状態を終了させるものだったが、ソ連は条約に調印しなかったので、日本とソ連の間の戦争状態を終わらせるものではな

---

108 Nimmo, *Japan and Russia*, p. 41.

かった。日本側は、条約中の「千島列島」という言葉が意味するのは、択捉以北の島々であり、北方領土は含まれていないと主張しているが、ロシアはそれに同意していない。この点については議論の余地がある。日本の吉田茂首相はサンフランシスコで、この後日本がどの島の領有権を放棄するのかを確定する交渉を行うという条項を明示的に加えて、すべての島を放棄するわけではない（あるいは、少なくとも直ちにはそうしない）という意図を示した。しかしアメリカの特使のジョン・フォスター・ダレスは、そんなことをすれば講和条約締結が遅れ、事態が複雑化し、もしかすると条約が流れるかもしれないとして、吉田にそうしないよう説き伏せた。吉田がここでダレスに従ったことをもって、日本の北方領土／南クリル諸島の領有権が放棄されたと論ずることもできるかもしれない。しかし、もし仮に吉田の了解（もしくは彼の行動の含意）がそうだったとしても、日本は、自分が調印してもいない条約の条項に基づいて係争中の島の領有権を得たとソ連が主張することはできないはずだ、と論じ続けた。

1955-56年には、日ソは正式な平和条約交渉を行ない、事態は一層興味深い展開を見せた。交渉は双方が最大限の要求をぶつけ合うことから始まった。日本は（歯舞、色丹を含む）千島列島全体に加えて、南サハリンの返還も要求した。ソ連は日本の要求したところと全く同じ場所の領有権と、日本が日米安保条約を廃棄することを求めた。結局両国の交渉団は妥協点に達した。日本は歯舞と色丹の返還だけを求め、ソ連が日米安保条約への反対を取り下げるということだった。重光葵外相はこれに難色を示し、当初は国後、択捉の返還も強く求めたがソ連は同意せず、1956年に日本政府は歯舞、色丹だけで手を打とうとした。だがそのときにダレスは、日本が国後、択捉の領有権も主張しないのなら、沖縄を併合するという脅しをかけた[109]。

1945年のソ連の対日宣戦が露骨に機会主義的だったことを思えば、日本

---

109 Ibid., pp. 46-48; Marc Gallicchio, "The Kuriles Controversy," 特に pp. 95-99; しかし以下も参照。deVillafranca, "Japan and the Northern Territories Dispute." ダレスは、ただ日本の交渉上の立場を強化しようとしているだけだと主張した。しかし彼の主要な目的は、日本とロシアの和解を妨げることであったように思われる。

が戦争開始前の状態にとりわけ強い思い入れを持つことは、直感的に当然と思える[110]。だが、1956年に歯舞と色丹だけ解決しようとしていたことを考えると、今日そうしようとしないのはなぜなのか不思議である。どうして現在でも国後、択捉の領有権を主張し続けるのか。

　日本の回答は、いかなる条約も問題となっている島々に対する他国の領有権をこれまで認めたことはない、というものである[111]。これは確かにそうで、先の疑問をある程度解いてくれるように思える。だが実際はそれほど単純な話ではない。これらの島々を探検し定住した歴史は比較的浅いものなので、これらの島々の日本のアイデンティティにとっての重要性は、たとえば日本本土を形成する、九州、四国、本州、それに北海道に匹敵するほどではない。その上、日本以外のいかなる国も日本以前にこれらの島々に主権を行使したことがなかったという事実では、なぜ日本が1956年に大きな2島を放棄する気になったのかを説明できない。

　この疑問を解くのは国内政治である。1945年以来、1956年にダレスが「4島返還論」として今日知られているものを、鳩山一郎内閣の外相である重光葵に飲ませた際、与党だった自民党以外を除いて、社会党を含む日本のすべての政党は公式に全千島返還論をとってきた[112]。自民党は、単に北方領土返還を主張した。その自民党は1993年まで途切れることなく政権の座にあり、よって自民党の立場は37年間にわたって日本の公式の立場だった。市民も官僚もこの時代に政治的に社会化され、2世代にわたって徐々に「4島返還論」による一般大衆およびエリート両方の期待が形成されるようになった。1993年に成立した非自民の諸政党による連立政権も、政府を構成した様々な与党のそれまでの方針にもかかわらず、4島返還論を変わることなく維持した。

　したがって4島返還論は、歴史的な偶然（つまりダレスによる日ソ交渉への介

110　Kahneman, Knetsch, and Thaler, "The Endowment Effect, Loss Aversion, and the Status Quo Bias."
111　例えば以下を参照。Ito, "Japan and the Soviet Union," p. 40.
112　Mack and O'Hare, "Moscow-Tokyo and the Northern Territories Dispute," p. 387.

入)の産物であり、日本人の権利意識が4島返還論を核に形成されたのは、よく理解されている社会化過程によるものなのである[113]。40年以上にわたって日本は自分たちの主張を内面化し、それを参照点として標準化するようになった。日本政治の周辺に位置する少数意見を除けば、今日日本の立場の正統性を疑うものはいない。今となっては、日本人が4島以上あるいはそれ以下の主張することは、問題外である。当然のことながら日本の立場が恣意的な影響力で形成された以上、そのために提起された法的、歴史的正当化は議論の余地のある問題である[114]。しかし、この点は全く重要ではない。重要なのは、なぜ日本人が現在のような形の権利要求を正統なものと見なすようになったのか、ということである。

　日本が島の返還を重要だと考えたことは明らかだし、その過程で様々なコストが生じたが、それにもかかわらず、返還を実現するために比較的穏便な外交的手段を放棄したことはなかった。日本の指導者が軍事的行動を一度でも考えたという証拠は一切ないし、実際に威嚇をしたことがないのも確かである。その点で言えば、日本はロシアのG8参加や、ロシアの世界貿易機関（WTO）加盟を妨害するために威嚇したことはなかったし[115]、経済、外交、文化、学術そしてスポーツ面での制裁で威嚇したこともない。日本政府は繰り返し、概ね貿易、援助そして投資という形でアメを提供したが、鞭を振り回したことは一度もない。1990年代初めには、この問題を決着する絶好の機会が到来したかに見えたので、この問題についての日本の政策のテンポも調子も高まった。しかし、期待が裏切られると、日本は漁業や訪問の権利な

113　社会化およびその国際関係理論への適用に関するさらなる議論については、以下を参照。G. John Ikenberry and Charles Kupchan, "Socialization and Hegemonic Power." 以下も参照。Robert N. Bellah, "Legitimation Processes in Politics and Religion"; Anna Emilia Berti, "The Development of Political Understanding in Children between 6-15 Years Old." これに関連する道徳心理学は、David Hume, "Treatise of Human Nature" までさかのぼる。
114　例えば以下を参照。Keith A. Call, "Southern Kurils or Northern Territories?"; Glen W. Price, "Legal Analysis of the Kurile Island Dispute"; Gregory Clark, "Japanese Emotionalism Surfaces in the Northern Territories Issue."
115　ロシアは現在オブザーバー資格を得ているが正式加盟国ではない〔本書刊行後の2012年8月にロシアは正式にWTOに加入した〕。

ど限定的な実務的分野での合意を求めつつ問題の周辺部分を処理しながら、再び忍耐強く揺るぎない姿勢でロシアに領有権を主張し続け交渉を呼びかけ続ける政策へと回帰した[116]。この時期全体を通じて、日本の対外政策に劇的な変更は見られない。これはなぜか。

　日本が領有権問題を解決するために、あからさまな軍事力の行使を考えなかったことは何ら不思議ではない。軍事的選択は日本の好みではないのだ。日本は憲法9条に表されている反軍国主義は日本人の意識に深く刻み込まれており、日本人の多くがこれを日本の民主主義の礎石であると考えているのである。

　　日本国民は、正義と秩序を基調とする国際平和を誠実に希求し、国権の発動たる戦争と、武力による威嚇又は武力の行使は、国際紛争を解決する手段としては、永久にこれを放棄する。
　　前項の目的を達するため、陸海空軍その他の戦力は、これを保持しない。国の交戦権は、これを認めない[117]。

反軍国主義は日本国内で非常に深く浸透しており、世論および政府がこれ

116　例えば以下を参照。Japan, Ministry of Foreign Affairs, *Japan's Policy on the Russian Federation*.
117　http://japan.kantei.go.jp/constitution_and_government_of_japan/constitution_e.html [accessed Sep. 9, 2015]。第9条が文字通り規定するところに反して、日本は約20万人規模の高度に訓練され装備も行き届いた兵員から成る優秀な常備軍を保有している。日本はこれを固有の自衛権のために論理的に必要な手段である、として正当化してきた。しかし自衛隊は厳密に自衛を目的に構成されており、防衛省（庁）は、財務、外務、経済産業といった非軍事的省庁に組織的に植民地化されるとともに、強力な文民統制下にある。また彼らは国内では非常に人気がない。日本における軍国主義への観念的および制度的制約については、以下を参照。Thomas U. Berger, "From Sword to Chrysanthemum"; Peter J. Katzenstein, *Cultural Norms and National Security*, pp. 99-130; Peter J. Katzenstein and Nobuo Okawara, "Japan's National Security"; Katzenstein and Okawara, *Japan's National Security*, pp. 21-56; Susumu, Yamakage, "Japan's National Security and Asia-Pacific's Regional Institutions in the Post-Cold War Era," 特にpp. 278-279. 日本の軍事的能力については、以下を参照。Norman D. Levin, Mark A. Lorell, and Arthur J. Alexander, *The Wary Warriors*.

に非常に敏感であることから、1990年代前半に日本の国連平和維持活動への参加が考えられた際も、これが頓挫しかけ、その後も参加には非常に厳しい制約がついた[118]。以降、日本は平和維持活動により積極的になり、日本の部隊はアメリカのイラク占領を支援するためにすら現地に展開されたが、これに対する日本国内での疑念は非常に強いままである[119]。

　日本の指導者は、日本による軍事力行使が国際的にも敏感な問題だという点を非常によく認識している。アルゼンチンの指導者は、自分たちが限定的な軍事力行使をしても、大多数の国がアルゼンチン領だということに賛同しているはずの島を占領するのだから、国際社会も概ね冷静に、ことによると静かな支持によって、これを静観するだろうと納得することもできた。しかし軍国主義の記憶がまだまだ鮮明な日本の指導者は、日本が似たようなことをすれば、他国は最悪の解釈をするだろうということに、いささかの疑念も抱かなかったであろう。

　たとえ日本が憲法上の理由で軍事的選択にここまで忌避的でなくとも、他にも障害があり、冷戦期にはとりわけそうだった。日本の安全保障における、アメリカの緊密な役割を考えると、日本が問題となっている島を奪回する軍事作戦を行えば、米ソ超大国の直接的紛争に発展する相当のリスクを伴ったであろう。しかもそれはおそらく失敗したであろう。1988年の段階ですら、防衛庁の推定によれば、問題となっている諸島にはミグ23型迎撃機が40機、それに1万人規模の部隊が展開されていた[120]。しかも1982年のアルゼンチンのフンタには、イギリス海軍の脅威は遙か彼方にあったように見えたかもしれないが、日本の指導者は、強力なソ連の極東艦隊がすぐ近くに展開していて、それがウラジオストックやペトロパヴロフスク・カムチャツキーから大挙して押し寄せ、数日以内に救援部隊を輸送できる事実をよく

118　例えば以下を参照。*The United States and Japan in 1994*, pp. 57-62; Katzenstein and Okawara, "Japan's National Security," pp. 109-111.
119　Peter Feaver, Takako Hikotani, and Shaun Narine, "Civilian Control and Civil-Military Gaps in the United States, Japan, and China," pp. 34-37.
120　Mack and O'Hare, "Moscow-Tokyo and the Northern Territories Dispute," p. 391.

知っていた。もちろん今日、純粋に通常兵力による紛争が起これば、ほぼ確実に日本はロシア軍を駆逐し、ロシアが懸命に奪回しようとしても、それを保持できるであろう。それというのも、ほとんどのロシア軍および航空機は撤退し、極東艦隊も荒廃してしまったからである。しかし現在でも、10年前あるいは20年前と同じくらい、そういった発想は全く日本の趣味ではないのである。

　より現実的なのは、非軍事的手段による強制、つまり経済、外交、そして道義的（文化、学術、スポーツなど）制裁の実施、もしくはその威嚇である。これらの内に、そこそこの成功を収めるチャンスがあるものがあるのかどうかには、議論の余地があろう。日本はロシアの経済再建や、西側が支配する国際的な貿易、金融、そして様々なガバナンス体制にロシアを統合するにあたっての最大級の支援国ではないので、日本が諸資源を引き揚げたところで、ロシアに対して与えることのできる苦痛には限界があるだろう。また、様々な公的、民間の相互交流をやめたり制限したりすれば、ロシアにとって苛立たしいのは確かだろうが、これによって、死活的な政治・安全保障上の問題だというのはいささか幻想だとしても、ロシアが本気でそう信じている問題で態度が柔軟になるとは想像しにくい。日本の持っている最良の鞭は、ロシアのG8参加を妨害したりIMFからの融資を止めたり、ロシアのWTO加盟を遅らせたりすることだろう。だが、ここでもこういった手段がどれほど効果的かはよくわからない。しかし何らかの鞭をさがしている国なら間違いなくこういった選択を考慮するはずだろうが、日本がそうしたことを示す証拠がないことは非常に印象的である。

　妨害戦術は、日本にとって危険もあったであろう。最終解決に向けての真剣な交渉要求を支持して欲しいのは、日本一国のもくろみだけだったので、G7諸国は実際相当これに苛立った。だが日本以外のG7諸国が、冷戦後の安定や安全保障にとって死活的だと思える問題で妨害されれば、全く桁違いに苛立たしいと感じたであろう。日本はきっと厳しい国際環境にさらされただろう。そうしたことから、非軍事的な威嚇という政策への変更は、かなり危険を伴うものだった。つまり全体的に考えれば、日本の指導者たちにはこ

の問題で大変弱い手札しか手許になかったのであり、彼らが外交的な働きかけに終始したのは、何も驚くほどのことではないのかもしれない。

　体制や国家の性格によって、日本の政策に変化がないことを説明できるのだろうか。おそらくある程度はできるのだろう。日本にはある種のエリートのネットワークがあり、それが期待される利権を提供している限り、エリートによる政府の政策運営に比較的大きな裁量の余地があると言えるかもしれない。だがそれでも日本は依然として間違いなく民主的であり、自民党が権力の座にあると当てにできたのも、中選挙区制を背景にした派閥政治という、自党の脅威になり得る国内の事実上あらゆる利害を取り込む方式を編み出したからである。政府機構は高度に官僚的で、大規模かつ複雑で、高度に文書化された規定に従って運営されている[121]。日本の指導者が北方領土問題で大胆に過去から決別した方針をとろうとすれば、神経過敏で不確実な世論と官僚からの制約を感じたはずである。日本人は波風を立てることを好まないし、日本の指導者はそのことを知っている。他方で軍事的手段をとったり領有権要求を降ろしたりしない限り、日本の指導者が北方領土問題で少しばかり違うことをやっても、他の多くの国々の指導者と比べてマスコミやオピニオンメーカーはそれを黙認し続ける可能性は高いだろう。言い換えれば、体制や国家の性格が、もう少し強硬な方針を採ろうとした場合にどうしても克服できない障害というわけではないことも明らかである。

　よって第1の仮説、つまり民主的な体制を持つ高度に官僚的な国家では、独裁的な体制を持つあまり官僚的でない国家よりも、対外政策の変更は起こりにくいはずであるという仮説は、アルゼンチンの事例と同様にうまく当てはまる。権威主義的で非官僚主義的国家では、劇的な対外政策の変更が起こったのに対して、民主的で官僚主義的国家ではそれが起こらなかったことが、この事例では見て取れるからである。もちろん、両方の場合でこれ以外に様々なことが作用しており、こういった特定の相異を説明するのに、体制

---

[121] Polity IV Projectにおける1952年以来の全期間の日本に対する評価は、POLITY指標で＋10（非常に民主的）、XCONST指標で7（最高行政官の対等性、あるいは従属性）となっている。図6.1を参照。

と国家の性格だけを過度に重視することはできない。日本が穏健な形ですらより積極的な戦略を考えようとしなかったことは、本書の理論の完全に外部にある要因、たとえば第二次世界大戦の経験、安全保障をアメリカに依存していること、そして反軍国主義が内面化されていることと大きな関係がある。しかし、戦後日本の民主主義によって、戦前の権威主義的な日本に比べ、無謀な対外政策が採られる可能性が際だって小さくなったことは、おそらく偶然ではないとも言えそうである。それこそが軍国主義を根絶し、民主主義をそこに植え付けたことの要点なのである[122]。

　第2の仮説、つまり対外政策変更が最も起こりやすいのは、政策が何回も繰り返し失敗するか、破滅的な大破綻をきたすか、すぐにでもそうなると指導者が確信したときである、という仮説はどうだろうか。北方領土に対する日本の政策は確かに繰り返し失敗している。日本は1956年時点に比べて、目立って目標に近づいているとは言えない。しかし、これが大破綻だという感覚が、日本政府関係者の間にも日本人全般の間にもないことを指摘すべきであろう。北方領土が返還されていない状態は、日本外交の全体像の固定的な特徴となっている。それは常に苛立たしい現実だが、日本人はそれをなんとか我慢してきた。現実のものであれ想像上のものであれ、問題解決の期限が姿を現しつつあるわけではない。問題がすぐに解決されなければもう終わりだという感覚はこれまでも一度もなかったし、現在もない。話を聞いたある外務省関係者が、まったく違う意味だったのかもしれないが、「この問題は決して消えてなくなりはしない」と言ったのは、正しいだろう[123]。

　第3の仮説も、マルビナスの場合とほぼ同様の評価になると言いたい気持

122　John W. Dower, *Embracing Defeat*.
123　私が聞き取り調査をした中でただ1人、これとは反対の不安を口にした政府関係者がいた。「世代の変化とともにこの問題が消えていってしまう危険があります。国民の関心はゆっくりと、しかし着実に変化しています。たとえば家族の誰かが殺されたとか、家を追い出されたとかという風に、ソ連の占領を直接肌で経験している人々の数は減りつつあります。これが北方領土問題における緊急性の理由の1つなのです」。日本が北方領土を回復できなくなるという不安のみならず、日本国民がこの問題に注意を払わなくなることにも彼が不安を抱いている点に注意してほしい。

になる。もし日本人が利得の領域で行動していたのなら、北方領土をそもそも問題にすることを想像するのは難しい。そこで関係している利害は、単にあまりにも貧弱である。日本側が第二次世界大戦の終わりにスターリンが奪取した領土全部の領有権を主張しなかったことは、重大な物質的利得が得られる可能性が日本にとって大した動機ではなかったことを強く示している。だがそれは手に入れる価値のある獲物ではあった。1993年以前に非自民党の政権が、たとえ一時的にであっても、この問題を左右する立場にたつ機会があったとしたらどうしただろうか、とあえて想像してみるのも面白いが、こういった反実仮想は第3の仮説そのものにとっては、よい思考実験とはならない。なぜなら、おそらくそういった政権にとっては、受け入れ可能な現状とは、スターリンが奪取したすべての領土の返還だからだ。よってこの場合も、損失の領域で行動していることになり、単に参照点が異なるだけである。依然として日本の指導者は驚くほどリスクを取りたがらないだろう。非自民党の指導者がよりリスク受容的だったと想像すべき理由はないのだから。そして彼らもより魅力的な代替的選択肢を見出すことは難しいと感じるようになり、際限のない領土紛争に慣れてしまっただろう。結論部分で説明するが、こう考えると北方領土の事例が仮説3の期待と合致しているかどうかは、判然としなくなる。

3 重要な相異

2つの事例には多くの類似点があるものの、相異点もある。繰り返しになる危険はあるが、そういった相違点は本書の問題意識の大元にある対外政策変更の基礎にある力学について、一層深く考えることにつながるので、指摘する意義があるだろう。ここでは3つの点を説明したい。

▶問題解決の期限の有無

アルゼンチンの指導者には、マルビナス問題を早急に解決しないといけな

いという切迫感があった。1983年1月は重要な「区切りの期日」であった。この期限は恣意的なものであるが、それでもリアルなものに見えたのである。1982年にこの問題が風雲急を告げるにつれ、島をその期日までに奪回するという固い決意によって、アルゼンチンの計算も決断も形成された。もちろん、そもそも1982年にその問題が風雲急を告げたという事実そのものが、多分に人工的な期限を自分に課したことによるものだった。

　これとは対照的に日本の指導者は、北方領土問題解決の期限を定めたことが一度もない。興味深いことに、1995年は北方領土が奪取されて50周年にあたり、その時期はちょうどソ連が崩壊した後に返還への期待が大いに高まった時期でもあるが、それがイギリスによるマルビナス奪取からの150周年がアルゼンチン人の心の中で持ったのと同じような性質を帯びることはまったくなかった。

　この相異は、もちろん理論によって予言されたり、説明されたりすべきものではない。これをうまく説明する方法は考えつかない。しかし、これが重要な相異であることは確かそうで、期限が認識されていることは、喪失感の強さや切迫感を測ろうとするときに、留意すべき外生的なデータであることが確認される。

▶ 代替的選択肢の実現可能性についての認識

　それぞれの問題の解決のために望ましいと思われた手段が明白に失敗したことに直面して、アルゼンチンの指導者は、最善と思われた代替的手段として、外交を支援するための軍事行動を採用した。それに対して日本の指導者には、非軍事的な制裁は少なくとも原理的には想像できたにせよ、望ましい代替的手段といえるようなものが一切なかったというのが実情だった。日本の指導者たちは配られた手札が弱いので、あまり効果的ではない方法であっても粘り強くそれを続けること以上に成功のチャンスのあるやり方はないと容易に理解したのである。おそらくその判断は正しいと思われる。また軍事力や威嚇型の戦略の効用についても幻想を持っていなかった。さらに、希望的観測に陥ったり、認知もしくは動機から来るバイアスによって、好機と制

約をめぐる判断や認識を誤ったりもしなかった。もちろんこういったゲームをする値打ちがあるのか、言い換えれば、わずかばかりの無用な島々の返還は、対ロ関係やG7諸国との関係、ひいては対外政策全体において日本が支払った様々な外交上・政治上の費用に見合ったものだったのか、という厳しい問いをすることはできる。だが、日本人にとってその価値は手段的と言うよりも象徴的なものであり、外国人がこれを云々する立場にはないとも感じられる。もし日本が島の返還を望み、ロシアに返還するよう説得する当然の権利があるという前提で考えれば、日本の指導者が自分たちの取ることのできた様々な選択肢の効果について幻想を持たなかったことは賞賛されるべきだろう。

　対照的にアルゼンチンの指導者は、いくつかの幻想をもっていた。軍事的選択のリスクは理解していたにもかかわらず、また外交的孤立やイギリスによる軍事的対応を招く可能性に直面していたにもかかわらず、どう見ても危険を大幅に過小評価していた。そうなったのは主として、アルゼンチンの指導者が他国もこの問題で自分たちの考え方を理解し共感すると決めつけ、また他国にとっての良好な対アルゼンチン関係の重要性を過大評価したためである。アルゼンチンの政策決定が近視眼的で傲慢な点があったことは覆うべくもなく、これによってフンタは大きな代償を支払うことになった。

　ここでも再び、近視眼や自国に対する病的なうぬぼれを予期したり説明したりするのに、本書の理論はまったく役にたたない。しかし2つの事例に見られる好対照によって判るのは、指導者が、直面するジレンマに対する異なった見方や、他の関係諸集団の利害や懸念にどれくらい敏感かを見極めるのが、理論の応用で価値がある、ということである。すでに論じたように、アルゼンチンの指導者は計算間違いをしたが、それは文化や感情が障害となったからだった[124]。北方領土問題は、日本人にとって長らく感情的な問題で、それは今でも確かにそうなのだが、問題となっている期間全体にわたって、日本の対外政策サークルは、この問題についての国際的な関心や

124　Welch, "Culture and Emotion."

様々な見方に関して機微をわきまえた現実的な判断を下してきた。

▶ 国際社会からの制約

　アルゼンチンの指導者は、日本の指導者に比べて制度面でも規範面でも制約を受ける度合いが小さかった。国内政治上および政府内の制約に関する相異については、仮説1との適合を評価する際、すでに検討した。しかしこれに加えて、指摘に値する国際的規範や国際制度と関連する制約の非対称性もある。

　問題となる全期間を通じて、日本は安全保障上アメリカに依存する立場にあり、G7のメンバー国であり、戦後のグローバルガバナンスの複雑な機構の、事実上すべての部分で中心的なプレーヤーの一員だった。それ以上に、日本は軍国主義の過去がある敗戦国であり、日本の自己主張や一方的行動に対して地域諸国が敏感なことを非常によく理解していた。これに対してアルゼンチンはフロンティアにあり、その体制は国際的にはのけ者の様相を帯びていた。アルゼンチンは一方的行動が男らしさの印とされるような荒々しくマッチョな地域に位置していた。アルゼンチンは超大国であるパトロンや、強靭な集団安全保障取り決めの制約を受けているとは感じていなかった。国際的な紛争解決の手段として軍事力を用いることに対するタブーが強まりつつあり、それは他の地域の安全保障共同体では確立しつつあったにもかかわらず、アルゼンチンは100年以上も戦争を経験していなかったため、そうしたタブーを内面化しきれていなかった[125]。

　こういった相異は、はっきりと表現するのはいささか難しいとしても、指導者が自分の選択肢がもたらしそうな費用と利得を評価する上で、一定の役割を果たしたように思われる。たとえばこれによって、日本の指導者が北方領土問題を解決するためによい代替的選択肢がないと思い、アルゼンチンの指導者の方はマルビナスで陥っていた苦境から脱する道があると考えたのはなぜなのかを理解しやすくなる。言い換えれば、この理論は間接的に国際的

125　一般的に以下を参照。Emanuel Adler and Michael Barnett, *Security Communities*.

な規範や制度上の制約を織り込み、指導者達の選択肢や計算がどのように定式化されたのかを書きとどめることができる。しかし、これを一層明示的に展開することもできるかもしれない。対外政策変更は、社会性が強くより多国間主義的な文脈にある国家の間では起こりにくい、という一般的主張にも一定の妥当性があるかもしれない。本書でこの命題の真偽を判断することはしないが、これを補足的な考慮事項として、あるいは場合によっては対外政策変動に関する他の説明の一部としてすら、留意する価値は確実にあるだろう。

　全体としてみると、上記のような相違点によって、2つの事例で観察できる行動の際だった対照の謎が相当程度解明できる。またこういった相異によって、対外政策変更における損失回避の理論が、一方で、適切な予兆に注目すれば1982年のある時点でアルゼンチンの行動に劇的に変化がありそうだという期待に導くのに対して[126]、他方、ソ連崩壊直後に日本がとうとう事態打開に手が届きそうだと考えた期待の絶頂期ですら、その行動に劇的変更がなさそうだという解をこの理論が導出するのはなぜかが、理解しやすくなる。本章の事例には勇気づけられるが、決定的なものとはほど遠い。よって期待されるパターンが他でも見られるかどうか、この理論に変数を再装して、ドライブを続けよう。次の行き先はヴェトナムである。

126　この点に関する議論について、フランクス報告とFreedman and Gamba-Stonehouse, *Signals of War*, pp. 84-90を比較。

第4章 アジアの戦争における アメリカの若者

　前章では、理論の「性能」を独立した2つの事例を比較することによって評価しようとした。比較は完全に静的なものではなく、決定的な時期に起こったことや、何も起こらなかったことを理解するには、簡潔ではあっても両方の事例の歴史にやや深入りする必要があったが、延々と長期にわたって作用する内生的要因について述べることはしなかった。本書の理論は、安全保障の事例のなかでも、単一の事例内で何度も劇的に政策が変更された場合、どれほどうまく機能するのか。経路依存性は作用するのか。もしそうなら、経路依存性から何を学ぶことができるのか。

　本章では、ヴェトナム戦争中のアメリカの政策を分析することで、こうした問題に取り組むことにする。この事例は、いくつかの理由で先に掲げた目的に適している。第1にヴェトナム戦争は現代においてもっともよく研究されている出来事であり、アメリカ側に関する限り、非常に充実した証言、記録、解釈を参照できる。第2に、これが20年間にわたって継続した出来事であり、しかもそれ以前の長い歴史の産物なので、長期的に継続する出来事についての手がかりを得られるかもしれない。第3に、これが起こった地政学的文脈が冷戦という驚くほど安定したものだったことで、他の出来事があまり錯綜しないことである。そして最後に、ヴェトナム戦争には、容易にそれと判る明確な転換点がいくつかあり、おかげで細部に圧倒されかねない複雑な出来事を分析的に把握するのが容易だということである。

ここではまず可能な限り簡潔に背景を見たうえで、アメリカの政策の重要な変化を識別したい。私の考えでは大きな政策変更は2回あった。まず、1965年にリンドン・B・ジョンソン大統領[1]が大規模戦闘を目的に米軍を派遣することにして、戦争の拡大を決定したこと、そして1973年にリチャード・ニクソン大統領が撤兵を決定したことである。それから、議論を難しくしすぎないようにするため、前章ほど形式的な形ではないが、アメリカのヴェトナム関与が本書の理論の期待にどれほど適合するのか検討したい。結論としては、全体としてみれば理論はこの事例にとてもよく適合するが、この事例から理論にはさらなるギャップや弱点があることも指摘できる。これについては、本書の最終章ですべての事例を振り返りつつ検討する。

1　バックグラウンド

　政府内外の多くのアメリカ人は、ヴェトナム戦争を国家間の戦争であり、アメリカがヴェトナム共和国（南ヴェトナム）を支援して、共産主義の隣国であるヴェトナム民主共和国（北ヴェトナム）から防衛するのを支援したと理解していた。しかし、このような理解をしていたヴェトナム人は比較的少数のようである。大多数は、これをアメリカが内戦に介入して、国家の統一を妨げていると見ていた[2]。彼らからすると、これは民族自決のための戦争であり、非マルクス主義的意味での「民族解放戦争」であった。「ほとんど排外主義的と言っていいほど激越な」ナショナリズムの発露だった[3]。

1　以下LBJと略記。
2　背景については、例えば以下を参照。Buttinger, *Vietnam*; Cooper, *The Lost Crusade*; Patti, *Why Viet Nam?*; Stanley Karnow, *Vietnam*; Bernard B. Fall, *The Two Viet-Nams*; George C. Herring, *America's Longest War*; Kahin, *Intervention*; Philippe Franchini, *Les Guerres D'Indochine*. 近年出版された重要な文献として、McNamara, *In Retrospect*; Fredrik Logevall, *Choosing War*; McNamara et al., *Argument without End*; David F. Kaiser, *American Tragedy*. 短く読みやすい歴史書は、Joseph Buttinger, *A Dragon Defiant*; Anthony Short, *The Origins of the Vietnam War*.

ヴェトナム人は民族的にも言語的にもそれと区別できるものだったが、記録に残っている古い歴史では長きにわたって、強力な隣国である中国に統治された。西暦39年から939年までの間、中国に対して10数回にもおよぶ反乱を起こし、それによってヴェトナム独自の国民意識の発展が促され、中国に文化的に同化されずにすんだ[4]。939年にヴェトナムは独立国となり、一度中断したものの1883年まで独立を維持した。10世紀、11世紀、13世紀には、ヴェトナムは北からの一連の侵略を撃退した。1284年と87年にはモンゴルとも対峙して、フビライ汗も珍しく敗北を喫している。15世紀始めに、中国はとうとう自分たちの統治を押しつけることに成功したが、それも20年しか続かなかった[5]。その後ほとんど4世紀にわたって、とりわけ阮氏と鄭氏（大越）間の抗争が目立つが、封建的で王朝的な内戦によってヴェトナムは分裂状態が続いた。ヴェトナムの政治的統一は1802年になってようやく達成された。しかし言語、文化、そして民族意識の点では、ヴェトナムはほぼ2000年にわたって単一のものだった。

　フランスは1883年にインドシナを征服して植民地化し、ヴェトナムを、トンキン、アンナン、コーチシナの3つの地域に分割してその統一性を破壊しようと意識的かつ無駄な努力を払った。だが、ヴェトナムのナショナリズムは武力で抑圧するにはあまりに強力で、フランスは長期にわたって平和裏にヴェトナムを統治することができなかった。第二次世界大戦中には日本がフランスをヴェトナムから駆逐し、1945年にヴェトナムはホー・チ・ミンの下で独立を宣言する。だが、フランスもアメリカもこの宣言を承認せず、フランスは再度自分たちの統治を押しつけた[6]。

3　Karnow, *Vietnam*, p. 182.
4　西暦39年、徴姉妹が中国の支配に対する反乱を起こした。打ち負かされた2人の姉妹は川に身を投げて自害し、これによって彼女たちは民族のヒロインとして不朽の名声を得た。今日に至るまでヴェトナム人は彼女たちをジャンヌ・ダルクとして崇めている。初期の反乱を率いたのはヴェトナムのエリートたちだったが、後になると反乱は中国の過酷な支配に対する農民の怒りによって、民衆の幅広い支持を集めることになった。Joseph Buttinger, *Smaller Dragon*, pp. 107-108.
5　Ibid., pp. 130, 152.

脱植民地化やヴェトナム独立それ自体に哲学としては反対はなかったが、アメリカの政策決定者は、フランスを支持するのがヨーロッパの安定化のための代償だと理解していた。それに加えて、ホー・チ・ミンは公然たる共産主義者であり、アメリカは共産主義国家ヴェトナムに対して特段好意的ではなかった。1954年のディエンビエンフーの戦いで、ヴォー・グエン・ザップ将軍がフランスを決定的に撃破した際に、アメリカはしぶしぶヴェトナムの独立を認めた。問題は、いったい誰がヴェトナムを統治すべきなのか、そしていくつのヴェトナムが存在すべきかだけであった。アメリカの観点では、共産主義者の権力が北では確立しているので、明らかにヴェトナムは2つでなくてはならなかった。当時よく言われた朝鮮半島の比喩を使えば、必要なのは北の勢力を相殺する非共産主義政権だったのである。

　1954年のジュネーブ和平協定によって、ラオス、カンボジアそしてヴェトナムは皆独立し、ヴェトナムは、1956年7月20日までに実施される自由選挙によって再統一されるまでの期間、一時的に北緯17度に設定された休戦ラインに沿って、共産主義の北と非共産主義の南に分割された[7]。しかし、ゴ・ジン・ジェム大統領が率いる南の体制は、選挙が不公正だということを表向きの理由に、その実施を拒んだが、自分たちが勝てないことを意識していた。アメリカもそれに賛成し、南の共和国の独立の防衛を約束した。しかし、ゴ・ジン・ジェム政権は、大いに必要とされていた経済・政治の改革に着手しようとせず、非常に不人気かつ不安定で、1960年代の初めまでには北に支援された共産主義の武装闘争が深刻な脅威となっていた。ジェム自身は1963年のクーデターで失脚したが、アメリカは内心それを歓迎した[8]。だ

6 　1950年から54年の間、アメリカ政府はフランスに軍用品のために26億ドルを提供し、これで同地域におけるフランスの軍事努力のコストの80パーセントが事実上賄われた。Cooper, *The Lost Crusade*, p. 62.

7 　以下を参照。The Geneva Cease-fire Accord, "Agreements on the Cessation of Hostilities in Vietnam, Cambodia, and Laos, July 20, 1954," U.S. Senate, Committee on Foreign Relations, *Background Information Relating to Southeast Asia and Vietnam*, pp. 67-96; and the Final Declaration of the Geneva Conference, ibid., pp. 97-99.

8 　ジェムのクーデターについては、以下を参照。Kaiser, *American Tragedy*, pp. 248-283.

が、彼の後に続く多くの指導者たちも、同様に不人気、不安定かつ実行力不足で、事態は悪化するばかりだった。

　ここには二重の困難があった。第1に、存立可能で組織力があり人望のある非共産主義的な民族運動は、複雑な歴史的理由により、ヴェトナムでは見いだし難かった[9]。第2に、国を2つに分割するのに好意的な姿勢を見せたヴェトナムのナショナリストは、立場の如何にかかわらず、どちらかと言えば少数だった。アメリカと協力して南ヴェトナムを強化しようとする人々は、外国勢力とつるんで祖国の再統一を妨害しているという烙印を押されてしまった。つまり共産主義者ではないナショナリストは、新植民地主義の傀儡に見えてしまったために自分たちの正統性を失ってしまったのである。アメリカが躍起になって体制を支持することが、かえってその体制の致命傷に

9　根本的に、非共産主義的な民族運動はフランスによって粉砕あるいは排除されるか、共産主義者に吸収されていた。いずれにせよ、彼らは大衆ではなく主としてエリートに訴えかけ、また彼らはどちらかというとうまく組織化されていなかった。この点に関する詳細な議論と分析については、特に以下を参照。Buttinger, *Vietnam*, passim.
　共産主義者を支持する人々の中に、狂信者は比較的少なかった。共産主義は主に読み書きのできない農民たちには魅力の乏しい、異質のイデオロギーだったのである。それにもかかわらず、自分たちを民族独立と社会改革の党として売り込む共産主義者の試みは、大いに成功した。
　ホー・チ・ミン自身、民族主義者と共産主義者のどちらに近かったのかという問いについては、現在も学界で議論が続いている。この問題に答えるのはいささか難しい。というのもホー・チ・ミンは多くの論説を書いたが、日記をつけず回顧録も残さず、一度も彼自身の経験を伝記作家に語らなかったからだ。専門家の意見は分かれている。多くの識者はホー・チ・ミンの共産主義への転換は戦術的なものであったと主張している。例えば以下を参照。Jules Archer, *Ho Chi Minh*, p. 20; William J. Duiker, *Ho Chi Minh*; David Halberstam, *Ho*; Karnow, *Vietnam*, p. 122; Patti, *Why Viet Nam?*, p. 373; Jean Sainteny, *Ho Chi Minh and His Vietnam*, p. 20. かつてのドイツ共産党の指導者で、1920年代にモスクワでホー・チ・ミンと面識のあったルート・フィッシャーは、「彼の主要な関心は……自分の国の独立をめぐる戦いであった」と主張している。Quoted in Reinhold Neumann-Hoditz, *Portrait of Ho Chi Minh*, p. 79. 彼にとって共産主義はナショナリズムと同じくらい重要であったと主張する人もいる。例えば、Jean Lacouture, *Ho Chi Minh*, pp. 223-242. ホー・チ・ミンは第1に共産主義者でナショナリストはその次であった、あるいはナショナリストなどでは全くなかった、と1950年代および60年代初頭のアメリカでは広く見られていたが、今日これに賛同する者はほとんどいない。

なりかねず、逆にアメリカがヴェトナム内政に首を突っ込んでいる外国勢力だというだけの理由で、反体制勢力側の活力源になる。そうアメリカが気づいたときには手遅れだった[10]。

ホー・チ・ミンとその同志たちにヴェトナムの分裂状態をいつまでも我慢するつもりがないことは、確かだった。最初彼らは、ゴ・ジン・ジェムを褒めそやし、甘言を用いて約束の選挙を実施させようとした。南の資本主義者の財産や安全を保証するという口当たりの良い約束もし、最初に武力を行使する側にならないように努力した[11]。しかし彼らの我慢も所詮は戦術的なもので、限界があった。1960年9月のヴェトナム共産党（労働党）第3回全国代表大会で、ハノイの指導部はジェム政権を力づくで転覆し、「祖国を解放する」方針を正式に承認した[12]。

この仕事を実際に行うのは、1960年12月20日に結成された南ヴェトナム解放民族戦線（NLF）だった。NLFは南ヴェトナムの体制に反対する非共産主義者の民族主義者も傘下に含む政治組織だったが、それを支配していたのは共産党だった。ジェムはこれを嘲って、ヴェトナム共産主義者という意味の「ヴェトコンサン（Viet Cong San）」と呼び、アメリカ人の用語法ではViet Cong、Viet-Cong、あるいはVCという言葉が使われた。これらは皆いささか曖昧かつ不正確だが、NLFとその軍事組織である人民解放軍（PLAF）のいずれかあるいは両方を示していた[13]。

PLAFは概ね南ヴェトナムの人的資源から要員を確保していたが、北はそれに指示、補給、訓練、そして思想的教化を提供していた。ほどなく、これが南ヴェトナムの非都市部の多くを支配下に置くようになった。南の政権のパトロンたるアメリカがもっとも感心したのは、PLAFの持久力だった。マ

10　この問題は以下で広く展開されている。Timothy J. Lomperis, *The War Everyone Lost — and Won.*
11　1956年、ジェム政権が最初に南をめぐる戦いにおいて武力を行使した。これに応じて、1957年に共産主義者が反乱に向かった。Buttinger, *Vietnam*, vol. 2, p. 982.
12　Ibid., p. 980.
13　北ヴェトナムの軍隊であったヴェトナム人民軍（PAVN）と混同しないでいただきたい。これらの点を明確にしてくれたロバート・ブリガムに感謝する。

クスウェル・テイラー大使は、1964年のブリーフィングで、「ヴェトコンが部隊を再建し、損害を補充し続けることができるのは、このゲリラ戦争における1つの謎である」として、次のように述べた。

> 我々は地元の少年たちが、勧誘あるいは強制によってヴェトコンに加わっていることは判っているし、外部からどの程度の浸透があるかも大体評価できる。しかし、両者を勘案しても、もしヴェトコンの損害に関する我々のデータが概ね正しいとすると、ヴェトコンがどうして勢力を維持できるかについて説得力のある説明ができない。ヴェトコンは不死鳥のような再生力があるだけではなく、高い士気を保つ能力が驚くほど高い。ヴェトコンの捕虜や押収した文書に士気が低いという証拠が見られる例は、まれである[14]。

テイラーにその重要性が理解できなかったのは、反抗勢力たちを引き寄せて止まないナショナリズム感情の深さだった。共産主義的な言質はしばしば無視されたが、ヴェトナム民族主義に対する訴えかけは大いに効果的だった[15]。

ではワシントンのアメリカ政府は、いったいなぜ非共産主義の南の政権を支えなくてはならないと考えたのだろうか。選挙を行わせ、ホー・チ・ミンの勝利を見守り、それで一件落着とはいかなかったのだろうか。政策の大筋が決まるまで、アメリカ人はいずれにせよ東南アジアについてほとんど知らなかったし、興味もなかった。どういった特定の行動方針をとるかについて議会や世論から表立った圧力はほとんどなく、単にホワイトハウスがやっていることを黙認するだけだった[16]。アメリカ人がアメリカの対ヴェトナム政

---

14 Paper Prepared by the Ambassador in Vietnam (Taylor), Subject: "The Current Situation in South Viet-Nam—November, 1964," *Foreign Relations of the United States* [hereafter *FRUS*] 1964-1968, vol. 1: Vietnam, 1964, Doc. 426.
15 William Darryl Henderson, *Why the Vietcong Fought*, esp. pp. 48-60, 121.
16 例えば以下を参照。Karnow, *Vietnam*, pp. 374, 414; and Logevall, *Choosing War*, passim.

策について真剣に問い始めるのは、戦闘の実態がテレビという驚異の新発明を通じて茶の間に持ち込まれ、それが影響を及ぼしてからのことであった。よって、アメリカ政府は自分たちが適切と思うように、自由に東南アジアでの行動を決めることができた。議会の方は、この件を完全に行政府に委ねていた[17]。つまりアメリカのヴェトナム関与は、トルーマン、アイゼンハワー、ケネディ、そしてジョンソンの各政権の直接的な関心の結果であった。ではそれはどういった関心だったのか。

　アメリカの政策を理解するには、1960年代半ばまで、どの政権にとっても、インドシナ問題の優先順位は高くなかったことに留意することが重要である。少なくとも1964年まで、ベルリン、朝鮮半島、金門・馬祖島、スエズ、ハンガリー、キューバ、再度ベルリン、原爆、水爆、爆撃機ギャップ、ミサイルギャップ、そして大西洋同盟の結束の維持といったことに、アメリカの対外政策決定者は忙殺されていた[18]。その結果、政権の最上層部は、地域固有の事情の詳細を知らずに事態を解釈しようとし、大ざっぱな認識上の「近道」をあわてて通って、大した関心も払わずにインドシナに関する重要決定を下した[19]。ここで言う近道とは、大した批判的検討もせずに歴史の類推をしたこと（ミュンヘン会談、朝鮮半島問題、中国の「喪失」）、問題の性質や反対勢力について単純な決めつけをすること、などである。アメリカ政府でヴェトナム情勢に注意を払っていたのは、ほぼ国務省の比較的下級の官僚たちに限られたが、もっとも知識豊富な専門家を含むその多くが、アメリカのインドシナ政策形成の決定的段階でマッカーシズムの犠牲になっていた[20]。そしてマッカーシズムを生き延びた人たちは、自分たちの発した勧告が、フラン

17　例えば以下を参照。David Halberstam, *The Best and the Brightest*, p. 146.
18　例えば以下を参照。Cooper, *The Lost Crusade*, p. 164.
19　例えばケネディ大統領は、エドワード・G・ランスデール少将からの1961年1月の覚書を読んでようやく、ヴェトナム問題の深刻さを認識するようになったと思われる。Kahin, *Intervention*, p. 129. リンドン・ジョンソンはこう主張した。「私がはじめてヴェトナム問題の詳細に接したのは、大統領就任の宣誓をして48時間後のことであった」。Lyndon B. Johnson, *The Vantage Point*, p. 46. しかし、本章注39を参照。
20　以下を参照。McNamara, *In Retrospect*, p. 33.

スとの関係修復の継続を優先するヨーロッパ専門家に覆されることを、繰り返し経験したのである[21]。

　国務省の情報研究室（Office of Intelligence and Research）は、ホー・チ・ミンが憂慮すべき共産主義者であるとは必ずしも確信してはいなかった。1948年秋に、ホー・チ・ミンがモスクワからの指令を受け取っているという証拠は見つけられなかった[22]。しかしアメリカの政策は、そうにちがいないという前提の上に進行した。単にホー・チ・ミンが共産主義者だと自称したことから、ディーン・アチソン国務長官は次のような破滅的な判断に達した。

> 知られているホーの背景に照らして考えると、ホーが明白にモスクワとの関係と共産主義の教義を否定せず、国内の共産主義メディアに個人的賞賛を受け、支持されている限り、ホー・チ・ミンが正真正銘の共産主義者であるとしか考えようがない。しかもアメリカとしては黄色の星が着いた赤旗というヴェトナム国旗には好感が持てない。ホーが共産主義者であるというより民族主義者であるかどうかというようなことは、どうでもよい。植民地地域のスターリン主義者は、皆共産主義者なのだから[23]。

21　アメリカ人が皆、ヴェトナムで展開している状況をすっかり誤解していたわけではない。例えばウィリアム・ブリットは1947年、鋭くこう書いている。「アンナン人（Annamites）100人の中に共産主義者は1人もいない。しかしまともなアンナン人であれば誰でも独立を欲している。そしてちょうどド・ゴール将軍が、ヒトラーに対する抵抗の象徴だったがゆえに、彼と政治的見解を異にする何百万のフランス人の支持を集めたように、今日、独立をめぐるアンナン人の戦いを率いる共産主義者のホー・チ・ミンは、彼がフランスに対する抵抗の象徴であるがゆえに、彼と政治的見解を異にする何百万のアンナン人の支持を集めているのである」。Bullitt, "The Saddest War."
22　Sheehan et al., *The Pentagon Papers*, p. 9.
23　Telegram, Acheson to Consulate in Hanoi, 20 May 1949; ibid., p. 79. 以下も参照。Acheson's telegram to Division Chief Abbot Low Moffat in Saigon, 5 December 1946:「ホー・チ・ミンが国際共産主義のエージェントであったという明白な記録、モスクワとの提携が解消されたという証拠の欠如、フランスの混乱した政治状況、そしてホー・チ・ミンがフランス共産党から得ている支持について留意されたし」。Gareth Porter, ed., *Vietnam*, p. 54.

実際には、ホー・チ・ミンは民族主義者では全くないという、さらに強い内容のことをアチソンは言おうとしていたようで、後にそれを明言することになる。1950年にアチソンはこう明言している。「クレムリンがホー・チ・ミンのインドシナにおける共産主義運動を認知したことは驚きだ。ソ連がこの運動を認めたことによって、ホー・チ・ミンの目的としているものから『民族主義者』としての性格がすべてはぎ取られ、インドシナにおける地元民の独立の決定的な敵というホーの正体が露呈するはずだから」[24]。

アチソンの誤解は共産主義を一枚岩的に見た結果である。この見解は、共産主義者は皆モスクワに対する忠誠が民族よりも上位にあるから、共産主義と民族自決の目的は論理的に考えて両立不可能だとする。よって国際共産主義運動は、一種の帝国主義であり奴隷になることだが、真のヴェトナム愛国主義者は、定義上、反共産主義者のはずである。実際には、ホー・チ・ミンは中国やソ連の傀儡であったことは一度もない。彼が両者を競い合わせつつも双方と良好な関係を維持する手腕は、ホー・チ・ミンの実績の中でも最も驚嘆すべきものである[25]。しかしアチソンの誤解は、アメリカの同地域における政策の基礎となり、そのせいで、ヴェトナム戦争における敵同士がともに、自分こそが帝国主義支配に抗するヴェトナムの民族自決の擁護者だと自認する皮肉が生まれたのである。

後知恵で、アメリカの政策を国際共産主義に対する単純な理解に基づいたバイアスの上に成り立っていると批判することはたやすい。だが1940年代末から1950年代を通じて、共産主義は実際に一枚岩のように見えたし、共産主義者自身も実際に共産主義運動は一枚岩だと言い張っていたこと、そしてその共産主義は、資本主義に対する容赦のない敵意に満ちた教義を説いており、それはそう簡単に冷静に無視できるものではなかったこと、こういった背景も忘れるべきではない。ヴェトナム労働党自身、「国際共産主義運動

---

24 *Department of State Bulletin*, vol. 22, no. 554 (13 February 1950), p. 244.
25 Lacouture, *Ho Chi Minh*, pp. 243-260; R. B. Smith, *An International History of the Vietnam War*, vol. 2, pp. 35-53; Odd Arne Westad et al., "77 Conversations between Chinese and Foreign Leaders on the Wars in Indochina, 1964-1977."

の最終目標は、常に変わることなく、帝国主義全体を転覆し、人類社会における抑圧と搾取の体制を廃止し、世界のすべての国で社会主義と共産主義を建設することである」と宣言していたのである[26]。アメリカがヴェトナムで対峙している敵の性格を見誤ったのも、無理からぬことだったかもしれない。アメリカの直近の歴史的経験に照らしてみると、この寒々とした共産主義的千年王国主義の独善的レトリックを聞くと、これは封じ込めねばならないという考えに取り憑かれたのも、かなり自然なことだった。確かに過剰反応かもしれないが、これは正直な気持ちから出たものだった。ジョン・ケネス・ガルブレイスが述べたように、アメリカは単に「実情とは鋭く乖離しているものの、当時は公式の真理だとされていた世界観に反応する形で、ヴェトナム戦争に深入りするようになったのである」[27]。

中国陥落直後の1949年12月30日にトルーマン大統領は、国家安全保障理事会文書NSC48/2を承認したが、それに伴い、主として戦略的な根拠に基づいてアメリカはアジアにおける共産主義の膨張を阻止することに決めた[28]。アジアにおけるアメリカの安全保障上の国益については、1952年の

26　9th Plenum of the VNWP Central Committee, December 1963; communiqué issued 20 January 1964; in Smith, *An International History of the Vietnam War*, p. 219. 南ヴェトナム人はできる限りのことをしてまさにこの点から彼らの戦いを説明したので、アメリカの認識は強化されるだけであったことを忘れるべきではない。例えば、1961年にジェムは以下のような言葉でケネディ大統領にさらなる援助を訴えた。「大統領閣下、私と仲間たちはアメリカが我々に与えて下さった大規模な援助について心得ております。我々はあなた方の援助を軽々しく受け取ったわけではありません。というのもヴェトナム人は誇り高き民族であり、我々は自由世界を守るために自らの役目を果たす決意なのであります。……しかしヴェトナムは大国ではなく、現在我々に相対する国際共産主義の勢力は、我々の手元にある手段で応じられる以上に強力であります。もし今我々に向けられている戦いに勝つつもりなら、我々はアメリカからさらなる援助をいただかなければなりません」。Quoted in Johnson, *The Vantage Point*, p. 56. ジェムがこのメッセージを12月7日に送ったのは偶然だったのだろうか？

27　John Kenneth Galbraith, How to Get Out of Vietnam, p. 13. 以下も参照。Larry Berman, *Planning a Tragedy*, esp. pp. 130-135; Ernest Henry Gruening and Herbert Wilton Beaser, *Vietnam Folly*; and Ralph K. White, *Nobody Wanted War*.

28　*Pentagon Papers*, p. 10. 以下も参照。NSC Staff Study on Objectives, Policies and Courses of Action in Asia (Annex to NSC 48/4), 17 May 1951; in Porter, ed., *Vietnam*, pp. 105-108.

「東南アジアにおけるアメリカの目的と行動方針」と題されるNSC文書で詳細に分析されている。

　　共産主義がいかなる手段であれ東南アジアを支配することになれば、アメリカの安全保障上の国益が危険にさらされるが、それは短期的にも深刻だが、長期的には死活的なものとなろう。
　　a. 東南アジアのいかなる国も共産主義の攻撃によって失われれば、決定的な心理的、政治的、そして経済的な帰結を伴うであろう。実効的で時宜を得た対応策を講じなくては、いかなる国を失っても、この集団に属する他の国は相当早い時期に、共産主義陣営に屈服するか、提携するようになる可能性が高いだろう。しかも、その他の東南アジア諸国やインド、そしてより長期的には中東諸国（おそらくパキスタンとトルコは例外だろうが）が共産主義と提携するようになると、ほぼ確実に次第に次のような事態を招来する。すなわち、このような広範な共産主義との提携が起これば、ヨーロッパの安定と安全保障までもが危険にさらされるという事態である。
　　b. 共産主義が東南アジアを支配するようになると、太平洋沿岸の列島地域におけるアメリカの地位が脅かされ、極東におけるアメリカの安全保障上の基本的国益が深刻に損なわれることになろう。
　　c. 東南アジアとりわけマラヤやインドネシアは、天然ゴムやスズの世界的な主要産出地域であり、また石油やその他の戦略的に重要な商品の生産地でもある。ビルマやタイからのコメの輸出はマラヤ、セイロン、香港にとっては死活的な重要性を持つとともに、日本、インドそしてアジアにおける自由主義圏全体にとっても相当の意味がある。
　　d. 東南アジア、とりわけマラヤやインドネシアを喪失することは、日本における非常に大きな経済的政治的圧力となり、日本が結果的に共産主義を許容するようになるのを防ぐことが非常に困難になるであろう[29]。

アメリカの政策担当者の考えでは、インドシナで早期にはっきり共産主義と対決しておいた方が、後になってどこか他所で、おそらくはより悪い条件で対決を余儀なくされるよりも、対処が容易だった。一見したところ、それこそがヒトラーによるラインラント進駐や、オーストリア併合やミュンヘンでの宥和の教訓のように思われたのである[30]。これらを語る上でその後、支配的な用語になったのが「ドミノ理論」であり、それは1954年4月の記者会見でアイゼンハワー大統領が次のように語ったことにちなんでいる。「状況はドミノが並んでいるようなものであり、最初のドミノを倒すと最後のドミノがすぐに倒れるのは確実だ」[31]。

　ドミノ理論は、分かりやすく迫力のあるものだが、細かな点がしっかりと特定化されてはいない[32]。アメリカの重要な政策担当者のほとんどが、どこかの時点でこの理論に対する疑問を表明していたが、やはりこれは基本的に正しいのではないか、との恐れをずっと抱いていた[33]。こういった恐れ

29　*Pentagon Papers*, pp. 28-29.
30　「今日の条件下では、いかなる手段によってであれ、ソ連およびその同盟国である中共の政治システムが東南アジアに押しつけられることは、自由主義陣営全体にとって深刻な脅威になるでしょう。アメリカはそうした可能性を甘受するべきではなく、団結した行動で応じるべきだと思っております。この行動には重大な危険が伴うかもしれません。しかしこうした危険も、今日断固たる態度で臨まない場合に数年後の我々を待ちうけるであろう危険と比べれば、はるかに小さいのであります」。Address by Dulles, New York City, 29 March 1954; in Porter, ed., *Vietnam*, p. 135.
31　Jeffrey Kimball, *Nixon's Vietnam War*, p. 17, quoting *Public Papers of the Presidents of the United States: Dwight D. Eisenhower, 1954*, pp. 382-383. ドミノの比喩およびそれに類似のもの——蟻の一穴、連鎖反応、樽の中で最初に腐ったリンゴなど——の起源については、以下を参照。Ibid., p. 381, n. 7.
32　例えば以下を参照。Robert Jervis, "Domino Beliefs and Strategic Behavior."
33　早くからドミノ理論の熱烈な支持者であったダレス自身、1954年5月に、たとえインドシナが共産主義の手に落ちても、残る東南アジアは支えられると主張していた。しかしそのためには、そうした努力を国際化することが重要だと彼は考えた。そこで東南アジア条約機構（SEATO）が創設されたのである。*New York Times*, 12 May 1954, pp. 1, 6. ジョンソンはドミノ理論にくり返し言及しており、かなり強力な支持者であったように思われる。Michael R. Beschloss, *Taking Charge*, pp. 213-214, 248-249, 264. ロバー

は、CIAの国家評価委員会情報部門が「ドミノ理論死亡宣言」として知られる1964年の文書でその問題性を暴露した後も、多少抑制されたかたちではあったものの長く尾を引いた[34]。しかしこの頃までに、アメリカの政策決定者は南ヴェトナムで独立した非共産主義政権が生き残るかどうかに自分たちの信頼性を賭けてしまった。よってドミノが次々に倒れる恐怖が弱まるにつれ、今度はアメリカの信頼性に対する懸念が強まったのである[35]。

1950年にはすでに、信頼性の問題がアメリカの政策に影響を与え始めた。ダレスは「(インドシナには)内戦があり、良かれ悪しかれ、これに我々の評判がかかっている。そういうわけなので、我々の支持する政府を支援しなくてはならない。もし非共産主義政府が敗れれば、中国で国民党政府が敗北した

ト・マクナマラ国防長官は1960年代初頭には同理論を信じていたことを認めており、彼の同僚の多くも同様であったと主張している。McNamara, *In Retrospect*, pp. 32, 62, 106-107. リチャード・ニクソンもまたドミノ理論の信奉者であった。Memorandum of Conversation with Australian Prime Minister John Gorton, April 1, 1969, *FRUS 1969-1976*, vol. 1, Doc. 17; Kimball, *Nixon's Vietnam War*, pp. 88-89; H. R. Haldeman, *The Haldeman Diaries*, p. 96. ヴェトナム戦争期における全大統領の中で、ケネディは最も懐疑的であったように思われる。Kaiser, *American Tragedy*, p. 101. しかしそのケネディですら時折ドミノ理論への信頼を公言した。例えば1956年、若き上院議員であったケネディはこう述べている。「ヴェトナムは東南アジアにおける自由世界の礎石、アーチの要石、堤防の蟻の一穴であります。ビルマやタイ、インド、日本、フィリピン、そして言うまでもなくラオスとカンボジアは、もし共産主義の赤い波がヴェトナムに押し寄せれば、彼らの安全保障がまるまる脅威にさらされる国々なのです……」。Speech at Gettysburg College, April 1959; quoted in Johnson, *The Vantage Point*, p. 51. 例えば以下も参照。Kennedy's NBC interview with David Brinkley, 9 September 1963, http://www.presidency.ucsb.edu/ws/index.php?pid=9397&st=&st1 [accessed 11 Aug. 2015].

34　Kai Bird, *The Color of Truth*, p. 285. 同文書はこう結論づけている。「我々は、南ヴェトナムとラオスの喪失によって、極東の他の国々にも急速にかつ相次いで共産化が起こることを信じない。……おそらくカンボジアを除き、同地域のいかなる国も、ラオスと南ヴェトナムの陥落の結果として共産主義の手にすぐさま落ちることはないであろう」。Memorandum from the Board of National Estimates to the Director of Central Intelligence (McCone), June 9, 1964, *FRUS 1964-1968*, vol. 1, Doc. 209. https://history.state.gov/historicaldocuments/frus1964-68v01/d209 [accessed 11 Aug. 2015].

35　動機としての信頼性の重要性については、例えば以下を参照。Logevall, *Choosing War*, pp. 388-389.「ドミノ理論死亡宣言」の覚書 (ibid.) はアメリカの信頼性に突き付けられた失敗の脅威に言及している。

後だけに、アジア太平洋の情勢全体に一層深刻な反動が生じるだろう。さらに多くの東洋の人々が、アメリカとの友好関係には価値があるというよりもむしろ重荷と感じるようになるかもしれない」[36]。はじめはドミノ理論と信頼性の問題は関連していた。この地域のアメリカの同盟国がアメリカの関与が信頼できるかどうかを疑い始めれば、こういった国々はますます共産主義を「許容」する方向に傾き、ドミノが倒れるかもしれない。しかしその後アメリカの政策決定者は、地域における信頼性よりも世界的な信頼性を心配するようになった。アメリカが南ヴェトナムに対する約束を守らなければ、NATOとソ連はアメリカの決意を疑い始め、中央ヨーロッパにおける抑止力を損なうのではないか。議論はこういった具合に展開したのである。

アメリカの南ヴェトナム支持の根拠となった第3の要因は、ダレスがしばしば「神を認めない」と呼んだ共産主義への根深い道徳的嫌悪感と、南ヴェトナムの人々に自由を謳歌させたいと本気で思っていたことである。マクスウェル・テイラーはアメリカの政策の「基本目的」を「約1500万人の南ヴェトナム人が攻撃を受けることなく、自分たちの政府と生活様式を選べること」であるとした[37]。もし選択が与えられれば、人々は圧倒的に共産主義の政府を選ぶだろうということは、もちろんいささか困った逆説だが、これには家父長的な形で無理矢理つじつまをあわせた。南ヴェトナム人は、「国家建設」やヴェトナム人の「心をつかむ作戦」(Winning Hearts and Minds, WHAM──強い衝撃音という意味もある──、という奇妙にしっくりくる略語で知られている)を通じて、親西洋的で自由を愛するリベラルとして教育され、社会化されねばならなかった。いわば保護観察期間があるのは仕方がないというわけである。しかし、もし真の自由という果実を味わえば、南ヴェトナムの人々は決して共産主義的奴隷化を選びはしないはずだ、という信念がずっとアメリカ政府内にあったのは事実だった。

こういった3つの主要な関心事項、つまりドミノが倒れないようにするこ

36　John Foster Dulles, *War or Peace*, p. 231.
37　Maxwell D. Taylor, *Responsibility and Response*, p. 22.

と、アメリカの信頼性を支えること、そして南ヴェトナムの人々の自由を守ることが、徹頭徹尾アメリカの政策にしみこんでいた。3つの比重は時代とともに変化したが、ワシントンの政官界では3つが分かちがたく結びついていた。アメリカの政策はリアルポリティーク、つまり現実主義とともに理想主義の、あるいは自己利益とともに利他主義の両方の産物だったのである。アイゼンハワーがこの戦争の性格について語ったことは、その典型である。

> 戦略的には南ヴェトナムが共産主義の下に落ちれば、共産主義陣営の力が現在は自由主義陣営である地域の内部何百マイルにも及ぶことになるだろう。東南アジアの残りの国々も、敵の大規模な側面攻撃によって弱い部分が脅かされることになろう。1200万人の人々の自由がただちに失われ、隣接する1億5000万人の自由が危険にさらされるだろう。南ヴェトナムを失えば、あちらこちらで自由が崩れ落ちるプロセスにスイッチが入ってしまい、もしそれが続けば、我々自身と自由そのものに重大な結果を招くだろう。……そう考えると、我々の国益の観点からも、自由が存続するのに必要な南ヴェトナムの士気、経済発展、そして軍事力を支えるべく支援する必要がある、という結論に我々は達せざるを得ない[38]。

共産主義は阻止されねばならなかった。ゆえにホー・チ・ミンも阻止されねばならなかった。しかしだからといって、アメリカが自ら手を下すのが一番良いとは限らない。その点を認識し、アメリカの政策決定者は、見事な感性を発揮した[39]。ヴェトナム人自身が共産主義に対抗する方が、アメリカ

---

[38] Speech at Gettysburg College, April 1959; quoted in Johnson, *The Vantage Point*, p. 51.
[39] 1961年のサイゴン視察を終えて書かれたケネディ大統領への報告の中で、ジョンソン副大統領はこう述べている。「アメリカの戦闘部隊の関与は求められていないだけでなく、望ましくない。最近まで植民地支配を受けていた民族はこんなに早く西洋の軍隊が戻ってくるのを求めたり認めたりする政府のことを支持しないだろう、という機微をおそらくアメリカ人は十分に理解していない」。Memorandum, "Mission to Southeast Asia, India and Pakistan," 23 May 1961; *Pentagon Papers*, p. 133. ジョンソンは数年後に、

人がそうするよりずっと良い。ケネディ大統領はこう宣言した。「結局のところ、これは彼らの戦争であり、負けるにせよ勝つにせよ自分で戦わなければいけない。アメリカは装備を供与したり、顧問を送ったりして支援はできるが、ヴェトナムの人々自身が、共産主義に対抗して勝利を勝ち取らねばならない」40。ジョンソンも1964年の大統領選挙期間中に「我々は、アジアの若者が自分たちでやるべきことをさせるために、アメリカの若者を祖国から9000マイルも10000マイルも彼方に送ったりはしない」、とケネディの見解を繰り返した41。しかしヴェトナム共和国には共産主義の潮流をはねのける力がないことが明らかになり、ジョンソンは、アジアの若者が失敗したことを試みるためにアメリカの若者を送るのか、それともアジアの若者の失敗の結果を苦しくても受け入れるかという、難しい選択を迫られた。そして、彼は前者を選んだのである。

2　ターニングポイント

　1945年から54年までの間、アメリカの対ヴェトナム政策は、フランスを

　自らの手による以下のような勧告を思い出した方がよかったかもしれない。「外部からの明白かつ大規模な南ヴェトナムへの侵略を阻止するのに、我々はヴェトナムでアメリカ戦闘部隊を使用したり、そうした方向への第一歩にすぎない海軍あるいは空軍の援護を用いたりするつもりはないことを非公式に明らかにすべきである。もし3年にわたる気前のよい援助プログラムによって支えられたヴェトナム政府がこの仕事を果たせないのなら、ヴェトナムに何十万という人々を送り込んでもそれを果たせなかったフランスの経験を我々は思い起こした方がいい。そしてこれら全てに、中国人あるいはソ連人は1人も関わっていない。そうした状況に陥る前に、我々の主敵である中国とソ連がこの争いの外で自分たちの力を温存する中、我々は東南アジアの水田やジャングルを不正規兵やゲリラ兵を追いかけまわして身動きが取れなくなる覚悟を確かにした方がいい」。Report by the Vice President, *FRUS 1961-1963*, vol. 1, Doc. 60. https://history.state.gov/historicaldocuments/frus1961-63v01/d60 [accessed 11 Aug. 2015].

40　Interview with Walter Cronkite, CBS, 2 September 1963; United States Senate, Committee on Foreign Relations, *Background Information Relating to Southeast Asia and Vietnam*, p. 129.
41　Karnow, *Vietnam*, p. 395.

支持するという、単純かつ一貫したものだった。しかし、ディエンビエンフーの陥落によってフランスが撤退すると、政策は変更を余儀なくされた。これは外部状況の変化によって政策変更が必要となった明らかな例である。こういったことはもちろん重要だが、理解が難しいわけではないし、理論的に大して興味をそそるわけでもない。この変更は一応脇に置くとして、単にアメリカの政策決定者が、共産主義政権の下でヴェトナムが統一されるのを黙認するよりも、ヴェトナムの南北分裂状態を維持しようとしたことを、記しておくにとどめよう。この選択は、そもそもそれまでフランス支持の背景にあったアメリカの重要な関心事項、つまりドミノが倒れないよう、ヴェトナムが共産主義勢力の手に落ちないようにする（フランスとの同盟政治はもう関係なくなっていたので）ことから見て筋の通ったものだと言ってよかろう。

1954年から73年までの間、アメリカは全力をあげて非共産主義的な南ヴェトナムの独立を支え、ジュネーブ協定にはそもそも署名していなかったが、その諸条項の履行を拒み続けた。1973年になってようやく、アメリカは上記の目標を放棄したのである。パリ和平協定によってアメリカの指導者は、ようやくヴェトナム問題全体から足を洗うことができるようになった。もちろん、そうはしていないように米国側は装った。和平協定によって「それなりの暫定期間」を2年確保し、共産主義の兵力が襲いかかって、武力で統一を実現した1975年までは、アメリカが南ヴェトナム政府に対する約束をしっかり守っているという外面を取り繕うことができるようにはなっていた。しかし実質的には、1973年にアメリカは南ヴェトナムを放棄したのである。よって1973年は、重要な政策変更が起こったタイミングであると理解されねばならない。

1954年から73年までの間、他にアメリカの重要な政策変更はなかったのだろうか。1965年にジョンソン大統領が直接戦争を目的として米軍を派遣することを決めるとともに、北ヴェトナムの目標に対して報復目的ではない航空攻撃〔北爆〕を実施する権限を与えた、いわゆる戦争の「アメリカ化」が、重要な決定であったことに異論を唱える向きは少ないだろう。このことは南ヴェトナムを支えるためなのだから、アメリカの目的の変更ではない。

だがアメリカが目的を達成しようとして用いた手段の劇的な変更だった。戦争のアメリカ化は必要でもないし望ましくもない、アジアの若者は自分たち自身でその仕事が出来るし、そうすべきなのだ。ケネディもジョンソンも他のアメリカ政府高官も、長年にわたってことさらそう強調してきたのだから。

　実際に変更が行われると、それは急激かつ徹底したものだった。1965年2月13日に、LBJは定期的かつ継続的な空爆を北ヴェトナムおよび南ヴェトナム内の敵が掌握する地域に対して行うことを承認した。2月19日には、アメリカは南ヴェトナム空軍機が一切参加しない最初の空爆をPLAFに対して実行した。3月2日には「ローリングサンダー」作戦が開始され、北ヴェトナムに対する空爆が行われたが、これは報復目的ではない最初の爆撃だった。3月8日には、ダナンの海岸に海兵隊の第1陣が上陸した[42]。これをきっかけに、貧弱なヴェトナムのインフラが許容する限りの速さで、米軍部隊は続々とやってくることになったのである[43]。

　ここで2つの但し書きを付けておかねばならない。第1は、米軍部隊はすでにそれまでにも相当期間、ヴェトナムで非公式には戦闘行動を行っていたことである。ジュネーブ協定によると、ヴェトナムにおけるアメリカの軍事顧問は685人が上限とされていた。アイゼンハワーはジュネーブ協定の政治条項を無視することになんの後ろめたさも感じてはいなかったが、この上限は厳格に守った。しかしケネディはそうはしなかった。ケネディ政権下で、ヴェトナムでのアメリカの軍事「顧問」は16000人以上に増え、その多くがヘリコプターパイロットや南ヴェトナム軍の戦闘任務のリーダーとして行動した[44]。この事実を考えると、ヴェトナム戦争に関するケネディの最後の公開の席でのコメントは、いささか不誠実に感じられる。「最重要なプログラムは、もちろん我々の国家安全保障です。しかし私はアメリカがあそこに部隊を配備しなくてはならないような事態を望んでいません」[45]。だが、実際

42　Logevall, *Choosing War*, pp. 362-363.
43　Kaiser, *American Tragedy*, p. 311.
44　Kahin, *Intervention*, p. 129.

にはすでに部隊が現地にいたのである。第2は、確かにLBJは米軍による独自の戦闘作戦、現役の地上戦闘部隊の展開、質的にも量的にも新たな航空作戦を許可したが、これが何か新しいものであるというよりも、これまでと同じ類の政策であることを示そうと腐心したことである。大統領の国家安全保障担当の特別補佐官だったマクジョージ・バンディは、弟のウィリアム・バンディ国務副長官にこう言っている。「ハッキリさせようではないか。大統領はこれが政策の変更だと思われたくはない」[46]。

しかし1965年に米軍部隊が大量投入され、戦闘作戦の烈度と性格が急激に変化したこと、単なる南ヴェトナム軍の顧問としてではなく米軍が米軍として戦争を戦い始めたこと、そして予想された通り米軍の死傷者が急増したこと(図4.1〜4.3を参照)[47]、こういったことはすべて、ロバート・S・マクナマラ国防長官が述べたように、これが「アメリカの政策の革命的変更」であることの証左であった[48]。LBJ自身がそのように理解していたことにも、ほとんど疑問の余地はない[49]。またアメリカ国民もそのように理解していた。ジョージ・ハーリングが後に述懐しているように、「政権側がそうではないと言っていても、2月の一連の決定は、この戦争における重要な分水嶺を画

45　News conference, 14 November 1963; quoted in McNamara, *In Retrospect*, p. 86.
46　Logevall, *Choosing War*, p. 331. 世論操作作戦は国家安全保障行動メモランダム第328号によって公式に採用された。「第5段落から第7段落で言及されている行動について大統領は、これが早い段階で公にならぬよう細心の注意が払われることを望んでいる。この行動自体は可能な限り速やかに実行に移されるべきだが、突然政策を変更したとはなるべく見えないように実行されるべきだ。それらの部隊の動きは、国務長官と協議のうえで国防長官が直接承認して初めて実行に移される。大統領は、それらの動きと変化は段階的なもので、これまでの政策と完全に一貫していると理解されることを望んでいる」. 6 April 1965, *FRUS* 1964-1968, vol. 2, Doc. 242. http://history.state.gov/historicaldocuments/frus1964-68v02/d242. [accessed 15 Sep. 2015].
47　図4.2はアメリカの戦闘員の死亡者数を月ごとに表したものであるが、時には月による変動が非常に大きい。したがって図4.3は代わりに9ヶ月間の移動平均を示したものであり、戦闘の烈度の変化とそれによる屈曲点がよりはっきりとわかるようになっている。
48　McNamara, *In Retrospect*, p. 109.
49　Logevall, *Choosing War*, p. 375.

図4.1　ヴェトナムにおける米軍展開レベル(各年9月時点で上陸している兵士数)

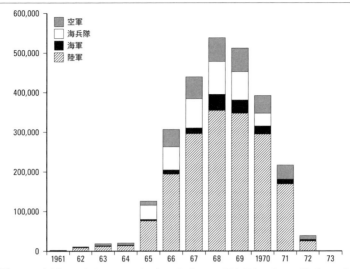

出典：Compiled from U.S. Department of Defense, *Deployment of U.S. Military Personnel by Country*. http://web1.whs.osd.mil/mmid/military/history/hst0961.xls...hst0973.xls.

するものだった」のである[50]。

　1965年から73年までの間に、他には重要な政策変更はなかったのだろうか。おそらくそれに一番近いのは、リチャード・ニクソンの和平に向けた「5項目戦略」で、1969年初めに政権発足後ただちに打ち出したものである。ニクソン自身が後にそれについて語っているところによると、戦略を構成する要素は次のようなものであった。

①　「ヴェトナム化」(つまり南ヴェトナム軍が担う軍事的責任をより大きくすること)。
②　対ゲリラ作戦を強化することによって南ヴェトナムの農村部を「平定」すること。

50　Herring, *America's Longest War*, p. 129.

図4.2 アメリカ戦闘部隊の月別死亡者数

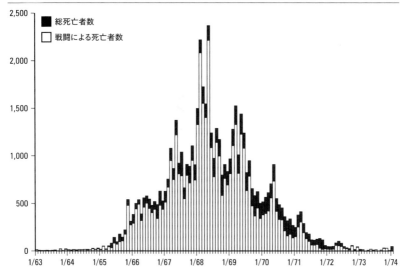

出典：Compiled from U.S. National Archives and Records Administration State-Level Casualty Lists for the Vietnam Conflict. http://www.archives.gov/research_room/research_topics/vietnam_war_casualty_lists/as_alphabetical.html.

③　ソ連とのデタントを注意深く進めるとともに、中国との関係を樹立することによって北ヴェトナムを「外交的に孤立」させること。
④　パリにおける和平協定を実施すること。
⑤　米軍部隊の「段階的撤退」[51]。

　ジェフリー・キンボールは、これにはキッシンジャーの影響があるので、「ニクシンジャー戦略」と呼ぶほうがよいと考えるとともに、その性格をやや異なった形で把握している。それは、「軍事的な大規模示威行動、ヴェトナム化、平定作戦、巧妙な交渉上の策略、ソ連とのリンケージと中国カード、そして国内の反対派への攻撃」の組み合わせだというのである[52]。しか

51　Richard M. Nixon, *No More Vietnams*, pp. 104-107.
52　Kimball, *Nixon's Vietnam War*, p. 99.

図4.3　アメリカ戦闘部隊の死亡者数(9ヵ月移動平均)

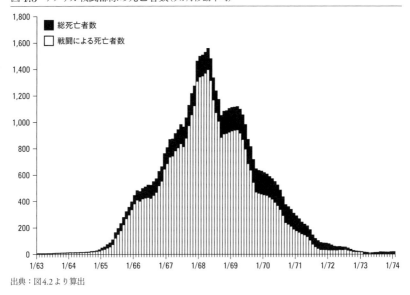

出典：図4.2より算出

しこの性格をどのように捉え、どのように呼ぶにしても、少なくともニクソンはこれを何か劇的に異なったものだとしていた。本当にそうだろうか。

　ニクソンの戦略は、確かにある面では異なっているが、これが「重要な分水嶺」かどうかについての議論は、興味深い哲学的な話になる。一方では図4.1が示しているように、ヴェトナムにおける米軍の展開のピークは1969年初めで、それ以降はかなり一貫して低下している。天候の変化や攻勢の相互作用によって急激な上昇があると思うと安定期もあるが(図4.2および4.3を参照)、アメリカの死亡者数も全般的に同じパターンを辿っている。ニクソンは軍事行動の力点を陸上から航空作戦に移し、空前の量の爆弾を、ヴェトナムだけではなく、ラオスやカンボジア領内の敵の目標に投下した。1965年同様、これは手段の変更であって目標の変更ではない[53]。しかし、1982年

53　Ibid., p. 86.

のアルゼンチンのフンタの場合は彼らの年来の目標のため、明らかに劇的かつ重要な意味で異なった行動をとったが、それとは違いニクソンの政策変更は、質的変化と言うよりも程度の変化を表している。マクナマラ自身が1967年10月に「ヴェトナム化」の本質が何かについてほのめかしているところによると[54]、戦争の全期間を通じてアメリカがやってきたことは、南ヴェトナム軍がより大きな責任を負うようにするために、最大限努力することだった。「平定」とその前の時期の対ゲリラ戦争の様式の相異は、わずかなものでしかない。ジョンソン政権も以前からずっと和平協議を進めようとしていた。ニクソンの「新戦略」を構成する5つの要素のうち、ソ連と中国への接近と、地上戦から航空戦への力点の移動だけが、従来の行動様式からの転換を示しており、後者については質的転換と言うよりも程度の変化にすぎない。

　これははっきりとした定式化が不可能な場合の一例である。ニクソンのヴェトナム戦略は、「概ね同種」と「劇的に異なったもの」との間のグレーゾーンに位置し、それがどちらに属するのかは、どうしても誰かの判定によらざるを得ない。私自身は、これは「概ね同種」にずっと近いと判定する。政権の座に就いてから数年の間、ニクソンは単にLBJのヴェトナム政策に戦術的な調整を加えていたに過ぎない。第1期目の任期の終わりに近づいてはじめて、彼は戦争を終結させようと決意し、最終的には撤退を実行した。言い換えれば、ニクソンの対ヴェトナム政策が明白に劇的な変化を遂げたのは、1973年のことだったのである。そこで、私は明白な政策変更として以上述べた2つのものに検討を集中したいと思う。

3　ジョンソンによるエスカレーション

　1963年11月22日、LBJはケネディ大統領の暗殺という沈鬱な状況下で、

54　George C. Herring, *LBJ and Vietnam*, p. 58.

急遽副大統領から大統領になった。彼は当初、危険を冒すようなことはあまりしなかった。就任の宣誓をしてから4日後に出された、国家安全保障行動メモランダム（NSAM）273と呼ばれる文書（覚書）において、ヴェトナム政策に関してはじめて詳細に言及した。ここで、「（南ヴェトナムの）国民と政府を支援して、外部から指示と支援を受けている共産主義の陰謀との戦いに勝利できるようにする」とし、ケネディの中心的な目標と同じものが繰り返されていた[55]。そのための手段もそれまでと変わらず訓練と援助のままで、公然たるアメリカの軍事力の行使ではなかった。しかし南ヴェトナムでゴ・ジン・ジェム政権崩壊後の混乱が深まるにつれ、事態はいよいよ切羽詰まったようだった。サイゴンを訪問したマクナマラは12月20日、「状況は非常に不穏」と報告した。そして、現在の傾向が2～3ヶ月のうちに逆転されなければ、南ヴェトナムはよくて中立化されるか、おそらくは共産主義者が支配する政府になるだろう」と警告した[56]。遠からず辛い選択に直面するだろうとLBJが理解するまでに、大した時間はかからなかった。1964年2月3日、LBJはマイアミ・ヘラルド紙の編集委員長だったジョン・S・ナイトに次のように語っている。「できることは以下の3つのうちの1つだ。第1は、ヴェトナムから逃げ帰ってドミノが倒れ始めるのを放置することだ。そうなると、今回言われそうなことに比べれば、中国が共産化した時に言われたことが、単なるウォーミングアップくらいのものになるだろう。……逃げることもできるが、今我々が実際やっているように戦うこともできる。それとも交渉をして、南ヴェトナム全土を中立化することもできる。だが、誰にも北ヴェトナムの中立化はできないのだから、これは全く非現実的だ。だから、結局二者択一ということになる。1つは出て行くこと、もう1つはもっと中に入ること」[57]。

---

55 NSAM 273, November 26, 1963, Lyndon Baines Johnson Library and Museum. http://www.lbjlib.utexas.edu/johnson/archives.hom/NSAMs/nsam273.asp.［accessed 15 Sep. 2015］.
56 Memorandum to the President, December 21, 1963, *FRUS*, 1961-1963, vol.4, pp. 732-735.
57 Beschloss, *Taking Charge*, pp. 213-214.

南ヴェトナムは、マクナマラが思ったよりも少しばかり耐久力があったが、事態は好転しなかった。1964年5月15日、CIAは、「南ヴェトナムにおける全般的状況は、依然非常に不安定である。南ヴェトナム政府や南ヴェトナム軍に改善も見られるが、継続的なヴェトコンの圧力は、全土で継続的に南ヴェトナム政府の権威を侵食し、米軍と南ヴェトナム軍による諸計画を妨害し、南ヴェトナム側の士気を低下させている。このような傾向が『底を打つ』兆しは見られない。……今年末までにこの悪化傾向が食い止められなければ、南ヴェトナムにおける反共姿勢は維持できなくなる可能性が高い」と警告した[58]。米軍は、北ヴェトナムへの直接的戦争を実行したくてうずうずしていた[59]。LBJはこれに難色を示したが、それには以下の3つの理由があったと思われる。第1に、LBJは純粋にどうするべきか確信が持てなかったからである[60]。第2に、自分の選択がいかに重大かをよく理解しており、そういった選択をするのなら選挙によって国民からの信任を受けてからにすべきだと考えていたこと[61]。最後に、といっても一番重要性が低いというわけではないが、撤退してもエスカレートしても自分の人気に悪影響があるのだから、決定を遅らせるのが、自分の大統領選での勝利に一番好都合だと思っていたことである。というわけで、彼は南ヴェトナムをあきらめることも「本格的な戦争を始めることも11月前には」望まなかったのである[62]。彼は事

58　Memorandum Prepared by the Directorate of Intelligence, Central Intelligence Agency, May 15, 1964, *FRUS*, 1964-1968, vol.1, Doc. 159. http://history.state.gov/historicaldocuments/frus1964-68v01/d159.［accessed 15 Sep. 2015］.

59　例えばMemorandum From the Joint Chiefs of Staff to the Secretary of Defense (McNamara), JCSM-174-64, Washington, March 2, 1964, *FRUS*, 1964-1968, vol.1, Doc.66. http://history.state.gov/historicaldocuments/frus1964-68v01/d66.［accessed 15 Sep. 2015］.

60　例えば次を参照。LBJ's comments to McNamara, quoted in Beschloss, *Taking Charge*, pp. 248-249.

61　1964年3月4日、LBJはマクジョージ・バンディに次のように語っている。「私はたまたま大統領職を引き継いだだけで、単に職務の受託人にすぎない。選挙に勝たなければならない。でなければニクソンか他の誰かが当選することになる。選挙が終われば決断ができる」。Ibid., p. 267.

62　Quoted in Kaiser, *American Tragedy*, p. 304.

態をしっかり制御しておきたかった。「1万5000人のアメリカの軍事顧問と20万の南ヴェトナム軍でたかだか6ヶ月間現状を維持できないとは、どうしても思えない。」彼は、1964年3月にマクジョージ・バンディにこう語っていた[63]。

共和党の候補者だったバリー・ゴールドウォーターのあからさまな攻撃的姿勢に選挙民がいだいた不安を利用しようとして、LBJは政治的墓穴を掘り始めた。これは、短期的利益を得ようとして長期的に苦労することになるという、近視眼的政治の古典的な例である。LBJは一方で、アメリカをヴェトナムに深入りさせない、平和的な候補者として自分を売り出した。8月のアメリカ法律家協会における演説で、容易にゴールドウォーターのことだとわかる言い方で、次のように述べた。「彼らは、アジアの若者がなすべき仕事をさせようとアメリカの若者を差し出せと提唱している。……こういった行動は、ヴェトナム問題の本質になんの解決にもならない。」これまでの政策を繰り返し述べ、何の含みももたせずに、「南ヴェトナム人は自分たちの自由を守る基本的な責任がある」と続けた[64]。LBJと彼の顧問たちは、こう言いながら必要とあれば戦争を引き継ぐ準備をしていたのだから、後々こういった発言に祟られることになった。

1964年8月2日、米海軍の駆逐艦マドックスは、トンキン湾のヴェトナム領海のすぐ外で、電子情報収集活動を行っていたところ、北ヴェトナムの哨戒艇3隻と小競り合いになり、うち1隻に大きな損害を与えた。どうやら北ヴェトナム側は、米海軍支援の下で南ヴェトナム軍が行う、隠密裏に沿岸部を急襲して破壊工作を行う作戦計画（OPLAN）34Aによる攻撃に反応したようである。北ヴェトナム当局者によれば、血気にはやる現場指揮官が攻撃を命令し、命令取消の指令が来た時には遅すぎたとのことである[65]。2晩後、マドックスともう1隻の軍艦ターナージョイは、曖昧な無線とソナー信号に反応し、2回目の攻撃を受けたと報告したが、今日考えればこれはどうやら

63　Quoted in Beschloss, *Taking Charge*, p. 263.
64　McNamara, *In Retrospect*, p. 147.
65　McNamara, et al., *Argument without End*, pp. 203-204.

全く存在しなかったことが確実なものである[66]。純然たる錯誤にすぎない圧倒的な証拠があるにもかかわらず、ホワイトハウスは、挑発したわけでもないのに攻撃されたと主張し、北ヴェトナムの攻撃に対抗する権限を議会に対して求めた。8月7日、議会下院では全会一致で、上院ではわずか2票の反対票で、トンキン湾決議が可決され、これによって事実上LBJが適切と思うようにヴェトナム問題を処理できる白紙委任が行われた。

　夏から秋にかけて、LBJのチームは、重要事項に取り組んだ。大統領選挙の終わりも見えてきてLBJは当選の自信を深めていたが、ヴェトナムの情勢はますます手に負えなくなっていた。決断の時が近づいていた。問題は、関係者にはどう見ても悪い選択しかなかったことであった。やらねばならないのは一番痛みの少ない選択肢をみつけることだという点が、ほどなく誰の目にも明らかになった。

　この過程で最重要の登場人物は、ロバート・マクナマラ国防長官、ディーン・ラスク国務長官、マクジョージ・バンディ、そしてLBJ本人であり、このグループはフレデリック・ログボールが「内輪の戦争内閣」とか「恐るべき4人組 (Awesome Foursome)」とか呼んだものである。ログボールによると、「大体のところ、この4人でヴェトナム政策を決めていた。もちろんいろいろな次官補級の政府関係者、統合参謀本部、国家安全保障理事会の様々なメンバー、そして特にサイゴン駐在の大使であるマックスウェル・テイラー将軍からの様々な意見や情報は得ていたが、最終的な決定は彼らが握っていた」[67]。この4名はそれぞれ問題をどのように理解していたのだろうか。

　マクナマラは、この時点ではドミノ理論を強く信じていた[68]。彼は、アメリカがヴェトナムから撤退すれば、マレーシアやタイが「すぐに共産主義の手に落ちる」と考えていた[69]。また南ヴェトナムを中立化すれば、すぐに共産政権の下でヴェトナム統一されるようになるだろうから、中立化も断じて

66　Edwin E. Moïse, *Tonkin Gulf and the Escalation of the Vietnam War*, pp. 203-207.
67　Logevall, *Choosing War*, p. 387.
68　McNamara, *In Retrospect*, p. 32.
69　Logevall, *Choosing War*, p. 317.

いけないと考えていた[70]。というわけで、唯一の受け入れ可能な方針は、アメリカの努力を拡大することであった。しかしマクナマラは、この戦争は軍事的に「勝利」することが不可能だろうとすぐに感じ始め、結局はそれを強く意識するようになった。アメリカはヴェトナムを破壊することはできるだろう。だが、南でゲリラ戦によって立ち向かうNLFを打ち負かしたり、その補給源を断ち切ったりすることは、巨大なエスカレーションを行なわない限り不可能で、そうなれば多数の死傷者と中国の介入を招きかねない。だがマクナマラの感触では、南ヴェトナム軍の軍事的努力の一部をアメリカが引き受け、北ヴェトナムとの戦争を続ければ、以下の2つのいずれか、あるいは両方を達成できるチャンスがあった。第1に、戦争を続行すればソ連が北ヴェトナムに圧力をかけて北ヴェトナムの態度を多少なりとも柔軟にするであろうこと、第2にアメリカの同盟国および敵対国の両方に、アメリカが約束を守るということを強く印象づけ、それによって他の地域における抑止に寄与することである。簡単に言えばマクナマラは、ドミノが倒れるのを防ぎ、アメリカの信頼性を維持する希望を支えるには、戦争のアメリカ化が唯一の道だと考えていたのである[71]。後にマクナマラは、こういった中核的前提を批判的に検討せず、その論理の背後に傲慢な態度があったと、自身と自分の仲間たちを自己批判することになる。統合参謀本部がマクナマラに北ヴェトナムに対する空爆を明確に提案した1964年春のサイゴンでの会議で、彼は次のように記している。

　中国が介入するリスク、および空爆によっても北の南におけるゲリラ闘争支援継続能力を決定的に弱体化できないリスクがあることは、認識していた。だが他により良い選択肢があるようには思えないので、サイゴンでの協議における多数派はかかる攻撃を支持した。これが、その後何年にもわたって我々のヴェトナム政策の大きな部分を動かした、捨て

70　例えば、以下を参照。McNamara, *In Retrospect*, p. 62.
71　Ibid., pp. 106-107; Logevall, *Choosing War*, p. 368.

鉢のエネルギーだった。データや分析は空爆がうまくいかないことを示していたが、共産主義を食い止めるには、何かせねば、何でもせねばという思い込みがあったので、それに水をさすような諸々の報告を無視してしまった[72]。

ラスクは、この過程でいささか謎めいた動きを見せた人物である。辛辣な性格から「ヴィネガー・ジョー」と渾名されたジョセフ・W・スティルウェル将軍の参謀副長として、第二次世界大戦中は中国・インド・ビルマ戦域で軍務につき、朝鮮戦争中には極東問題担当の国務次官補を務めたラスクは、ジョンソン政権の他のどの高官よりもアジア問題についての知識も経験も豊富だった。しかし知識は豊富だったが、彼の現状認識は微妙さを欠くものだった。ラスクはきわめて単純に、これはアメリカの信頼性のリトマス試験だと見ていた。ラスクはLBJにこう語った。「アメリカの約束が怪しいと思われないことが、世界全体の平和の主要な支えなのです。もし我々の約束が信頼性を失えば、共産勢力は我々が破滅に至り、ほぼ確実に破局的な戦争になるような結論を導き出すでしょう。南ヴェトナム人に自分で戦う用意がある限り、我々が彼らを見捨てれば、確実に全世界における平和と我々の国益にとって破滅的な事態を招くでしょう」[73]。もしアメリカがヴェトナムで共

72　McNamara, *In Retrospect*, p. 114. 1964年の春にマクナマラはドミノ理論と信頼性の問題を強調していたが、事態は1年で変わった、とジョージ・ケイヒンは論じている。「ジョンソン政権が、行動とともに黙示録的レトリックを通じて、ヴェトナムでの戦いの重要性を喧伝したこともあって、アメリカのヴェトナムでの関与が世界中の熱い注目の的になった。そのためジョンソンの側近たちは、ますます重要になっているこの地域の出来事にアメリカが対処しようとすると、どのような姿に見えるのかという問題を重視するようになった。そして大統領も彼の側近たちも、彼ら自身の個人的威信とアメリカの威信の区別が、しばしば難しくなったようだった」。Kahin, *Intervention*, p. 312.
　デイビッド・カイザーは、結局のところマクナマラは国防省の立場を強く主張しすぎたし、あまりにも大統領に忠実だった、と彼を非難している。カイザーは、マクナマラが基本的に「他人の計画を実行し、他人の目標を追求する」人物であったと理解している。Kaiser, *American Tragedy*, p. 462.
73　McNamara, *In Retrospect*, p. 195.

産主義の攻撃に立ち向かわないのなら、ヨーロッパ安全保障の支点とも言うべきベルリンに対するアメリカの関与の信頼性も侵食される。なぜなら、それも「同じ闘争の一部分だからだ」[74]。ラスクはそう考えていた。よってラスクは、ひとたび戦争のアメリカ化が決定されると、ヴェトナム戦争を断固支持した。しかし彼は、朝鮮半島で中国を刺激するのに慎重な態度をとったのと同様、ヴェトナムでも中国を刺激することに慎重で、非常に興味深いことに、1965年1月には現状維持を主張した唯一の重要な政府関係者だった。LBJとチームの他のメンバーが戦争に「入るか」「出るか」の二者択一の選択に直面していると確信していた時期に、ラスクは唯一「なんとかしのいでいく」という方針を支持していた[75]。

バンディはLBJの顧問たちの中で多くの点でもっとも興味深い人物である。彼は若く、知的で、自信に溢れ、極度に理路整然とし、単純からは程遠い人物で、複雑な問題を見事に分析し、それを巧みに表現して、自分が全てを知り、何をなすべきか正確にわかっていると、自分自身だけでなく他人にも納得させることができた。この時その対象となったのがヴェトナムだった。バンディはラスク同様アメリカの信頼性について懸念していた[76]。だが、後に彼はドミノが倒れることについては全く心配していなかったと強く主張した。また「南ヴェトナムの人々に対する明らかな義務と自分が呼ぶものの存在」にも関心を払っていたと主張しているが、慌てて、それは道義的というよりも政治的な義務である、と付け加えている[77]。バンディは、アメリカの信頼性がそこまでヴェトナムにかかっていると見ていたのがアメリカの政策決定者だけであることを理解していなかったし、またその時、北ヴェトナムとNLFが、アメリカを追い出し、南の体制を転覆するためなら、ど

74　Quoted in Herring, *America's Longest War*, p. 115; また以下も参照。Kaiser, *American Tragedy*, p. 461.
75　McNamara, *In Retrospect*, p. 148. 背景とさらなる議論については、特に以下を参照。Thomas J. Schoenbaum, *Waging Peace and War*; Dean Rusk, *As I Saw IT*.
76　例えばこの下に引用された1965年2月の彼のメモを参照。
77　Personal correspondence, 22 April 1990.

れほど大きな犠牲を甘受するつもりなのかについても認識が不足していた。しかし、アメリカに良い選択肢がないことは、はっきり認識していた。ラスクとは違い、バンディは現状を維持不能と見ており、なぜ逃げ出すことが政治的に問題外であるか分かっており、他方で戦争は勝利不能とも見ていた。彼の望み――単なる望みであって実現の見込みがあったわけではないが――は、ヴェトナムで戦争を続けることで、社会的・経済的改革を通じて南ヴェトナム政府が強化されるのに必要な時間を、アメリカが稼ぐことだった。つまり、バンディは時間稼ぎのために戦争を戦おうとしたのである[78]。

　ジョンソン本人は、もちろん重要人物であるとともに、もっとも不可解な人物でもある。根っからの政治家であるジョンソンは、普通手の内を最後まで見せずに駆け引きをした。誰に、いつ、何を、どのように伝えるべきかを察知する能力は、並はずれたものがあったので、いつ彼が本心で語っているのか、何か含むところがあって言っているのかがなかなか分からない。同時に、正確に彼がいつ何をしようと決めたのかもなかなか分からない。例えば、LBJが戦争のアメリカ化を最終的に決めたのがいつなのかについては、今日に至るまで論争が続いている[79]。しかし彼は実際に決心すると、反対を許容することはまずなかった。彼は自分の強圧的な個性を最大限利用して、反対派や造反者に圧力を加えた。もし議論の力で説得できなければ、露骨な物理的威嚇に訴えた。一旦コミットすれば、ジョンソンは自分の部下から揺るぎない支持を要求したのである[80]。

　我々の知りうる限り、LBJはどのように事態を理解していたのだろうか。

　〔コミットの〕一方で彼は、もし戦争をエスカレートさせればどのような困難に直面するのか、よく先が見えていたと言える。事態が泥沼化する危険を察知していたのである。1964年5月には、バンディに対して次のように語っ

78　これについての最良の議論は以下を参照。Bird, *The Color of Truth*, pp. 270-349. また以下も参照。James G. Blight's review, "Red, White and Blue Blood."
79　参考としては例えば以下を参照。McNamara, *In Retrospect*, p. 145; Kaiser, *American Tragedy*, p. 411; George C. Herring, "Review of David Kaiser, *American Tragedy*."
80　よく出来た包括的な議論については、以下を参照。Robert Dallek, *Flawed Giant*.

ていた。「戦争を始めるのはいとも簡単だが、いったん始めると、そこから無事生きて帰るのはやけに難しいものだ」[81]。1964年2月3日のジョン・ナイトのコメントに、ジョンソンはこう答えている。「あそこははるか彼方なので、確かに我々にはハンディがある。その点は疑問の余地はない。あれほど多数の敵を、あれほど本国の基地から離れた所で相手にすれば、事態は芳しくない」[82]。しかし、様々な強い動機が組み合わさって、ジョンソンはアメリカのコミットメントをエスカレートさせた。どうやら彼は、ドミノ理論を強く信じていたようである[83]。またアメリカに寄せられる信頼性がかかっていることも強く意識しており、アメリカ自身の安全がヴェトナム問題によって危険に瀕することを恐れていた[84]。彼はおそらく、ある程度は南ヴェトナムの自決も大事だと信じていたであろう[85]。また確実に、ヴェトナム問題で確固たる姿勢を示すことが、議会で保守派に、自分が推進する、貧困の撲滅と公民権の確立を謳う「偉大な社会〔Great Society〕」政策を認めさせるための代償だとも感じていた[86]。フレデリック・ログボールが正しければ、ジョンソンはまたヴェトナムを、自分の男らしさを試す機会だとも理解し

---

81 Beschloss, *Taking Charge*, p. 372. また、上記注39も参照のこと。
82 Ibid., p. 214.
83 例えば、以下を参照。Ibid., pp. 213-214, 248-249, 264.
84 1970年、ジョンソンはドリス・ケアンズに次のように語っている。「いいですか。一度私たちが弱さを見せればモスクワと北京は即座に動いて我々の弱味につけこむと、私は誰よりも確信しています。彼らは別々に動くかもしれないし、一緒に動くかもしれない。しかし彼らは動きます。核による脅し、破壊工作、通常の軍隊、あるいは他の何らかの方法によってです。ほとんど限界に近いほど私は、我々が放置した力の真空に対して支配の手を伸ばす好機に彼らは抗えないと信じています。そうなれば第3次世界大戦が始まるでしょう」。Quoted in Doris Kearns, *Lyndon Johnson and the American Dream*, p. 253. より生々しい語り口で、ジョンソンはケアンズに次のようにも語っている。「もしある日ごろつきが前庭まで来ることを許してしまえば、次の日、奴らは玄関まで上がり込むでしょう。そのまた次の日、奴らはあなたのベッドで奥さんをレイプするでしょう」。Ibid., p. 258.
85 United States Senate, Committee on Foreign Relations, *Background Information Relating to Southeast Asia and Vietnam*, pp. 157, 161.
86 Bird, *The Color of Truth*, p. 337; Lloyd C. Gardner, "Review of David Kaiser, *American Tragedy*."

ていた[87]。彼が、意識的、無意識的な様々な複合的な懸念を持っていたことは、大統領を辞めてからドリス・カーンズに述べた注目すべき言葉の中に明らかに見て取れる。

　私が自分の歴史の知識から判断すると、もしヴェトナムから撤退しホー・チ・ミンがサイゴンの通りを支配すれば、どうしても私は第二次世界大戦でチェンバレンがやったのとまったく同じことをしていることになる。侵略する側に大きな褒賞を与えることになるからだ。もし私が共産主義の攻撃が南ヴェトナムで成功するままにすれば、アメリカでは、醜悪で破壊的な論争が際限なく続き、私の大統領としての任期は台無しになるだろうし、私の政権は瓦解し、民主主義そのものが大打撃をうけるだろう。ハリー・トルーマンやディーン・アチソンが、中国〔大陸〕で共産党が勝利したその日から、実効性を喪失してしまったのを知っていた。ジョー・マッカーシーがのし上がったのも、中国の喪失が大きかったと私は思っている。こういった問題を全部合わせても、実は我々がヴェトナムを失うことに比べれば瑣末な問題ということは判っている。……偉大な社会政策が挫折すると考えるのは、確かに恐ろしいことだが、共産主義との戦いでアメリカが敗北するのに責任があると考えるのに比べればそれほどでもない。どんなことでも、これより悪いことは考えられない[88]。

「リンドン・ジョンソンはヴェトナムを失った大統領として歴史に記録されることはない。これは忘れて欲しくない。」LBJは、1963年11月にデーヴィッド・ネスにこう語ったと言われる[89]。

87　「彼が本当に恐れていたのは、ヴェトナムで失敗したら襲いかかるだろうと考えていた、個人としての屈辱であった。彼はこの戦争を自分の男らしさを試す機会と見なしていた」。Logevall, *Choosing War*, p. 393. また以下も参照。"Vietnam and the Question of What Might Have Been," p. 46.
88　Quoted in Kearns, *Lyndon Johnson and the American Dream*, pp. 252-253, 259-260.

問題はもちろん、では何をすべきなのかということである。ジョンソンは明らかに撤退したくはなかったし、ヴェトナムを陥落させたくもなかった。また、中立化という選択も、単純に共産主義による支配と変わらないと思っていたので、好意的に見ていなかった[90]。彼は朝鮮戦争の再現を避けようと心しており、この点は彼の文民の顧問たちも皆同じだった。そのため、彼が戦う気がある戦争の種類は限定されるとともに、軍事的選択の効用に関する彼の楽観は曇りがちだった[91]。どんな選択肢も魅力的ではなかったが、軍事的選択は、まだましに見えたのである。

　この過程で、他にも重要な登場人物がいた。特に悲劇的なのは、国務次官のジョージ・ボールとビル・バンディの2人である。ボールが悲劇的なのは、すべての登場人物の中で一番事態をはっきりと見通していたが、重要論争でことごとく敗れたためである。1964年10月5日、ボールはラスク、マクナマラ、そしてバンディに宛てた注目すべき覚書を起案し、4つの選択肢の利害得失を評価した。4つの選択肢とは、①現在の方針を続ける、②戦争をアメリカが引き継ぐ、③北に対する空爆を実行する、そして④政治的解決を模索する、である。ボールは最初の3つの選択肢は簡単に挙げることができた。4番目は消去法の結果だった。しかし彼の上司はボールの覚書を見て簡単に無視しようとした。ボールはジョンソン政権内では異端者としてよく知られており、議論を提起するたびに上司たちに却下されることが半ば習いになっていた。しかも、彼にせよ他の誰にせよ、実際に外交をやってうまく成

89　以下に電話インタビューが引用されている。Logevall, *Choosing War*, p. 77.
90　Ibid., pp. 91, 183.
91　Bird, *The Color of Truth*, p. 272. 17度線より北に米軍を送り込むことを検討したがったジョンソン政権の唯一の文民メンバーは、1966年にマクジョージ・バンディの後を継いで国家安全保障担当補佐官となったウォルト・ロストウであった。Kahin, *Intervention*, pp. 338-341.
　ジョンソンの政策に対する標準的な批判は、彼は片腕を後ろ手に縛って戦うことを米軍に強いたためヴェトナムで勝利するチャンスをみすみす逃した、としている。例えば以下を参照。Harry G. Summers, *On Strategy*. このような意見は以下によって説得的に論駁されている。Col. Herbert Schandler's analysis in McNamara et al., *Argument without End*, pp. 313-371.

果をあげる保証はできなかったし、消去法の結果出てきた彼の議論には迫力がなかった。LBJがこの覚書を最初に見たのは1965年2月で、そのときまでには事態はすでに展開していたから、いずれにせよ、これによって大統領が説得される希望はなかった[92]。

しかし、ボールの覚書はビル・バンディには影響があった。そのビル・バンディは誰よりもはっきりとヴェトナムにおける戦争が、国際的な戦争と言うよりも本当は内戦であると見抜いていた。「少なくとも単純化されすぎ」[93]ているとしてドミノ理論に深刻な疑いを持っており、アメリカには良い選択肢はなく悪い選択肢しかないことを認識していた[94]。1964年11月にバンディは、撤退に関する覚書を起案したが、マクナマラとラスクに「これには説得力がない」と言われ、引き下がった[95]。彼は二度と撤退論を述べず、空爆を受け入れた。空爆に決定的な効果がなさそうなことは判っていたが、現状維持に固執すると「破滅的な敗北にしか至らない」のに対して、空爆は「少なくとも実際に状況を改善するわずかな希望」を与えるものと考えられた[96]。ほどなく、バンディは戦争の全面的なアメリカ化を忠実かつ精力的に支持することになった。

軍はと言うと、一貫して力の行使を提唱した。ジョンソン政権のほとんど発足当初から、統合参謀本部は、最初は航空兵力によって、後には地上兵力によって（つまり必要とあらば北緯17度線を超えて「聖域」と物資貯蔵施設を混乱させるために）北へ戦線を拡大するよう求めていた[97]。最終的にジョンソンが南で

---

92 覚書の文章については、George W. Ball, "Top Secret" を参照。ボールの覚書の起草や議論についての回想は、Ball, *The Past Has Another Pattern*, pp. 380-384 を参照。詳細な議論については、Logevall, *Choosing War*, pp. 242-251 を参照。
93 Kaiser, *American Tragedy*, p. 357.
94 自身の学識の限界を超えてしまったバンディは、1964年11月、アメリカがとりえる選択肢は「ホブソン的」だと記した。Logevall, *Choosing War*, p. 247.「ホブソンの選択」とは、提案された1つのものをとるか、何もとらないか、そのどちらかしか選択肢がないことである。
95 Bird, *The Color of Truth*, pp. 293-295.
96 Herring, *America's Longest War*, p. 128.
97 Jeffrey Record, *The Wrong War*.

の戦闘のために米軍を派遣するのに同意すると、軍は部隊の規模も戦闘範囲もますます拡大するよう働きかけた。

　参謀たちは軍事力の有用性についての楽観と、ドミノ理論に対する信念とアメリカの約束の信頼性が重要だという信念を結びつけた[98]。中国が介入するリスクが高いと感じた行動には許可を与えなかったが、ジョンソンは概ね軍の要求を受け入れた。しかし彼もいらだちや不安を表に出すことがあった。LBJはテイラーにあてた1964年12月の電報でこう不満を述べている。「軍の勧告を聞くと、いつでもより大規模な空爆を求めてくる。この戦争が空軍だけで勝利できるとは全く感じていない。……より効果的で必要と思われるのは、適切な陸上兵力である。……私としてはそういった類いのアメリカの努力が強化されるよう願っている」[99]。

　大統領選挙で大勝を収めると、いろいろなことが一気に動き始めた。〔1964年〕11月2日、LBJは対ヴェトナム政策の選択肢をゼロから再検討するための作業部会を立ち上げた。ビル・バンディが議長を務め、この部会は11月3日（これは大統領選挙の投票日である）から2週間にわたって毎日会合を重ね、当初は以下の3つの選択肢を集中的に検討した。①獲得可能なあらゆる条件を基礎とした交渉による解決、②北ヴェトナムに対する軍事的圧力の急激な強化、③軍事的圧力を強化しつつ交渉チャネルを開設するという中間的

98　例えば、1964年3月2日の参謀たちの覚書では、「南ヴェトナムの喪失を防ぐことには、アメリカの安全保障上の利益に鑑みれば、最高の重要性がある」と主張している。McNamara, In Retrospect, p. 111. マクナマラは参謀たちの次のような見方を報告している。南ヴェトナムの喪失は、他の共産圏の国々の信頼と決意に破滅的な影響をもたらすだろう。南ヴェトナムは「軍事的な要石」である。Ibid., p. 161n.
99　Quoted in ibid., p. 165. しかし軍が厳密にそうした提案をしたとき、LBJは彼らの要請を承認するにあたり苦悩した。例えば、1965年6月7日、LBJのウィリアム・ウェストモアランド将軍の増派要請に対する反応についてのマクナマラの議論を参照せよ。ibid., pp. 186-206. 戦争がエスカレートし、アメリカが引っ張り込まれてきたので、LBJはこれまでの大統領がしてこなかったほどに軍の動きを厳重に監視した。彼は、ミッションや攻撃対象を微細に管理し、中国を刺激するリスクを最小限にとどめ、北ヴェトナムに交渉のテーブルに着き、こちらが受け入れ可能な条件で妥結する必要があると彼が信じているというシグナルを（彼は馬鹿正直に望んでいたのだが）送ろうとした。

方向性、である[100]。審議の過程で作業部会は、アメリカにとっての南ヴェトナムの重要性について考察した。そこでは、単純なドミノ理論の理解から慎重に距離を置いて、信頼性の問題をそれまでの大方の人々よりもニュアンスに富む方法で検討した。しかしながら、この部会は、不確実だが、ことによると破局的に大きいかもしれない損害をどのように避けるのかという枠組みを厳格に守って問題の議論を進めた。長くなるが、彼らの分析はここで引用する価値がある。

　政治状況は依然深刻で極度に脆弱である。農村部における治安は悪化を続けている。
　現在現れている兆候からすると見込み薄だが、サイゴンの新政権が南ヴェトナムの士気と実効性を改善することはあり得る。また近い将来、南ヴェトナム政府の決意と権威が突然事実上消滅することも考えられる。もっとも新たな南ヴェトナム政府がこの期間を乗り切り、アメリカの支援を得て戦争を遂行し、流れを変えようとする際の基礎となる可能性も五分五分以上ではあるが。しかしながら、最善の状況下でも、現在の軍事的潮流を逆転するのは極度に困難である。

A．アメリカの目的と現在のアメリカの行動の基礎
　我々の対南ヴェトナムおよび対ラオス政策の背景には、3つの要素があるが、それらは共産主義の拡張に抵抗するという我々の全体的政策と密接に関係している。
1. 共産主義による転覆工作や攻撃から自身の自由を守ろうとしている諸国を支援するという一般的原則。
2. 南ヴェトナムとラオスで共産主義が支配することによる他のアジア諸国に対する特定の帰結。
3. 南ヴェトナム、そして程度は下がるがラオスにおける共産主義者

100　Ibid., pp. 159-161.

の民族解放戦争がテストケースとして全世界に与える意味。

……（中略）

C. 共産主義による南ヴェトナム支配の帰結
  1. 東南アジア　いわゆるドミノ理論は過剰に単純化されている。それは次のような場合に、そのような場合のみに当てはまる。それは共産中国が東南アジアに力ずくで侵入することと、アメリカが南ヴェトナムから、軍事的敗北という状況で追い出されることの、どちらか一方あるいは両方が実現したときである。にもかかわらず、南ヴェトナムが共産主義者の手に落ちれば、ラオスを維持するのは極度に難しいし、カンボジアも共産主義側に大きくなびくだろう。またタイは（歴史的に勝ちそうな国と平和的関係を作ろうとする傾向があるが）強い圧力にさらされ、インドネシアは強気になり、マレーシアへの圧力を強めるだろう。これらの諸国の防衛努力を強化するために、タイで我々にできることはまだあるし、マレーシアでもイギリスと共同でできることはあるが、当初のショックの波は大きいだろう。
  2. アジア全体　アジア全般への影響は、南ヴェトナムを喪失する状況やそれによって東南アジアの他の地域が著しく弱体化するか早期に失われる状況に大きく依存するだろう。国民党中国（すでに共産中国の核実験と国連での代表権をめぐる危機によって動揺している）、韓国、そしてフィリピンを安心させるために、最大限の努力をせねばならないだろう。我々の軍事的姿勢や決意に対する日本の信頼は動揺しないかもしれないが、日本でも共産中国ともなんとかうまくやっていかないといけないという感覚が強まるかもしれない。インドとイランは極東外部のアジアで問題となるケースである。アメリカが敗北すれば、これらの国々で大きな影響が生ずるだろう。こういった国々を安心させるために、我々ができることはまだまだ多数ある

が、防衛ラインが明白に突破された光景の影響は深刻で、時が経れば、太平洋および南アジアにおける防衛機構全体の解体が容易に起こるかもしれない。

3. 世界全体　NATO内（ギリシャとトルコはある程度例外だが）では、共産主義陣営からの攻撃の脅威に立ち向かう信念と決意や、我々が大規模な支援をするという信頼感が、南ヴェトナムの喪失によって動揺することはおそらくないであろう。そうなるには、我々がNATOの軍事力を使わずに、アメリカ国内で孤立主義の波を立てないで、東南アジアにおける我々の軍事行動を実行するというのが、条件となる。世界のそれ以外の地域では、共産主義の脅威の性格とアメリカの関与の度合いのいずれかあるいは両方ともが、東南アジアとは極度に異なるので、影響を評価することは困難である。問題は、アメリカが現在の政策を継続できるか否かである。

4. 要約　上記の分析は非常に多くの仮定に基づいていて、南ヴェトナムを喪失しても、ベルリンの喪失がヨーロッパに与える影響に匹敵するような全面的弱体化が、東南アジアおよびアジア全般で、早期に引き起こされると結論付けることはできない。しかしそうなると深刻な悪影響が生じ、我々が他の地域を次々に失うようになるか、ほぼ確実に重大な紛争になり、もしかすると核戦争の危険すらある状況で、雌雄を決せざるを得ない事態にいずれ追い込まれるかもしれない[101]。

　1964年12月1日、同作業部会は大統領に報告書を提出したが、そこからは獲得可能なあらゆる条件を基礎とした交渉による解決、という選択肢は除外されてあった。そこで挙げられていたのは3つで、①敗北を避けられる希望は小さいが、現在の政策を継続する、②北ヴェトナムにヴェトナム人民

---

[101] Paper Prepared by the National Security Council Working Group, Washington, November 21, 1964, *FRUS 1964-1968*, vol. 1, Doc. 418. https://history.state.gov/historicaldocuments/frus1964-68v01/d418 [accessed Sep. 15, 2015].

軍 (PAVN) に対する支援を停止させ交渉を開始させる、あるいは少なくとも、そのいずれかを目的として、北ヴェトナム内の目標に対する強烈な爆撃を開始する、③目的は類似したものだがリスクがやや低い段階的爆撃作戦を開始する。LBJ は、南ヴェトナム政府に対して行動を共にする最後の機会を与えるようテイラーに指示し、南ヴェトナムの指導者たちのやる気を引き出すために、条件付きで2段階の空爆計画（ラオス領内の浸透ルートに対する偵察飛行、アメリカへの攻撃に対する対北ヴェトナム報復爆撃、それに続く北ヴェトナムへの一連の空爆作戦）を承認した[102]。

南ヴェトナムは実際には行動を共にすることはなく、情勢は絶望的となった。マクジョージ・バンディとマクナマラが1965年1月、ジョンソンに対して有名な「岐路に立つアメリカ」覚書を書いたのは、こういった文脈からであった。

> ここで申し上げたいことは、我々2人とも、このままの政策を続ければ破滅的敗北に至るだろうと、ほぼ疑っていないという点です。我々が現在やっていることの本質は、南ヴェトナム政府が安定するのを期待しながら、様子を見ることです。……我々の考えでは、選択肢は2つです。第1は極東において我々の軍事力を用い、共産側の政策を変更させることです。第2は、我々の持てる資源をすべて交渉の方向に振り向け、現在の軍事的リスクを顕著に増大させずに、どれほどわずかでも保持できるものを救い出すことを目指すことです。ボブ（マクナマラ）と私は、どちらかといえば最初の選択肢に好意的です。
>
> ディーン・ラスクが我々に反対であることをお伝えしておくべきでしょう。事態は非常に悪化しており、破綻しかかっていることについて、意見の相違はありません。彼はこの事態の悪化を止めることができ

---

[102] 次の議論を参照。McNamara, *In Retrospect*, pp. 161-163. テイラーは「我々は現在、勝ち目のない道に入ってしまっており、変える危険を冒さねばならない。というのも、今、積極的な行動に出ないということは、おそらく近い将来敗北を受け入れることになる」。Ibid., p. 166.

るとは断言しておりません。彼が言っているのは、エスカレーションにせよ撤退にせよ、その結果はいずれも非常に悪いので、なんとかして現在の政策でやっていくように考えるべきだということです。もしそれが可能なら結構なのですが、私もボブも、それが可能だとは思えません[103]。

ジョンソンは、現地視察のためにバンディをサイゴンに派遣した。ログボールによると、「彼が目の当たりにしたのは、社会的にも政治的にも引き裂かれる寸前の南ヴェトナムの様子だった」[104]。訪問3日目に、PAVNは、南ヴェトナム軍司令部と中央高原に位置するプレイク近郊のアメリカ空軍基地に迫撃砲による攻撃を行い、米軍に死者8名負傷者128名の損害を与えた。バンディはただちに北ヴェトナムに対して報復爆撃を行うよう勧告し、ジョンソンはそれを許可した。大きな分水嶺をここで超えた。バンディは数週間後、「プレイクは路面電車のようなものだ」と軽率な発言をした。しばしばやってくるので、乗りたいときに乗るものだというわけである。この発言の結果、ジョンソン政権が、単にエスカレーションの口実を探していたのだ、と多くの人が考えた[105]。しかしバンディは別にアメリカに口実が必要だとは思っていなかった。現地の実情を考えれば、関与を新たな種類および程度にすることはまったく正しいと考えたのである。バンディは後年この発言を後悔することになる。というのは、以下の基本的な問題から関心をそらしてしまったからである[106]。

帰国後、バンディは次のように報告した。

> ヴェトナム情勢は悪化を続けており、アメリカが新たな行動を起こさなければ、敗北は不可避、と言ってもそれは数週間や数ヶ月ではなく、お

---

103 Ibid., pp. 167-168; Logevall, *Choosing War*, p. 317.
104 Logevall, *Choosing War*, p. 320.
105 Townsend Hoopes, *The Limits of Intervention*, p. 30.
106 1989年1月の対談にて。

そらく来年あたりに起こる話だと思われる。形勢を逆転させる時間はあるが、その時間は長くはない。

　ヴェトナムの行方にかかっているものは極度に大きい。……アメリカの国際的威信、我々の国際的影響力の相当部分がヴェトナムで直接的な危険にさらされている。責務をヴェトナム人に負わせることはできないし、交渉によってヴェトナムから足を洗うことは今のところ何の目途も立たず、やはり不可能である。……交渉による撤退を今すれば、じり貧になってしまう[107]。

　バンディは、「ヴェトナムに対する我々の姿勢には、我々自身の力で是正できる重大な弱点がある。それは、我々がぶれずに必要な行動をとる意志、力、忍耐力および決意を持っていないと広く信じられていることである」と論じた。そして「最善の場合でもヴェトナムでの闘争は長く続くだろう」と記し、その上で「この基本的事実が明らかにされ、我々の理解が我々の国民およびヴェトナムの人々に明らかにされることが非常に重要である」と、強く主張した[108]。

　数日後、ジョンソンは北ヴェトナムに対する段階的空爆作戦を承認した。数ヶ月後には、以前はアジアの若者がするべきだと自分で述べた任務を実行するために、彼は大規模なアメリカ戦闘部隊の投入を承認することになる。どの時点でもジョンソンは「最善の場合でもヴェトナムでの闘争は長く続く」、とアメリカ国民に明らかにしたことはなかったし、新たな方向の政策に乗り出したことを認めることすらしなかった。しかし、アメリカの政策が決定的で画期的な転換を遂げたことに疑いはない。そうしたのは、それまで10年間にわたって一貫して続けられてきた政策が、破局的失敗の寸前だと思えたからである。LBJと彼の側近は、選んだ方針について楽観していた

107　Memorandum From the President's Special Assistant for National Security Affairs (Bundy) to President Johnson, *FRUS 1964-1968*, vol. 2, Doc. 84. https://history.state.gov/historicaldocuments/frus1964-68v31/d84［accessed 15 Sep. 2015］.
108　Ibid.

わけでも執心していたわけでもなかった。皆がその危険性と限界を認めていた。多くの人物が、せいぜいある程度時間を稼げるだけだと判っていたか、少なくともそういった疑いをもっていた。これが割のいい賭けだと思った人物もいない。そして一番重要なことだが、これが利得を得るための好機だとは誰も思っていなかった。LBJが方針を変更したのは、勝利の好機があると思ったからではなく、負けまいと必死で望んだからであった。

4 ニクシンジャーと終盤戦

　ジョンソンは、負けないという彼の目標を達成した。彼の任期中、サイゴン政府は生き延びたのである。サイゴン政府は領土の一部しか支配できなかったが、ともかくも生き延び、グエン・バン・チューという、ジェムの全盛期を思わせる強面の指導者の下で、ある程度の政治的安定さえ見せた。しかし、南ヴェトナムが生き延びたのは、アメリカが支えたためであるのは誰の目にも明らかだった。南ヴェトナムは、自力では政治的に生き残れなかったのである。3年以上にわたって空爆を続け、精力的に反ゲリラ作戦を続けても、「外部」からの干渉をうけない独立した南ヴェトナムの樹立という、アメリカにとって満足のいく戦争の終結に、目に見える形で近づくことができなかった。

　地上戦では、アメリカはせいぜい手詰まりに持ち込むくらいの戦績しかあげられなかった。日中確保した村落は、夜には再び敵の手に落ちていた。敵の戦闘員を殺し武器を捕獲しても、翌日には補充されていた。アメリカはジョンソンの任期中1回だけしか軍事的な勝利を収めていないが、皮肉なことにそれは最悪の政治的敗北だった。1968年1月30日、旧正月の休暇で南ヴェトナム軍部隊のかなりの部分が休暇に入っていたとき、南ヴェトナム全土の南ヴェトナム軍および米軍を目標として、PAVNは全面的で無制限の一斉攻勢を開始し、南ヴェトナムの諸都市に侵入し、政府施設を攻撃し、サイゴンのアメリカ大使館の敷地への突入にすら成功した（テト攻勢と呼ばれる）。

アメリカ側と南ヴェトナム政府側は概ね不意をつかれ、それによって攻勢は一時的な成功（たとえば、ヴェトナム中部の都市フエ〔Hue; フランス式にユエと呼ばれることもある〕を、まさにスターリン的規模の大虐殺を行うのに十分な期間、解放戦線側は掌握できた）を収めたのである[109]。そうすることで、解放戦線側は軍事的に消耗してしまい、アメリカおよびサイゴンの陣営にとっては、ありがたい一時的休息期間が生まれた。しかしほどなく、アメリカ内では予想通り生じた団結効果が薄らぎ、アメリカ人は、いつも戦争の進行状況に関してあまりにも楽観的に語ってきた自分たちの指導者たちの言葉を疑い始めた。もし物事がホワイトハウスや国防総省の言い張っているほどうまくいっているのなら、なぜCBSテレビのイヴニング・ニュースでPAVNの兵士がサイゴンの下町を疾走している映像が出るのだろうか。

　空爆には成果がなかった。その理由の大部分は、爆撃するほどの目標がなかったからである。ヴェトナムはローテクのゲリラ戦を戦う、低開発の農業社会であった。破壊しようにも、産業上あるいは輸送用のインフラは最初から発達していなかった。また攻撃すべき大規模な兵力が集中している場所もなかった。気をそそられる目標として、ハノイ周辺の逆流水を食い止める堤防やハイフォンの港湾施設があったが、これは多数の無辜の市民を殺すことになるか、ソ連の船舶を沈める危険があったので、やり過ぎだとして目標から除外された。そういうわけで、米軍機は道路や臨時に作られた橋や、ジャングル内の通路を攻撃したが、そんなものはヴェトナム人が数時間で修理したり迂回したりすることができた。軍は航空戦の効果を信じ続けたが、マクナマラやバンディはそうではなかった[110]。

　LBJが空爆の成果として期待したのは、戦争を続けるコストが利益よりも大きいということを北ヴェトナムに判らせることだった。彼はしばらく空爆をやってから、小休止することを繰り返したが、それは北ヴェトナム側が、休止期間を利用してホーチミンルートを通って、人員や物資を送ったりせず

109　Alje Vennema, *The Viet Cong Massacre at Hue*; Don Oberdorfer, *Tet!*; Eric M. Hammel, *Fire in the Streets*; James J. Wirtz, *The Tet Offensive*; Marc Jason Gilbert and William P. Head, *The Tet Offensive*; George W. Smith, *The Siege at Hue*.

に、この好機をとらえて交渉テーブルの席にやってくることを期待してのことだった。際限なく、打診や和平イニシアチブや仲介が試みられたが、大した成果はなかった[111]。しかし1968年10月、ジョンソンは空爆の全面停止を命令し、北ヴェトナムとアメリカはとうとうパリで予備的な和平協議を行うことに合意した。

リチャード・ニクソンが戦争指導を引き継ぐことになったのはこの時点であった。まだ大統領に就任していなかったが、だからといってニクソンは行動開始を躊躇しなかった。パリの協議が実を結んで、1968年の大統領選挙で民主党候補者のヒューバート・ハンフリーが当選するのを恐れて、ニクソン陣営は「ドラゴン・レイディー」と呼ばれた共和党の中国系政治家アンナ・チェノートを抱き込んで、グエン・バン・チューとの裏交渉の窓口にした。ニクソンのメッセージは単純で、それは共和党政権の方が、民主党政権よりも南ヴェトナムの良き友人であり、チューにはその気になればニクソンが当選する可能性を高める力があるということだった。チューがしなければいけないことは、パリの交渉で協力を拒むことだけだった。私的に外交政策を執り行うのは明らかにアメリカの法律に違反する行為だったが、この計略はうまくいった[112]。チューはパリで協力せず、和平協議は行き詰まった[113]。

もしジェフリー・キンボールが正しければ、「1969年、70年、71年あるいは72年にも、ニクソンは73年に実際に決着したのと同じ協定を求めて交

---

110 United States Senate, *Hearings before the Preparedness Investigating Subcommittee of the U.S. Senate Armed Services Committee*. マクナマラの後任の国防長官だったクラーク・クリフォードは最後まで戦争をやり遂げるつもりで1968年3月1日に職に就いた。しかし彼は数週間のうちに撤退へと傾いた。Clifford, "A Vietnam Reappraisal: The Personal History of One Man's View and How It Evolved." マック・バンディの後任のウォルト・ロストウは1966年に就任したときからタカ派で、最後までその立場を変えなかった。
111 この点で最良の議論として、McNamara et al., *Argument without End*.
112 Kimball, *Nixon's Vietnam War*, pp. 56-61; Christopher Hitchens, "The Case against Henry Kissinger, Part One," pp. 37-42.
113 仮にニクソンのキャンペーンが干渉しなかった場合、協議がうまくいったかどうかについては、もちろん議論の余地がある。交渉が行われているというまさにその事実が、ハンフリーの立候補を後押ししただろう。

渉したかもしれない」。そうであれば、パリにおける和平交渉を妨害したのは、真に悲劇的なことだった[114]。厳格に協定の内容面に限ってみれば、同内容の協定で73年以前に妥結したことも想像に難くない。ロイド・ガードナーが記しているように、ニクソンは、休戦後6ヶ月で米軍が撤退するという1966年にLBJが行った提案に非常に批判的で、こういった類の約束をすると、もし戦争が再開しても選択の余地がなくなってしまうと論じていた。しかし実際に妥結した1973年1月27日の和平協定では、これよりもずっと早期の撤退が規定されていた。しかも、73年の和平協定は南ヴェトナムに2つの政府があることも、北ヴェトナム軍部隊が自分たちの支配地域にとどまることも認めている[115]。それによってアメリカは撤退をなんとか覆い隠し、サイゴンの体制が崩壊するまで相応の暫定期間をおいてなんとか最低限の体面を保ち、それまでの約束を守ったと主張できる内容だった。もし1969年にこういった条件でニクソンが満足できていたのなら、ほぼ間違いなく北ヴェトナム政府も満足したであろう。

　もっとも合意に向けて機が十分に熟していたかどうかは別の問題である。その答えは、多分にニクソンとキッシンジャーが、ジョンソンの得られなかったもので自分たちなら得られるものが何だと考えていたか、そして正確にどのような手段でそれを獲得しようとしていたかに依存する。実際、ここで我々が関心を向ける必要があるのは、この2人に限られる。彼らがキープレーヤーであり、しかも2人とも普通他人の助言を求めないし、他人の言うことを気にもしなかった。彼らは可能な限り、手綱を引き締めておいた。キッシンジャーはウィリアム・ロジャーズ国務長官をなるべく蚊帳の外に置こうとしていた。メルヴィン・レアード国防長官は、先頭に立って役割を果たそうとはしなかった。最も本質的な面で、ニクソンとキッシンジャーはヴェトナムで何がかかっているのかという点で同じ見方をし、同じ目標を持

114　Jeffrey Kimball, "Review of Fredrick Logevall, *Choosing War: The Lost Chance for Peace and the Escalation of War in Vietnam*." 以下も参照。Hitchens, "The Case against Henry Kissinger, Part One."
115　Gardner, "Review of Jeffrey P. Kimball, *Nixon's Vietnam War*."

ち、同じ手段を好んでいた。意見の相違があった時には、なんとかして共通の基盤を見いだそうとしたし、少なくとも実質的な意見の相違を表面化させないようにした[116]。彼らはある程度、世間の注目や栄光を求めて争った。そういった時は、大統領であったニクソンが勝つのが普通だった。しかし2人の緊張関係は、心理学的には面白いが、歴史的には興味深いとは言えない。そして少なくとも、ヴェトナム戦争について言えば、キンボールが彼らを合わせて「ニクシンジャー」と呼んでいるのは、まったく正しい[117]。

　ニクソンとキッシンジャーにはLBJの躓いた問題で自分たちならうまくやれるという自信があった。この自信がある限り、十分な暫定期間をおいて撤退という条件で、交渉をまとめる可能性は低かった。ニクソンがそういった自信を捨てるまでに、2年半いらいらとした時間を過ごさねばならず、キッシンジャーに関してはもう少し長くかかったことが、記録から明らかである。その間は、たとえ1973年に結局受け入れることになる解決に至る機会があったとしても、彼はその機会には乗らなかったであろう。1973年には降参する機が熟していたかもしれないが、ニクソンもキッシンジャーもそれよりずっと以前に機が熟していたことを理解していなかったようである。

　もちろん、ニクソンもキッシンジャーもヴェトナムの終局を、「降参する」という言い方では呼ばなかった。彼らは、アメリカの勝利、「名誉ある和平」そして率直に敗北と、実にいろいろな言い方をした。もっとも最後の言い回しは、もちろんパリ和平協定を結んだことを指しているのではなく、米軍撤

116　例えば、キッシンジャーはニクソンよりもヴェトナム化の可能性をより疑っていたが、彼らの差は公にはそうそう明らかにはなってはいなかった。Kissinger, *The White House Years*, pp. 1480-1482.

117　これら2名の複雑な人物の背景と洞察については、以下を参照。例えば、Richard M. Nixon, *Six Crises*; Bruce Mazlish, *In Search of Nixon*; Tad Szulc, *The Illusion of Peace*; William Shawcross, *Sideshow*; John Ehrlichman, *Witness to Power*; Dan Caldwell, *Henry Kissinger*; Seymour M. Hersh, *The price of Power*; Harvey Starr, *Henry Kissinger*; Stephen E. Ambrose, *Nixon*; Richard C. Thornton, *The Nixon-Kissinger Years*; Walter Isaacson, *Kissinger*; Joan Hoff-Wilson, *Nixon Reconsidered*; Vamik D. Volkan, Norman Itzkowitz, and Andrew W. Dod, *Richard Nixon*; William Bundy, *The Tangled Web*; Melvin Small, *The Presidency of Richard Nixon*; Anthony Summers, *Arrogance of Power*.

退の後に、アメリカ議会がサイゴン政府に対して十分な水準の経済・軍事的支援をしなかったことを指しており、そうしていれば1975年にサイゴン政府の最終的な崩壊は食い止められたというのが、彼らの言い分なのである[118]。希望的観測か単純な幻想かはともかく、これは典型的な責任転嫁であり世論操作である。そして、ここにニクソンの対ヴェトナム政策の内実に迫ろうとする際の難しさがある。それは、当事者自身の説明が単に信頼できないということである（キンボールは彼らの説明の性格を、「不完全」「不誠実」「利己的」と呼んでいる）[119]。加えて、ジョンソン時代について豊富な秘密解除資料が現在では利用可能となっているのだが、この時代については同じくらい豊富な資料をまだ利用できないという事情もある。

　おそらく政権内部の洞察に富む最も有用な資料がH・R・ハルデマンの日記である。この日記は日々の内部での出来事を逐一詳細に明らかにしており、特に覚書や公的な文書では通常明らかではない重要な事柄をよく伝えてくれている。それは例えば、枢要な人物たち（特に大統領［P］とキッシンジャー［K］）の自意識が傷つきやすく、彼らが短気で、いささか被害妄想気味であること、中傷、内輪もめ、手柄争い、そしてことによると一番重要なのが、大統領と彼の側近たちが常に時間に追われ、様々なことに関心を向けなくてはならなかったことだ。そのせいで事態への対応が重視され、先見的な行動の可能性が狭まったのである[120]。ハルデマンの日記を信じれば、主要人物た

---

118 「ヴェトナムでの我々の敗北によって、5年間の追放を自ら課して後退したことにより、世界中で全体主義による征服が爆発的に多発した。アフリカ、中東、中央アメリカの危機に次ぐ危機のなかで、アメリカが海外に関与することを批判する者たちは、『もう一つのヴェトナム』というフレーズを王の笏のように振りかざし、アメリカが何もしないよりは何かすべきという主張がなされたあらゆる状況で、万能な議論止めとして用いた」。Nixon, *No More Vietnams*, p. 13.

119 Kimball, *Nixon's Vietnam War*, p. xiii. また次の文献も参照されたい。Jeffrey Kimball, "Debunking Nixon's Myths of Vietnam." ニクソンとキッシンジャーは様々な場所で詳細な議論を展開した。例えば、Henry A. Kissinger, "The Viet Nam Negotiations"; Richard M. Nixon, *Peace in Vietnam*; Kissinger, *American Foreign Policy*; Kissinger, *White House Years*; Kissinger, *Years of Upheaval*; Nixon, *No More Vietnams*; Nixon, *RN*.

120 Haldeman, *The Haldeman Diaries*.

ちが後に回想的に語っている説明は、全くの作り事に見える。後にニクソンとキッシンジャーが、綿密、計画的かつ非常に戦略的なヴェトナム問題へのアプローチだと描いたものは、実際は概ね試行錯誤の結果だった。

　ニクソン時代を研究する歴史家は、ジェフリー・キンボールの注目すべき著作『ニクソンのヴェトナム戦争』が利用できるという、幸運な面もある。キンボールは考えられる限りあらゆる情報源を渉猟し、間違いなくこの先長く決定版として評価されるだろう物語を伝えている。彼が提起しているニクシンジャーの政策の心理学的解釈は、もちろん正しいか間違いかのテストが簡単にできるようなものではないし、すべての読者が心ひかれるわけでもないだろう。だが、その分析には経験的な情報が豊富に詰まっているので、きわめて洞察に富む。ここでも同書を縦横に利用しようと思う。

　ニクソンはヴェトナム問題をどのように理解したのだろうか。彼はそれまで何十年にもわたってドミノ理論を声高に提唱してきた。1953年12月、彼は次のように述べていた。「もしインドシナが陥落すれば、タイがほとんどどうしようもない状況に置かれることになろう。スズや天然ゴムといった資源を持つマラヤにも同様のことが言えるだろうし、インドネシアもそうだ。もし東南アジア全体が共産主義に支配されるか、その影響下に入れば、日本もこの地域と貿易をしているし、それは日本の存続にかかわることなので、共産主義体制の方向を指向するのは不可避であろう」[121]。ニクソンは一貫してこういう調子の議論に固執した。1985年にもこう論じている。「ヴェトナムにおける我々の主要な利害関心はインドシナが共産主義の手に落ちるのを防ぐことであり、我々がヴェトナムの喪失を防ぎたかったのも、そうなれば、それ以外の東南アジア全体も陥落すると信じていたからだ」[122]。実は、ニクソンは議会が無気力なせいで、結局ドミノは現実に倒れたと断言している。「ヴェトナム後の6年間、新たな孤立主義者たちが、『ヴェトナムはもうたくさん』と呪文のように繰り返し、ドミノは1つ1つ倒れていった。ラオ

121　Kimball, *Nixon's Vietnam War*, p. 17.
122　Nixon, *No More Vietnams*, p. 29.

ス、カンボジア、そしてモザンビークが1975年、アンゴラが1976年、エチオピアが1977年、南イエメンが1978年、ニカラグアが1979年にという具合だ」[123]。これは奇妙な言い分である。モザンビーク、アンゴラ、エチオピア、南イエメン、ニカラグアは、どう見ても東南アジアの近隣ではない。また、カンボジアを除くこれらのどの国で起こったことも、ヴェトナムと関係があると考えるべき理由は少しもない[124]。しかしニクソンはそう信じていたか、そう主張してレトリック上の優位を得ようとしたのである。

しかしながらニクソンの考えでは、ヴェトナムの帰趨には単にドミノ以上のものがかかっていた。アメリカの威信や信頼性、そして最終的にはアメリカの安全保障(現実主義的世界観が根深いことを考えれば、キッシンジャーの意識ではこういった考慮の比重は確実に大きい)などもかかっていたのである[125]。「南ヴェトナムの人々を見捨てれば、……世界平和という我々の長期的希望が危険にさらされるだろう。偉大な国家は自分の制約を破ったりはできない。偉大な国家は、信頼に足るものでなくてはならない」[126]。こうニクソンは公言していた。そして、ニクソンの道義的感受性に幾ばくかの敬意を払うなら、長きにわたって献身的な思想的反共主義者であった彼は、共産主義的な全体主義的統治下で過ごすくらいなら死んだ方がましだと真剣に思っており、南ヴェトナムの人々を見捨てて彼らの命運をそういった政権に委ねることに、多少の良心の呵責を感じていたようである[127]。

したがって、ニクソンの行動の基礎にあったのは、かなり典型的な懸念の

---

123 Ibid., p. 212.
124 あらゆる意図や目的について、ラオスは何年もの間、ヴェトナムの傀儡国家だった。その他の場所では、左翼の反乱勢力は完全に十分なほど現地に根ざしていた。
125 以下を参照。Henry Kissinger, *Diplomacy*; Kissinger, *Nuclear Weapons and Foreign Policy*; Kissinger, *A World Restored*; Michael Joseph Smith, *Realist Thought from Weber to Kissinger*.
126 Nixon, *Peace in Vietnam*, p. 3. Cf. also Herring, *America's Longest War*, p. 223.
127 「アメリカはヴェトナム戦争に介入したが、それは北ヴェトナムが全体主義体制を軍事的征服によって南ヴェトナムに押し付けることを防ぐためであった。それというのも、共産主義の勝利は、ヴェトナムの人民に大規模な被害をもたらすだろうし、アメリカの戦略的利益に損害を与え、我々の他の非共産主義国家の同盟国や友好国に脅威をもたらすだろうからである」。Nixon, *No More Vietnams*, p. 46.

複合体だった。当然のことだが、ジョンソン時代の彼は、安定して独立した南ヴェトナムの樹立という政権の目標を心から支持していた[128]。またその目標を達成するために軍事力を用いることも支持していた。しかし彼はジョンソンが交渉したがっている様子であることに非常に批判的で、LBJはあまりに決断力に欠け、攻撃性が不十分で、地上兵力へのこだわりが強すぎて空軍や海軍力の使用にあまりに臆病だと考えていた[129]。

しかし1968年までには、ニクソンは戦争に軍事的に勝利できる見込みがないことを理解した。3月29日に彼は自分のスピーチライターである、リチャード・ウェイレン、レイモンド・プライスそしてパトリック・ブキャナンに、こう述べた。「もう戦争に勝てないという結論に達した。しかし、もちろんそのように言うことはできない。実際、ある程度の駆け引きの余地を残しておくために、反対のことを言っているように見せなくてはならない」[130]。言い換えれば、ニクソンは大統領になった当初から、ヴェトナムからの出口は、交渉を通じて進む道しかないことを、はっきり判っていたのである。しかしニクソンは、受け入れ可能な結果にするには、アメリカは打ち負かせられないし、満足しない限り出ていかないと北ヴェトナム政府に思わせねばならないと信じていた。このために、彼は「名誉ある和平」を確保してサイゴン政権を維持するためには、いかなる代償も重荷も甘受すると、彼らに納得させねばならなかった。彼は外交的および軍事的な圧力を加えて北ヴェトナムが、「戦争がコストに見合わないことを自分で納得するよう仕向けようとする」[131]ことになる。ニクソンは、北ヴェトナムに直接判らせよう

---

128 そうした皮肉を見落としつつ、ニクソンは1969年、「どの選択が受容可能かを決定する際、我々は自分たちの本質的な目的を理解しなければならない。我々は南ヴェトナムの人民が外部からの干渉なしに政治的未来を決定する機会を求めている。北ヴェトナムが欲しているものは南ヴェトナムにとっては重要なものではない。重要なのは南ヴェトナムの人々が自分たちのために欲していることなのである」。Nixon, *Peace in Vietnam*, p. 4. もちろん、南ヴェトナムの人々が北ヴェトナムとの統合を欲していないかぎり、「いかなる解決も……南ヴェトナムの領土的・政治的一体性をもたらさなければならない」と、ニクソンは1968年10月8日のニューヨークタイムズ紙で述べた。
129 Kimball, *Nixon's Vietnam War*, pp. 29-30.
130 Ibid., p. 52. Cf. also Nixon, *RN*, p. 349.

としたし、ソ連を説得して北ヴェトナムに判らせようともすることになるのである。

ニクソンはこれをどのような手段で、実現しようとしたのだろう。基本的には、皆を恐怖させることで実現しようとしたのである。彼は、心理戦と物理的戦争の両方を用いた。彼は、実際に文字通りわめき散らしたが、無差別戦略爆撃という比喩も用いて、自分が偏執者だとモスクワやハノイに思わせようとした。また自分が完全に逆上し見境がなくなっているのではないかという疑問を、相手に植え付けようとしていた。ことによると核爆弾すら使いかねないと、相手を恐れさせようとした。マキャベリの著作の一節にならって、簡単に言えば相手に自分がおかしくなっていると思わせようとしたのである[132]。

ニクソンのやり方には問題が2つあった。第1にニクソンは自分の目標を達成するためには、いかなる代償も支払う覚悟があると装ったが、相手側は実際にどのような代償も支払う覚悟があったことである。第2は、ニクソンが大統領を務めているのが、残念ながらこの戦争にますますうんざりし、批判的になっている民主主義国だったということである。そのおかげで、一方では北ヴェトナムが強硬路線を維持しやすくなり、他方でニクソンは可能な限り早期の戦争終結が重要だという思いを強めた。ニクソンの考えでは、

---

131 "Viet 3rd Redraft," in Richard J. Whalen, *Catch the Falling Flag*, pp. 284-286.
132 Niccolò Machiavelli, *Discourses on Livy*, book 3, chap. 2,「適切な時に狂気を装うのは大変賢明なことである」。*Nixon's Vietnam War*のキンボールの議論の多くは、この強制外交の『狂人理論』がニクソンのアプローチ全体にとっていかに中心的であったかを浮き彫りにしようとしている。この狂人理論の背後にある論理といえば、最も一般的にはトートマス・シェリングが思い出される。彼はよく知られているように古典的著作 *The Strategy of Conflict* と *Arms and Influence* の中で「非合理の合理性」や「偶然に委ねることによる威嚇」の効用について論じていた。しかしキンボールは、ニクソンがシェリングの議論とは関係なく、理論よりは実践を通じて、主にアイゼンハワーによる朝鮮戦争の処理を見ることによってこうした考えにたどり着いた、と論じている。キンボールはまた、リスクを受容することの外交的有用性に関して、ニクソンとキッシンジャーの理解の間には、ニュアンスの点で重要な違いがあったことにも言及している。以下を参照。Kimball, *Nixon's Vietnam War*, pp. 76-86.

この戦争はアメリカを、国内、経済、文化、道徳の各面で蝕んでいた[133]。ヴェトナム問題は、アメリカにとってもニクソンにとっても最重要問題だった[134]。そして彼は、仕事を終えるのに時間が無制限にあるわけではないと感じていた。ハルデマンは、次のように記している。「任期のはじめから、ニクソンはヴェトナム戦争が圧倒的に重要な課題だと認識し、それに集中していた。一方で彼は、戦争終結の基礎は『名誉ある和平』であり、『逃げ帰って』南ヴェトナムを見捨て、ひいては『ドミノ理論』通りに東南アジアが崩壊するのに任せるようなものであってはならないと決意していた。他方で、国内でこの『どうしようもない戦争』に対する不満が日に日に高まり、ますます手に負えないものになるだろうということも判っていた」[135]。国内をなだめることと対外的に強硬姿勢を示すこととの間には、どうしても緊張が生まれる。たとえば1969年6月19日の記者会見で、ニクソンは1970年末までにすべての米軍をヴェトナムから撤退させたいとし、夏にもこれまでより多数の米軍兵士を撤退させると表明した。また、自分は別にチュー政権と「結婚」しているわけではなく、休戦にも反対ではないと述べた。ハルデマンは「これを聞いてＫは相当動揺した」と記している[136]。

　ニクソンは、なんとかできると思っていた。ジョンソンが失敗したことを自分ならできると思っていたのである。ハルデマンによると、「ニクソンは

133　Kimball, *Nixon's Vietnam War*, p. 44. ハルデマンの日記は、ニクソンがほとんど宗教的なまでに真剣に、アメリカ国民の道徳状況を懸念していたことを示している。例えば1969年4月19日に、ハルデマンはこう書いている。「大統領が本当にあからさまで強力な行動に出ることは、アメリカ国民が全般的な道徳的退廃の根にある怠惰と無関心から目覚めるのに欠かせない、とＫは主張しているがＰはこれに強く同意している」。Haldeman, *The Haldeman Diaries*, p. 52.
134　例えば以下を参照。Haldeman's diary entry for March 25, 1969:「Ｐは職務に関する35分の演説で始め、優先順位を強調した。第1に戦争の決着をつける、第2に法と秩序を確立する、第3にインフレを止め経済を安定させる」。*The Haldeman Diaries*, p. 43.
135　Ibid., p. 96.
136　Ibid., p. 65. この緊張を、デヴィッド・カイザーはキンボールの書評の中で取り上げている。「当時においても回想録の中でも、ニクソンとキッシンジャーは自分たちが事の成り行きを制御しており、最終的には満足のいく結末に持ち込めるといつも信じたがっていた。しかし私がキンボールの長い物語に関して最も面白かったのは、彼らが気

完全に満足とはいかなくとも、受け入れ可能な解決に、交渉によって6ヶ月以内に至ると本当に思っていた」[137]。ハルデマンの日記はこの点で非常に印象的で、ニクソンは戦争をうまく終わらせるのに必要とされる時間を、一貫して過小評価した。1969年3月20日付けの日記で、ハルデマンは「Pは簡単に、戦争が来年には終わるだろうと言った」と記録している[138]。4月15日、ニクソンは「数ヶ月で戦争を終えたいものだ」と述べた[139]。9月27日、彼は「ヴェトナムでは敵は2つの点で判断を間違っていると指摘し、1つは時間（Pにはまだ3年3ヶ月ある）と自分が何者かということ（つまり戦争に敗れる最初のアメリカ大統領になる気はないということ）だと述べ、これからの60日（最初は30日と言っていたが）が重要だと述べた」[140]。さらにハルデマンは、10月8日、ニクソンが次のように言ったと記録している。「主要問題はヴェトナムだ。9ヶ月時間を稼いだが、これ以上の猶予はない。ハト派の連中はここまで食い止めておいたが、彼らの相手を全面的にしなくてはならない。最初はアグニュー副大統領その他が、次に大統領自身がだ。こうすると問題は、ニクソンの戦争になることだ」[141]。4月23日にはハルデマンはこう記している。「相手に十分な圧力を加え続け、国内が崩れなければ、今年中に戦争を終えられると依然彼は思っている。Kもそれに賛成している」[142]。

ニクソンは、ゆっくり着実にアメリカの地上軍の撤退を続ける一方で、空

にかけていないと誇っていたまさにその要因――世論、学生のデモ、国際的圧力、議会――にどれだけニクソンとキッシンジャーが何度も何度も制約されることになったか、という点である。それが最も如実に表れたのは1969年11月、ニクソンが反戦デモによっていかなる影響も受けないと公言する一方、北ヴェトナムに対する思い切った攻撃拡大の計画について、それが与える影響を恐れて棚上げした時であった」。David Kaiser, "Review of Jeffrey P. Kimball, *Nixon's Vietnam War*."

137 Haldeman, *The Haldeman Diaries*, p. 96.
138 Ibid., p. 42.
139 Ibid., p. 50.
140 Ibid., p. 90.
141 Ibid., p. 96. この時点まで、ニクソンは公にはこの紛争はジョンソンの戦争であると規定しようとしており、その戦いを彼は終わらせようとしていた。
142 Ibid., pp. 153-154.

からインドシナを攻撃し続けたが、交渉による和平の時刻表が灼熱の砂漠を走る道路で見られる蜃気楼のように遠ざかり続けるにつれて、1972年の大統領選挙が地平線上に大きく姿を現し始め、ニクソンとキッシンジャーはヴェトナム戦争をますます露骨に選挙との関連で考えるようになった。たとえば1970年12月15日、ハルデマンは次のように記している。「Kがやってきて、話はヴェトナム問題全般についての考え方と、Pが来年に予定している壮大な和平計画に及んだ。Kはこの和平計画には好意的でない、と後で言った。Kは翌年撤兵すると、どうやっても72年の大統領選挙のかなり前にその悪影響が生じ始めるので、それは深刻な間違いだと考えている。彼が良いと思っているのは、このまま兵力を縮小し、撤退はちょうど72年秋の大統領戦中に実行することで、そうすればたとえ悪影響が生じても遅すぎるので、選挙には影響しない」[143]。1971年5月26日には、ハルデマンはこう記している。「そしてニクソンは、選挙の問題について話し始め、主要問題すべてについて皮肉なことを言ったが、我々にとって確実なのはヴェトナム問題だけだと言った。他のことは皆疑わしいが、ヴェトナムについてはこれからの方針はしっかり決まっているし、これからどうなるかも判っている」[144]。ハルデマンは2日後にこう書いている。「Pは外交政策上のイニシアチブは、1972年7月までに完了しなくてはならないと強く言った。その理由は、その後は民主党の候補者がいるので、遊説にも討論にも、参加させろと言ってくるだろうからだ。理想的なシナリオは、ヴェトナムのごたごたが、この夏までに決着することだ」[145]。選挙が近づくにつれて、ヴェトナム問題が選挙の争点なのだという理解をニクソンは強めた[146]。

　自分なら戦争をうまく終わらせることができるというニクソンの楽観を説

143　Ibid., p. 221. 以下も参照。Haldeman's entry for December 19, 1970, p. 223. ここでニクソンはキッシンジャーのこの理論に納得しているようだが、依然として1971年に何らかの和平イニシアチブが必要と感じていた。

144　Ibid., p. 293.

145　Ibid., pp. 293-294. キンボールは実際、ニクソンが1972年の撤退に関する工程表を作ったのは、民主党全国大会の前にこの問題を片付けるためでもあった、と論じている。Kimball, *Nixon's Vietnam War*, p. 301.

明するのは難しい。ニクソンが直面したのは、本質的にはLBJが直面したのと同じ一群の圧力と制約で、もし違うとすれば、それらが一層厳しかったことくらいのものである。ニクソンがLBJの持っていなかった手段を手にしていたわけではなかった。ニクソンがやったことは、実質的にはLBJの政策を調整したことにすぎない。にもかかわらず、ニクソンはジョンソンに代わって自分が全力でことにあたれば、敵を屈服させられると本気で信じていたようである。しかし実際には、現実の重圧が強まってきた。キンボールは次のように論じている。「ニクソンが大統領の地位に就いたときには、彼もそれまでの大統領たちと同様に、南ヴェトナムで勝利すること、つまり南ヴェトナムの政体を、非共産主義的で親資本主義的で、そして親西側的なまま維持し、それによってアメリカの力の信頼性も維持するつもりだった。ニクソンが自分の当初の戦略が失敗しつつあることを理解し、キッシンジャーとともに、相応の暫定期間を設けるという解決を受け入れたのは、後になってからのことである」[147]。

　1971年の夏の終わり、ニクソンは初めて危機的に自信が揺らぐ経験をした。それは数ヶ月続いた。9月19日付けでハルデマンはこう記録している。「彼はヴェトナムについてほとんど語らず、戦争を正面から終わらせられなくて残念だが、どうしようもなかった、どうやってもこうなる宿命だったのが今になって判った、という趣旨のことを言った」[148]。キッシンジャーは当初の信念をより長く持っていて、これを聞いて動揺した。「ヘンリーはPが逃げ出したがっていると心配し、今そうなると大失態だと考えている」。元日にはハルデマンはこう書き残している。「ヘンリーの勘では、北ヴェトナムは降りるだろうから、こちらが弱気な姿を見せるのは間違いだ」[149]。しか

146　例えば1972年10月26日。「選挙戦の行方を左右するのは大事件だけだ。そしてヴェトナムで起きているのが、唯一の大事件だ、と彼は主張した。もしヴェトナム問題で何かが変わるのなら、我々の流儀で変わるように注意せねばならない」。Haldeman, *The Haldeman Diaries*, p. 524.
147　Kimball, *Nixon's Vietnam War*, p. xii.
148　Haldeman, *The Haldeman Diaries*, p. 356.
149　Ibid., p. 391.

しハルデマンの日記が明らかに示しているように、翌春までにはニクソンは少なくとも数ヶ月間ではあるが、勇気を取り戻した[150]。

アメリカは、安全で独立した南ヴェトナムを維持する協定を実際に交渉したことは、一度もない。結局そういった努力はあきらめたのである。そうする必要性もある程度弱まった。ニクソンとキッシンジャーが精力的で創造的な大国間外交を展開したおかげで、米ソ関係も米中関係も改善傾向を見せ、他方で中ソ関係はずたずたな状態だったので、ヴェトナム戦争は冷戦最前線の際立った問題という性格を大幅に失った。議会もアメリカ国民も、確実に忍耐の限界に達し、ただただすべてを終わりにしたかった。部隊の撤退は続き、ニクソンはそれを続けることが必要だと思っていた。どこかの段階で、どのみちアメリカの地上部隊がヴェトナムから全部いなくなるはずだった。

8月か9月までには、ニクソンは世論調査で相当リードしていたので、大統領選を厳格な期限とは考えなくなっていたが、依然として誰もが事態を終結させるべき時だと考えていた。ニクソンは、体裁もタイミングも良い形で、事態を終結させたかっただけだった[151]。重要な勇み足が1つあった。1972年9月、キッシンジャーは初めて、戦後の南ヴェトナム解放民族戦線とその臨時革命政府がチュー政権と同格である、という北ヴェトナムの表現方法に合意し、事実上アメリカの主要戦争目的を放棄した[152]。10月22日に

---

150 例えば1972年4月4日。「いくつかの政治的議論を始めて、Pは我々が攻撃を始めなければならない、また我々は誰かに［民主党大統領候補エドマンド・］マスキーを敗北主義者と非難させるべきである、というのも彼は敵によるヴェトナムの攻撃に反撃すべきでないと言っているのだから、と懸念していた。［1972年3月30日、PLAFは南ヴェトナムに大規模な侵攻を一斉に開始した］。マスキーがヴェトナムから出ていくことについて、あんなデタラメ言うのを放っておいてはいけない。戦争捕虜のことも、彼の地にいる7万の兵士の保護のことも気にしてはいないではないか。大統領にはこうした人々に対する責任があり、南ヴェトナムが持ちこたえられる場合しか、撤退を継続できない、と彼は主張していた」。Ibid., p. 435. 以下も参照。1972年5月4日。「彼はそのことをじっくり考えてきたし、我々はこの戦争に負けるわけにはいかないと心に決めた、と言った。我々は激しく攻撃し、現地に踏み込むだろう。［モスクワでの］米ソ首脳会談はこの文脈では重要ではなく、モスクワまで行った挙げ句ヴェトナムで敗北というのでは、まるで割に合わない」。Ibid., p. 454.

はアメリカと北ヴェトナムはこれを基礎とする合意に達した。戦争はいよいよ終わりそうであった。

　キッシンジャーは、この合意をチューに納得させようとしたが、ただちに行き詰まり、ニクソンは怖じ気づいた。信頼性の問題が心配になり、友好国を裏切ったという印象を与え、自国のタカ派を怒らせてしまうことから、キッシンジャーは北ヴェトナムと再度交渉し、数多くの細かな修正を求めた。そうすることでよりうまく情報操作ができるようになるはずであった[153]。ニクソンは後にこう書いている。「私に関する限り、ヴェトナム問題の解決のためには、ほとんど何でも交渉可能だったが、2つだけ例外があった。1つは、私はアメリカ人の戦争捕虜全員の帰還と戦闘中の行方不明者に関する説明が含まれないものには合意するつもりはなかった。第2に、チュー大統領の放逐を求めるとか、我々が結果的にそうするに至るような条件には応ずるつもりはなかった」[154]。ニクソンとしては、合意の言葉使いや実務的条項が、ただちにチュー政権崩壊の露骨な予兆とならないように、注意深くことを運ばなくてはならなかった。

　北ヴェトナム側は、約束を反故にされたと感じ抵抗した。これに対してニクソンは、ヴェトナム戦争中で最も激しい空爆で応えた。ラインバッカーⅡ作戦は「クリスマス爆撃」とも呼ばれるが、そこで米軍機は、12月18日か

151　Kimball, *Nixon's Vietnam War*, p. 328. キンボールはこう記している。「この時のニクソンは、ほとんど全面的に国内政治的打算の観点から和平合意のタイミングを考えていた。そうした打算には、相互に関連する様々な可能性や必要性に対する評価が含まれていた。つまり、合意がアメリカの信頼性の認識に対して世界大で負の影響があること、北ヴェトナム政府が、もし彼らの予定通りにニクソンがことを運ばないと、予想される合意内容をばらしてしまう可能性があること、選挙のずっと前に合意を結んで露骨な政治戦略と見えないようにする必要があること、他方で合意できない場合には、自分が和平合意の障害に見えないように交渉をできる限り選挙当日の近くに設定すること、自分が信条を曲げたように見えないようにする必要もあること、そしてチューがアメリカの提示する条件への反対を公言する可能性があることなどである」(p. 336)。

152　Kaiser, "Review of Jeffrey P. Kimball, *Nixon's Vietnam War*."
153　Kimball, *Nixon's Vietnam War*, p. 348.
154　Nixon, *RN*, p. 348.

ら29日までクリスマス当日のみを除いて、北ヴェトナムの目標を事実上終日攻撃し続けた。キンボールは次のように言う。

> ラインバッカーII作戦の目的は、北ヴェトナムを罰して譲歩を迫ることというよりも、南ヴェトナムが協力するようインセンティブを与えることだった。北ヴェトナムの戦争遂行能力に、比較的短期間だが大量の爆撃で損害を与えることで、チュー政権を延命し、大胆な爆撃によって、南ヴェトナム、そして北ヴェトナムにも、今後の内戦にアメリカは空軍力で介入するというシグナルを発したのである。しかしラインバッカーIIの動機には、心理的過程や政治的考慮もあった。それはアメリカによる戦争の、力強く象徴的な幕引きであり、それによって、尾羽うち枯らしてヴェトナムから出ては行ったりはしないというニクソン自身の誓いを満足させ、自分は強硬姿勢をとり続けて敵に合意を強制した、とタカ派を納得させることができるかもしれない。実はその合意は曖昧な妥協にすぎないのだが、自分の巧みな戦争と外交指導による明らかな勝利であるとニクソンは売り込んだのである[155]。

　ジェームス・レストンは、これを「ムカッ腹戦争 (war of tantrum)」と呼んだ[156]。アメリカ内外で人々はあきれかえった。キッシンジャーは再び北ヴェトナムの交渉相手であったレ・ドク・トと会談した。2人は10月合意の細かな言葉使いを調整し、いくつかの大したことのない問題で折り合わず、それでその日は終わりになった。ニクソンは、この辺が限界だからチューに覚悟を決めて、あとは自分でいいと思うようにやるようにと言った。これで話は終わりだった。
　ハルデマンは1月23日の日記に次のように記録している。

155　Kimball, *Nixon's Vietnam War*, p. 364.
156　Ibid., p. 366.

閣議を8時45分に開いた。Pはこれが基本的に形式的なものだと言って会合を始めた。これをやっているのは世界と全米の目を意識して閣議で協議したと思わせるのが目的だったが、合意は翌日まで外に出せなかったので、内容についてこの時点で何も話し合われなかった。それからPは、その夜テレビで読むことになっている声明を読んで、すべての条件が完全に満たされたと述べた。Pによると、南ヴェトナム政府とチューもこれに完全に合意していて、同じ内容の声明を出すことになっている。これから停戦の日（27日）までの間には激しい戦闘があるだろう。そして停戦後には違反行為があるのも避けられないので、停戦監視機構が非常に重要になる。彼は続けて、ヴェトナムだけではなく、ラオスとカンボジアでも停戦になるだろうと言った。我々は名誉ある和平を実現し、捕虜は帰ってくるし、停戦は監視され、南ヴェトナムが自分たちの未来を決める権利も確保した。我々皆にとって、長く、苦しく、困難な戦争だった。これはジョンソンの戦争でも、ケネディの戦争でもない。確かに戦争を始めたのは彼らで、しかもその進め方はまずかったが、アメリカ全体がこれに巻き込まれたのだ。ようやく、我々は自分たちの目的、つまりヴェトナムにおける平和と、南ヴェトナム人が共産主義政権を上から強制されるのではなく、自分たちの未来を自分で決める権利を勝ち取った。我々が1つの国として毅然とした態度をとったことは責任ある行動で、世界に対して決定的な影響があった。もしアメリカがヴェトナムで責任ある行動をとらなかったのなら、またもしここで敗北し降参していたら、中国やロシアは我々にまともに取り合わなくなるだろう。またヨーロッパは戦争について我々をさんざん悪し様に言ってきたが、アメリカを信頼できる同盟国とは思わなくなるだろう。アメリカが平和を維持し自由を守るためには、我々は責任ある行動を取らねばならぬことを理解せねばならない。そしてこの和平こそまさにそれなのだ。これは共和党の成果ではない。ニクソンは逃げ帰ろうとした共和党員を民主党員と同じくらい軽蔑している。ヘルメットをかぶって働く伝統的なアメリカの労働者のような人々、つねに我々の側にあった人々に

幸いあれだ。ニクソンは最後の方に来ると相当感情的になったが、閣議ではバカに調子がよかった。ただ、ヘンリーがとりかかっているいくつかの問題について少し心配していた[157]。

イメージ操作はこういう具合に始まった。キンボールは論ずる。「ニクソンが4年間にわたる彼の戦争で勝ち得たものは、相応の暫定期間だけだった。もっともチューの政府は2年以内に権力の座から追われるのだから、チューにとっては『相応の暫定期間』ではなかったが、ニクソンとキッシンジャーがチューに生き残りの最後のチャンスを与えたと主張できる程度には長い暫定期間だった。だがそれも、議会がチューへの支援を続け、アメリカ国民が爆撃継続の意志があればの話だったが」[158]。

そしてキンボールは、勝利したとするニクソンの主張について、単純に「ニクソンは1972年12月の爆撃作戦や合意後の戦争に関する世論向けのイメージ操作によって、交渉の記録を曖昧にしようとしたのだが、交渉の記録から見ると、ニクソンの主張は正しいと支持できるものではない」と記している[159]。

5 仮説の妥当性をめぐって

ヴェトナム戦争が本書の理論にどの程度適合しているかについて過度に技術的な議論をして、すでに長いこの章の議論を長引かせるつもりはない。いずれにせよ事例から概ね自明と思われるが、選択的にいくつかの論点を提示し、諸問題に関心を集中するようにしたい。この事例は概ね提起しておいた仮説を裏付けているが、同時にいくつかの興味深い理論とのギャップや理論の限界も明らかにしている、というのが私の結論である。

---

157 Haldeman, *The Haldeman Diaries*, p. 572.
158 Kimball, *Nixon's Vietnam War*, p. 370.
159 Ibid., p. xiii.

最初に記しておくべきことは、アメリカの対ヴェトナム政策は、均衡が時折中断されるというパターンを明確に示している。惰性が作用する期間が長く続き、それが何回かの劇的な変更が生じた短い期間で区切られたのである。第二次世界大戦の終わりから1954年までは、アメリカは単純にフランスを支持していた。フランスがディエンビエンフーで大敗北を喫して撤退してからは、アメリカとしては何か劇的に異なることをやるしかなかった（これは自分の意志によるものではなく、状況に余儀なくされたものなので、劇的な政策変更の実例としてはつまらない）。1954年から73年までの間、アメリカは、友好的で親西側の資本主義国家が17度線の南に存在する形でヴェトナムの分断状況を維持しようとした。1965年までの間にアメリカのとった方法は、（ケネディ政権末期には、軍事的援助や助言は、ほぼ実際の交戦と同じ形をとったにせよ）経済および軍事援助であった。南の政権がすぐにも崩壊しそうだという状況に直面して、LBJは紛争をエスカレートさせることにし、もはやただ南ヴェトナム軍を支援するのではなく、彼らに代わって戦うために米軍を大規模に投入し、空軍による作戦も許可した。1969年にニクソンは、地上軍の撤退を開始したが、空軍による作戦は水平的（つまり地理的）にも垂直的（つまり烈度的）にもエスカレートさせた。ジョンソンもニクソンもともに、北ヴェトナムはアメリカの軍事力を前に畏怖し、彼らを非共産主義の独立した南ヴェトナムが維持される解決で合意するよう追い込めると信じていた。1972年末にはニクソンはこの目標をあきらめ、1973年にはアメリカがヴェトナムから撤退できるような合意を確保した。その合意条件は「勝利」とか「名誉ある和平」を意味するとされたが、実際には、北ヴェトナムが南ヴェトナムを一掃し力でヴェトナムを統一するまでに、アメリカが面目を保てる、相応の暫定期間を規定したものだと誰もが理解した。したがって、この事例は理論の初期的期待である惰性が作用し、劇的変更はまれであるという主張に合致する。
　アメリカの対ヴェトナム政策に見られる長期の惰性の一部分は、明らかに国家と体制の特徴の関数である。アメリカ政府の政府機構は複雑なことで悪名高く、国内のありとあらゆる利益集団が政策決定者に数多くの経路を通し

て影響力を行使でき、重要な政策決定者は有権者への応答責任を強く意識している。だからといって、アメリカの対外政策の本質が官僚的機構面から見ても国内政治面から見ても、開放された政策決定過程の産物だというわけではない。それにしても政策変更への賛否、そして変更に賛成ならどのように変更するかをめぐって様々な力が交錯し、しばしば相互に打ち消しあうので、上意下達の独裁制よりも現状の安定性が幾分かは強まる可能性が高いことを意味する[160]。フランス支配の時期には、国務省のヨーロッパ派の政治的関心と国防総省の地政学的関心によって、ディエンビエンフーで包囲されたフランス軍部隊を核兵器で救援することはさすがに除外されたものの、それ以外のあらゆるフランス支援政策への支持が強まった[161]。ケネディ大統領の任期中には、紛争をエスカレートさせようとしたタカ派と交渉による決着を望んだハト派の間で生じた不一致によって、南ヴェトナムを安定させる希望があるかぎりは、様子を見ながら経済的軍事的援助を続けるという傾向が強まった。ひとたびその希望が消えると、アメリカはヴェトナムに身を投じることになったが、再びタカ派とハト派の力の大きな部分が相互に打ち消し合って、大規模な（といっても軍の参謀達が望んだほどは大規模でなく、ハト派が望んだよりは大規模な）地上軍を南ヴェトナムに派遣し、激しい（といってもタカ派が望んだほど激しくなく、17度線以北に深く及んだものでもないが、ハト派が望んだよりも激しく17度線以北に深くに及んだ）航空作戦という線で政策が安定した。

　第2に記すべき点は、アメリカの政策を推進したのが、どの時点でも圧倒的に損害あるいは喪失(loss)を避けたいという望みだったことである。何千頁にもわたる公式文書や回想録から、ヴェトナムの喪失によって生ずるコスト、ありそうな東南アジアの喪失、アメリカが約束を守らないことによって生ずるアメリカの信頼性の喪失、あるいはそれが蒙る損害といったことへの

160　Polity IV Projectにおけるディエンビエンフーからヴェトナム再統一の間（1956-1975）のアメリカの評価は、POLITY指標で＋10（非常に民主的）、XCONST指数で7（最高行政官の対等性、あるいは従属性）である。以下の図6.1を参照。

161　これらの問題は、以下で詳細に議論されている。McGeorge Bundy, *Danger and Survival*, pp. 260-270.

言及を切り取ってくるのは造作もないことである。他方で管見の限りでは、アメリカが得られる利得についての言及を見つけることは不可能である。アメリカの行動の枠組みは一貫して、損失の領域にあった。マクナマラが言ったように、「我々の(南ヴェトナム軍)訓練作戦が失敗しそうだということが明らかになるにつれて、我々は徐々に、ほとんど認識しない形で、米軍の直接使用へと傾いていった。我々がそうしたのは、もしそうしなければ何が起こるのかという恐怖が、あとから考えれば大げさだったのだが、強まったからであった」[162]。

　さて、興味深いことに、政策決定者が所与の時点で具体的に何の喪失を恐れ、それがどの程度のものだったのかを特定するのは常に容易というわけではない。LBJの動機に依然残っている謎が、この点を明らかにする。ジョンソン個人は、ドミノが倒れること、信頼性、威信、そして自分の国内政策、そして(もしログボールが正しければ) 自分の男らしさのことを気にしていた[163]。ジョンソン政権全体としては、ドミノが倒れることから信頼性の問題へと、徐々にではあるが不可避的に重点が移ったように思われる。ニクソンとキッシンジャーも同じ懸念を持っていたが、もしかするとその比重はすこし違っていたかもしれない。(少なくとも1968年3月までの)LBJ同様、ニクソンは選挙戦のことを気にして、ヴェトナム問題を選挙で不利にならないような形で処理したかった。またこの点もLBJと同じだが、彼はおそらくヴェトナムを失いたくないという深い自己満足欲求を持っていた。しかしヴェトナムを失わないことが重要な理由の性格がどのようなものであれ、概ね参照点は、実際上は安定しており明らかだった。ヴェトナムが南北に分かれ、南に非共産主義体制があることが、受け入れ可能な状態だったのであり、共産主義体制の下でのヴェトナム統一はそうではなかったのである。

　ニクソン政権も第1期の終わりにさしかかると、この図式に多少の変化があった。ニクソンはもっと複雑な参照点の組み合わせを胸に行動していたの

162　McNamara, *In Retrospect*, p. 107.
163　例えば以下を参照。Logevall, *Choosing War*, pp. 391-393; McNamara, *In Retrospect*, p. 102; Bird, *The Color of Truth*, p. 337.

である。事実、ニクソンはアメリカの損失を避けるために苦労しているのではなく、ずっと以前に蒙った損失を取り返そうとしているのだと理解していたと信ずるべき理由がある。「アメリカの力は、内外でもっと効果的に使われねばならない。さもなければ、大国として落ち目になってしまう。すでに第二次世界大戦後に持っていた指導的立場を失っている。しかし素早く行動すればそれを取り戻せる！」[164]。ハルデマンは、1969年7月21日にニクソンがこう言ったと記している。対中、対ソ外交による地政学的状況の改善と、国内状況の悪化——ニクソンはそれをヴェトナム戦争が大きな原因となっている、アメリカの経済的、文化的、道義的な浸食であると理解していたが——によって、南ヴェトナム喪失の見込みから来る苦痛が和らぎ、地政学上、および国内政治上の参照点に集中する気持ちになった。事態の文脈が変化したので、あきらめる機も熟した[165]。

　第3の点は、ジョンソン政権が戦争のアメリカ化を選んだ際、これが割のいい賭けだとは思っていなかったことである。彼らはこれが特段成功の見通しの明るいものだと認めていたわけではない。大多数の主要人物が、せいぜい時間稼ぎだと思っていた。ログボールが言うように、「戦争をエスカレートさせるというジョンソン政権の決定で最も驚くべきことは、……政権上層部がこの新たな措置によって戦局を転換できるかどうかについて、非常に悲観的だったにもかかわらず決定が下されたことである。彼らが北ヴェトナムに圧力を強めると、南ヴェトナムの士気を高め、うまくすると北ヴェトナムが南でのゲリラ支援をやめるようになればよいと思っていたことは確実であ

164　Haldeman, *The Haldeman Diaries*, p. 73.
165　マイケル・リントはこう論じている。「アメリカは1960年代中盤には自国の超大国としての信頼性を守るために戦争をエスカレートする必要があった。しかしアメリカは1968年以降、他の領域において冷戦を支持する国内の政治的コンセンサスを維持するために、ヴェトナム戦争を犠牲にする必要があったのである。インドシナには戦う価値があったが、あくまでそれは限定戦争であって、アメリカが実際に戦ったような限定戦争ではなかった」。Lind, *Vietnam, the Necessary War*, p. xv. この主張にあえてケチをつけるならば、「する必要があった」および「インドシナには戦う価値があった」の後にそれぞれ、「とアメリカの政策決定者は信じていた」を挿入すべき、ということだけである。

表4.1 結果の確率に関するマクノートンの見積り

	成功/不確定的/失敗の確率		
努力と結果の組み合わせ	1966年までには	1967年までには	1968年までには
20〜40万人以上の米軍による「勝利」	20/70/10	40/45/15	50/30/20
7万5千人の米軍による「勝利」	10/70/20	20/50/30	30/30/40
20〜40万人以上の米軍による「妥協」	40/50/10	60/25/15	70/10/20
7万5千人の米軍による「妥協」	20/60/20	30/40/30	40/20/40
「降伏および撤退」	0/0/100	0/0/100	0/0/100

出典：Kahin, *Intervention*, p. 357 (first cell corrected from 20/70/70).

る。しかし内部の記録を見ると、実際にそうなりそうだと彼らが信じていたという感じはほとんどしない」[166]。統合参謀本部は、もし必要な手段が与えられ自由に行動ができるのなら軍は仕事をやってのけるとの見解を表明していたが、国防総省の最上級の分析家ですら自信が持てなかった。ジョン・マクノートン国防次官補は1965年7月に、20万から40万の米軍部隊をつぎ込んでも、アメリカが3年以内に「勝利」できる確率は五分五分にすぎないと見積もった。マクノートンの考えでは、もっとも蓋然性の高い結果は、共産主義者も南ヴェトナムの連立政府に参画するなんらかの妥協的取り決めである（表4.1を参照）[167]。しかし、なんとかしのいでいくのがよいと考えていたラスクと、政治的取引に賛成していたボールを除いて、誰もがこの選択肢の方がまだましだと思った。彼らの敗北ははじめから決まっていたようなものだった。

こう考えると、ただちに第4の点が導かれる。それは、アメリカの対ヴェトナム政策は、それまでの政策が長期にわたってあからさまに失敗し、失敗のコストが大きくなるまでは劇的に変更されなかったということである。ジョンソン政権はいわば損を取り戻すべくさらに金をつぎ込んだようなもので、10年間失敗し続けた政策の挽回をしようと、自分で軍事的負担を抱

166　Logevall, *Choosing War*, p. 271.
167　Kahin, *Intervention*, p. 357.

え込んだ。新たな政策が行き詰まっていることが、ヴォルテールの『カンディード』に登場するパングロス博士風の楽天主義的な国防総省の関係者以外の誰の目にも明らかである時ですら、ジョンソンもニクソンも、損害を避けようとして新たな資源（と人材）を何年にもわたってつぎ込み続けた。これは関与をエスカレートさせて行動の方向性を制御できなくなる古典的な実例で、第2章で説明した理論で容易に説明できる。ジョンソンは彼の政策が誤っていることは判っていたが、それがすでに破綻し炎上しているという結論は決して出さなかった。ニクソンも当初はジョンソン同様にその政策にすでにつぎ込んで回収不能な埋没コストを帳消しにしようとしなかった。しかし費用が我慢できないほど大きくなり、政策が最終的には成功するというかすかな希望の根拠すらなくなり、内外の環境が変化して埋没コストの償却がそれほど嫌なものではなくなり、そして自分の第1期目の任期がとうとう終わってしまった時に、結局は損切りをしたのである。

　そして、このことが第5の点につながる。それは、アメリカ大統領選挙が明らかに重要なきっかけとなる出来事として機能したことである。マクナマラはジョンソンが「私にも統合参謀本部にも（1964年の）大統領選挙を理由にヴェトナムで行動を抑制するように指示したことは一度もない」と否認しているが、LBJがなんらかの方針の変更をするのに、選挙のあとまで懸命に時間を稼ごうとしたことを示す証拠は豊富である。1968年の大統領選挙は、劇的な政策変更のきっかけになったかもしれなかった。ただし、それはもし条件が揃っていたらの話で、実際にはそうではなかった。民主党は大統領の座を守ろうとして和平協議を事前に軌道に乗せようと懸命だったが、ニクソンの選挙陣営は、まったく逆の理由でそれを失敗させようと同じくらい懸命だったからである。しかし、いずれにせよ1968年に両者が合意できたかもしれない類の取引の機が熟していたかどうかは、とりわけ交渉開始にすら合意するのが非常に困難だったことを考えると、よく分からない問題として残る。一旦、大統領に就任すると、ニクソンは自分の政策をジョンソンの政策と差別化しようとした。もしこれを劇的な政策変更と考えるのならば、1968年の大統領選挙は明らかにきっかけとなる出来事だったということに

なる。しかし、すでにニクソンはジョンソンの政策を劇的に変更しておらず、それを単にいじっただけだと論じておいた。他方で、1972年の大統領選挙は、劇的変更のためにきっかけとなる出来事としての役割を非常に明瞭に果たした。第1期目のほとんどの期間、ニクソンはこの選挙がヴェトナムから足を洗う期限だとしており、少なくとも選挙前の2年間は、ニクソンもキッシンジャーもそのことを、しっかりと考慮に入れていた。8月と9月の世論調査の結果、圧力が弱まり、ニクソンが期限に数ヶ月遅れても大丈夫になった時ですら、依然として来たるべき大統領選挙によって以前に植え付けられた切迫感を感じつつ戦争を終結させようとした。アメリカのように行政府の長が定期的に選挙を経なくてはならない国では、選挙自体の直前か直後に劇的な政策変更が起こりやすいと考えるのは道理にかなっており、ヴェトナムの実例は、こういった期待を裏付けるものである。

　しかしながら、この事例によって、理論と事例のいくつかのギャップや理論の弱点も際立っている。例えば、一方で体制と国家の性格が、アメリカの対ヴェトナム政策の長期にわたる惰性を説明する助けとなるが、これが1973年に劇的変更を引き起こしたことにも幾ばくか寄与したと論ずることもできるし、実際私自身そう思う。キンボールは次のように記している。「ニクソンは強気の態度を示していたものの、デモや議会決議や世論調査などの効果が重なって、戦争を早めに終えなければならないと思い知らされた。ニクソンはサイゴンの政権を救うという目的をまだ捨て切れてはいなかったので、時間を稼ぐ必要があった。したがって彼は、一方でチュー政権を強化することと1972年の大統領選挙までに米軍を撤退させることの両者の間でバランスをとるという綱渡りをしていたのである」[168]。国内や政府機構の圧力があまりない一元的な権威主義的体制ならば、もちろんここまで急激に政策を変更する必要を感じなかっただろうし、そうするにしても同じスケジュールでそうする必要は感じないだろう。よって最初の仮説は、対外政策の変更は民主的な体制を持つ高度に官僚的な国家の方が起こる頻度が低い

168　Kimball, *Nixon's Vietnam War*, p. 259.

という点では正しいかもしれない。だが、長期にわたる事例中の他の部分は理論の仮説を支持するのだが、ここにあるのはどうやら反対の事例なのである。これを見ると、理論の範囲条件を調整して体制や国家の性格から劇的な対外政策変更の起こりやすさを推測する方法を改善してはどうか（またそうするのなら、どうやってそうするのか）、と考えざるをえない。たとえば、高度に官僚的で民主的な国家の場合、体制側と国民との選好があまり乖離しない限りは、対外政策は安定しやすいと、但し書きを付け加えるのもよいかもしれない。これは正しいかもしれないし有益かもしれないが、理論の簡潔性を損なうし、概念の操作化に関する面倒な問題も招きそうだし、理論の劣悪化の傾向があるし、たぶん「Xの蓋然性はYより高い。ただしYの蓋然性が少なくともXの蓋然性より同等か低い時は除く」という類いの性の悪い同語反復に知らず知らずに陥る道を開くのではないかという恐れもある。というわけで、ここでは問題を解決しようとはせずに、単に問題の存在を指摘するに留めよう。

　第2に、ジョンソン政権の行った戦争のアメリカ化は、確実に起こる苦痛をともなう損失を避けるためにやった、分の悪い賭けだ、と彼ら自身理解していたことは明らかで、これはこの行動の理論的説明の重要部分が不必要なケースである。彼らはあまり見込みはないが受け入れ可能な結果に賭けるか、確実に起こる一大破滅を受け入れるかという選択に直面していると認識していたので、古典的な期待効用理論でも、プロスペクト理論と同じくらいうまくエスカレーションが説明できるだろう。プロスペクト理論と合理的選択理論がまったく同じ結果を予測する場合は多く、これもそのうちの1つだと考えられる。こういう観察結果は、本書の理論が誤っていることを示す証拠にはならないが、理論をテストして得られる理想的な類いの代替的理論と比べて、第3の仮説に立派な支持を与えているわけでもない。

　最後に、この理論はアメリカの対ヴェトナム政策に見られるパターンを解釈するのに役立ち、とりわけ他のどの時点と比べても、劇的な政策変更が実際に起こった時に最も起こりやすかったのはなぜなのかを理解する助けとなると考えられるが、どういった特定の変更が起こるのかを理論それ自体は示

してくれない。この理論はそれを目的としてはいないので、これは理論それ自体の弱点ではない。現実に検討された選択肢、あるいは考え得る選択肢が、皆この理論では外生的であることを想起しよう。この理論の役割は単に、なんらかの現実的な選択肢があるという前提で、なんらかの劇的な対外政策の変更が起こると期待される条件があるかどうかを教えるものであった。しかし当然ながら、いったいどんな種類の変更を期待すべきかについても手がかりを得られれば、結構なことである。

　方法はいくつかある。1つの手法は、ブルース・ブエノ・デ・メスキータと彼らの研究仲間がやっているように、関係プレーヤーの選好の加重ベクトルを計算することである[169]。他の手法は、デイヴィッド・シルヴァンやスティーヴン・マジェスキのように、いろいろな選択肢の相対的な「勝利確率」を評価することである[170]。第3の方法は、単に古風な歴史的推理によって判断することである。しかし、ユアン・フーン・コンが示したのは、ジョンソン政権がどの選択肢を検討したのかだけではなく、どれが相対的に選ばれやすいかを予期する上でとりわけ強力な方法とは、関係者の思考過程で基準とされた歴史的類推を詳しく検討することだという点である。コンは朝鮮戦争やミュンヘンの類推が、ジョンソン政権を介入の方向に向かわせただけではなく、特定の形態の介入に向かわせたことを示した[171]。その上でコンは、1964年10月5日のボールの覚書が影響力がなかったのは、朝鮮戦争の類推に疑問を呈したこともあったからで、「朝鮮戦争の類推を一番強く信じていたのが、リンドン・ジョンソンとディーン・ラスクだった」からであると論じている[172]。

　重要な政策変更の正確な形を予期するには、驚くほど強力な能力を要する。現在の理論には、この歴史的類推論の重要性に異議を唱える材料はなに

169　Bueno de Mesquita, Newman, and Rabushka, *Forecasting Political Events*.
170　David Sylvan and Stephen Majeski, "A Methodology for the Study of Historical Counterfactuals."
171　Khong, *Analogies at War*, p. 11.
172　Ibid., p. 110.

もない。実際のところ、この2つの理論はまったく補完的である。歴史的類推に注目することは、なんらかの変更が起こりそうな時にどういった特定の変更がありそうかということを予期するのに有益であるが、歴史的類推論は、なんらかの変更が起こるのはどのような条件下においてなのかを知る助けにならない。いかなる理論も皿と窓の両方を洗うことはできないのだから、一軒の家をちゃんとするのに1つでは足りないのは驚くほどのことではない。

というわけで、アメリカの対ヴェトナム政策を見ると、本書の理論を支持する相当の証拠を得るとともに、その限界も鮮明になった。終章でこういった点を再度全体的に検討するつもりである。しかしそのまえに、この理論の最後の試運転を、今度は伝統的な戦略・安全保障の領域以外でやってみよう。そのために我々は舞台を北緯17度線から49度線に移動する。

第5章 カナダの対米自由貿易政策
──2つの葬儀と1つの婚礼

　直観的に言うなら、我々を驚かせるような対外政策の変更は、ロー・ポリティクスよりハイ・ポリティクスをめぐって起こりやすいように思われる。ハイ・ポリティクス、すなわち軍事安全保障や同盟形成、主権、領域性、そして威信に関する国際関係は、競争的になるのが常態であるため、自国の意図をうまく隠しおおせた国家がしばしば利益を得る。反対にロー・ポリティクス、すなわち貿易や投資、環境、法、文化、健康、スポーツの領域では、国家間の利益が調和することはままあるし、国家が協力することでしか利益を実現できない場合も多い。こうした状況では、不意打ちや意外性といった要素はかえって逆効果を招きかねない。国家間関係が安定してこそ、調和と協力は維持される。不安定で予測不可能な関係ではお互いを信頼することなど出来ない。国家間の協力とは往々にしてそうした信頼に依存しているのである[1]。近年、安全保障研究の対象が国家、個人、諸人間集団、様々な生物、さらには生物圏全体の繁栄と安全に対する非伝統的脅威にまで広がったことで、ハイ・ポリティクスとロー・ポリティクスの区別は時代遅れとなりつつある[2]。しかし我々の関心が、ある時点でいかなる国際的合意が可能なのか

---

[1] ともかくもそうしたことがネオリベラル制度論者のリサーチ・アジェンダから得られる知見であり、中でもアクセルロッドとコヘインの著作に刺激を受けている。Axelrod and Keohane, "Achieving Cooperation under Anarchy"; Axelrod, *The Evolution of Cooperation*; Keohane, *After Hegemony*.

を特定するため、国家の行動の劇的な変更を説明したり予期したりすることであり続けるなら、伝統的なハイ・ポリティクス以外の領域でも、これまでと同じ分析用具が有益かどうかを問う意味は十分あるだろう。

　通商政策はある意味、当然の検討領域だが、反論もあり得るだろう。通商政策が当然のこととして検討対象となるのは、それが重要だからである。たとえば環境問題とは対照的に、貿易は何世紀にもわたって国際条約が扱う問題の筆頭に挙がってきた。たとえば自給自足、重商主義、開発指向の保護主義、自由貿易、関税同盟、経済統合といったことは、国家の選択に大きく左右される。そしてそうした選択を直接しなかった国も大きな影響を受ける。一方通商政策は、ロー・ポリティクスの中で一番ロー・ポリティクスらしいというわけでもない。じっさい重商主義の伝統的理解によれば、貿易は権力と威信を求めて国家が相争う競争的な場にすぎない。古典的自由主義の立場に立ってはじめて、ただ乗りや集合的行為、市場の失敗といった問題があるにせよ、貿易は比較的おだやかなポジティヴ・サム・ゲームの様相を呈することになる[3]。

　本書の理論の試運転の最後として、経済、環境、法律、文化といった他の問題領域を選ぶことの利害得失を入念に比較したところで、結論ははっきりしないのではないかと思う。よってここで貿易を選んだからといって、それが決定的に重要な事例であると主張しているわけではないし、これらの諸領域に共通する結論を出そうとしているわけでもない。ただ、ある理論の適性検査を伝統的な安全保障以外の領域でやってみようとするなら、通商政策が重要であることが明白である点は考慮すべきだ、とは言えるだろう。通商政策の劇的変更を予期することにそこまで関心のない政策決定者も、ある時点でいかなる通商協定を締結しうるのかは間違いなく知りたいはずだ。

　米加貿易という特定の事例を取り上げることには、他にもはっきりとした

2　例えば以下を参照。Ken Booth, "Security and Emancipation"; Barry Buzan, Ole Wæver, and Jaap de Wilde, *Security*; Steve Smith, "The Concept of Security in a Globalising World."
3　もちろんマルクス主義者の観点からは、貿易は国家ではなく階級間のゼロ・サムもしくはネガティヴ・サムのゲームとして理解されうる。

利点がある。近年の歴史の大半の時期において、アメリカとカナダは世界最大規模の貿易量を誇り、しかも多くの変化を経験してきた。そのため経路依存性、内生性、外生的ショックなどの継時的問題を取り扱うには都合がよい。最後に米加貿易の事例には、非対称的な二国間関係における変化と安定性ついて、小国——この場合はカナダ——の視点から検討できるという利点もある。これは前章で大国の立場から同様の二国間関係における変化と安定性を検討したのと好対照である。その目的および紙幅の都合のために、本章では、本書の理論がカナダの対米貿易政策における継続性と変化のパターンを説明するのに役立つかをもっぱら問うこととし、アメリカについては時折、付随的に触れるにとどめたい。

1 概要および背景

　北米の歴史と地理、人口統計に鑑みれば、アメリカとカナダの間で貿易が盛んに行われてきたことは特段驚くにあたらない。両国とも全く同一とはいわないまでも似たような経済成長の軌跡をたどり、イギリスの旧植民地である点も共通し、人口動態も長期にわたって似通っている。アメリカとカナダの最たる違いとはもちろん、アメリカが突如として武装蜂起し、意図的に主権国家として発足したことだろう。一方のカナダはというと渋々、ごくゆっくりと主権国家としての自立性を獲得していったにすぎない。実際、旧宗主国イギリスとの公式な政治的紐帯は、今日では単に象徴的なものにとどまっているにせよ、依然として断ち切られていない。

　しかしこれだけの深い結びつきがありながら、アメリカが常にカナダにとって最重要の貿易相手であったわけではなく、貿易上のカナダの対米依存も時代によって大きく変化してきた。もちろん、アメリカへの集中と依存という長期的傾向はカナダの貿易に最も顕著な特徴である。この点は、相対的にも絶対的にも当てはまる。つまり、カナダの対米貿易は他の国すべてに対して増大してきたし、カナダ一国のGNPにおける対米貿易の割合も長期に

図5.1 20世紀のカナダ貿易におけるアメリカのシェア(貿易額ベース)

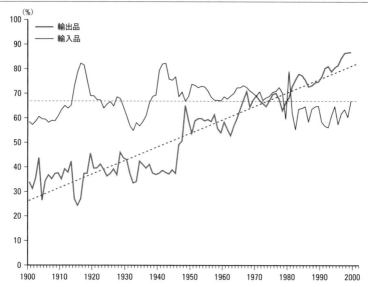

出典：Canada Year Book; Dominion Bureau of Statistics: Department of Trade and Commerce; Statistics Canada, Canadian International Merchandise Trade tables 0226-001, 002, 009 (with interpolations).

わたって劇的に伸びている。19世紀に関して信頼できる数値は得にくいし、20世紀についても当局の収集および発表する方法は変化してきたから正確を期すのはいささか難しいのだが、それでも全体像はかなり明確である。図5.1から5.4はその本質を表しており、これに関して若干のコメントを加えておきたい。

図5.1は、アメリカが20世紀を通じてカナダの輸出市場としての存在感を劇的に高めてきたことを端的に示している。興味深いことに、カナダのアメリカからの輸入量は、他国と比べて多かれ少なかれ一定の割合で推移している。ただし二度の大戦中となると話は別で、軍需の増大によりアメリカからの輸入は急増し、第二次世界大戦中はアメリカ政府がそのための信用供与もおこなった。実際、第二次世界大戦後に限ると、輸入に関するこうした傾向は当てはまらない。今日のカナダは主にアジアの急速な経済発展によって、

図 5.2　20世紀のカナダの対米貿易依存度(対GNP比)

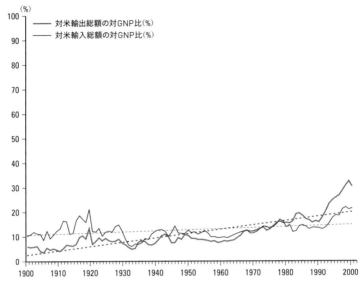

出典：Canada Year Book; Dominion Bureau of Statistics: Department of Trade and Commerce; Statistics Canada, Canadian International Merchandise Trade tables 0226-001, 002, 009 (with interpolations); M. C. Urquhart et al., *Gross National Product, Canada, 1870-1926: The Derivation of Estimates* (Kingston, ON: McGill-Queen's University Press, 1993), pp. 11-15; Statistics Canada Catalogue numbers 13-001-XIB, 13-201, 13-531 (National Income and Expenditures Accounts); OECD Statistical Directorate.

アメリカ以外の国から相対的に多くの商品を輸入しているからである。しかしカナダの輸出は年々アメリカ向けとなり、今や貿易額で90パーセントの大台に達そうとしている[4]。カナダのように大規模かつ洗練され、かつ多様な産業を有する経済が、かくも単一の市場に依存しているというのは前例がない。

4　この数字はいくぶん誤解を招きやすい。というのもこのデータではアメリカに輸出するカナダ商品と、アメリカの港を経由して世界の他の地域に輸出するカナダ商品の区別が容易にはつかないからである。そして北米における鉄道の統合、ならびに当時支配的だった輸出送り状の慣行によって、問題は一層深刻になっている。ある推計によれば、本当の数字は4、5パーセント低いようだ。この点を指摘してくれたアラン・アレクサンドロフとジョン・カートンに感謝したい。

図5.3 20世紀のカナダ貿易におけるHVA（高付加価値）商品の割合（貿易全体、貿易額ベース）

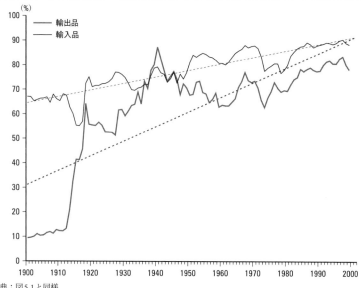

出典：図5.1と同様

　対米輸出の規模もさることながら、アメリカとの貿易それ自体、カナダの国富のかなりの割合を占めるようになっている。今日ではアメリカへの輸出がカナダの国民総生産のほぼ3分の1を占め、この傾向は長期的に見ても明白である（図5.2を参照）。翻って輸入に関するカナダの対米依存はずっと低く（GNPの2割を下回る）、その長期的傾向となるとさらに不明確だ。最近の輸入水準は第一次世界大戦以前の標準的水準程度まで回復してきているものの、冷戦期の大半に比べればずっと低い。

　カナダは貿易でどのような品目を売買してきたのだろうか。時代ごとに産業の違いはあっても、カナダ経済は純然たる「第1次産品」の生産国として始まった。1867年のカナダ自治領成立（コンフェデレーション）以前は、もっぱら水産物と毛皮がカナダの主要産品であったが、19世紀中には製紙・建築

5　概略としてよい文献に以下のものがある。Michael Hart, *A Trading Nation*, pp. 14-44。

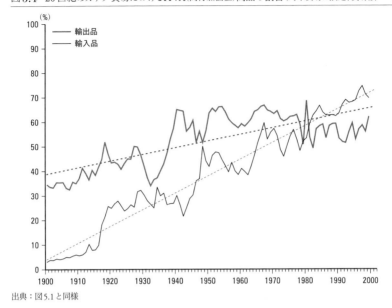

図5.4 20世紀のカナダ貿易におけるHVA(高付加価値)商品の割合(対米貿易に限定、貿易額ベース)

出典：図5.1と同様

用の木材や鉱物、穀物、家畜が取って代わった[5]。当初は製品のほとんど全てを輸入に頼っていたカナダであったが、19世紀後半になると製造業が発達し始め、やがて第一次世界大戦中に目覚ましい発展を遂げることとなる。図5.3が示すのは、HVA(高付加価値)商品、すなわち製品と加工原料の輸出入がカナダの総貿易量に占める割合である。これらの輸入割合が高く一貫して増加しているのは注目に値するが、より印象的なのは輸出の伸び率についてだ。カナダの総輸出量に占めるHVA商品の比率は第二次世界大戦中にピークを迎えたが、それでも全体的傾向、および1960年代の傾向は明らかに増加している。

　図5.4にあるように、アメリカとの貿易におけるHVA商品の比率を見てみると、20世紀初頭の段階でアメリカからの総輸入量に完成品が占める割合は比較的小さかった。これは主として、当時のカナダ市場がイギリス製品の独壇場だったという事実を物語っているにすぎない。しかしその後、年を経

るにつれ、カナダが輸入するアメリカの完成品の割合は上昇した。カナダがアメリカにHVA商品を輸出する割合も、劇的というほどではないにせよ、増加傾向にあることは間違いない。

　総じて20世紀という時代は、カナダがその経済的福利を国際貿易に、また輸出市場をアメリカにますます依存し、HVA商品の取引をますます増大させていく過程であった。だから現在のカナダが貿易全般に、とりわけ対米貿易に依存している状況は驚くにあたらないのである。

　しかしこうした傾向は、政策の漸進的な調整はもちろん、通常期待される政策変更（つまり着実な貿易自由化）がなされてきたことを反映しているわけではない。カナダの通商政策の歩みは、長期の均衡が時折断続するパターンだとすると最もうまく理解できる。つまり、長期にわたる保護主義的な時代が、比較的自由貿易の進んだ2つの短い時代に挟まれているのである。19世紀におけるカナダの貿易自由化の絶頂は、イギリスによる穀物法廃止に刺激されて締結された1854年の米加互恵通商条約（Reciprocal Treaty）だが、これは自治領の成立以前にさかのぼる。1866年から1988年まで、アメリカとカナダは税率こそ変動したにせよ相当な関税障壁を維持し続け、それは戦時生産という時代の要請や、1965年の自動車協定（Auto Pact）に代表される部門別の自由貿易協定によって一部緩和されたにすぎなかった[6]。1988年の米加自由貿易協定（Canada-U.S. Free Trade Agreement）およびその6年後のより大規模な北米自由貿易協定（North American Free Trade Agreement）の締結により、ようやく最近になってアメリカとカナダは貿易を劇的に自由化したのである。

　1854年の互恵条約に参加したのは、アメリカ合衆国ならびにニューブランズウィック、プリンスエドワード島、ノヴァスコシア、ニューファンドランド、連合カナダから成る英領北アメリカ植民地（つまり現在の南ケベックとオンタリオ一帯）である。互恵条約の対象は毛皮、水産物、小麦、木材に限られ

6　Nancy E. Bell, "Negotiating on Precedent"; Henrik O. Helmers, *The United States-Canadian Automobile Agreement*; John J. Kirton, "The Politics of Bilateral Management." 十分重要ではあるがいくらか重要度の低いものに、1958年に締結された防衛生産共有協定（Defence Production Sharing Agreements）がある。Kirton, "Consequences of Integration."

たが、これらは英領北アメリカの主要産品であったから、彼らにとっての経済効果は完全な自由貿易に等しかった。同条約では事前通告によって10年後に一方的に破棄できることが定められており、実際にアメリカ政府は南北戦争終結直後の1866年、イギリスが南部連合に協力したことへの憤りと、アメリカ国内の政治経済状況が保護主義勢力の台頭を招いたことから、米加互恵通商条約の破棄を通告した。英領北アメリカの人々の多くは、彼らの生命線ともいうべき市場との貿易が突然不可能となったことを、アメリカによる敵対行為とみなした。実際、アメリカの条約破棄によって、コンフェデレーションに気乗りのしなかった各植民地代表もその成立交渉にとどまるようになり、結果的にアメリカは1867年のカナダ自治領の成立を手助けすることになった[7]。

　カナダ初代首相で保守党のサー・ジョン・A・マクドナルドは、直ちに新生国家カナダの拡大および地固めに乗り出した。彼はハドソン湾会社の領有地を買収し、マニトバを編入し、レッドリバー植民地のメティス〔カナダ先住民とヨーロッパ、特にフランス系の混血〕による反乱を鎮圧し、大陸横断鉄道の建設をえさにブリティッシュ・コロンビアをカナダへと引き込んだ[8]。自治領成立後初期のカナダは概して、互恵的貿易に関してアメリカが心変わりするのを望んでいた。特に熱心だったのは自由党で、自由党選出の首相はマクドナルドよりも精力的に、アメリカのこの問題に対する関心にもう一度火をつけようとした。しかしそうした努力はことごとく挫折し、時には屈辱的ですらあった。自由党改革派の有力者で、影響力のあるトロント『グローブ』紙の創始者兼編集者でもあったジョージ・ブラウンは、いいところまで交渉を

7　Randall White, *Fur Trade to Free Trade*, pp. 47-55. コンフェデレーションに参加したのは、プリンスエドワード島とニューファンドランドを除く1854年の米加互恵通商条約のアメリカでない方の締約国である。新しい自治領はカナダという名を取ったが、その発足時にかつての連合カナダはオンタリオとケベックに分裂した。プリンスエドワード島がコンフェデレーションに加わったのは1873年であり、ニューファンドランドはようやく1949年になって加わった。

8　この時期に関する最も一般向きで人を引き付ける説明として、Pierre Berton, *The National Dream: The Great Railway, 1871-1881*; Berton, *The National Dream: The Last Spike*.

進めながら結局不面目な敗北を喫した。彼は自由党初の首相となったアレクサンダー・マッケンジーの命を受けてワシントンに赴き、1874年夏、どうにかアメリカ政府と互恵条約草案をまとめ上げたのだが、同案はアメリカ上院外交委員会で退けられ、上院本会議での採決には至らなかった[9]。

　1870年代末までには、マクドナルドと保守党はアメリカとの互恵的貿易の復活に対する希望を失っていた。マクドナルドは保護主義的公約を掲げて1878年の選挙に臨み、勝利を収めた。翌年、マクドナルドが打ち出した「ナショナル・ポリシー（National Policy）」には、精糖、毛織物、いくつかの鉄製品、農具、れんが、荷馬車、貨車、鉄道車両に対して35パーセントもの関税を課すことが規定されていた[10]。その意図は国内の工業を強力に育成して、カナダを資源経済から豊かな近代社会へと脱皮させることにあった。マクドナルドの考えでは、互恵的貿易の亡霊によって投資家が逃げ出さぬよう、ナショナル・ポリシーはほとんど恒久的なものでなくてはならなかった。「今は恐る恐るためらいがちに新事業に投資してくれている資本家たちが、もしナショナル・ポリシーに手が加えられていると考えでもしたら、方針を変えてしまう危険がある」と、マクドナルドは主張した[11]。

　問題は、ナショナル・ポリシーの下で工業化を支えられるほど、カナダ市場が大きくないことだった。自由党は無制限の互恵的貿易を口では支持し続けたが[12]、実際にはカナダの指導層は党派を問わず、自国工業の発展も獲得したばかりの主権も損なわない形で海外市場へのアクセスを拡大しようとしていた。カナダの大きな希望は世界の潜在的な2大市場、イギリスとアメリカであったが、イギリスは長らく自由貿易政策を標榜していたから、カナダだけがイギリス市場に優先的にアクセスすることは難しかった。しかしアメリカは高関税を維持していたから、カナダに対する特恵はどんな形であれ理

9　White, *Fur Trade to Free Trade*, pp. 60-61.
10　Ibid., pp. 61-66; Bernard Ostry, "Conservatives, Liberals, and Labour in the 1870s"; J. L. Granatstein and Norman Hillmer, *For Better or for Worse*, pp. 16-19.
11　Quoted in White, *Fur Trade to Free Trade*, p. 64.
12　例えば以下を参照。Richard Clippingdale, *Laurier, His Life and World*, p. 172.

屈の上では相当な利益となりえた。したがってカナダの指導者は、アメリカ市場への特恵的アクセスを特に欲したのである。

しかしカナダはアメリカに振られ続けた。1890年のいわゆるマッキンリー関税によってアメリカの関税率はかつてない高さに跳ね上がり、これがカナダの激しい怒りを呼んだ。翌年、自由貿易の党を自認する自由党は、マクドナルド率いる保守党に大敗した。保守党はよりナショナリスティックな経済政策を公約に掲げて有権者の心をつかみ、歴史家たちはこの選挙戦が一般的にみてカナダ史上初の激しい反米政治運動であったとしている[13]。しかしその保守党ですらアメリカと交渉し続けたが、やはり成果を上げられなかった。1892年にアメリカ国務長官ジェームズ・G・ブレインが言い放ったように、完全な「通商同盟（今日でいうところの関税同盟）」を結んでアメリカ製品を優遇しイギリス製品を差別すること以外、アメリカには興味がなかったのである[14]。

最後にアメリカを真剣に落とそうとし、それが失敗したため、カナダの望ましい輸出市場としてイギリスの方を決定的に向いたのは、偉大な自由党の首相サー・ウィルフリッド・ローリエであった。ローリエは自分を思想的には自由貿易主義者であると常々考えていた。1897年、コブデン・クラブでの演説で彼はこう述べている。「イギリスに来る以前から私は自由貿易主義者でしたが、いま自由貿易がイギリスにもたらしたものを目の当たりにして、ますます自由貿易主義者になりました」[15]。しかしローリエがワシントンに働きかけてもアメリカの関税は一層高くなるだけで、1897年のディングレー関税で税率は最高に達した。「ヤンキーは地獄に落ちろと言ってイギリスに行こう」、とワシントンでローリエの通商特使は怒りを込めて書いている。憤慨したローリエも「これ以上巡礼を続けぬ」と誓い、事実上のイギリスとの特恵制度を直ちに形成した[16]。

13　Patricia K. Wood, "Defining 'Canadian'"; 以下も参照。Granatstein and Hillmer, *For Better or for Worse*, pp. 24-28.
14　White, *Fur Trade to Free Trade*, pp. 71-75.
15　Oscar Douglas Skelton, *Life and Letters of Sir Wilfrid Laurier*, vol. 2, pp. 72-73.

世紀の変わり目までには、カナダは1854年の互恵条約の頃のアメリカとの蜜月を回復することに見切りをつけ、ほどほどの関税障壁に守られつつ国家建設と工業化のプログラムに邁進し、新たな輸出の機会を主に大西洋の対岸に見出すようになっていた。その後カナダがアメリカとの包括的な自由貿易協定を締結しようと真剣に考えたのは、20世紀の間にわずか三度である。1911年と1948年、カナダはアメリカを口説こうとして失敗し、1988年に三度目の正直でようやく成功した。カナダがアメリカを口説こうとしたのにはどのような背景があり、その結果は何によって導かれたのだろうか。これらの事例は単独で、また集合的に、劇的な対外政策の変更について何を語るのだろうか。そして本書の3つの仮説により、これらの事例をどこまで説明できるだろうか。

2　ローリエと1911年の互恵協定

　ローリエは幸運にもカナダ経済が順風満帆の時代に首相を務め、1896年、1900年、1904年、1908年と4度も選挙に大勝した。これはカナダ史上、未だに塗り替えられていない。カナダはカナダなりの方法で経済生活を送っていた。もちろんカナダのあらゆる経済部門が同じように現状に満足していたわけではない。例えばプレーリー地方〔マニトバ、アルバータ、サスカチュワン州〕の農民は、いつの日かローリエが自ら公言する自由貿易の原則を実践し、アメリカ市場が彼らの商品に開かれることを期待して、ローリエ率いる自由党にくり返し票を投じた。しかしカナダ全体としてはうまくいっていたし、ア

16　White, *Fur Trade to Free Trade*, pp. 75-76, 87. 1897年の関税は2つの層から成っていた。1つはカナダに対して保護主義的な関税を設けるすべての国（主にアメリカ）に対する高関税であり、もう1つはカナダの最も低い関税に等しい割合でカナダ商品を輸入する国（主にイギリスとその帝国）に対する最大25パーセントまでの低関税である。1907年の関税では中間的な3つ目の層が導入されたが、それはカナダと限定的な互恵協定を結ぶ用意がある国に対してローリエが提供したものだった。フランスや日本、イタリアがまもなくその資格を得て、ほぼ唯一アメリカにだけ高関税が適用され続けた。Ibid., p. 86.

メリカの関税障壁も永遠に高くそびえ続けるように思われたから、ローリエはアメリカとの互恵的貿易についてほとんど何もせず、それゆえ何も得ることはなく、農民の希望は幾度も挫かれた。

　最終的に1911年の合意につながる最初の打診は、カナダではなくアメリカ側からおこなわれた。その背景には、アメリカにおいて低関税の方が利益につながる産業（特に政治的に影響力があり、政界に強いつながりを持つ新聞業界が、カナダの紙資源に依存するようになっていた）の急成長があった。当時のアメリカ大統領ウィリアム・ハワード・タフトは彼らの訴えに耳を傾けた。共和党の革新主義者であったタフトは、夏の休暇に定期的にケベックを訪れていたからカナダには自然な愛着があったのだが、彼はまた高関税に対する議会の支持がアメリカ経済に害を与え、自分の政権を困らせているのではないかと懸念していた。そこで手始めに、タフトは1909年のペイン＝オルドリッチ関税の適用からカナダを除外した。これは先の2つの関税のいずれかと比べれば保護色は幾分弱いものだったが、それでもタフトが要求していた以上に保護主義的であった[17]。そして翌1910年、タフト大統領は包括的な二国間合意をカナダに打診した。交渉は11月4日、オタワで幕を開けた。ローリエは慎重を期して事に臨んだ。夏にカナダ西部でおこなった遊説の際、ローリエはプレーリー地方の農業団体から自由貿易について何ら行動を起こさないことについて、強い不満を延々聞かされていた[18]。しかし、彼の支持基盤であるカナダ中部の製造業者は対米貿易の自由化に怯えていた。クリスマス休暇が明けると、事態は急展開を見せた。リチャード・クリッピングデールによれば、1911年1月に米加協議が再開されると、「合意に対するアメリカ側の意欲が並々ならぬものであり、事実上カナダが協定内容を決められることが明らか」となった[19]。最終文書には家畜、穀物、果物、野菜、乳製品、水産物、塩、未加工木材に関する互恵的な自由貿易、いくつかの食品、農具、

17　カナダは見返りに、中間的な関税（本章注16参照）をいくつかのアメリカの輸出品に適用した。Clippingdale, *Laurier, His Life and World*, p. 173.
18　Laurier L. LaPierre, *Sir Wilfrid Laurier and the Romance of Canada*, p. 321.
19　Clippingdale, *Laurier, His Life and World*, p. 174.

建築資材に関する関税削減、そして時計、エンジン、配管設備など特定の製品に関する限定的な関税削減が盛り込まれた。さらに両国はこの協定を同時の立法措置によって実現することにも合意したが、それは3分の2の多数票が求められるアメリカ上院での条約批准手続きと、依然として独立した条約締結権限を持たないカナダ側の困難をそれぞれ回避するためであった。

タフトは1911年の合意を「私の政権における最も重要な措置」と呼んだ[20]。クリッピングデールによれば、「まるで魔法のように、しかし実のところはアメリカの政治的都合の結果、カナダ政府は自国製品に対する保護的関税を事実上維持しつつ、プレーリー地方の農民の主な要求を満たすことができた」[21]。ローリエ内閣の財務相で、ワシントンでの交渉ではカナダ代表を務めたW・S・フィールディングは1911年1月21日、首相に吉報を伝える電報でこう述べた。「交渉本日妥結。……悪くない取引と貴殿が考えられるものと信ず」[22]。

上々の、というより誰もが望みうるよりはるかに良い取引だった、というのがカナダ国内の当初の反応であった。野党保守党を率いるサー・ロバート・ボーデンは、今回の外交的成功によりローリエが次の選挙で5度目の大勝を果たすだろう、と日記に綴っている[23]。ローリエ自身も合意が議会で反対されるはずはない、と考えていた[24]。ジョセフ・シュルが、当時の楽観をうまく伝えている。

> かつて南北戦争の終盤に最初の互恵条約が破棄されて以来、およそ見られなかった雰囲気が両国の間にあるように思われた。堅苦しい手続きは脇に置かれ、敵愾心は水に流され、可能な限り最良のものを作りたいという寛容かつ実務的な関心が取って代わったようだった。フィールディ

20　Lawrence Martin, *The Presidents and the Prime Ministers*, p. 69.
21　Clippingdale, *Laurier, His Life and World*, p. 175.
22　Joseph Schull, *Laurier*, p. 520.
23　White, *Fur Trade to Free Trade*, p. 89.
24　LaPierre, *Sir Wilfrid Laurier and the Romance of Canada*, p. 327.

ングと関税担当相ウィリアム・パターソンは、彼らが望みえたよりも充実した提案を受けた。オタワとワシントンの間で暗号文がやり取りされた後に出来上がったのは、カナダの穀物、肉、家畜、乳製品、木材、パルプ材、鉱物、水産物にアメリカへの自由な、あるいはほぼ自由な輸出を認める協定であった。多岐にわたるカナダの製品に対してもアメリカの関税は削減され、見返りはほとんど要求されなかった。カナダ国内産業保護のための関税にはほとんど手がつけられず、帝国特恵も存続することになった。せいぜいアメリカが獲得したものといえば、彼らに対するカナダの関税を他の国と同程度に引き下げることくらいであった。カナダの巨大な隣人も今度ばかりは自宅の門を開放しつつ、相手の家の鍵を要求しなかったのである。

　マクドナルド首相の時代から自由党と保守党が欲してきたもの全てが、今回の互恵協定でカナダに認められたかのようだった。ナショナル・ポリシーの最盛期ですら、また通商同盟をめぐる熱い論争がくり広げられた中ですら、アメリカの原料市場を得ることへの希望を否定する者はいなかった。カナダが恐れたのは、大量のアメリカ製品が流入することで国内の工場が閉鎖に追い込まれ、街に失業者があふれることであった。そんな懸念も払拭された今、アメリカとの合意にどんな恐れが残っているだろう。自由貿易という選択肢が歴史と地理のあらゆる事実に照らして当然であり、その中でカナダの要求が認められているのであれば、いったいどんな反論が可能だろうか[25]。

興味深いことに、この協定に潜むカナダにとっての問題に最初に気付いたのは、タフト大統領その人のようだった。協定合意前の1911年1月10日、前大統領セオドア・ローズヴェルトに宛てた書簡の中で、タフトはこう述べている。「カナダ商品の対米輸出量に応じて、カナダ西部とアメリカの結びつきが密になり、カナダはほとんどアメリカの付属物のようになるでしょ

25　Schull, *Laurier*, p. 519.

う。……カナダの主要企業は銀行与信やその他もろもろと共にシカゴおよびニューヨークへと軒並み移転し、アメリカ製品に対するカナダの需要も大いに増大するはずです。これは互恵に対するカナダ国内からの反論となるでしょうし、実際にもっともな反論だと思います」[26]。

　しかしローリエにはタフトのような恐怖はなかった。だからカナダ国内の様々なところからいざ反対意見が噴出すると、彼は驚きを隠せなかった。タフトの予言は的中した。保守党は、互恵協定がカナダの繁栄と主権、イギリスとの紐帯への脅威であることを示そうとやっきになった。1月26日に公表された互恵協定について、下院ではボーデンが様々な面から懐疑論をぶつけた。ボーデンによれば、互恵協定は「おそろしく曖昧で不満足な性格の合意」であり、「カナダ政府がこれまで国民に盤石であると表明してきた条件を、近い将来ゆるがすことになる」ものだった。そして協定は「大英帝国に欠くべからざる主要国家であるという我が国の立場を十分に考慮しておらず、自由党と保守党がともにカナダの発展、ならびに大英帝国の一国家としてのカナダの地位に関連して約束してきた政策目標と政策範囲を十分に尊重していない」とボーデンは不満をぶちまけた[27]。一方アメリカでは、ミズーリ州選出の民主党議員で下院院内総務を務めるチャンプ・クラークが、考えられる最も熱烈な表現で互恵協定を支持したので、ボーデンの主張を裏付けることになってしまった。1911年2月14日、クラークは下院にてこう宣言した。「私は米加互恵協定に賛成です。なぜなら英領北アメリカの北限に至るあらゆる土地で、星条旗がはためくさまをこの目で見届けたいからであります！　カナダ人に流れる血は我々と同じであり、彼らは共通の言語を使い、制度も似通っているではありませんか。……どうあれ私は、英領北アメリカが合衆国の一部になるのをイギリスが目にする日はそう遠くないことを疑いません。これが現在の趨勢なのです」[28]。タフト大統領はクラークの併

26　Quoted in Martin, *The Presidents and the Prime Ministers*, pp. 71-72.
27　Parliament of Canada, *House of Commons Debates*, vol. 2, pp. 2499, 2502（26 January 1911）.
28　Quoted in Martin, *The Presidents and the Prime Ministers*, p. 72.

合論を「たわごと」にすぎないと一蹴し、被害を最小限に食い止めようと全力を尽くした[29]。しかしその努力も、タフト自身が演説中、互恵協定をカナダにとって英米いずれにつくかの「分水嶺」である、と再三にわたり言及したのであまり意味のないものになってしまい、カナダ側の論者も、タフトにはこれが「たわごと」だとわかっていないのだろうか、と首をかしげてしまった。一方1911年4月には下院議長に就任することになるクラークは、態度を和らげる様子もなく、「私がカナダ併合を、大統領が併合反対を公約にして大統領の座を争えば、全州で私が勝つよ」と言い放っていたと伝えられる[30]。後にセオドア・ローズヴェルトはこう振り返っている。「これ〔米加互恵協定〕がアメリカによる併合の第一歩などと真剣に考える者は誰もいなかった。残念なことに、下院議長をはじめ有力者の中に3、4人の筋金入りの馬鹿がいてつまらぬおしゃべりにかまけた。アメリカではそれは独立記念日によく聞かれるおきまりの威勢のよい言葉の類と皆が理解したが、カナダでは真に受けられてしまったようだ。哀れなタフトも外交について何も知らないらしく、不注意きわまりない発言を重ねたのだ」[31]。

　ボーデンの方はというと、「分水嶺」のイメージを喜んで利用した。

　　カナダ国民は今や1つの岐路に立たされていると思います。現在の我々が直面している一大事とは、過去40年にわたり行ってきた国家建設を続けるのか、同じく過去40年にわたり守ってきたこの国の市場と自立性をこの先も維持するのか、あるいはコンフェデレーションを達成した

---

29 「アメリカにとっては、現在統治している領土しか面倒を見切れません。だからアメリカによるカナダの併合の可能性を、両国の経済および通商連合への試みに反対する根拠とすることは、政治演説の中のジョークと理解されるべきであります」。Speech to New York newspaper editors, 27 April 1911; quoted in ibid., p. 74.
30 Quoted in H. S. Ferns and Bernard Ostry, *The Age of Mackenzie King*, p. 140.
31 Quoted in Martin, *The Presidents and the Prime Ministers*, pp. 75-76. ファーンズとオストリーによれば、実際当時の共和党内には併合主義的な感情がかなり強く、それは明白なる運命（Manifest Destiny）という思潮の名残を反映していた。そして、併合主義的な感情について共和党が否定したのは戦術的なもので本心ではなかった、と彼らは示唆している。Ferns and Ostry, *The Age of Mackenzie King*, p. 141.

父祖とその子供たちが築き上げてきたこれら一切を反故にするのか、という問題であります[32]。

　ボーデンは、アメリカが1866年のように互恵協定をふたたび破棄するかもしれない、と巧みに不安をあおった。カナダは北米規模の経済再編という莫大なコストを支払ったあげく、アメリカにまたも裏切られるだけではないのか、とボーデンは問いかけていた[33]。
　ボーデンらが蒔いた疑惑の種は、カナダの有権者の間にゆっくりと根を下ろしていった。産業、鉄道、銀行、強硬な愛国主義、帝国派といった国内の有力利益団体が、アメリカとの互恵協定に頑なに反対していた。彼らはアメリカによる吸収とイギリスからの分離に恐れをなしたか、あるいは単に「これまで関税によって得られていた繁栄を危険にさらすことへの懸念を持っていた」[34]。
　ローリエは国内で次第に高まる反対を、単純に理解できずにいたようである。しかし議論が長期化するにつれて、まずは選挙により世論の支持を確保してからでないと、互恵協定を先に進められないことが明らかとなった。互恵協定問題は国民的な関心の的であったし、いずれにせよローリエには反対派に勝つ自信があったから、1911年9月21日に彼は総選挙へと打って出た。
　ローリエは精力的に選挙戦を展開した。互恵協定の内容には経済的な脅威でなく機会しかないと主張し、カナダの安寧と繁栄を保証するという自らの約束を擁護した。しかし時流は彼に味方しなかった。ボーデンは「ヤンキーとの商売はお断り」というスローガンを力強く掲げていた。投票日が近づくにつれて世論も大いに盛り上がり、著名人が協定反対へと回った。イギリスからはラドヤード・キプリングがカナダの「魂」をアメリカに売り渡さぬよう警告を発していた[35]。作家スティーヴン・リーコックはカナダがアメリカ独立に際してイギリスを選んだ時に、その後のことはすでに決定済みである

32　Canada, *House of Commons Debates, 1910-1911*, p. 3309 (9 February 1911).
33　Schull, *Laurier*, p. 522.
34　LaPierre, *Sir Wilfrid Laurier and the Romance of Canada*, p. 327.

と主張した。カナダ太平洋鉄道の創始者であるウィリアム・ヴァン・ホーンは「互恵協定をやっつけろ」と意気込んだ[36]。選挙戦が終わってみると、ローリエと互恵協定は敗北を喫していた。保守党51パーセント、自由党49パーセントとその得票数は僅差だったものの、ボーデンは下院で134議席を得て過半数を占め、ローリエの方は87議席に留まった。

　1911年総選挙の主要争点がアメリカとの互恵協定であったことについて研究者は概ね合意しているものの、有権者の行動に関する詳細なデータがないまま、いくつかの重要な問題について断定的に語るのは難しい[37]。だが互恵協定がアルバータやサスカチュワンの農民に人気を博し、彼らが自由党に1票を投じたことはまず明らかだった。一方、ケベックにおける保守党の勝利は、互恵問題よりローリエが1910年に決定したカナダ海軍創設への反対や、ケベックのナショナリストとして名高いアンリ・ブラサがボーデン支持に回ったことが関係していたのかもしれない。あるいはオンタリオでローリエへの支持が驚くほど後退した背景には、反互恵協定感情もさることながら、都市化や、州都トロントにおいて保守党寄りの金融界（それ自体ナショナル・ポリシーの産物だが）が成長したこと、また保守党組織の優越性といった要因があったのかもしれない[38]。さらに人種と宗教もカナダ有権者の多くに

35　「どうすれば900万の国民が4000マイルにわたる非武装国境で対峙する9000万の国民と提案されているような協定を結び、同時に自分たちの国家の一体性を維持できるのか理解できない。10対1の差は大きすぎる。どんなカナダ人も、その人にとってこの問題がカナダに持つのと同じくらい重要な個人的問題に関してであれば、そうした不平等を受け入れることはないだろう。カナダが今日危険にさらしているのは自分自身の魂である。一たびその魂が何かの理由のために賭けられてしまえば、カナダはすさまじいと誰もが認めるアメリカの力によって押し付けられる通商や法、金融、社会、倫理上の基準に必ずら従わなければならなくなる」。Quoted in Ferns and Ostry, *The Age of Mackenzie King*, p. 141.
36　Martin, *The Presidents and the Prime Ministers*, pp. 78-79; White, *Fur Trade to Free Trade*, p. 92.
37　Paul Stevens, ed., *The 1911 General Election*, pp. 181-182; Granatstein and Hillmer, *For Better or for Worse*, pp. 46-53.
38　例えば以下を参照。Robert Cuff, "The Conservative Party Machine and Election of 1911 in Ontario."

とって重要争点であったし、自由党指導部の不和も、互恵協定に関する不合理な恐怖を鎮めようとするローリエの努力を挫折させるのに一役買った。また互恵協定を重要視する有権者の間では、経済的な利害得失の計算を、感情的になりやすい政治的考慮と切り離すことは難しかった。ほとんどの識者はアメリカによる併合が有権者にとって強い魅力であったとは考えていないので、自由党に投票した人々は互恵協定に経済的利益を得る相当の見通しを持っていた、と考えるのが自然である。しかし互恵への反対から自由党に票を投じなかった人々が恐れていたのは、経済的損失かもしれないし政治的損失かもしれないし、はたまたその両方かもしれなかった。同様に自由党内の分裂、15年も続いた自由党政権からの変化に対する熱望、またローリエ自身が高齢であったという単純な事実（選挙当日、彼は70歳まであと2か月であった）がどの程度有権者の行動に影響したのかは、正確にはわからない[39]。もしJ・W・デイフォーによる分析が正しければ、昔からのアメリカに対する遺恨もいくらか影響したと考えねばならない。デイフォー曰く、「カナダの一般国民にとっておそらく決定的な要因は、長年にわたるアメリカの敵意と恩着せがましさに一矢報いるため、自分や隣人のために経済的犠牲を甘受するくらいの余裕はある、との信念であった」[40]。

　いずれにせよ下院での議論や選挙演説から明らかなのは、自由党と保守党が互恵協定を著しく異なる枠組みで論じ、それぞれの枠組みを有権者に認めさせようと懸命に努力したことである。自由党は協定が市場の拡大や輸出の

39　互恵協定への支持と反対を選挙区ごとの投票動向から推定するため国勢調査や投票パターンのデータを用いる最近の興味深い計量経済学的分析は、「豚肉卸売業者を除いて、1911年にカナダ人は互恵協定を支持したか、あるいは無関心のいずれかであった。このことはローリエの1911年の選挙での敗北がアメリカとの開かれた貿易関係への拒絶ではなかったことを示唆している」と論じている。Eugene Beaulieu and J. C. Herbert Emery, "Pork Packers, Reciprocity, and Laurier's Defeat in the 1911 Canadian General Election," p. 1085. この分析は中でも問題のあることに、見込まれる経済上の利得と損失が経済部門ごとに明白であり、有権者にとって比類なく重要であったと想定している。

40　Quoted in White, *Fur Trade to Free Trade*, p. 90. デイフォーはローリエ派の自由党員で互恵協定の支持者であり、『ウィニペグ・フリー・プレス』紙の編集者だった。

増進、貿易収支の改善、投資資本の増加をもたらすと、利得の枠組みを売り込んだ[41]。対する保守党は、協定がカナダの繁栄、政治および財政的自由、天然資源、経済的安定、国内産業、国家の統一、そしてイギリス帝国との紐帯を危険にさらすと、損失の枠組みをくり出した[42]。こうしたレトリックの応酬では保守党が確かに優勢だった。将来の不確かな損失について恐怖をあおる戦術が、驚くほど効果を上げたのである[43]。ポール・スティーヴンスが述べるように、「保守党は互恵協定という経済問題を国家と帝国の問題にすり替えることに成功した」[44]。1911年1月の時点で自由党を包んでいた歓喜の光は選挙が近づくにつれて翳り始め、かわりに保守党の憂鬱が歓喜の光に照らされた。ローリエは互恵協定によって確実に勝利する、というボーデンの予想は驚くほど外れることになった。

　誰よりも驚いたのはローリエ自身である。彼のみならずカナダ全体にとって、互恵協定は確実に利益をもたらすはずだった。O・D・スケルトンはこう論じている。

> 選挙前にはローリエにも彼の閣僚にも、選挙結果に対する恐れや疑いはなかった。これまでいずれの政権も成し遂げられなかったことを、ローリエ内閣は果たしたのだから。彼らは過去50年の間、カナダの二大政党が共に公言してきた目標を達成していたのだから。互恵協定によってカナダの天然資源輸出にアメリカ市場は開放されるが、カナダの製造業者に実害が及ぶことはないから彼らに正当な不満の種はないはずだった。またイギリスに対しては、いかなる差別的措置も規定してはいなかった。だからカナダがこの外交的勝利を歓迎しないなど、信じがたい

41　例えばCanada, *House of Commons Debates, 1910-1911*; speeches by D. B. Neely, pp. 3567-3568, 3576, 3579; Hugh Guthrie, pp. 3651, 3653.
42　Ibid.; speeches by Borden, pp. 3303, 3308, 3532; George Foster, pp. 3550, 3552, 3553, 3545-3546, 3561, 3563; Martin Burrell, pp. 3582-3583, 3586.
43　Schull, *Laurier*, pp. 523-525.
44　Stevens, ed., *The 1911 General Election*, p. 5.

ように思われた[45]。

協定は「かつてサー・ジョン・マクドナルドがアメリカに打診した関税協定とほとんど一言一句同じもの」である、とローリエは主張した[46]。彼の信じるところ、協定はカナダに利得しかもたらさず、これを退ければ莫大な損失を被るかもしれなかった。選挙での敗北直後、ローリエはこう記している。

　思うにカナダの製造業者は、農民の正当な要求に対して譲歩を拒むという大きな間違いを犯した。今後カナダ西部の農民は、自分たちの作物のためのアメリカ市場を獲得できなくなったので、アメリカ製品、特に農機具をカナダ市場で自由に買えるよう働くだろう。……もしアメリカの民主党がカナダの天然資源に市場を開放するとしても、互恵的なものにはならないだろう。しかしアメリカの関税がこのまま続くとなれば、カナダ西部の農民が騒ぎ始めることを覚悟せねばならない[47]。

1911年の選挙で議席を失った自由党の若き閣僚ウィリアム・ライアン・マッケンジー・キングは、9月26日の日記でこんな結論を導き出した。「平穏な時代にはさらなる改善など人々に訴える力を持たない、というのがこの度の教訓である。人が変化の利点を理解するのは、彼らが困難な境遇にあるときだけだ」[48]。

45　Skelton, *Life and Letters of Sir Wilfrid Laurier*, p. 369.
46　Quoted in Schull, *Laurier*, pp. 521-522.
47　24 October 1911; Skelton, *Life and Letters of Sir Wilfrid Laurier*, p. 391.
48　National Archives of Canada, "The Diaries of William Lyon Mackenzie King," 26 September 1911, p. 2 (transcript); 以下 King Diaries と略記。

3　キングと互恵をめぐる1948年の非合意

　米加両政府が包括的な自由貿易取決めの原則にふたたび合意するのは、1911年の協定から37年後のことであった。ただし今度は正式な協定とはならず、これをめぐる選挙も行われなかった。それどころか、構想それ自体も公表されなかった。1947年秋、もはや若手閣僚でなく史上最長の在位を誇るカナダ首相となり、政治家人生の終盤にさしかかっていたキングは、自由貿易についてアメリカに打診する権限を当局者に与え、これを奨励した。しかしわずか4か月後、どういうわけか自ら行ったことの衝撃と恐怖に襲われたキングは、土壇場になって対米交渉から手を引いてしまった。キングをそこまで恐れさせたものとは何だったのか。また、仮にアメリカとの二国間自由貿易にぞっとさせるものが潜んでいたとすれば、なぜキングはアメリカとの交渉をそもそも始めようとしたのだろうか[49]。

　その答えは、第二次世界大戦の結果起こったカナダならびに世界経済の急変動と大いに関係している。1930年代におけるカナダの生活水準はイギリスより低く、アメリカに比べるとさらに低かったが、それは主に輸出市場の欠如と商品価格の急落によるものだった。だが1939年にヨーロッパで戦争が勃発すると、カナダ経済に前例のない軍需景気が訪れた。物資面で戦争を支えるべく、カナダの製造部門は劇的に拡大し、稼働率も限界まで上昇した。資源産業もにわかに発展し、失業は実質的に解消された。またカナダはヨーロッパと違って戦時中に物的損害を被らなかった。戦時生産それ自体は

---

[49]　米加交渉に関する最も良い説明は、Robert D. Cuff and J. L. Granatstein, "The Rise and Fall of Canadian-American Free Trade, 1947-8"; Cuff and Granatstein, *American Dollars—Canadian Prosperity*; and Michael Hart, "Almost but Not Quite." 関連する史料は以下を参照。Canada, Department of External Affairs, *Documents on Canadian External Relations*, vol. 14, docs. 642-661. キング自身の考えについて大変貴重な知見が得られる彼の日記は、すべてオンラインで読むことができる；King Diariesを参照。解説付きの大変有用な編集版として、J. W. Pickersgill and Donald F. Forster, *The Mackenzie King Record*, vol. 4. 概略は以下を参照。Granatstein and Hillmer, *For Better or for Worse*, pp. 170-175.

カナダ人の消費を抑制したので、彼らはその分貯蓄を増やさざるを得なかったが、それでもカナダの生活水準は劇的に向上した。こうした背景は、戦後の急速な動員解除や平時生産体制への不可避的な転換と相俟って、それまで抑圧されていたカナダの消費需要を一気に爆発させた。

しかし厄介なことに、カナダがようやく得た戦後の繁栄は、海外市場に引き続き輸出できなければ衰退する恐れがあった。1939年の時点でカナダ第2の輸出相手国であったイギリスは、第二次世界大戦によって事実上の破産状態にあり、彼らはカナダ産品をのどから手が出るほど欲しかったが、それを買う金がなかった。アメリカにはカナダがその需要を満足させるような生産不足はなく、世界の大部分に対して債権国の地位にあったが、さしあたってその債権を現金化して輸入を増やす見込みは全くといっていいほどなかった。ヨーロッパ大陸諸国と日本は廃墟と化していたし、ラテンアメリカやアジア、アフリカ、オーストラリアのいずれも大規模な輸出市場にはなりそうもなかった。そこでカナダ政府は自国の輸出品に対する安定した需要を必死で開拓しようとし、あらゆる選択肢を積極的に探った[50]。

他の条件がみな同じなら、カナダ政府は二国間より多国間の取り決めを好んだ。1947年12月にキングが議会に述べたように、「カナダの貿易の特徴は、貿易黒字を出している相手国も赤字を出している相手国もあることだから、一方の勘定の黒字を別の勘定に振り替えて赤字を埋められなければならない。つまりこれは貿易への二国間アプローチでは不十分ということなのです」[51]。だからこそカナダは当初から国際貿易機関（ITO）の設立努力を支持し、当時はITO設立までの暫定的取決めと見られていた関税および貿易に関する一般協定（GATT）も支持していたのである[52]。しかし戦後の恒久的多

---

50 Robert Bothwell and John English, "Canadian Trade Policy in the Age of American Dominance and British Decline, 1943-1947," pp. 60-63.
51 Quoted in Cuff and Granatstein, "The Rise and Fall of Canadian-American Free Trade, 1947-8," p. 460.
52 背景については以下を参照。Hart, *A Trading Nation*, pp. 125-144. 詳細な歴史については以下を参照。Kathleen Britt Rasmussen, "Canada and the Reconstruction of the International Economy, 1941-1947."

国間貿易レジームの確立の動きは遅々として進まず、そうこうしているうちにカナダは深刻な通貨危機に見舞われたので、キングは手遅れになる前に、なりふり構わずアメリカとの二国間による解決策を求めたのだった。

　カナダの通貨危機には主な原因が4つあった[53]。第1は、英ポンドの交換性が停止されたことである。これによりカナダが積み上げてきた莫大なポンド建資産の大部分が役に立たなくなった[54]。第2に北米の産品、特に食糧に対するイギリスの需要が予想よりはるかに強かったことである。そのためカナダは対英輸出の多くを掛売りにしなければなかったが、イギリスは供与された与信残高をカナダ政府の予想よりずっと速く減らしていた。第3に、カナダ国内の戦時に抑圧されていた消費需要が一気に爆発したため巨額の対米貿易赤字が生まれ、カナダはその分を外貨準備から支払わなくてはならなかったことである。そして第4に1946年7月、カナダが対米ドル為替レートを1:1の水準にしようとして、カナダ・ドルを切り上げたことである。カナダ銀行 (Bank of Canada) には切り上げについてそれ相応の理由があったのだが、意図せぬ結果としてカナダの米ドル準備の流出が加速した。というのもカナダの輸出品はより高額になり、カナダの債務者はアメリカで借金を返済する一方、アメリカによる投資は激減したからである[55]。1946年5月から1947年11月の間に、流出額は月平均6500万ドルを超え、最悪の時には1億ドル近くに達する月もあった。この間、カナダの米ドル準備高は16億7000万ドルから4億8000万ドルにまで縮小した[56]。その残りが底をつくのも時間の問題であった。アメリカ市場へのアクセス拡大、通貨切り下げ、輸入規

53　Hart, "Almost but Not Quite," pp. 28-29.
54　以下も参照。Cuff and Granatstein, "The Rise and Fall of Canadian-American Free Trade, 1947-8," p. 463. もちろん1つの選択肢はスターリング・ブロックに加入することだったが、そうした行動に伴う機会費用は莫大なものになるはずだった。イギリスは弱く、アメリカは強かった。カナダは世界で最大かつ最も健全な経済から離れるわけにはいかなかったのである。
55　Cuff and Granatstein, *American Dollars — Canadian Prosperity*, p. 27.
56　Cuff and Granatstein, "The Rise and Fall of Canadian-American Free Trade, 1947-8," p. 463.

制、信用供与、あるいはこれらのいくつかを組み合わせるしか大惨事を回避する手立てはなかった。

　多国間援助の見通しは立たなかったから、カナダ政府はアメリカに助けを求めた。1947年4月、キングはアメリカ大統領ハリー・トルーマンと面会し、カナダの苦境を率直に明かした[57]。トルーマンは同情的だった。カナダは始まりつつあったソ連との冷戦で、アメリカの貴重な友人かつ味方となるはずだった。さらに多国間貿易交渉も微妙な段階にあったから、アメリカ政府はカナダに通貨切り下げや恣意的な貿易規制といった前例を作ってほしくなかった。もし他国がそれに続いたなら、未だ不安定な戦後の経済復興は頓挫し、世界の指導者が最も恐れるもの、すなわち戦間期の大恐慌の再演になりかねなかった。しかし、アメリカ議会の反応は芳しくなかった。カナダへの借款や彼らの商品に対する優遇措置は、アメリカの有権者にはなはだ不人気だったのである。

　後に「マーシャル・プラン」として知られる計画の先駆けとなった、1947年6月5日のハーバード大学卒業式におけるアメリカ国務長官ジョージ・マーシャルの演説は、カナダ政府にほのかな希望の光を与えた。もしアメリカ政府が海外の戦後復興を後押しするのに自らの政治的資源を使うつもりなら、カナダもその恩恵に与れるかもしれないし、議会の反対も乗り越えられると考えたのである。しかし、マーシャル・プランの実現には時間がかかった。ある国務省高官は空飛ぶ円盤になぞらえたほどである。「それがどんな形をしていてどれくらいの大きさで、いずれの方向に向かっているのか、あるいはそもそも存在しているのか、誰にもわからない」[58]。そんな中、カナダの通貨をめぐる難局は危機的なまでに悪化していった。1947年9月、キングは打開策を見出すべく、財務副大臣クリフォード・クラークをワシントンに派遣した。

　9月18日、クラークと駐米カナダ大使ヒューム・ロングは、米国務次官補

57　Cuff and Granatstein, *American Dollars — Canadian Prosperity*, pp. 33-34.
58　Roy Jenkins, *Truman*, p. 170.

タイラー・ウッドならびに国務省経済企画グループの主要メンバーであったポール・ニッツェ率いる国務省高官チームと会見した。そこでクラークは、カナダ・ドルの切り下げはしないと約束しながらも、ドル準備流出を食い止めるための道が他になければ輸入規制に踏み切るつもりであると警告し、カナダがマーシャル・プラン援助のための域外供給国になりたい旨をアメリカ側に示唆した。だがウッドは非協力的で、アメリカとカナダ双方とも「苛々して」会談を終えた[59]。この非生産的な会合の後、アメリカ政府内では続けて話し合いが持たれたが、建設的な提案は出なかった。カナダでは財務相ダグラス・アボットが、現在のアメリカ政府の態度はジュネーヴで行われている多国間貿易交渉が最終局面に入った結果である、と考えるようになった。さらに言えば、カナダの存在は単にアメリカ政府の視界に入っていなかったのである。『ウィニペグ・フリー・プレス』紙のマックス・フリードマンによれば、10月中旬にアボットは彼にこう語っていた。「彼らは我々がここにいることに全く気づいていない。だから彼らの鼻先に一発お見舞いでもすれば我々に気づき、カナダが通貨問題の解決を望んでいることを認識するようになるだろう。アボットはそうすることが通商交渉の開始に役立つと考えていた」[60]。

　カナダの一撃は、1947年10月末にクラークがアメリカ政府に示した2つの選択肢となって現れた。両者に共通していたのは、アメリカ輸出入銀行による3億5000万ドル相当の借款ならびに観光旅行の制限の要求であったが、プランAにはほとんどのアメリカ製の消費財に対する完全な輸入禁止とそれ以外の品目への数量割り当てを含む、厳しい輸入規制も規定されていた。プランBの方がより穏健かつ差別的でない内容だったが、もしマーシャル・プラン関連の購入についてアメリカから何の譲歩も得られなければ、カナダ政府はプランAを選択せざるを得なくなる、とクラークは明確に伝えていた。このたくらみは功を奏し、出だしこそいくらかつまずいたものの、ク

59　Cuff and Granatstein, *American Dollars — Canadian Prosperity*, p. 48.
60　Quoted in ibid., pp. 53-54.

ラークはアメリカからできる限りのことを行うというあいまいな言質を取った。11月13日、カナダ政府はプランBを承認し、その4日後、アボット財務相によって同決定が公表された。同日の新聞各紙の一面はエリザベス王女とフィリップ王子の婚礼で賑わっており、内外の反応は幸いにも穏やかなものだった[61]。

　しかしカナダ政府の選んだプランBは、急場しのぎの措置にすぎなかった。キングは特に、輸入と旅行に関する規制がカナダ消費者の不興を買い、議会で彼がかろうじて維持している過半数を危うくするのではないかと恐れていた[62]。だからキングは、プランBを公表する直前であったが、かなりの広範囲かつ長期にわたる二国間協定案をアメリカに打診するよう官僚たちに許可していた。ロバート・カフとジャック・グラナートスタインが述べているように、「やけになったカナダは、大きく方向転換したい旨を示していた」のである[63]。

　1947年10月29日、カナダ関税委員会議長 (chairman of the Canadian Tariff Board) ヘクター・マッキノンと財務省国際経済関係課長 (director of the International Economic Relations Division of the Department of Finance) ジョン・ドイチュは、国務省の国際貿易政策室長 (director of the Office of International Trade Policy) クレア・ウィルコックス、英連邦課カナダ担当部長 (head of the Canadian Desk of in the British Commonwealth Division) アンドリュー・フォスター、通商政策課 (Commercial Policy Division) のウッドベリー・ウィロビー、そしてニッツェと会見した。アメリカ側の議事録によれば、マッキノンが持ちかけたのは「可能なかぎり完全な関税撤廃を盛り込む包括的な協定である。……カナダはアメリカとのより緊密な経済的統合を成し遂げねばならぬと考えており、さもなければ自給自足体制の強化、双務的な貿易交渉、そしてヨーロッパ志向の差別的貿易規制の導入を余儀なくされ、それは経済戦争とまではいかなくても対米経済摩

61　Ibid., pp. 56-60; Pickersgill and Forster, *The Mackenzie King Record*, vol. 4, chap. 3.
62　Cuff and Granatstein, "The Rise and Fall of Canadian-American Free Trade, 1947-8," p. 465.
63　Ibid., p. 469.

擦を引き起こす危険があると感じている」[64]。カナダが完全な関税同盟を提案しているのでないことは明らかだった。というのもそうした提案は、「大英帝国を捨ててアメリカによる政治的吸収への大きな一歩を踏み出したと解釈されるため、カナダでは政治的に不可能だからだ」[65]。しかし問題は、締結されたばかりのGATTもITO憲章草案も、この種の特恵的取決めを認めていないことであった[66]。

　アメリカ政府が対応に苦慮していた中、ウィロビーは「調印した二国間においては実質的な自由貿易でありながら、第三国に対してそれぞれが別途関税を維持できるような特殊な関税同盟」の可能性がありうると考えていた[67]。ニッツェはこのアイディアを、同じ頃ハバナでITO憲章の仕上げにとりかかろうとしていたアメリカ側の代表ウィルコックスに打診してみた。偶然にも多くの中東・中米諸国が、自分たちにはまったく正式な関税同盟に参加するだけの行政的能力がなく、現行の規定が認める以上の柔軟性が必要だとして、「自由貿易圏 (free trade areas)」を認めるよう憲章の修正を迫っていた[68]。これぞまさしくカナダが求めていたものであった。1947年12月31日、上司の承認を得ていなかったウィロビーはこのアイディアを極秘裏にドイチュに伝え、ドイチュの方は2週間以内に返事をすると約束した[69]。

　オタワに戻ると、ドイチュは一部の懐疑的な反応にあったが、驚いたことに3人の大変有力な閣僚、アボット財務相とC・D・ハウ貿易相、そしてキ

64　Quoted in ibid. わずかに異なるが、マイケル・ハートはカナダが1947年12月になっても厳密な意味での自由貿易ではなく、ある特定の種類の商品に対するアメリカ市場へのアクセス改善を基本的には求めていた、と論じている。Hart, "Almost but Not Quite," pp. 38-39. キングは日記の中で、1月13日にアボットが完全な互恵協定を提案したのがアメリカ側であると彼に言ったことを記録しており、これは誰が何を提案したのかについて誤解があったことを示唆している。King Diaries, 13 January 1948, p. 9.
65　Cuff and Granatstein, *American Dollars—Canadian Prosperity*, p. 66.
66　GATTもITO憲章草案第44条もオーソドックスな関税同盟を認めていたが、二国間の特恵関税については最恵国待遇原則の違反であるとみなしていた。
67　Quoted in Cuff and Granatstein, *American Dollarss—Canadian Prosperity*, p. 69.
68　Hart, "Almost but Not Quite," p. 41.
69　Cuff and Granatstein, *American Dollarss—Canadian Prosperity*, p. 70.

ング首相から強い支持を得ることになった。いよいよ困難な仕事が始まった。ワシントンとオタワでは官僚たちが合意の詳細を詰めはじめ、ウィルコックスはITO憲章草案との整合性の確保にとりかかった。1948年3月までには大方のことが片付き、残る問題は公表のタイミングだけとなった。カナダ側は、協定の是非をめぐっておそらく選挙を行わねばなるまいが、首相がそうしたリスクをとるのは、米上院による事前の批准、あるいは秋に行われる大統領選挙に際して民主・共和両党が協定への支持を公約に盛り込んだ場合に限る、とアメリカ側に主張した。これは、米加の合意がアメリカの政治システムを通過するのにかなりのハードスケジュールとなることを意味していた。ウィロビーは上司である国務次官ロバート・ラヴェットに事の次第を報告すると、ワシントンで省庁間の政策調整やその他の政治工作が始められるよう、カナダからの最終的な色よい返事をゆっくりと待つことにした[70]。

　万事の準備は整っていたのに、キングは怖気づいてしまった。1948年3月初頭、彼はアメリカとの協定に乗り気であった。しかし3月末までにキングは反対に転じていたのである。何故だろうか。

　この問題について、キングの日記が多くを語ってくれる。彼は政治上のリスクと利益のバランスについて考えを変えた、というのが事の本質である。1948年1月、キングは自信をもってこう書いていた。「もしローリエの時のようなアメリカとの全面的な互恵条約がカナダ国民に示されても、今度は彼らの反応も違ったものになるだろう。彼らはローリエの時に互恵条約を受け入れないという間違いを犯したとすでに学んでいる。もし国民が（限定的な）互恵条約を経験していれば、たとえ全面的な互恵条約であっても彼らの心の準備はできていただろう」[71]。2月には、「今回の協定はカナダにとって実に都合がいいから、せっかくの実現の機会を決して危うくすべきではない」とも書いている[72]。遅くとも3月6日には、キングはこの調子であった[73]。し

70　Ibid., pp. 72-77. アメリカ側は5月15日までに協定を公表したかった。King Diaries, 22 March 1948, p. 2.
71　King Diaries, 13 January 1948, p. 9.

かし3月22日までには、彼は深刻な懸念を抱き始めていた。

 もし実現されれば、この協定がカナダの国益に資することが非常に大きいのを私は認めている。それでも尚考慮すべき点は、タイミングだ。政界における私の経験からすると、人々はどんなに良いものでも、何の前触れもなく示されると、必ず反対するものだ。だから実態を評価できるよう、彼らを徐々に誘導しなければならない。この協定は議会の承認を得なければならないが、もし予定通りに下院で発表されれば、保守党は必ず直ちに反発し、強硬な反対論に固執するだろう。我々政府の本当の狙いは関税同盟だ、という声が直ちに上がるだろう。私に関する限り、キング個人がこの協定に入れ込んでいると保守党が言えば、私の存在はこの状況では役に立つというより障害であろう。キングはずっとアメリカとの併合を望んできたし、いよいよそのための仕上げにいそしんでいるというわけである。どうせマスコミは細かい点など理解しないだろう。果たしてこの私に、ドイチュがしてくれたような説明を下院で行うだけの気力と体力があるのかわからない。もしその説明が下院から国民に伝えられねばならぬとすれば、協定の規模はどれくらいかといった詳細に至るまで、いかに協定の内容が伝えられるのかわからない。
 我々はイギリスから距離をとろうとしていると見られるだろう。私は何が起ころうとも、カナダ市場において我々がアメリカに認めたのと同じ権利をイギリスにも提供しなければならぬと感じている、と明言することになるだろう。そして出席者は皆それに同意するだろう。
 その上で、貿易だけに関してかくも短期間で問題を処理しなければならぬとしたら、我々はそれに同意を与えるべきかかなり不安に感じている、と言って締めくくるだろう[74]。

---

72 Ibid., 13 February 1948, p. 2.
73 「私はアボットに、この新しい取引（つまり自由貿易協定のこと）が議会で審議される前に、アメリカの貿易に関するあらゆる問題をできる限り速やかに片づけてしまうよう強く忠告した」。Ibid., 6 March 1948, pp. 1-2.

この記述が興味深いのは、そこに表れている多面的な恐怖の念ゆえである。最初の一文「もし実現されれば、この協定がカナダの国益に資することが非常に大きいのを私は認めている」に示されるように、キングはまだ協定に経済的利点があると感じていたようだ。しかしキングはやがて行われる政治的論戦の激しさと性質をようやく見通し始めており、彼にはそうした論戦を耐え抜くだけの体力も気力もなかった。なぜ1月ではなく、3月になってこうした問題に関心がいったのだろうか。

　キングの変化の背景にあったものの1つに、「関税同盟」案を強く支持する3月15日の『ライフ』誌の論説があった。世論調査によると、回答したカナダ人の3分の2以上が同案に否定的な反応を示していた[75]。キングはケベック出身の腹心である外相ルイ・サンローランに語ったことをこう記録している。「協定は経済的に賢明であったとしても、政治的に命取りになると思う。今回予定されているような限られた時間の中で事を運ぶのはほとんど不可能だ。議会や世論の教化とは、数年といわぬまでも数か月はかかる類のものである。……アメリカとの併合およびイギリスからの離脱を意味する経済連合の仕上げだと曲解される論戦の矢面に立つことほど、私の名誉を傷つけるものは考えられない」[76]。同時にキングは、互恵協定が本当にアメリカの併合へと通じるのではないか、またいずれにしてもアメリカの望みはそこにあるのではないか、と疑い始めていた[77]。

　ここにきてキングは、1911年のことを非常に重視し始めていた。1911年においても互恵協定は経済の観点から納得のいくものであったと彼は信じていたが、比較的繁栄していた時代にかくも劇的な変化を提案するという過ち

74　Ibid., 22 March 1948, p. 2.
75　"Customs Union with Canada: Canada Needs Us and We Need Canada in a Violently Contracting World [Editorial]," *Life*, 15 March 1948, p. 40; Cuff and Granatstein, *American Dollarss—Canadian Prosperity*, p. 77.『ライフ』誌の論説を受けて、『ニュー・リバティ (New Liberty)』誌の世論調査に回答した人のおそよ69パーセントが、アメリカとの経済連合に反対した。Hart, "Almost but Not Quite," p. 43.
76　King Diaries, 25 March 1948, p. 5. 以下も参照。Louis Balthazar, "Les Relations Canado-Américains," p. 252.

をローリエは犯した、とキングは感じていた。この問題がどれほどの激情を巻き起こすか、という点をローリエが過小評価していたのをキングは思い起こした。彼には1911年と同様の激情がふたたび巻き起こるのを想像することができた[78]。確かにキング政権には人気があった。キングは1948年3月22日の日記にこう書いている。「サン・ローラン氏によれば、我々のチャンスとカナダの有権者に関する限り、我々が勝利をものにするのにこれをわざわざ争点にする必要はない。我々こそがカナダの持ちうる最善の政府であり、それゆえに現政権は返り咲く、と国民は感じている。新たな争点を提起することが必ずしも政府としての我々に助けとなるとは限らない。……その通りだと私も思う」[79]。言い換えれば、選挙に関する限り互恵協定はチャンスというよりリスクでしかなかった。どのみち次の選挙でも自由党は勝つことになるだろうが、キングが後にレスター・ピアソンに語ったように、互恵協定をめぐる拙速で感情的なキャンペーンは「自由党の命取りになるかもしれなかった」[80]。枢密院書記官長および内閣書記官アーノルド・ヒーニーはこう述べている。「内容は魅力的だし、もし協定として形になれば、間違いなくカナダの得になったであろう。しかしキングにはできなかった。彼には1911年の再演と自由党の災難に責任を取るつもりなどなかった」[81]。

　こうしてキングは互恵協定案を、彼自身の健康と名声、カナダのアイデンティティーと自立性、そして選挙における自由党の運命にとって危険きわまりないものとみなし始めた[82]。これらの危険は、カナダの経済的苦境がおさまり、互恵協定という選択がもっていた当初の魅力も色あせるにつれて、キングの意識で頭をもたげ始めたのである。輸入規制はうまくいっていた。事

77　「アメリカ人はその態度において長年にわたりまさに彼らの政策であり続けてきたものを実行しており、この大陸を1つにしようとしているのだと思う。……私としてはカナダをアメリカよりイギリス連邦（British Commonwealth of Nations）の圏内におさめたいのだが」。King Diaries, 22 March 1948, p. 4.
78　Joy E. Esberey, *Knight of the Holy Spirit*, p. 195.
79　King Diaries, 22 March 1948, p. 5.
80　Ibid., 6 May 1948, p. 1.
81　Arnold Heeney, *The Things That Are Caesar's*, pp. 92-93.

実、誰もが大いに驚いたことに、カナダのドル準備は再び増加し始めていた。1947年には7億4300万ドルという破滅的なまでの喪失を経験したのに、1948年になると4億9600万ドルの黒字に転じていた。さらに同年春には、交渉は難航したものの、アメリカ政府がカナダにおけるマーシャル・プランの域外買付けをとうとう承認した[83]。ほぼ同じ頃、後にNATOとなる北大西洋安保条約の本格的交渉が始まった。キングはこれをより大規模な経済共同体に拡大しようと考えていた。そうなれば多国間枠組みの中でアメリカとの二国間互恵協定から得られる利益をすべて実現できるかもしれない、とキングは考えたのである[84]。今や通貨危機が落ち着いたのだから、なぜ様子を見ないのか。

要するに、1947年秋の時点では、つらい損失を回避するためアメリカとの二国間の包括的通商協定が最大の希望と目された。しかしわずか数か月の内にその損失が別のかたちで回避されたことで、同協定は今や脅威と思われ

82　キングの米加協定に対する反対を決定的にしたのはある神秘的な経験であった。この種のことはキングにしばしば見られたのだが、歴史家は彼の日記が公開されたときにこれを発見していささか驚いた。「私は今、あの世 (the Beyond) からの導きの完璧な証拠と考えられる、大変驚くべき経験を記しておきたい。今朝、ふいに何かの本に目を通すべきだと感じて、書棚からリチャード・ジェブの『植民地ナショナリズムの研究』という本を取り出した。この20年間、目を通したことのない本だった。植民地もナショナリズムも題名が好きではなかったし、注意深くそれを読んだことを忘れてしまっていた。最初に見たのは124頁、ローリエに言及した個所だった。気がつくと、帝国の魂と題された最終章をまるまる面白く読み進めていた。読み終わると、米加貿易の完全自由化計画を支持するよう私に示されている提案に関し、この本は意義深いと感じていた。……私はその案が成功するとは思わなかったが、政治家人生のしめくくりにアメリカとの経済連合を推進する先頭に立たされれば、私の今までの仕事の意義まで完全にふいになるであろう。保守党は私がはじめからアメリカの併合を助長するつもりだったとか、私が根っからの反イギリスだ、などと言うだろう。みな真実とは正反対なのに。…私が植民地ナショナリズムについての論説を読んだとき、今日起こったことはいずれも…米加協定について私が感じてきたことを裏付けているように思われた。あの本を取り出し、あの章を読んだのは偶然ではなく、あの世のどこかから導きを受けてのことであると私は確信した」。King Diaries, 24 March 1948, pp. 2-3.

83　特に以下を参照。Cuff and Granatstein, *American Dollarss—Canadian Prosperity*, pp. 83-110.

たのである。

4　マルルーニーと1988年の米加自由貿易協定

　不首尾に終わったキングの自由貿易への接近から40年、いかなる基準に照らしてもカナダ経済は大変好調だった。所得も生活水準も向上し、経済も多様化した。国民1人当たりでいえば、カナダの豊かさはイギリスを抜いてアメリカに比肩するまでになった。同時にカナダは、世界もうらやむ社会保障制度を生み出した。

　カナダのこうした幸福な状況に対する功績のいくらかは、GATTを中心とする安定した国際貿易レジームの創出に帰されなければならない。ITOはとうとう設立されなかったものの、GATT自体は生き残って発展し、関税障壁の削減に、多少のむらはあったにせよ目覚ましい成功をあげた。この時期を通じて、カナダの国際経済への依存は増大した。国内の資源産業は世界市場で相変わらず好調であったが、カナダはHVA商品の輸出も増やした。アメリカ市場の重要性も着実に増していった。自動車や自動車部品、防衛産業における分野別の米加自由貿易協定は、カナダ経済にとって特に重要だった。というのも、これらの協定によって高賃金の雇用が大量に創出され、資本や技術、知識が引きつけられたからである[85]。

　アメリカとカナダは世界最大の貿易パートナーとなり、両国の指導者は彼

84　King Diaries, 22 March 1948, pp. 2-3. カナダの交渉者たちは他のNATO加盟国に、北大西洋条約第2条を認めるよう説得することに成功した。「締約国は、その自由な諸制度を強化することにより、これらの制度の基礎をなす原則の理解を促進することにより、並びに安定及び福祉の条件を助長することによって、平和的かつ友好的な国際関係の一層の発展に貢献する。締約国は、その国際経済政策における食違いを除くことに努め、また、いずれかの又はすべての締約国の間の経済的協力を促進する」（訳文は東京大学東洋文化研究所田中明彦研究室、データベース『世界と日本』http://www.ioc.u-tokyo.ac.jp/~worldjpn/documents/texts/docs/19490404.T1J.html［accessed 3 August 2015］）。しかし、このいわゆるカナダ条項には価値のないことが最終的に判明した。

85　本章注6を参照。

らの国境が世界最長の非武装国境であるというありきたりなイメージを何かにつけてうれしそうに引き合いに出したが、米加関係は完全な調和状態からは程遠かった。両国はハイ・ポリティクスの様々な問題をめぐって鋭く対立し、その多くはベトナム戦争や軍備管理、デタントなどイデオロギー上の相違を反映していた。それに加えて、首脳間の個人的な衝突によって米加関係はしばしばもつれた[86]。しかし大部分において、経済上の紐帯は強固で安定していた。アメリカとカナダは共に実利的な態度を崩さなかった。社会信用党の党首ロバート・トンプソンが簡潔に述べたように、「好むと好まざるとにかかわらずアメリカは我々の友人」であった[87]。

だがこうした経済協調もピエール・エリオット・トルドー首相の下できしみ始めた。トルドーはカナダの深まる対米依存に不快感を募らせるナショナリストであり、規制を強化しようとする彼の姿勢はアメリカとの不和を度々招いた。アメリカ政府から見て特に苛立たしかったのは、外国資本審査庁(FIRA)による海外からの投資の審査やカナダの文化産業の保護、そして国家エネルギー計画(NEP)を通じたエネルギー自給率の向上といったトルドーの試みであった[88]。トルドーのナショナリズムには、信念に基づく側面と戦術的な側面とがあった。彼は純粋にアメリカナイゼーションの圧力に抗してカナダ独自の社会を守ろうとしたのだが、アメリカの単独主義的な経済政策に対してカナダの脆弱性が増すのを何とかしようとしていたにすぎない部分もあったのである。これは1971年の「ニクソン・ショック」における苦い教訓であった。このときアメリカ財務長官ジョン・コナリーはアメリカの深刻な国際収支問題を改善する手立ての一部として、カナダを含む外国の商品に10パーセントの輸入追徴金を課そうとした。全体的に見て、トルドー政権

86　最も面白い説明は、Martin, *The Presidents and the Prime Ministers*.
87　Quoted in ibid., p. 204.
88　FIRAは1973年に設立され、NEPは1980年に制定された。カナダの文化保護には様々な重要段階があったが、その中には1968年のカナダ・ラジオテレビ通信委員会(CRTC)の発足や1971年の国内放送内容に関する規制の強化、1976年の国内雑誌に対する保護が含まれる。

末期までには米加関係は低調になり、カナダの対米経済依存がかつてないほど高まったため、かえって経済問題をめぐって彼らはますます対立するようになっていた。

1980年代は決定的瞬間に向かっているように見えた。いくつかの傾向が収斂して、一大破局の可能性が出てきた。第1に、1979年に妥結されたGATT東京ラウンドの結果、意図していたわけではなかったにせよ、貿易救済措置が特にアメリカで劇的に増加した。東京ラウンドによって補助金、基準認証、政府調達プログラム、関税評価、輸入許可手続きといった非関税障壁にまつわる合意を拡大することで関税削減に成功していたが、同時に相殺措置やアンチ・ダンピング規制への気運も強まった。紛争解決手続きとして、交渉より訴訟が好まれ始めた[89]。要するに、貿易自由化への道のさらなる一歩と意図したものが、期せずして管理貿易への一歩となったのである[90]。第2に、1980年にはアメリカ経済が大いに低迷し、ドル安がカナダの輸出を脅かし、すでにカナダのエネルギーおよび投資政策をめぐって対立していた米加関係が悪化することになった[91]。第3に、いずれにせよ供給過多と需要の減少によって価格が下がっていたカナダの天然資源製品にとって、開発途上国がより強力な競争相手となりつつあった。第4に、関税率が低下し生産過程が世界に拡大したことで、比較的効率の悪いカナダの製造業者は国内外でより厳しい競争にさらされることになった[92]。

トルドー政権は、いよいよカナダの通商政策を根本から検討し直す時が来た、と決心した。閣僚経験のある自由党のドナルド・マクドナルドを議長として発足した経済連合およびカナダの発展の可能性に関する王立委員

89　アメリカとカナダは貿易救済措置を適用する事例の数においてほぼ同じ割合で用いる傾向にあったが、アメリカの政策から影響を受けるカナダの輸出額は、カナダの政策から影響を受けるアメリカの輸出額を微々たるものに見せるほど大きかった（1980年代には12：1以上の開きがあった）。Ernie Stokes, "Macroeconomic Impact of the Canada-U.S. Free Trade Agreement," pp. 226-227.

90　非常に優れた考察として、Hart, *A Trading Nation*, pp. 339-366. 以下も参照。Nelson Michaud and Kim Richard Nossal, "Necessité ou Innovation?"

91　G. Bruce Doern and Brian W. Tomlin, *Faith and Fear*, pp. 15, 17.

会 (Royal Commission on the Economic Union and Development Prospects for Canada) は大規模な公聴会を開き、カナダの選択肢について数多くの調査を委嘱した。ところがそうした活動が続く中の1984年9月、ブライアン・マルルーニーという新しい指導者の下で保守党が政権の座についた。皮肉にも選挙戦でマルルーニーは、マクドナルド委員会が議論していた選択肢の1つであるアメリカとの自由貿易に反対していた。しかし国際貿易相ジェームズ・ケレハーの下で行われたカナダの通商上の苦境に関する政府内の検討[93]、ならびにマクドナルド委員会の二国間自由貿易に対する驚くほど強い推薦によって、マルルーニーは心変わりした。1985年3月、ケベック・シティで開かれた有名な「シャムロック・サミット」において、マルルーニーとアメリカ大統領ロナルド・レーガンは米加交渉の土台を築いた。2人が腕を組み、一杯やりながら「アイルランドの瞳微笑むとき ("When Irish Eyes Are Smiling")」を歌う様子がメディアで報じられ、このサミットは後に米加関係の雰囲気に関するターニング・ポイントとしてよく知られるようになる。そこで発表された財・サービスの貿易に関するケベック宣言により、両国の通商担当相は「現存する貿易障壁の削減ならびに撤廃に向けたあらゆる方策を講じるメカニズムを直ちに立ち上げ、半年以内にそれぞれの首脳に報告する」ことになった[94]。

今度はカナダの努力が実を結ぶことになった。

レーガン政権は議会から、通商交渉において協定内容を大統領に一任する、いわゆるファストトラック権限を得た。これにより1987年10月3日深

92　Economic Council of Canada, *Looking Outward*, pp. 2-3; Michael Hart, "The Future on the Table," pp. 70-71; Hart, *A Trading Nation*, p. 361; Richard G. Lipsey and Murray G. Smith, *Taking the Initiative*. デニス・ステアーズが述べたように、問題はカナダの関税がもはや国家建設に資するほど高くはなかったが、カナダの生産者が世界市場での競争から刺激を受けるのを妨げる程度には十分高かったことである。Denis Stairs, Gilbert R. Winham, and the Royal Commission on the Economic Union and Development Prospects for Canada, *The Politics of Canada's Economic Relationship with the United States*, Collected Research Studies, vol. 29, p. 9.
93　政府内の検討のきっかけとなったディスカッション・ペーパーは、Canada, Department of External Affairs, *How to Secure and Enhance Access to Export Markets*.
94　Hart, *A Trading Nation*, p. 374.

夜0時までにカナダとの合意の根拠を議会に報告する限り、アメリカ政府は修正審議なしで議会に批准の是非を問えるようになった。両国はさっそく交渉チームを編成した。カナダ側は通商交渉のベテランであるサイモン・リースマンを筆頭に、この問題に専心する腕利きの官僚を多数集めた。一方のアメリカ側は事実上最小限の通商代表部のメンバーで構成されることになり、彼らを率いたのは比較的経験の浅いピーター・マーフィーという官僚であった。交渉は困難かつ骨が折れ、しばしば緊迫し、決裂寸前のごとく思われたことも一度ならずあった。カナダにとって問題の中心は、アメリカ代表団が準備も創造力も欠き、おまけに政治的影響力を持っていないことであった。実際、アメリカがカナダの関心事項に取り組もうとしないとみるや、失望したリースマンは土壇場になって交渉を中断した。ぎりぎりの時間的制約の中で高度な政治的やりとりが行われたおかげで交渉はようやく軌道に乗り、交渉団が基本事項について合意したのは、最終期限である1987年10月3日深夜の文字通り数分前のことだった。12月11日に米加両国は一般向けに合意を発表し、翌1988年1月2日、レーガンとマルルーニーは協定に署名した。

　交渉の歴史は細かく複雑で、通商交渉ならではの激しいドラマに満ちていたが、それをここでくり返す必要はないし、できそうにもない[95]。本書の目的に照らして重要な問いは、単純に以下の3つである。何によってカナダ政府はアメリカとの二国間自由貿易協定を求めることになったのか。それによってカナダは何を獲得し、何を避けようとしたのか。そしてこのエピソー

---

[95] ずば抜けて良い説明はMichael Hart, Bill Dymond, and Colin Robertson, *Decision at Midnight*で、これまた素晴らしい参考文献案内がpp. 433-439に載っている。もう1つ、優れていて比較的簡潔な概略としては、Hart, *A Trading Nation*, pp. 367-397. 以下も参照。Canada, Department of External Affairs, *Canada-U.S. Trade Negotiations*; Ross McKitrick, *The Canada-U.S. Free Trade Agreement*; Gordon Ritchie, *Wrestling with the Elephant*. 米加自由貿易協定そのものに関しては、以下を参照。Canada, Department of External Affairs, *The Canada-U.S. Free Trade Agreement*; *The Canada-U.S. Free Trade Agreement: Synopsis*; and *The Canada-U.S. Free Trade Agreement: Tariff Schedule*. 協定の概略については、以下を参照。Daniel Trefler, *The Long and Short of the Canada-U.S. Free Trade Agreement*; Paul Wonnacott, *The United States and Canada*. FTAとGATTの関係を特にうまく扱ったものとして、Richard G. Dearden, Debra P. Steger, and Michael Hart, eds., *Living with Free Trade*.

ドが、本書の主題である劇的な対外政策の変更について何を教えてくれるのだろうか。

カナダ側の主要人物を挙げれば、マルルーニー首相のほかに財務相マイケル・ウィルソン、外相ジョー・クラーク、そして3人の国際貿易相ケレハー、パット・カーニー、ジョン・クロスビーである。野党である自由党と新民主党の党首、ジョン・ターナーとエド・ブロードベントも様々な州首相と同様、事態の経過においてそれぞれ重要な役割を果たすことになるが、重要な決定を下すのは内閣であり、中でもここに挙げた人々こそ主要人物であった[96]。内閣の一体性と秘密保持というカナダの原則のために、彼らの政策決定過程の細部を知るには限りがある。しかし非公式インタビューを駆使した研究書[97]や一般に入手可能な二次文献、さらには実際にアメリカとの交渉を担当し、前述の政治家ともきわめて近い関係にあった官僚の声明や回想、行動からの推察を組み合わせることで、十分有益な程度に正確に関係者の性格を描写できるだろう。本章の最後で行うように、政策決定者が自身の選択にどのような枠組みを施したのかについてかなり踏み込んで評価できるよう彼らの性格を解釈することは、幾分ではあるがより難しい。しかし集められた資料を基に、まずまずの自信を持ってそうした評価も下せるだろう。

1980年代初頭、カナダ経済の構造的問題は誰の目にもまず明らかだったが、アメリカとの二国間自由貿易は必ずしも自明の解決策でなかった。実際、のちに二国間自由貿易の最も熱烈な支持者となる人々ですら、どちらかと言えば多国間主義を全般的に好むカナダの思想的傾向を反映して、最初のうちはたとえばGATTのような多国間枠組みによって、もしくはそれが駄目なら日欧を含む包括的な通商協定によって、カナダの問題が解決されることを望んでいた[98]。トルドー政権は貿易多角化への試みに失望して[99]、分野別の自由貿易協定リストを拡大していくことも漠然と考えた。これは、ケレハー国際貿易相の報告「カナダの輸出市場アクセスをいかに確保し拡大す

96　以下を参照。Hart, Dymond, and Robertson, *Decision at Midnight*, p. xii.
97　最も重要なものとして、Doern and Tomlin, *Faith and Fear*.

るか」の基になったディスカッション・ペーパーでも再び表面化する選択肢であった[100]。しかしGATTの交渉は遅々として進まず、貿易救済措置をGATTが許容するという残念な傾向も相俟って、本格的な多国間主義への信念は揺らいでいた。またアメリカと日欧の間の熾烈な貿易戦争によって、3カ国あるいは4カ国交渉も見込み薄となっていた。実際、カナダが他国同士の貿易紛争でとばっちりを受けるのなら、1980年代初頭の文脈において多国間主義は問題の解決策というより問題そのもののように思われた。アメリカとの二国間合意はカナダの問題に対処するのに希望の持てる唯一の選択肢であるように思え、主にこの理由からマルルーニー政権はこれを支持した[101]。

　問題は具体的にどのようなものだったのか。マクドナルド委員会や自由貿易を支持するエコノミスト、さらにカナダ実業界の多くが次の2点を指摘していた。すなわち、カナダ産業の競争力が低いことと、アメリカの保護主義という脅威である。マクドナルド委員会と経済学者は前者を、実業家と閣僚は後者をそれぞれ強調する傾向にあった[102]。しかしこれらは相互に関連する問題であった。というのもアメリカの保護主義によって、カナダ産業の大規模市場への安定したアクセスが脅かされ、規模の経済を実現して生産性を向上するのに必要な投資が正当化できなくなるからである[103]。それゆえカ

98　Economic Council of Canada, *Looking Outward*. この傾向はやや根拠のないものである。というのもこれに反することがしばしば起こるからだ。以下を参照。A. Claire Cutler and Mark W. Zacher, eds., *Canadian Foreign Policy and International Economic Regimes*; Tom Keating, *The Multilateralist Tradition in Canadian Foreign Policy*.
99　Peter Dobell, "Reducing Vulnerability."
100　他には以下のように3つの選択肢があった。(1) 現状維持、(2) アメリカとの包括的な通商協定（保守党はこの時点では「自由貿易」という言葉を慎重に避けた）、(3) マイケル・ハートらが「目くらましの最たるもの (the reddest of red herrings)」と呼んだ、さらなる協議と交渉のための枠組み協定。Hart, Dymond, and Robertson, *Decision at Midnight*, p. 66.
101　例えば以下を参照。Michael Wilson's comment in "The Negotiating Process," p. 21.
102　Doern and Tomlin, *Faith and Fear*, pp. 10, 25, 34; Hart, Dymond, and Robertson, *Decision at Midnight*, p. 65.

ナダの「主要目標とは初めからアメリカ市場への安定したアクセスを得ること」となり、具体的にはアンチダンピング措置や相殺関税からの免除、補助金に関するルールの明確化、そして拘束力のある紛争処理手続メカニズムを目指していた[104]。マルルーニーが自由貿易を支持するようになったのには、さらに2つの理由があった。第1に自由貿易はアメリカとの貿易摩擦を軽減するから、対米関係の改善という彼のアジェンダの主要目標の1つに資することになる。第2に、アメリカとの自由貿易はカナダ西部・東部はもとより、いく分驚いたことに〔州首相〕ロベール・ブラサのケベック州でも支持されていた。同州はオンタリオと並んで労働組合の力が強く、非効率的なカナダ産業の中心地であり、アメリカとの自由貿易が進むことで厳しい競争にさらされるのを恐れると考えられていた。ケベック州が支持するのなら、このプロジェクトはマルルーニーのアジェンダである国内融和にも資する可能性があった[105]。最後に、当然ながら入手可能な史料でこれを裏付けるのは難しいのだが、自由貿易はイデオロギーの観点からも実業界およびマルルーニー政権にとって魅力的だったであろう[106]。アメリカとの自由貿易協定によってトルドー型の産業政策に後戻りすることは単純に不可能となる。米加協定は確実に将来のカナダ政府を拘束して、彼らが介入と規制というナショナリズム的誘惑に負けないようにできるというわけである[107]。

　無論、反対意見もあった。多くの研究はカナダの産業のほとんどが自由貿

103　1986年3月にリースマンはこう述べた。「さらなる自由貿易が実現すれば、より大規模な市場にアクセスでき、より先端的な技術を利用でき、そしてより長い生産時間とより大きな量を得ることで我々の欠陥を克服できるだろう。そこが肝心な点だ。自由貿易協定から得られると期待できる主要な利益は、我々の生産性の拡大であろう」。Quoted in Hart, Dymond, and Robertson, *Decision at Midnight*, p. 155. 財務省が調査したところ、長期生産性に約2.3パーセントの向上がみられた。Stokes, "Macroeconomic Impact of the Canada-U.S. Free Trade Agreement," p. 231.

104　Konrad von Finckenstein, "Dispute Settlement under the Free Trade Agreement," p. 101.

105　例えば以下を参照。Derek H. Burney, "Present at the Creation," pp. 13-14; Doern and Tomlin, *Faith and Fear*, p. 32; Hart, *A Trading Nation*, p. 386; Hart, Dymond, and Robertson, *Decision at Midnight*, p. 62.

106　John W. Warnock, *Free Trade and the New Right Agenda*.

易から利益を得ることを示していたが、農業や食品加工、繊維産業といったいくつかには当てはまらなかった[108]。組織労働者は高給を得られる工業分野の職が失われるのを恐れた。アメリカとの自由貿易が政治的連合に発展するのではないか、あるいは少なくともカナダは対外政策の自立性を失うのではないか、と恐れる者があった[109]。多くの人々がトルドー同様、自国の将来を決めたり、自分たちの特質を守ったりできなくなるのではないかと恐れた。最も強く反対する者は、アメリカとの自由貿易によってカナダ文化や社会プログラム、保健医療制度、多文化的特質、比較的平等なジェンダー関係、そして環境が破壊されると論じた[110]。カナダ政府も、いくつかの論争的問題によって協定が頓挫しかねないことに十分気付いていたから、ある種の問題はアメリカとの交渉の議題にすらなっていない、と論じることで沈静化に努めた。例えばカナダ政府は、1987年3月16日、反対勢力を牽制するため以下のような巧妙な動議を下院に提出している。「本院は、カナダの政治主権、社会プログラム、農業市場システム、自動車産業、そしてわが国固有の文化的アイデンティティーを守りつつ、政府が多国間貿易政策の一環として行うアメリカとの二国間協定交渉を支持するものである」[111]。

自由貿易への反対は早々に起こり、かなり効果的に組織されてもいたが、そうしたキャンペーンの重心は議会ではなく市民社会にあった。先頭に立っ

---

107 この問題については、特にFTA以降の展開に言及しながら、以下で広く検討されている。Stephen Clarkson, *Uncle Sam and Us*.
108 Gilbert R. Winham, *Canada-U.S. Sectoral Trade Study*.
109 Hart, Dymond, and Robertson, *Decision at Midnight*, p. 65.
110 Barlow, *Parcel of Rogues*; Mel Hurtig, *The Betrayal of Canada*; James Laxer, *Leap of Faith*; Pranlal Manga, *The Canada-U.S. Free Trade Agreement*; John Urquhart and Peggy Berkowitz, "Northern Angst"; Mel Watkins, "The U.S.-Canada Free Trade Agreement." カナダの社会プログラムに対するFTAの影響をめぐる恐怖には根拠のないことがわかっており、そうした恐怖はFTAの規定に関する誤解と、カナダの社会プログラムが有する規模と性質に関する誤認に基づいていた。K. A. Frenzel and Douglas J. McCready, "Canada-Unites States Free Trade." 以下も参照。Glenn Drover, ed., *Free Trade and Social Policy*.
111 Hart, Dymond, and Robertson, *Decision at Midnight*, p. 229. したがって、ワインではなく、ビールに対しては同協定の適用が免除された。ビールはワインとは全く違って、カナダのアイデンティティーの中核をなしていたからである。

ていたのは、まさに自由貿易と戦うため1985年に設立されたカナダ人評議会（Council of Canadians）や、同組織の1987年のサミットで設立された反自由貿易団体を包括するプロ・カナダ・ネットワーク（Pro-Canada Network）といった組織である[112]。ターナー率いる自由党は、マルルーニー政権に反対したい党員と、支持基盤であるトロントのベイ・ストリートに立ち並ぶ金融業界を裏切れない指導部の間で対立し、煮え切らない態度をとった。ブロードベントの新民主党は一貫して米加協定に反対していたが、信頼に足る代案を持っていなかった[113]。野党の反対が比較的弱かったため、多分に好意的な世論調査結果も相俟って（図5.5が示すように、過去30年間原則的にカナダ国民の一定した過半数は自由貿易を支持していた）保守党は勢いづき、特に20世紀前半、カナダが自由貿易に傾斜したときのことを考えると誰もが危険な試みと認めるものを、保守党は推し進めることになった。マルルーニーの首席補佐官デレク・バーニーの回想によると、「カナダ史を学んだ者として、我々にはこの問題が政治的に微妙なことはわかっていた。結局のところ、自由貿易は二度試みられた。1911年にはこれが自由党政権を退陣に追い込んだ。1948年にはこれをやろうとした別の自由党政権が怖気づいて、ごく私的な予備協議より先に進めなかった」。しかし今度の保守党政権は世の趨勢を頼みにしていたし、同時に恐れてもいた。

---

112 Doern and Tomlin, *Faith and Fear*, pp. 208-213.
113 Ibid., pp. 230-238. デーンとトムリンはまた野党の無力さの原因の1つとして、制度的能力の欠如を指摘している。「カナダの全政党にとって、貿易に関するGATTに基づいた多国間アプローチに対する第二次世界大戦後のコンセンサスのおかげで、通商政策は通常の政治の場からは除外されていた。通商政策の領域は、官僚の中でもひと握りの通商問題専門家に委ねられ、彼らは比較的目立たないかたちで自分たちの政策を策定していた。政府も野党もGATTコンセンサスに守られて、貿易に関する新しい動きにます疎くなった。結果として、自由貿易問題が国家のアジェンダになると特に2つの野党は大慌てになり、急いで通商政策を勉強しようとしたが、マルルーニー政権には手に入った官僚の専門的見解が彼らにはなかった。いずれの野党も政治的に信頼できる通商政策の代案をうまく作り出せず、かわりに彼らはありふれた、そして耳ざわりのいい多国間主義のドクトリンに立ち戻った」(p. 229)。

図5.5 自由貿易に関するギャラップ社の世論調査結果（1953～1983年）

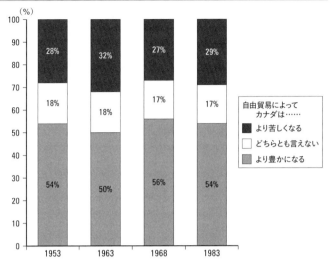

出典：Michael Hart, Bill Dymond, and Colin Robertson, *Decision at Midnight*, p72.

　1980年代中盤の我々にとって、アメリカとの自由貿易が政治的により受け入れやすくなったのは、第1にアメリカとの貿易の重要性がますます増大したことと、特に米加自動車協定という成功例があったためであった。40年にわたるGATT交渉は、米加貿易の着実な自由化にとっての枠組みとなっていた。これは自由貿易の概念が支配的趨勢の論理的帰結であり、それの急進的な拡張ではないことを意味していた。同様にこの趨勢によって、カナダのアメリカ市場へのアクセスを保護および維持し、アメリカが貿易救済措置を取る懸念を軽減する必要性が強まった[114]。

　米加交渉の多難な歴史は、関税削減ではなく、市場アクセスの確保がカナダにとって大変重要な目標であったことをはっきりと示している。カナダの

114　Burney, "Present at the Creation," pp. 11-12.

表5.1　1987年時点の部門別輸入関税一覧

	カナダ	アメリカ
織物	16.9%	7.2%
衣類	23.7%	18.4%
皮革製品	4.0%	2.5%
履物	21.5%	9.0%
木材製品	2.5%	0.2%
家具	14.3%	4.6%
紙製品	6.6%	0.0%
印刷・出版物	1.1%	0.3%
化学製品	7.9%	0.6%
ゴム製品	7.3%	3.2%
非金属鉱物製品	4.4%	0.3%
ガラス製品	6.9%	5.7%
鉄鋼	5.1%	2.7%
金属製品	8.6%	4.0%
非電気機器	4.6%	2.2%
電気機器	7.5%	4.5%
輸送機器	0.0%	0.0%

出典：Paul Wonnacott, *The United States and Canada*, p. 4.

関税はアメリカより高く設定されていたから（表5.1参照）、アメリカの一方的な貿易救済措置を何らかの形で軽減することなしにカナダが関税を撤廃するといった展望には、バーニーが述べたように、「魅力がなかった」[115]。アメリカの交渉チームは個別問題の解決をつまみ食いすることにより関心があ

---

[115] Ibid., p. 10. カナダにはアメリカ議会での保護主義的感情の高まりに加えて、アメリカの非関税障壁（NTBs）の急増に対する懸念が特にあった。その例として、ピーター・モリシは防衛調達における様々な国内生産者の優遇措置、1978年の陸上輸送援助法、1977年のアムトラック改善法、1977年の公共事業法、1936年に制定された水質保全法の改定などに見られる、連邦および州政府の調達の慣行を挙げており、これらの多くにおいて比較優位を持つカナダの商品が締め出された。アメリカもまたカナダのいくつかの非関税障壁、特に連邦および州政府の調達政策、外国企業に課される貿易関連の実績要件、関税の払い戻し、低金利ローンのような優遇措置、地域開発の補助金を緩和するよう求めた。Morici, "U.S.-Canada Free Trade Discussions." 以下も参照。White, *Fur Trade to Free Trade*, p. 148.

り、アメリカで貿易救済措置が立法化されるのに制限を加えようとするカナダ側の試みに受け身の姿勢で抵抗した。米加両国が自由貿易協定を交渉している間にすら、この懸案で早急に事態を打開することが必要かつ困難であることを浮き彫りにする出来事がまさに起こっていた。例えば交渉の真っただ中の1986年5月、アメリカの材木業者はカナダからの輸入軟材に数十億ドル相当の課徴金を新たに課そうとした。アメリカ議会は同業界の主張を支持し、貿易に関するオムニバス法案を可決した。そしてレーガン政権は何の予告もなく、カナダ産の屋根板に35パーセントの関税を課した。マルルーニーは逆上し、「こんなことをされれば、カナダ人のみならず、誰であろうとアメリカ人と仲良くするのは大変難しい」と嘆いた[116]。

　貿易救済措置について進展が見られないことが、1987年9月22日、カナダ代表が交渉の席を離れた直接の理由だった[117]。だが間違いなく、これが「最終的成功への鍵」であった[118]。これによって、アメリカ政治の高レベルで行動へのエネルギーが高まった。というのもレーガン政権は、カナダが頼む側なのだからアメリカの要求に譲歩するだろうと踏んでいたが、ここへきて突如、自分たちの面目がかかっているプロジェクトが失敗する可能性に直面したのである。アメリカの態度は「劇的に変化した。失敗したくないという思いに駆られて、アメリカ政府は以前なら渋々にしかカナダの要求を考慮しなかった領域でも、妥協するつもりになった」。アメリカは知的財産権を協定に盛り込むという主張をあきらめ、調達に関するカナダの要求を受け入れ、ビールを協定の対象から除外し、新しい原産地規則の導入によって米加自動車協定に関する対立を収め、投資ならびに金融サービスの自由化については彼らが当初望んだより穏健な規定で手を打つことにした[119]。しかし、

116　Hart, Dymond, and Robertson, *Decision at Midnight*, pp. 161-162.
117　「当時の我々にとって合意の障害となっていた主要点とは紛争解決の問題、あるいはより一般的にいって一方的な貿易救済措置の適用除外であった」。Burney, "Present at the Creation," p. 10.
118　Peter McPherson, "A Reunion of Trade Warriors from the Canada-U.S. Trade Negotiations," p. viii.
119　Hart, Dymond, and Robertson, *Decision at Midnight*, p. 341.

貿易救済措置は最後まで最難関だった。補助金および相殺関税、ダンピングおよびアンチ・ダンピング関税、セーフガードという3つの主要問題の中で、セーフガードのみ合意に近づいた。アメリカは自国の相殺関税法の維持を主張し、カナダが目指した拘束力のある二国間の紛争処理機構を受け入れる気は全くなかった。アメリカはこう主張すると交渉をぶち壊しにしているとカナダに思われることがわかっていたので、巧妙な策略を提案した。すなわち、両国ともそれぞれの通商法を適用し続け、これを変更する権利も保持するが、変更する際はそれが相手方にも適用されると明確に通告することとし、いかなる変更も米加自由貿易協定およびGATT協定と矛盾しないように両国が共同で審査する。さらに、それぞれの国の裁判所ではなく米加合同パネルが、国内の法的基準を用いて国内法の適用を審査する。最後に、両国は向こう5年にわたり、この暫定的取決めに代わる全く新しいレジームについて交渉を続ける、というものであった[120]。

　カナダ代表団はこれこそ望みうる最良の取引だと考え、ここで妥協することに決めた。「アメリカの貿易救済措置は恣意的とは言わないまでも一方的で、この点が緩和されないなら、そうした合意をカナダ国民は受け入れないだろうと我々にはわかっていた」と、バーニーは回想している。「現実には、カナダ製品が貿易救済措置から完全な適用除外を受けられればよいという期待があったが、これは実現不可能だった。そこで我々は筋の通った妥協をしようとした」[121]。

　米加協定の反対派は、カナダ政府が必須条件とする、アメリカ市場へのアクセスや安定したアメリカの恣意的な貿易救済措置からの免除がこの最終的妥協にほとんど盛り込まれていない、と批判するかもしれなかった。こうした批判には一理あった。例えばFTAやNAFTAを結んでも、カナダの輸出軟材に対するアメリカの嫌がらせが終わるわけではなく、この問題はその後も長年にわたって「両国の貿易に刺さった最も重要なとげ」のままだった[122]。

120　Ibid., pp. 284, 298-300, 332-333.
121　Burney, "Present at the Creation," p. 11.
122　Paul Wonnacott, "The Canada-U.S. Free Trade Agreement," p. 75.

図5.6 アメリカとの自由貿易に対する態度(Environics社の調査による)

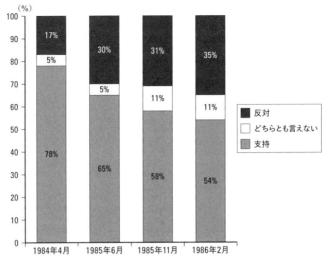

出典：Hart, Dymond, and Robertson, *Decision at Midnight*, p131.

しかし米加協定の支持派は、カナダの望んだものこそ盛り込まれなかったが、同協定は「アメリカの貿易救済法の適用をより予見可能かつ安定したものに」するのに大きな進歩であったと論じていた[123]。確かに、米加合同パネルの設置でカナダが成功したことから見て、なぜ断然強者であるアメリカが弱者のカナダにかくも不釣合いなほど有利な制度に同意したのか、首をかしげる向きもあった[124]。

だが当時の段階では、ほとんど何の記録もなかったから判断のしようがなかった。合意を手にしたマルルーニーは、必要な法案を議会に通そうと動いた。保守党が過半数以上を握る下院で法案は無事通過した。しかし自由党が支配する上院は、いつもなら波風を立てることはないのに法案を退け、自由党はマルルーニーを、米加自由貿易協定を争点にして選挙をするところまで

---

123 Hart, Dymond, and Robertson, *Decision at Midnight*, p. 298.
124 Judith Goldstein, "International Law and Domestic Institutions."

追い込んだ。選挙戦は各党の役割が逆転したものの、1911年の悪夢を思い起こさせるものであった。FTA交渉の間野党はずっと国民の恐怖を煽ろうとしたので、協定に対する有権者の支持は図5.6が示すように低下していた。投票日が近づくにつれ、自由党はこの問題に乗じてあたかも政権に返り咲く勢いだった。自由貿易が選挙戦の最大争点となり、おかげで自由党党首ターナーはようやくいくらかの気力と情熱を示す機会を手にした。彼は重要な党首討論でやすやすと勝利を収めた。米加協定を攻撃する自由党の選挙広告はカナダ国民を立ち止まらせた。特に巧みで効果的だったものの1つは、こんなCMである。カナダとアメリカの交渉者が米加協定の詰めの作業で言い争う中、アメリカ代表が「ぜひ取り除きたい線が1つだけあるのです」と告げる。「それは何でしょう」と問い返すカナダ代表にアメリカ代表は「これですよ」と答え、目の前に広げた地図から米加国境を消しゴムで消していくのである。

　しかし1988年の総選挙は二大政党ではなく、新民主党を加えた三つ巴の争いとなった。11月21日、騒ぎが収まってみると、マルルーニーの保守党は下院で170議席を確保して政権に戻り、対する自由党は82議席、新民主党は43議席という結果だった。しかし多くの識者は、保守党が総投票数の43パーセントしか得られず、米加協定に反対した2つの主要野党の得票数を合わせると52パーセントにのぼるという事実から考えると、1988年にカナダの有権者はアメリカとの自由貿易を事実上退けた、と結論づけている。ランドール・ホワイトは、いかにも彼らしくこう主張している。「もし選挙が厳密な意味で自由貿易問題に関する国民投票だったとすれば、米加自由貿易協定は否定されていたであろう」[125]。しかしより詳細な研究によれば、大多数の有権者は自由貿易への支持あるいは否定から票を投じたわけではなかった。ほとんどの有権者は他の理由で投票し、かなりの割合の有権者は、アメリカとの自由貿易について複雑な気持ちを持っていただけだった。1988年の投票それ自体は厳密な意味での自由貿易に関する国民投票ではなかった

125　White, *Fur Trade to Free Trade*, p. 219.

が、議会制民主主義の常道に従えば、1988年の選挙結果は米加自由貿易協定に対するカナダ国民の信任に等しかった[126]。

5 分析

　20世紀、カナダの三度にわたる自由貿易への傾斜は、重大な政策変更およびそれが起こらなかったことに関する1つの興味深い事例である。1911年の場合は与党が政策の問題として劇的な政策変更を支持したが、結局は選挙によって国民から反対され、ついには国家全体として政策変更が失敗した例である。第二次世界大戦直後の場合には、わずか数ヶ月の間に2つの劇的な政策変更が見られた。つまり、アメリカとの包括的な通商協定を求める決定と、これを実行しないというその後の決定である。両決定はお互いを事実上打ち消しあい、カナダの政策に実質的変化は何も起こらなかった。そして1988年の米加自由貿易協定の場合、与党が劇的な政策変更を支持し、選挙で国民から反対される危険を避けようとしたものの、その試みは上院という公選によらない立法機関に妨げられ、その後の選挙で与党が最終的に勝利したので、政策変更が実行に移された事例である。本書の3つの仮説は、こうしたパターンを理解するのに役立つだろうか。

　仮説1によれば、民主的な体制を持つ高度に官僚的な国家では、独裁的な体制を持つあまり官僚的でない国家よりも、対外政策の変更は起こりにくいはずである。いかなる合理的基準に照らしても、カナダは民主国家と呼ぶにふさわしい。実際にポリティ・プロジェクト（the Polity project）は、1900～1920年のカナダにPOLITY指標で強靭な民主国家を示す＋9、1921年以降のカナダには最高値の＋10を与えている。しかしカナダ政府は、アメリカやフランス、日本、ドイツのような国の政府と比べると、国内政治および官僚

---

[126] Doern and Tomlin, *Faith and Fear*, pp. 238-242. 以下も参照。Graham Fraser, *Playing for Keeps*; Alan Stewart Frizzell, Jon H. Pammett and Anthony Westell, eds., *The Canadian General Election of 1988*; Granatstein and Hillmer, *For Better or for Worse*, pp. 306-311.

的な考慮事項による制約が比較的小さい。特に政府が下院の過半数に支えられている場合、政府は比較的自由に通常の立法や枢密院勅令〔カナダの成文法の一種で、イギリス国王（女王）の名代である総督の名の下に枢密院が制定する〕によって政策を変更できる。党の規律が強いので、立法府は行政府の意思に多かれ少なかれ従うことになる。上院は厳密にいえば「冷静なる熟慮」の府としての役割から、政府をチェックする機能のようなものを果たす力を持つが、実際問題としては、長年の常道に沿って、下院の多数派に支持される政府の意志を上院がくつがえすことはまずない。上院がマルルーニに自由貿易問題で選挙を行うよう求めたのは、上院が国家の政策形成に積極的な役割を果たした大変珍しい一例だった。またカナダの官僚制が長年拡大してきたことは確かである。たとえば外務省は今でこそサセックス・ドライブの巨大なレスター・B・ピアソン・ビルに居を構え、3000人以上の職員を擁しているが、元の対外関係省（Department of External Affairs）はそれとは比べものにならないほど小さく、1909年の発足時にはバンク・ストリートの床屋の2階にわずか数人の事務職員しかいなかった[127]。それでも他の大規模な先進民主主義国家に比べると、カナダ連邦政府の組織図は簡素である。上層部は比較的自由に行動でき、かなりの程度中央集権的である。多くの政策領域において、政府の行動の自由に対する最大の制度的制約は連邦制それ自体であり、各州には相当大きな管轄権が与えられている[128]。従ってカナダの事例は、ポリティ・プロジェクトの指標と、ここでの関心事である体制や国家の特徴の間に通常見られる相関関係の、唯一の重大な例外である。つまり、20世紀を通じてPOLITY指標で＋9や＋10、XCONST指標で7というのは、カナダ政府の実際の行動の自由に対する制約を誇張しているように思われる（図6.1を参照）。

本章の3つの事例のいずれにおいても、カナダ政府が通商政策を劇的に変

127　John Hilliker, *Canada's Department of External Affairs*, vol. 1.
128　外交問題および通商政策は連邦政府の管轄だが、カナダ政治には協議の規範がますます強まっているため、議会の多数に基づく連邦政府といえども、あらゆる地域の州で必要最小限の支持を得ない限り、なかなか劇的な政策変更をしたがらない。

更するのに、政府内部の力学によって著しい制約を受けたわけではなかった。民主制それ自体が唯一の根本的制約を生み出していた。3つの事例の内の1つ〔1911年〕では、そうする機会があった時には有権者は政府の行く手を阻み、別の事例ではそうしなかった。1948年にキングはアメリカとの互恵協定の問題で国民に信を問わなかったが、残された記録から明らかなのは、有権者が突きつけるであろう困難をキングが予期したことが、このプロジェクトから手を引くという彼の決定に大きな影響を与えたということである。1988年、2つの野党に反対票が分裂したことはマルルーニーにとって幸運だった。自由党も新民主党も保守党より左の立場だと一般に見られていることから考えると、もし選挙戦が二大政党間で戦われたなら、マルルーニーは敗北していたであろうとの結論が強く示唆される。その場合、米加自由貿易協定が締結されなかったかどうかは興味深い問題である。きっといずれの野党も、マルルーニーの手あかにまみれ、かくも精力的に反対してきた協定を推進するのは難しかっただろう。しかし、カナダの特殊な経済的苦境を救い得る妙案は他に見当たらなかったから、結局自由党政権もアメリカとの交渉の場に戻ったのではないか、という議論もできる。実際、1993年に政権に返り咲いた自由党は、自由貿易という保守党のアジェンダを熱烈に支持した。

　本章の3つの事例が仮説1についてどのような意味を持つのかを検討するには、以下のような思考実験がふさわしいだろう。他の条件がすべて同じだとして、もしカナダが独裁国家、あるいは単により高度に官僚的な民主国家であったなら、カナダの一連の自由貿易政策は異なるパターンになっていただろうか。私の考えでは、独裁国家だった場合は相当はっきり現実と異なるパターンを辿っただろうというのが答えである。1911年のローリエは、互恵的貿易の利点を全く疑っていなかったようにみえる。彼は米加協定の反対論者によって指摘されたあらゆる恐怖を根拠がないと一貫して退けた。彼は明らかに、互恵協定がカナダの国益に大いに資することを疑っていなかった。もし互恵協定が成立するかどうかがローリエ次第であったなら、彼は事を進めていただろう。同じことは1988年のマルルーニーについても言える。

これら2つの事例においては、当然のこととして国家の政策の変更が与党の政策の変更から生じていた。1948年の事例になると、話は複雑でよくわからない。キングも1911年と1988年に自由貿易反対論者が指摘した恐怖を幾分抱いていたのは明らかだった。こうした恐怖が、選挙で敗北するかもしれないという恐怖よりも重要だったか否かを判断するのは難しいが、キングがアメリカの動機に明らかに疑念を持ち、大英帝国に愛着があり、またカナダのアイデンティティーと独立をめぐって不安を感じていたことを考えると、どのみちキングは米加協定というプロジェクトを断念していたであろう、というのが私の印象である。ともあれ、これら3つの事例のうち1つでは、結局カナダ政府は自由貿易協定の話を進めなかったにせよ、どの事例においても仮にカナダが独裁国家であったならアメリカとの自由貿易協定の実現可能性が一層低くなったに違いないという議論は想像し難い。

　同様に、もしカナダの国家機構がより官僚的であったなら、3つの事例すべてにおいて、アメリカとの自由貿易の実現可能性が高まったであろうという議論も想像し難い。より官僚的な国家であれば、政府内外の反対が政策決定のあらゆる段階に影響を及ぼす機会が増えていただろう。ひょっとすると、省庁間のコンセンサスをまとめ上げるのに必要な様々な裏取引のために、カナダ政府の統一した交渉方針の形成が、完全に頓挫するとまではいかなくても遅れたり、交渉に必要な柔軟性を弱めて合意可能な内容の幅を狭めたりしていただろう。この傾向をかなり明瞭に示しているのは、以下のような単純な事実である。すなわち、長年にわたってカナダでは国際協定の締結および批准がアメリカよりもはるかに容易であり、それは行政府が国内の利害対立に妨げられる機会が限られているためである。FTA交渉においてカナダ側が焦点の定まった計画的で精力的なアプローチをとったのに対し、アメリカ側は散漫で一貫性に欠け腰が引けていたという相違は、官僚制がもたらす制約の非対称性から相当程度説明できるのは確実である。

　全体的にみて、本章で検討した3つの事例も、仮説1を裏付けるかなり有力な根拠を新たに提供しているように思われる。

　次に仮説2——他の条件がすべて等しいならば、対外政策変更が最も起こ

りやすいのは、政策が何回も繰り返し失敗するか、破滅的な大破綻をきたすか、すぐにでもそうなると指導者が確信したときである——についてはどうだろう。ここでは1948年と1988年の事例が強い裏付けとなっている一方、1911年の場合は重要な点において仮説2の反証となっている。

　アメリカとの互恵的貿易を採用するという1911年のローリエの決定の背景に、政策の失敗はなかった。カナダは非常にうまくやっていた。ローリエは原理原則として自らを自由貿易論者と考え、そうくり返し表明していたが、実際のところはナショナル・ポリシーの擁護者であり、帝国特恵の設計者であった。彼は自分の政策がカナダの利益を損なっているとは考えておらず、ましてやくり返しあるいは破滅的に失敗しているなどとは考えてもみなかった。ゆえに仮説2によってローリエの決定は説明できないし、ローリエの決定も仮説2の期待には当てはまらない。ただし、まったく検証不能とは言え、これが非常に稀な政策変更の事例で、どの程度変更が起こりやすいかという観点から定式化されているため、仮説2が許容している事例なのかもしれない。また確かに仮説2は当てはまっていないようだが、有権者の方はローリエの政策がくり返しあるいは破滅的に失敗していないと判断したからこそ、彼の提案する政策変更を支持しなかった、とするなら、これは仮説2にうまく当てはまる。

　1947年にはカナダは深刻な困難を迎えていた。現状は維持不能だった。どこかで大きな政策変更をしない限り、外貨準備は底をついてしまいそうだった。何か手を打たねばならなかった。通商政策の変更はカナダにとって唯一可能な選択肢ではなかったが、他の魅力的な選択肢の多くが実現するにはアメリカ議会の利他的行動が必要で、それは当時望むべくもないように思われたから、カナダの指導者は通商政策に長期的な解決策を期待した。

　1980年代にカナダの困難はまだ深刻ではなかったが、その傾向ははっきりしていて、政府は現状が間もなく持ちこたえられなくなることを予期していた。彼らの見解では、将来の破滅的な失敗を避けるために、どうにか通商政策を変更しなければならなかった。ここでも二国間の自由貿易が理論上唯一可能な選択肢ではなかったが、正しかったかどうかはともかく、政策決定

者はアメリカとの自由貿易が現実的には最善の選択肢である、と考えるようになった。

　全体として見ると、これらの事例と仮説2から期待されるパターンの適合度は許容範囲内だと思われる。しかし仮説2の根底にある心理的ダイナミクスの観点からしっくりこない事例があるのは興味深い。対外政策の変更が最も起こりやすいのは、それまでの政策がくり返しあるいは破滅的な大破綻をきたした時である、という期待は、そもそも認知心理学および動機論的心理学の知見から来ている。それによると、人は一般的に世界に関する自らの信念や判断が誤っていると認めたり、悪い知らせの責任を負ったり、何かを変更する際に伴うリスクを受け入れたりするのを嫌うとされる。だがローリエはアメリカとの互恵的貿易を受け入れるにあたって心理的に不快を感じていなかったし、マルルーニーが自由貿易を支持した態度はきわめて冷めたものだった[129]。キングだけが自由貿易をめぐって煩悶し、彼はそうした煩悶が自分の置かれた状況によって引き起こされていると理解していた。彼の問題とは自分の失敗ではなかった。3つの事例のいずれにおいても、カナダの首相が自由貿易を支持するようになった（キングの場合は一時的だが）のは、何らかの誤りがあったことを認めたためではなかった。そうすると、仮説2で述べられる心理的ダイナミクスがもっと強力に作用し明白になるのは、感情の高ぶっている状況かもしれない、といういささか挑発的な主張も可能だろう。この問題については、結論でふたたび触れたいと思う。

　仮説3は、他のすべての条件が等しいならば、指導者は利得と損失が同等である限り、利得を得るよりも、損失を回避するために対外政策変更に伴う固有のコストを負担する（そして固有のリスクを受け入れる）傾向がある、と

---

[129] 財務相マイケル・ウィルソンによる後の回想がこの様子をよくとらえている。「1983年の党首選でマルルーニーと私はどちらも自由貿易に反対していた。だから転機となる心変わりがあったわけだが、それは激論の末に生まれたものではなかった。むしろ浸透作用によるもので、これがおそらく我々の試すべきことなのだろう、と考えるようになったのである。それは漸進的な変化であり、ついに我々は、特に保護主義の圧力を考えると、これが我々の進まねばならぬ道だと突然悟ったのだ」。"The Negotiating Process," p. 21.

いうものだった。これの論理的帰結は、不釣合いなほど大きい利得の見込みがあってはじめて対外政策変更の動機が生じそうだ、ということである。1911年と1948年の事例は、この仮説にぴたりと当てはまる。1988年の自由貿易協定の事例はより複雑だ。これら3つの事例はいずれも仮説3を強く裏付けていると思われるが、興味深いことにそれぞれ異なる観点からの裏付けとなっている。

　1911年は本書が検討した中で唯一、利得を得られる見込みが重大な対外政策変更の動機となった事例である。ローリエと自由党は現状が完全に満足できるものと考えており、アメリカとの互恵協定を失敗するはずのない提案と見ていた。一見したところカナダ国内の他の多くの人々も同じ考えであったし、もしこの問題に関するボーデンの日記の中の最初の記述が証拠になるとすれば、彼もまた同じ考えだった。アメリカ市場へのアクセスを改善してほしいと要求するカナダ経済の諸部門は望みがかなうことになるし、アメリカとの競争に不安を覚えるカナダ経済の部門の多くは、その後もそうした競争から保護されることになっていた。客観的な測定基準はないが、ローリエと互恵協定の熱狂的支持者が主観的には潜在的利得がいずれにせよ非常に大きいと理解していたのは明らかである。互恵協定がもたらすのは単なるわずかな利益ではなく、信じられないほどうまい話のようだった。マイナスが生じるリスクは取るに足らないように思われた。例えば精肉業や二、三の他の業界にいくらか小規模の混乱はみられるかもしれないが、大局的に見れば大したことではなかった。その上、一旦協定が手の届くところまで来ると、互恵協定の話を進めないと深刻な損失が発生しそうに思われた。すなわちカナダ西部の農民が怒って反発し、地域的な緊張を悪化させ、まだ比較的新しいカナダのコンフェデレーションというデリケートな制度を引き裂くかもしれなかった。

　合理的選択理論であれプロスペクト理論であれ、人は現状維持あるいは確実に損失が見込まれる選択肢よりも、確実に利得が見込まれる選択肢を選ぶことになっている。本書の理論によれば、もし利得の見込みがわずかであったなら、ローリエはその利得には反応しなかったであろう、ということにな

る。しかしローリエはアメリカとの互恵協定がもたらす利得をわずかとは考えなかったので、彼の選択は、標準的スタイルを持つ合理的選択の説明との単純な勝負では、仮説3の証拠にも反証にもならない。言い換えれば、本書の目的からすると、ローリエの選択よりもその後の出来事の方が興味深い。保守党は大成功したキャンペーンでアメリカとの互恵協定の是非を、満足できる現状を維持するか相当な損失が見込まれる選択を取るのか、という議論の枠組みへと組み変えたので、有権者内だけではなく自由党内の互恵協定に対する支持も浸食され、同党はこの問題で公然と分裂するに至った[130]。互恵支持派に可能な最も強力な主張はアメリカとの協定が経済的利得をもたらすというものであり、反対派は政治的損失が見込まれるという議論でこれに巧妙に対抗した。ボーデンはアメリカに併合されるかもしれない、カナダの独立が失われるかもしれない、大英帝国の紐帯が危険にさらされるかもしれないという感情的な恐怖をうまく利用した。ローリエはこうした恐怖に根拠などない、と論じるのが精一杯だった。しかし経済的利得を擁護する本質的に理性的な議論は、カナダという国の運命そのものに対する本能的な恐怖に対しては無力であることが明らかとなった。

第2の事例は、いずれも損失の恐怖に動かされたイニシアチブと、そこからの180度の方向転換の好例である。1947年には現状が維持できなくなっていたので、キングは通常であればほとんど疑いなく避けたであろう解決策に開き直って飛びついた。しかし一旦通貨危機が収束し、多国間枠組みによってカナダの貿易に関する長期的問題を解決できる可能性が見え始めると、1911年にボーデンが利用したのと全く同じ政治的で感情的な恐怖が優勢になり始めた。これはいかに過去の出来事が指導者のリスクに対する理解を形成するのかを示す興味深い例だが、実際1948年の大詰めの時期に、キングの心にはロー・ポリティクスの潜在的利得がハイ・ポリティクスの潜在的損失に敗北した1911年の前例が、大変重くのしかかっていた。彼は1911年に教訓を学んでおり、それを忘れていなかった。

---

130 Granatstein and Hillmer, *For Better or for Worse*, p. 49.

米加自由貿易協定の例を仮説3と関連づけるのはより難しい。というのも この時自由貿易を支持した人々は、利得を実現するとともに損失を回避する という2つの言説を採用したからだ。これでは交渉における主要人物がこの 問題をいかなる枠組みで議論し、自分たちの見通しをどのように理解してい たかについて正確に把握するのは難しい。

　言説の二重性という問題(the two-discourse problem)にはレトリックと概念と いう2つの側面がある。レトリックの側面は、あらゆる戦線で同時に勝利を 収めることから得られる政治的利益を簡潔に反映している。ある政策変更を 受け入れるように聴衆を説得するには、その変更がたった1つや少数ではな く、多くの理由によって望ましいと論じられる方が有益である。同様に、そ の変更が利益を生み出すと同時にコストを避けると論じられるのが有益であ る。このように反対意見に先手を打つと同時にそれを否定すると、リスク回 避型とリスク受容型の双方を説得しうるのである。運がよければ一石二鳥に なるかもしれないが、ブドウ弾をたっぷり込めた大砲を使えばその仕事は ずっとやりやすくなる。自由貿易の支持派はブドウ弾を思う存分放ったの だ。

　概念上の問題は、経済的福利の指標が目立って重要な場合に、もし適切な 参照点が特定の成長率であれば、絶対的には成長しても依然としてそれが損 失と見えることがある、という事実から生じる。確かに、もし操作的参照点 が期待された損失より大きければ、絶対的な損失も利得と見えることもあ る。自由貿易の支持者は1980年代当時に支配的な政治経済的趨勢を明らか に懸念していたが、彼らは自由貿易を選んだ時とそうでない時の将来を比較 するために、いくつもの異なる参照点を用意した。自由貿易によってカナダ 経済はより豊かになるとはっきり信じており、もし自由貿易を選ばなかった 場合のカナダにおける投資や輸出収益、生産性の絶対レベルとの比較が妥当 なものなら、彼らは自由貿易には利得の見込みがあると論じることができ た。同時に彼らは、自由貿易には海外市場におけるシェア、輸出および投資 を呼び込む機会の喪失を回避する見込みがある、と論じることもできた。カ ナダは自由貿易によって、アメリカ市場への安定したアクセスを獲得できる

し、あるいはアメリカの恣意的で大きな費用を強いられる貿易救済措置を回避することもできるのである。どちらの枠組みも思いのままに用いることができた。だからハリー・イーストマンやリチャード・ハリス、ロナルド・ウォナコットといった自由貿易の支持者の議論は、「米加自由貿易協定への賛成論は、主としてこの二国間協定の下でアメリカの関税障壁が引き下げられれば、大規模なアメリカ市場へアクセスが拡大できる、というカナダの獲得する利得にかかっている」というものであったが、他方でカナダ経済評議会 (Economic Council of Canada) は同協定のチャンスを断念するのは非常に高くつくだろうという論理だった[131]。

自由貿易推進派が自らの主張の根拠とした分析の多くは、中でもマクドナルド委員会の報告のように[132]、もちろん利得の言語と損失を避けるという言語の両方を自由に操っていたが、損失の枠組みでの議論が大勢を占めていた。アメリカとの自由貿易が推進派にとって魅力的だったのは、それによって今の悪い状況が回復されるからであって、今でも良い状況をさらに良くするからではなかった。マイケル・ハートらの研究書が、ケレハー国際貿易相のオプション・ペーパーの直後に行われた会議に関する記述の中で、そうした心情を的確に描いている。

> この会議では現状についての幅広い不満が示された。特に若者たちの間で高い失業率、将来に対する悲観、ふるわない投資実績、成長と新規雇用創出に対する誘因が不足していることなどである。カナダの対米商品貿易収支は黒字であるという事実にもかかわらず、苛立ちが噴出していた。カナダ企業の多くがアメリカの保護主義に対するカナダの脆弱性をいやというほど認識していた。同時に、より大規模な北米市場でも戦っていけるという自信はあるもののアメリカにおける保護主義の高まりに

---

131 John Whalley with Roderick Hill, *Canada-Unites States Free Trade*, vol. 11, p. 44; Economic Council of Canada, *Looking Outward*, p. 117.（斜体は引用者による）
132 Donald S. Macdonald, *Report of the Royal Commission on the Economic Union and Development Prospects for Canada*.

恐れをなす企業が増えていた[133]。

　現状が受け入れ難かったのは、主としてこのままではアメリカの保護主義がさらに高まり、カナダの最も成功している経済部門までを脅かすことになるからだった[134]。G・ブルース・デーンとブライアン・W・トムリンが結論づけたように、「カナダに対米関係の転換点」をもたらしたのは恐怖であった。「アメリカはカナダが圧倒的に依存している市場への安定したアクセスを公然と脅していた。それがカナダの雇用と投資にもたらすものの意味は深刻だった」[135]。

　もちろん、アメリカとの自由貿易交渉はリスクを伴うビジネスだった。自由貿易を支持したドナルド・マクドナルドですら「清水の舞台から飛び降りる」ようなものと形容してはばからなかった[136]。デーンとトムリンが述べたように、マルルーニーは「大きなリスクをとろうとするような首相ではなく、自由貿易にはかなりの潜在的リスクが含まれていた」のである[137]。もし協議が失敗すれば、すでに受け入れがたい程度にまで悪化しているとマルルーニーが非常に心配していた米加関係を、一層悪化させることになっただろう。実際、前任者のトルドーが米加関係とカナダの統一に与えた損害とみられるものを修復できる見通しこそ、マルルーニーがそもそも自由貿易に魅力を感じた何よりの理由であった。

　アメリカとの協議がうまく妥結しても、その合意はきっとカナダ国内を分裂させるようなやっかいな議論を引き起こすはずだった。そうしたリスクを最小限にすべく、マルルーニー政権はある種の問題をアメリカとの議題から外すよう交渉チームに指示した。社会政策はその1つであり、文化もそこに含まれた[138]。カナダ代表団の一員であったビル・ディモンは、「もし文化問

133　Hart, Dymond, and Robertson, *Decision at Midnight*, p. 76.
135　Doern and Tomlin, *Faith and Fear*, p. 17. 以下も参照。White, *Fur Trade to Free Trade*, p. 151.
136　Doern and Tomlin, *Faith and Fear*, pp. 53-54.
137　Ibid., p. 9.
138　以下を参照。Drover, ed., *Free Trade and Social Policy*.

題を合意から外さなければ、アメリカとの合意には至らないだろうと考えられていた」と回想している。

　もしカナダ文化に関する例外を設けなければ、カナダ国民はFTAの利益（この枠組みの選択は興味深いので注意してほしい）を放棄する覚悟だろう。……小麦や軟材に関する論争なら、一般的には利害のある選挙区からの非難ですむが、文化の問題は国家全体の感情を刺激し、扱うのに特にやっかいなものとなる。しかしこうした点をアメリカ側に納得させるのは大いに難しい。それらが穏当なものであっても、文化産業を守る我々の政策がカナダの通商協定への参加に必要な対価であることをアメリカは理解しないのだ[139]。

　デーンとトムリンの研究の根拠は、これまでの研究の中で政策決定者に最も肉薄して得られたものであるが、自由貿易協定を求めるというマルルーニーの決定にとって議論の枠組みの立て方がいかに重要であるかについて、興味深く挑発的な解釈をしている。長くなるがその値打ちはあるので引用したい。

　閣僚たちにとってカナダが直面する中心的問題とは、主要市場への安定したアクセスであった。アメリカとの包括的な通商協定は、政治的には微妙であったとしても、この問題に対する魅力的な通商政策上の解決策であった。しかし、もし当面の問題が主に競争力の低い製造業の観点から定義されていたなら、自由貿易はカナダ経済に突然冷や水を浴びせることになり、こうした産業上の政策を提案することはずっと高いリスクを伴う冒険と見られていただろう。しかしこのような純然たる経済的事実はマルルーニー首相にきちんと説明されなかった。彼は通商担当の高

---

[139] William A. Dymond, "Cultural Issues," p. 114; Duncan Cornell Card, "Canada-U.S. Free Trade and Canadian Cultural Sovereignty."

官から二国間自由貿易をめぐる経済的分析の包括的説明を一度も受けていなかったのだから。アメリカとの自由貿易をめぐる問題で、マルルーニーに対しどのような議論の枠組みが用いられたかを知るのは、普段ならば慎重なこの首相がかくも大きな賭けに打って出ることになった理由を説明するのに役立つ。通商政策としては、自由貿易を実施すればアメリカ市場への安定したアクセスが見込まれた。国内政治上のリスクもあるにはあったが、カナダの主要貿易市場において保護主義的な嫌がらせが軽減する見通しがあったから、そうしたリスクを冒す値打ちもあったはずだった。しかし産業政策としては、貿易障壁の撤廃は新たな市場の獲得という可能性を提供するものの、産業上の潜在的損失という犠牲を伴うものだった。自由貿易という選択肢は、マルルーニーに対する説明の際に安定した市場アクセスの損失を回避する手段であるという枠組みが用いられたため、普段ならば大きなリスクをとるのを嫌う政策決定者により受け入れやすいものになった[140]。

もしこの分析が正しければ、首相補佐官がアメリカとの自由貿易をカナダの競争力向上という利得の枠組みよりも、むしろ保護主義的な嫌がらせの軽減の見込みという損失回避の枠組みで説明したことによって、マルルーニーには自由貿易という選択肢がいっそう明らかに魅力的なものと映ったのだった[141]。

こうしてみると、保守党の自由貿易政策は仮説3を支持している[142]。〔では〕自由貿易の反対論からは、何も学べるものがないのだろうか。米加協定

---

140 Doern and Tomlin, *Faith and Fear*, p. 34.
141 ギルバート・ウィンハムはデーンとトムリンの書評の中で、彼らの議論はカナダが妥協の紛争処理メカニズムで手を打つべきではなかったと示唆しているがゆえに信じがたい、と言っている。ウィンハムによれば、米加交渉の結果はカナダの競争力向上が主要な動機であったという想定により合致している。Winham, "Faith and Fear." しかしウィンハムの異議は推論によるものであり、デーンとトムリンの説明の方はインタビューのデータに基づいており、マイケル・ウィルソンの回想にも裏付けられている（本章注129参照）。

支持派は反対論者を（FTAという事例についても通商政策一般についても）主として知識不足であると退け、彼らの恐怖に根拠はないと主張するが、そうした恐怖が口先だけのものだと考える理由はあまりない。1980年代に自由貿易を恐れた人々の理由は、1911年に自由貿易を恐れた人々と、あるいは1948年に同様の感情を抱くようになったキングらとさえさほど変わらないものだった。カナダの社会政策や健康保健制度、そして環境への懸念が、いずれにせよかなり前からほぼ無意味なまでに希薄になっていた大英帝国との紐帯に対する懸念に取って代わったのかもしれなかった。しかし根底にある、カナダの存在そのもの、ならびにアメリカとは異なる政治的共同体としての特質という問題の重要性は依然として突出していた。

しかし1911年と1988年の自由貿易をめぐる大論争には、2つの重要な違いがあった。第1に、ローリエがアメリカとの互恵協定に打って出ることをカナダ国民に説得しようとしたのは、現状が国家全体にとって完全に満足できる時であった。マルルーニーの仕事はずっと簡単だった。彼がアメリカとの自由貿易協定に打って出るのを国民に説得しようとしたのは、現状が暗澹たる様相の時だったからである。第2に、1980年代には比較的少数のカナダ人しか自由貿易が厳密な意味でカナダの存在そのものを危険にさらすとは恐れていなかった。カナダは困難な時代の真っ只中にあり、ますます困難な時代に突き進むように見えたが、1988年には〔ローリエの時代にアメリカによる併合の恐怖をあおった〕チャンプ・クラークはいなかったし、かなり長い間そうした人物は登場していなかった。とうとうカナダは自由貿易に関してアメリカを信用できるだけの自信を持つようになったのである。

カナダ史には多くの皮肉があるが、1911年に思い切ってヤンキーとの取引を支持した自由党のローリエの互恵協定の夢を最後に実現したのが、保護主義的なナショナル・ポリシーを設計したマクドナルドの伝統を継ぐマルルーニーと保守党であったというのも、なお一つの皮肉である。

142　目下アメリカの通商政策は我々の関心ではないが、1987年9月、FTAを頓挫させないようアメリカが必死に行動する際、突然の深刻な損失の見込みが果たした重要な役割を思い起こす価値はある。

第6章 結論

> 国際関係理論が世界の出来事を100パーセント説明することは決してない。優れた学術的理論でも、実は世界で現実に起こっていることの半分くらいしか説明できはしない
>
> ——ケネス・ポラック、The Threatening Storm

　本章では、本書がこれまで示してきた理論の成績を全体的に評価し、その利点と欠点を検討するとともに、本書の理論が広く国際政治理論に持つ意味を考えたい。その上で、政策決定者にどのような実践的意義があるかについても簡単に言及しよう。そうすることで、いかなる国際関係理論もすべてを説明することはできないという、ケネス・ポラックのまったくもっともな主張を、再確認することになるだろう。実際のところ、世界で起こっている出来事の半分も説明できている理論を寡聞にして知らないので、国際関係に関する優れた学術的理論は存在していないということになるのかもしれない。しかしもし半分というのが適切な基準で、しかも本書で選んだ事例が代表的なものなら、ここで展開した理論は十分にその基準を満たすかもしれない[1]。
　私は、どの程度厳格な議論を望むべきかは、主題に応じて決めるべきだと

---

1 もちろん私の取り上げた事例が、代表性の問題をクリアしていると主張しているのではない。どのように事例を選ぼうとも、それが一般的な性格を代表するという保証はない。

表6.1 全体的成績

仮説	不適合	曖昧もしくは不確定	適合
1. 国家の特徴		ヴェトナム戦争(1973年)	フォークランド／マルビナス島 北方領土 ヴェトナム戦争(1965年) 米加互恵通商協定(1911年) 米加自由貿易協定(1948年) 米加FTA(1988年)
2. 失敗の認識	米加互恵協定 (1911年 行政府)	北方領土	フォークランド／マルビナス島 ヴェトナム戦争(1965年) ヴェトナム戦争(1973年) 米加互恵通商協定(1911年 選挙) 米加自由貿易協定(1948年) 米加FTA(1988年)
3. 利得か損失か		北方領土	フォークランド／マルビナス島 ヴェトナム戦争(1965年) ヴェトナム戦争(1973年) 米加互恵通商協定(1911年) 米加自由貿易協定(1948年) 米加FTA(1988年)

主張してきたが、その立場を維持しつつ、各々の事例と3つの仮説が合致しているかどうかについてある程度幅のある評価をした上で、さらに本書の理論の性能を一般的にどのように評価できるか考えるのが最も適切だと思われる。事例はそれぞれ複雑なものなので、その解釈について一定の議論の余地が残ることは避けられない。よって理論の適合度を正確に計測する物差しを作ろうとすると、ますます論議を呼ぶことになる。だがこういった議論にこだわると、全体としてこの理論が許容できる程度に期待に応えているかどうか、というより重要な問題を見失ってしまうことになる。こういう理由から、ここでは単に理論の適合度を、「適合」「不適合」、「曖昧もしくは不確定」と分類すれば十分だと考える。表6.1が私の下した評価である。この表を作るにあたって、私は安全を優先して控えめな評価をする原則を採り、疑わしい場合にはその事例を「不適合」あるいは「曖昧」と分類し、理論の成功を誇張する危険を冒さないようにした。以下に私が採用した分類を、もう少し詳しく説明しよう。

仮説1は、民主的な体制を持つ高度に官僚的な国家では、独裁的な体制を持つあまり官僚的でない国家よりも、対外政策の変更は起こりにくいはずである、というものだった。どの程度官僚的なのかという判断は、どのみち不正確でおそらく相対的なものでしかない（この点については後段で触れるが、絶対的な尺度はない）。不完全ながら、代わりになりそうのものとして、ポリティ・プロジェクトのデータセット——XCONST変数——があるが、第2章で論じたように、概念的な理由からも解釈上の理由からも、この取り扱いは要注意である。POLITY変数は、本書で示したカナダの例のように、ある政府にどれくらい自由な行動の余地があるのかについては誤った印象を与えるものの、ある体制が特定の年にどれくらい民主的か権威主義的かを測定したものとして広く受け入れられてはいる。我々の判断の精度には明らかに限界がある。しかし、事例の比較においては、対外政策の背景にある議論の過程を追跡したり、対外政策に作用している惰性を識別したりすることで、ある国家や体制の特徴によって、変化が可能になったり制限されたりしたかどうか結論を導くことはできる。

　本書では、劇的な変更が実際におこったのが、政府機構による制約が不十分で、ある程度それが起こりやすい条件があったためであるような事例を複数、おそらく官僚的にも国内政治的にも制約が大きすぎて劇的変更が起こらなかった事例を1つ、そして官僚的、国内政治的な制約が長期にわたって劇的変更を妨げてきたが、最終的にはそれを許してしまった事例をいくつか取り上げた。

　最初のカテゴリに属する事例としては、アルゼンチンがフォークランド／マルビナス島をめぐるイギリスとの領有権争いに決着をつけるため、1982年に武力を行使する決定をした事例、そしてカナダが1988年にアメリカとの二国間自由貿易協定を受け入れた事例があげられる。アルゼンチンのフンタ（軍事評議会）は、アルゼンチンの対外政策を事実上思いのままに決めることのできる主体で、政府内や国内政治上いかなる集団に対しても責任を取る必要はなかった。島の占領が実際始まってから、ようやく軍内部での政争が

始まり、それによって、哀れなアルゼンチン部隊がイギリスの機動部隊によって制圧されつつある間も和平交渉の障害になったが、これは将校団全体を交渉に関与させようというフンタの意識的決定の結果だった[2]。官僚的制約のない独裁的政権の例として、これよりはっきりしたものを思い浮かべることは難しい。カナダがFTAを受け入れた例はこれとは大いに相違しており、その点が興味深い。カナダの国家機構は、アルゼンチンよりも高度に官僚的であることは間違いないが、アメリカや日本に比べればその程度はずっと低い。実際、カナダはG8諸国の中で最も非官僚的で、西側の先進自由民主主義諸国の中でも、国の規模に比して最も非官僚的である。といっても民主主義国であり、FTAの締結が可能になった条件に、カナダの民主主義の興味深い特徴があった。それは1988年が、第1位の候補者が当選する単純小選挙区制をとる3党並立の時期だったことである。1911年の場合とは対照的に、FTA反対派は2つの政党に分かれていたため、FTAを推進していた政府与党は得票率では43パーセントに過ぎなかったにもかかわらず、過半数の議席を獲得して政権の座に就くことができた。もしアルゼンチンで決定に関与する主体や利害関係者がより多くても、イギリスとの領土問題を解決しようと武力行使に出る可能性が同じ程度か、あるいは一層高まったであろうと論ずるのは難しいので、フォークランド／マルビナス島の事例は「適合」と分類しよう。実のところ著者も、この事例は非常によく適合していると考えている。第5章で論じたように、自由貿易関連の3つの事例はいずれも仮説1を支持するが、上述のカナダ民主主義のやや風変わりな特徴の効果がこの3つの事例の結果に作用しているので、この事例の適合度についてはより慎重に評価すべきだと思われる。

　北方領土の事例は劇的変更が起こらなかった事例で、おそらくある程度は官僚的な理由か、国内政治的な理由でそれが不可能だったと考えられる。日

---

[2] その目的はもちろん、交渉の結果がいかなるものであれそれに正統性を与えることであり、交渉過程に正統性を与えることではなかった。フンタとしては、こうすることで、起こりうる失敗の責任を分散させて薄めようとしていたと解釈するのが安全であろう。Haig, *Caveat*, p289; *Times of London*, 5 May 1982, p. 10.

本は、劇的な政策変更に反対する国内の強力な規範、とりわけ軍事力を使用するわずかな可能性にも反対する規範に厳しく拘束されている「弱い国家」であり、日本の指導者は争点となっている島の返還を精力的に訴える以外の選択肢を考慮しようとしなかった。以上の理由から、この事例も仮説1を支持するものである。しかし、北方領土問題で日本に作用している惰性には様々な原因があり、国家や体制の性格は単にそのうちの2つに過ぎないことに注意を払っておくことは大切であろう。この場合、惰性には多数の原因があって、過剰決定状態だと考えられる。コンストラクティビスト的にこの紛争を分析すると、日本の選択の範囲を制約している歴史に根ざした規範の役割の重要性を指摘することになろう。日本の軍国主義および帝国主義の記憶は、地域的にも国内的にも「適切性をめぐる論理」を強化し、それによってアルゼンチンの指導者の目には抗しがたく魅力的に映った選択肢はもちろん、それよりずっと穏健な一群の選択肢も〔日本にとっては〕問題外だったからである。リアリスト的な分析なら、日本が北方領土問題をめぐって事態を不安定化させたがらないことを説明するために、日本がアメリカの安全保障の傘の下にある冷戦の最前線に位置する国家であることを指摘するだろう。両者の分析には、それぞれの長所がある。

　ヴェトナム戦争のケースは概ね仮説1に適合する。なぜなら、これがアメリカでひとたび政策が形成されると、「粘着力」が生ずることをよく示しているからである。戦争をアメリカ化したことは重大な政策変更だが、それは経済援助、政治的支持、軍事的助言や軍事物資でサイゴン政府を補強することによってなんとかやっていこうと長期間苦労した挙げ句の変更だった。アメリカの政治機構は、より早い時期に戦争をアメリカ化することにも、またリンドン・ジョンソンが「尻尾を巻いて逃げる」と呼んだことにも、抵抗するように作用した。だが一旦ある政策にコミットしてしまうと、1965年までには失敗が明らかになっていた政策を放棄しにくくしたのとまったく同じ官僚機構や国内の政治力学によって、1973年までには失敗が明らかになった新たな政策も放棄が難しくなったのである。合衆国憲法の起草者たちは、わざわざ政府が劇的な政策変更をしにくくなるように制度設計をしていた

図6.1 体制と国家の特徴

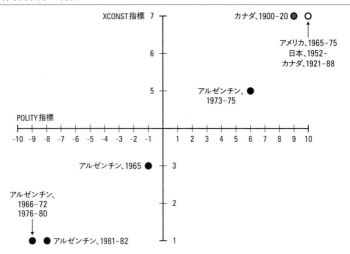

が、ヴェトナム戦争の実例からみると、制度は設計通りに機能したようである。仮説1の観点から見てヴェトナム戦争の性格で厄介な点は、1972年の大統領選挙が近づくにつれ、ニクソンが早々に政策変更の必要性を感じるようになったことである。もし国内政治や官僚機能からの制約がなかったら、ニクソンがもっと早期に尻尾を巻いて逃げ出していたか、それともさらに長く武力行使に固執していたかは判然とし難い。しかし、この事例では、民主的政治が劇的な政策変更を妨げるというよりも、むしろそれを促した可能性があるので、この事例は曖昧もしくは不確定と評価しよう。

図6.1を見ると、仮説1は大いに妥当している印象を受けるが、事例に対する私自身の解釈は、通観すると、どうやらこれは本書の理論全体の中で、最も退屈で価値の低い要素であるらしいということである。無論このように述べたからといって、この仮説が間違っていると言いたいわけではない。ここでの事例を全体的に見ると、政府機構のありかたと、指導者にとって惰性を克服するのがどれくらい容易か、という点が関係していると思われる。国家と体制の性格を検討すれば、対外政策の劇的変更がどの程度ありそうか

を判断する際に、得るものがありそうである。だが、仮説1の着想の基礎となっている理論本体は、惰性からの逸脱ではなく、惰性そのものの説明の一部を構成するものとして、より重要かつ興味深い。それに対して仮説2と3は惰性からの逸脱そのものを説明する手がかりになるものであり、仮説1はそうではない。その上、たとえより多くの、より望ましい事例が利用できる理想的な条件で仮説1から政策変更の頻度について明確な判定をしようとしても、強い結論を導き出せるわけではない。そもそも我々の関心事に照らして考えると、提示した事例のばらつきが非常に限定的である。図6.1を見れば判るように、ほとんどの事例が民主主義度でも行政府に対する制約度でも、高い値が与えられる右上の象限にかたまっている。たとえカナダを加えて、日米加の政治システムの微妙な相違を見るのが適切という判断から、カナダを日米よりも官僚化の程度を低いと評価したとしても、独裁国家の事例はアルゼンチンのたった1つしかない。このように仮説1にとっての独立変数のばらつきが限られているとともに、事例のほとんどで劇的変動があったのだから、従属変数のばらつきも限られている。加えて第3に、事例から政府が対外政策を変更するのに経験した「容易さ」や「困難」を判断することができても、反実的な思考実験に依存してそういった判断をする限り、政策変更の「容易さ」や「困難」は、仮説の定式化で用いられている「頻度」の概念の代理変数としては不完全なものであろう。言い換えれば、表6.1で、多数の事例を「適合」の欄に入れたからといって、仮説1が本書の理論の最大の付加価値であると言おうとしているわけではない。全く逆である。

　仮説2は、対外政策変更が最も起こりやすいのは、政策が何回も繰り返し失敗するか、破滅的な大破綻をきたすか、すぐにでもそうなると指導者が確信したときである、というものであった。この仮説の根拠となっているのは、人々は誤りを認めたり、大破綻の責任をとったり、不確実性を前にリスクを冒したりすることに抵抗をおぼえるという認知心理学や動機論的心理学の洞察であった。心理的なメカニズムで補強された惰性を打ち破るには、それが実際に経験したものであれ、予期されるものであれ、大きな苦痛が必要なのである。我々の事例のうち5つがこの仮説に適合し、1つが曖昧もしく

は不確定で、1つが特別に取り扱う必要があると判断された。

フォークランド／マルビナスの事例は、このことを強く裏付ける材料である。なぜなら、アルゼンチンのフンタは、外交はそれまで繰り返し失敗しており、将来も失敗し続けそうであり、それでいて失敗はそのときも将来も全く許容不可能だと結論を出していたことが明らかだからである。アルゼンチン側が区切りとなる期日（イギリスによる領有150年記念）と認識していたタイミングが近づいていたこと、そしてチャンスがますます限られていると考えたことで、彼らの切迫感は強まった。

ヴェトナム戦争をめぐる2つの事例も、長期にわたる失敗の記録が、政策変更の動機として重要なことを見事に表している。どう見ても、そもそも悪かった事態が一層悪化している否定しがたい証拠を突きつけられたリンドン・ジョンソン大統領は、1965年、どれをとっても悪い選択肢ばかりだがその中では最もましだと思われる道を選んだ。その後継大統領として、この戦争に勝利することはできないし、戦争をつづければ損害が大きいと確信したリチャード・ニクソンは、結局尻尾を巻いて逃げたのである。

カナダでは、ひどい国際収支危機という辛い経験をしたことで、マッケンジー・キング首相がそうでなければ考えられなかったであろうアメリカとの二国間自由貿易協定について真剣に検討するようになったが、経済問題を解決する新たな代案と、ローリエの1911年の大失敗の再演という2つの見通しが浮上したことに加え、突然危機状態が緩和したことによって、再び自由貿易協定から遠ざかった。その後カナダ経済の競争力の弱体ぶりとアメリカの気まぐれな通商上の措置によって、1980年代に経済的大破綻に陥るのではないかと恐れたマルルーニー政権によって、改めて自由貿易協定が追求されるようになった。

北方領土の事例は曖昧である。一方では日本の指導者も、そして間違いなく日本国民も、この問題に関する現在の政策に何の効果もないことを理解していたという点に疑問の余地はない。だが仮説2の観点からすると、彼らが政策変更に昔も今も本質的に何の興味も示さないのは驚くべきことである。こういった無関心は様々な形で説明できる。そのうち日本では惰性が作

用するには十分すぎるほどの理由がある、過剰決定状態だったという、最も重要だと思われる説明については、すでに述べた通りである。それでも、このケースに対して本書の理論は、少なくとも重大な政策変更を模索するはずだと予測するが、そういったことはまったく見られない。他方で、日本の対北方領土政策は明白に失敗してきたし、一般にそのように認識もされているが、それでも興味深いことにそれは大破局とは見なされておらず、一般国民の間にもエリートの間にもこの先一大破局が起こるという感覚はない。こう考えると、まずは仮説2の期待に概ね沿うものと言って良いのかもしれない。

　1911年のカナダの事例は、特殊な取り扱いが必要である。ここでは、分けて考えるべき2つの決定がある。アメリカと互恵協定を結ぼうとするローリエの決定と、それを批准しないという選挙民の決定である。ローリエの決定の方は、失敗という認識が全くないのに大きな政策変更が起こったのだから、理論に「不適合」である。選挙民がローリエと互恵協定に反対したのは、それとは逆に総じて「適合的」である。カナダ人は、今はいい時代で現在の政策はうまくいっているという点で、ローリエに同感だったのである。仮説2は実際「壊れていないのなら、修理するな」という態度を予測しているのである。

　このような訳で仮説2はかなり適合的である。しかし適合的と判断した事例のすべてが、この仮説の基礎となっている強力な心理的動因の作用を証明しているわけではない。実際の武力行使が関係している事例と1948年の米加自由貿易協定の事例においてのみ、政策決定者が進行中か、すぐにも起こりそうな大破局に直面するのではないかという全面的な心理的苦痛を経験していることを観察できる。このことが示唆するのは、仮説2は実際には劇的な対外政策の変更が安全保障分野で起こる際、あるいは［軍事・安全保障分野のいわゆる］ハイ・ポリティクスにおける重大問題が関係する際、それを説明したり予期したりするのにより有益だということである。こういった問題は、政策決定者はより直接的かつ突然に苦渋の選択に直面するが、選択次第で大きな得失の相異が生じ、重大な利益や費用が生ずるかもしれないため、そこ

には少なくとも知性と同じくらい感情の問題が深く関係するのである。全般的にいって貿易の事例ではこうはならない。だが感情の問題なったとき、つまり政策決定者が国家の自立や政治的アイデンティティといった基本的価値に関係していると見始めたとき、そこにも感情が関係するようになり、仮説2がまさに起こるはずだと予測するような形で、彼らもその思考過程で感情的になるのである。ハイ・ポリティクスの事例と［安全保障以外問題以外の経済問題などのいわゆる］ロー・ポリティクスの事例で、感受性の閾値が異なるかもしれないが、それは本書で定式化した仮説2が認めているものではないし、許容している結果ではない。実際にそうなのか、また仮説を精緻化するべきなのかを決めるには、より詳しい研究が必要であろう。

　私の事例の解釈では、全体的に見ると仮説3が最も興味深く重要である。仮説3は、他のすべての条件が等しいなら、指導者は、利得と損失が同等ならば、利得を得るよりも、損失を回避するために対外政策変更に伴う固有のコストを負担する（そして固有のリスクを受け入れる）傾向があるというものであった。その当然の帰結として、利得の場合は非常に不釣り合いな利得が得られる見込みがあってはじめて、対外政策変更の動機となるのである。惰性が作用しそうだということと、突然の変更の説明の両方を、それ自身が提供する。ここでは6つの適合的な事例があり、1つは適合とも不適合ともはっきりしない。そして完全に不適合の事例はない。

　仮説3はリスク受容傾向についてプロスペクト理論から着想を得ているが、実際のところそれがプロスペクト理論そのものから派生したわけでも、厳密に応用したものでもないということを思い返すのは重要である。ここで検討した事例で指導者たちが直面した「将来見通し(prospect)」は、受け入れ可能な状態を定める主観的に同定された参照点に即して見たとき、ありそうな損得についての主観的判断であり、それは典型的な印象論である。それは、意味のある数字を割り当てることのできる、客観的に知りうる将来見通しではない。そのため、本書の事例のいずれもが、いかなる興味深い観点においても、プロスペクト理論の「テスト」にはなっていない。ただ全体として、ある種の参照点から見るとプロスペクト理論の中核的洞察はしっかりし

ており、人々は利得を確保するためよりも損失を避けるために、あえて危険を冒すというこの理論の一般的主張を例証してはいる。

　フォークランド／マルビナスの事例は、アルゼンチンの指導者のリスクに対する態度をよく示している。ただ興味深いことに彼らの思考に関する調査・分析からは、希望的観測のためか、単に視野狭小に陥っていたためなのか、武力行使の結果、相手がどのように反応するかを予想できなくなっており、自分たちが冒しているリスクを途方もなく過小評価していたという事実が浮かび上がってくる。しかし彼らは、自分たちの行動が賭であることはよく理解しており、自分たちが損失の領域、それも非常に損失の大きな部分に置かれていると認識していたからこそ、これに賭けてみてもよいと思ったのである。損失を回避したり、食い止めたり、取り戻したりするのは、両方のヴェトナムの事例、自由貿易の後半2つの事例において関係者の支配的言説のありようであった。事実「利得の可能性」という言葉は、1911年の互恵協定と1988年の自由貿易協定の事例でしか出てこないし、後半の事例でもそのような言い回しは、主として一般国民向けに自由貿易を売り込む際、登場するにすぎない。そういった場合には、考えられる限りの論拠を持ち出して自分の主張を裏付けようとするのである。ヴェトナムの事例両方と自由貿易の後半2つの事例では、政策決定者はリスクを伴うと自分たちも理解している行動をとり、受け入れがたい現状を我慢のできるものにしようとしたが、これは仮説3の期待通りである。

　1911年の事例については、ここで特別な関心を払う価値がある。なぜならそれは、本書で検討した事例で唯一、政策決定者が利得の見込みによって重大な政策変更を選んだものだからだ。仮説3は利得を追い求めて重要な政策が変更される可能性を排除しているわけではなく、単にわずかな利得の見込みには鈍感になるという非対称性を予測しているに過ぎないので、ローリエが、互恵協定は純粋に画期的なものになる見通しがある、と認識していたとしてもハードルをクリアできる[3]。これによって、カナダの選挙民がローリエの判断を支持しなかったことも、了解可能になる。保守党は、互恵協定によって深刻な政治的損失が起こりそうだと主張することで、議論の枠組み

を変えることに成功した。選挙民は、次の政権をどの政党が取るかという点を除けば、現状変更には利益を見いだせなかっただけなのである。

　北方領土の事例は、一見したところ仮説3に適合しない。というのは、主観的には明らかに損失の領域で行動してはいるが、日本の指導者は比較的少ないリスクしか冒していないからだ。1990年代に北方領土を返還させられるという見込みで熱気が頂点に達したときですら、政治的資源を浪費したうえに、一心にこの問題を解決しようとして他の主要国(とりわけロシアとアメリカ)をいらだたせたが、日本が外交を放棄したことは一度もなく、ロシアに何らかの強要をすることについて、たとえ穏健な形でさえ、真剣になったことはおろか、可能性を検討したことすらない。確かに、この事例は仮説3と不適合である。しかし以下の2点を考慮すると、ここでもっとも適当な判定は、不確定ということになるだろう。第1に、日本側は過去も現在も、損失の枠組みで行動していたことは確かだが、1982年のアルゼンチンのフォークランド／マルビナスの事例のような、切迫した状態にはなかった。日本は50年以上にわたって、島を失ったことに不満ではあったが、50年以上にわたって禁欲的に耐えてきたし、早期に取り戻さなければ、島の返還が永遠に手の届かないところに行くという認識もなかった。言い換えれば、区切りの出来事がなく、より良い代替的選択肢もないとすると、やや特異な形で、効果がないと判っていても同じ政策を続けて様子を見ることにも我慢できるようになるのである。アルゼンチンの指導者たちの主観的な認識と比べると、日本の指導者たちにとって、彼らの無益な島が失われていること自体は、そこまで苦痛を伴うものとは感じられなかったのである。第2に、現状が同じ程度に我慢ならないものだったとしても、アルゼンチンの指導者の方がより積極的にリスクを冒すであろうことを説明するのに、仮説1が役立つ。2つをあわせて、図2.2にあった仮説的な蓋然性曲線を修正して図6.2とし、そこから我々があくまで近似的 (heuristic) な形で判断をすると、どのようにし

3　すでに前章で議論したとおり、この事例の場合は、仮説3と様式化された (stylized) 合理的選択理論は、同じ行動を予言する。

図6.2 仮説的な蓋然性曲線

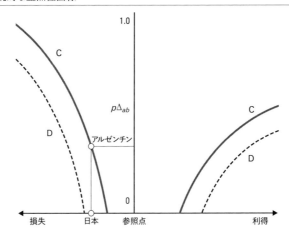

て両事例ともに仮説3と適合するのかが理解できる。しかしフォークランド／マルビナスの事例は2つの中でよりハッキリしているので、また北方領土の事例の方が解釈をめぐる議論の余地が大きいので、フォークランド／マルビナスを「適合」、北方領土を「曖昧」と評価するのが無難である。

　つまり全体的に見れば、本書の理論はまずうまく機能しているということになる。大多数の事例が、最も意味のある形で理論と適合しているのである。諸事例は、惰性が作用しそうだということ、対外政策が断続的な形で均衡することを立証し、こういった傾向が組織論や心理学的な考慮を組み合わせることによって了解可能なものとなることを示している。3番目の仮説に一番価値があり、1番目のものが最も見劣りするが、それでもそれぞれが、我々がこれまで見てきたパターンを理解する上で、幾ばくかの助けになっている。

　そうは言っても、事例と理論の間にギャップがあることとともに、理論の厳密性、正確性、そして実際的な応用可能性について、それぞれ限界があることを強調しておきたい。問題の所在については随時言及してきたので、これ以上詳述することは避けるが、こういった点をしっかりと評価しておくこ

とは、国際関係に科学的にアプローチする際にどれくらいのことを期待できるか、また実務家にとって国際関係論一般が現実的にどれくらい役立つと期待できるかを考える際に重要なので、なるべく明確に区分しておきたい。

まず事例と理論とのギャップだが、本書の理論が、理想的には理論の範囲内で処理すべき多くのことを、外生的なものとして取り扱っていることは明らかである。指導者たちの特定の国益観（選好といってもよい）、彼らの主観的な参照点がどこにあるのか、自分たちの操作的参照点と比較して現状を描写するために彼らが用いる枠組み、こういったことはすべて、理論の枠内におかれなくてはならないが、どれも理論それ自身の中には見いだせない。そうしようとすれば、理論を活用する際に必要となる情報量が増大するのは明らかだし、操作化も難しくなる。かつて木村昌人と共同執筆した論文において私は、これは不可避であり、こういった様々な事柄は前提としたり一般化したりするのに適していないと論じた[4]。しかしながら、ギャップはギャップであって、そのために、一般理論としての包括性が損なわれている。

第2に、この理論は指導者たちの思考にとって重要な役割を果たす、彼らの特定の認識や、性格や、判断の背後にある一般的なパターンや過程には惰性が作用する、という期待を、限定的な形で支えているが、こういったことそれ自身は理論の射程の範囲外とされている。たとえば指導者たちが、フォークランド紛争の場合はスエズ動乱やローデシア紛争、ヴェトナム戦争の場合は朝鮮戦争やミュンヘン会談という具合に特定の歴史的類推を行い、そうしなければ解釈不能な、自分たちが直面している曖昧かつ不確実な状況を解釈したこと、そしてそういった類推が彼らの選択に非常に大きな影響を与えたことを確認した。どの出来事を類推するかは、ある程度恣意的で、別の類推をしていれば全然異なった判断に至ったかもしれない。おそらくこれらの事例のすべてで、岐路となる決定は非常に経路依存的であり、それ以前のやりとりの記録に意識的に反応したことが示されている。指導者の属性、思考パターン、経路依存性といった上記の諸要素はいずれも、かなりフォー

4　Kimura and Welch, "Specifying 'Interests'".

マルかつ抽象的な形で定式化されているこの理論には、まったく含まれていない。理論を実際に活用するためには、これらの要素を理論の枠内に収めることが重要だし不可避だが、ここでも情報がより多く必要とされるという難点があり、難しい問題を惹起する。

　第3の点は、予測に際してとりわけ効果的なデータは、区切りの出来事がどれくらい際立っているかということである。これがあると指導者たちの心の中に切迫感が醸成され、具体的な行動予定が決まる。区切りの出来事が重要だというこの考え方は、本書の理論に影のようにつきまとっているが、これは理論を構成している仮説から定式化されてはいない。また筆者には、どうやったらそうできるか判らない。ここでも一連の外生的データがあってはじめて、理論が機能するようになっているのである。

　最後に、この理論の論理は、言うなればいささか経済学的で、機械論的であり、功利主義的である。この理論の目的は、劇的な政策変更が起こりそうな場合を知る手がかりを得ることであり、それは利得、損失、費用、利益、成功、失敗、制約、そして機会といった用語によって説明されている。劇的な政策変更の手がかりになるよう、より社会学的な、あるいは記号論的な立論をすれば、規範、間主観的意味、象徴、文法、適切性の論理といった言葉で理論は語られることになるだろう[5]。第3章では実際にこういったことは、領土問題に関する、アルゼンチンの行動とは好対照の日本の受動的姿勢を説明するのに、非常に重要な役割を果たすのではないかと示唆しておいた。こう考えると、よりコンストラクティビスト的起源が濃厚な別の対外政策変更の理論の方が、少なくともここで提示した理論よりも妥当する可能性はあるだろう。

　ギャップの問題はこれくらいにして、概念的あるいは実践的な他の限界はどうだろうか。

　まず計量基準の問題から記すのが、順当だろう。ここでの理論を語るの

5　この点について、私にとって特に示唆的なのは、ずばりこの目的を意識しているわけではないにせよ、以下の文献である。Jennifer Milliken, *The Social Construction of the Korean War* および、Wendt, *Social Theory of International Politics*.

に、「長期」にわたる惰性、「有意な」損失や利得、「比較的」官僚的な体制といった語を用いた。重要な対外政策の変更の可能性を、理論の「従属変数」と呼びたくなる人もいるだろうが、厳密に言えば、その枢要な2つの次元、つまり「可能性」と「重要性」の両方で計測不可能である。客観的で意味のある物差しがなければ、この理論を、科学的に最も望ましい形で定式化することもテストすることもできない。この限界はどれほど深刻なのだろうか。これは致命的なのだろうか？

確かにこれは深刻な限界と考えられる。この理論、および説明的あるいは予測的な国際関係理論全般を用いて、どこまでのことを主張できるかについて、我々はつねに謙虚でなければならない。しかし、これがまだ致命的ではないと考えるに足る理由が2つある。客観的な物差しという問題は国際関係論全体につきまとう問題であって、これを理由に国際関係論全体を無理な試みだとして投げ出すのならともかく、この理論だけが他の理論に比べて問題が深刻というわけではない。フォーマルな数学的表現がなされ計量的にテストされる理論ですら、計量基準に問題を含むのが普通である。同盟、軍備競争、戦争、制度、レジーム、そして協力などをテーマにする諸理論は、すべて実際には完全には確かでないことを、十分に頼りにできるものとして取り扱うことで成立している。勢力均衡とはいったいどういうことなのか、どうしたら判るのだろうか？[6] 武器の数が果たして軍事力を正確に表しているのだろうか？ 民主主義国の「民主主義度」に数字をつけることは本当に意味のあることなのだろうか？ 不正確さは、国際関係論にとって、目に見えないが自然界には必ず存在する自然放射線のようなものである。我々にできることは、単に最善を尽くしてこれに対処することであり、こういった限界を踏まえて、現実的な達成水準を弁えることではないか。

もちろん計量基準の問題は他の理論には致命的でなくとも、この理論には

---

[6] 私の知る限りもっとも工夫された国力を計量化しようとする試みであるレイ・クラインの研究も、概念的な問題に加えて測定上の問題も抱えている。Ray S. Cline, *World Power Assessment 1977*; Cline, *World Power Assessment*; Chine, *World Power Trends and U.S. Foreign Policy for the 1980s.*

致命的なのかもしれない。幸運なことに、本書の理論は物事の絶対値ではなく相対的な重みについての判断に依存しており、ゆえに計量基準の問題は大きく軽減される。多くの関係する判断、たとえば指導者個人の判断は確かに主観的なもので、言い換えれば分析者の判断ではないし、それは注意深い歴史研究を通じて入手可能な、指導者自身による報告という形で我々にも利用でき、信頼性が高い。政策が変化しない期間の「有意な」長さ、あるいは私が惰性と呼んだものは何か。それは完全な情報を持った合理的主体が全く制約のない条件下でなら選んだ現状維持の期間より、長い期間を意味しているに過ぎない。「有意な」対外政策変更とは、部分的な修正や漸進的な調整ではなく、過去との思い切った決別であると指導者自身が理解したものを指す。苦痛をともなう損失、あるいは重大なコストとは、単に指導者が非常に重視したもので、その意味で軽微な損失や軽微なコストと区別され、苦悩や焦燥を表す言葉ですぐに表明されるものである。高度に官僚的な国家とは、より単純な構造の国家との対比でそのように見える。もし相対的な判断が難問を処理してくれるのなら、意味深い立派な計量ができなくとも事態は処理できる。確かにこれは制約ではあるが、致命的ではない。

　計量基準の問題と補完的関係にあるのが測定評価の問題である。計量基準の問題は、理論を評価し、利用するために我々が下す特定の判断に、どれくらい自信をもってよいのかという問いへ自ずとつながる。もし2人の分析者が類似の判断に至らなければ、事例の解釈は分析者ごとに特異なものということになり、理論構築の営みそのものが無意味になる。政治研究の事例研究には常に、いわゆる「中間的解釈者（intercoder）」の信頼性の問題がつきまとう。それは、さほど目立たないにせよ、長年にわたる歴史の研究についても言えることであり、読者によっては、歴史研究における解釈や判断をあまりにも印象論的で受け入れられないと感じられる時もある。重要なことは、限界を認めることであろう。ここでの事例研究は、あくまで筆者自身による証拠の解釈であることは間違いなく、それが実現可能な最善のものかどうかという問いに、そうだと絶対の確信をもって断言することはできない。ただし、私は世間に広く認知されている大勢の専門家と自由に接してきたので、

私が提示した解釈は大体において私の特異なものではない。しかし結局の所それは私の解釈であり、正統的な解釈であれば不可避的に正統的解釈のバイアスや誤りがあるし、もしそれが非正統的であれば、今度は私自身の解釈のバイアスや誤りを反映するだろう。我々は決してバイアスや誤りを取り除けると確信できないし、そして言うまでもないことだが、よしんばバイアスや誤りがなくとも、自分の解釈に完全な自信を持つのにちょうど都合の良い類いの情報を得ることも、まず確実にあり得ない。これもいわば自然放射線のような不確実性の一部だが、この研究が他の社会科学の研究に比べてとりわけ致命的というわけでもなく、ここで展開した事例の解釈も、それぞれの価値に応じて成立したり成立しなかったりするということで満足すべきだと思う。

　第二次世界大戦後、アメリカの政治学界に行動主義革命が起こった頃には、国際関係理論に高い期待を抱く人々がいて、彼らは自然科学を政治学が倣うべきモデルと見なしたが、こういった期待は非現実的だ。我々には自然科学者が経験しているような正確性や、自然科学者の研究対象にあるような受動的で扱いやすい性質は、手の届かない贅沢である（おそらく自然科学者ですら、こういった贅沢を、彼らが望んでいるほどに享受していないだろうが）。我々は自然界の現象と社会現象には重要な相異があること、そして社会科学がより重大な困難に直面していることを認めねばならない。しかし困難があり、限界や制約がいささか強いとしても、この理論の妥当性は相当高いので、一般的で適用範囲の広い国際関係理論を求める試みは、まちがっていないと考えられる。そもそも国際政治について、我々が一般的に何かを語れるのかを問うこと自体有益かもしれないという思惑から、国際政治全般の分析に供するツールを作ってみることにも値打ちはある。これまでうまくいかなかったからと言って、そうした試み全体を放棄すべきだということにはなるまい。重要なことは簡単で、国家がどんな目的を持ち、どんな行動をするのかについて一般的パターンを追い求めるのではなく、どのような条件下で違った行動を起こす可能性が高く、目的がなんであれ、どのようにしてそういう決定を下すのかを解明しようとすることなのである。もし図6.1が信頼できる指標なら、少なくとも世界で起こっていることの半分は説明できる「優れた学術

的理論」がある、と考える理由がたしかにあることになろう。

　最後に、この理論の実践的意義について見てみよう。これは本質的に非常に大きな問題に発展しうるし、いずれにせよ本書を通じて私の議論は相当直截にこの問題に言及しているので、ここでは網羅的にではなく、比較的簡潔で示唆的な総括をしたい。まず情報分析上の意味と、交渉上の意味とに区別するのが有益だろう。情報面で私が言うべきことは、戦略的警報と関連しているので、安全保障の領域でより効用がある[7]。交渉面では、主として交渉の時期の成熟度と「抵抗ライン」に関するもので、領域の如何を問わず国際交渉について妥当する事柄である[8]。

　本書の理論は劇的な政策変更がまれで、それは利得の機会が認識される時よりも、(現在あるいは将来の見込みとして)損失が認識される時に起こりやすいことを予測している。第2章で説明したように、この理論の範囲条件によって、機会主義者、冒険家、リスク追求型の人物や、誇大妄想狂や文字通りの狂人は範囲外とされる。つまり本書の理論は、多数派を構成する一般的な政策決定者についてのものである(これは理論の一般性に対する重大な制約で、この理由から「準一般理論」と呼ぶべきかもしれない)。理論から得られる洞察を劇的な政策変更を予測するために利用する際、情報分析者がしなければならない最初の仕事は、分析対象国がこの理論を適用するのが適切な種類の国か否かを決めることである。情報機関は普通、外国の指導者の個人情報を収集し、彼らの基本的な特徴を評価しようとしている。本書の理論は、ヒトラーの行動を予測するのには適していない。ヒトラーに関しては別の指標の方がうまく

---

[7] 戦略的警報についての文献は意外にも限られているが、とりわけ重要なものに、以下の文献がある。Richard K. Betts, "Surprise Despite Warning"; Lebow, "Deterrence and Threat Assessment"; Leonard S. Spector, "Strategic Warning and New Nuclear States"Roberta Wohlstetter, *Pearl Harbor*. 私と同僚のジェームズ・ブライト(James Blight)は、キューバミサイル危機に注目して、ここでできたよりもやや深くこの問題について考察している。"The Cuban Missile Crisis and Intelligence Performance".

[8] 交渉の成熟度についての文献はいろいろある。たとえば、Diane B. Bendahmane and John W. McDonald, eds., *Perspectives on Negotiation*; Conflict Research Consortium, University of Colorado, "Good Timing"; Christopher R. Mitchell, "Cutting Losses"; I. William Zartman and Maureen R. Berman, *The Practical Negotiator*.

いくだろう。実際にこういった類いの政策決定者の行動は、とりわけ予測するのが難しい。ヒトラーのような人物は、現状の秩序を過激な形でひっくり返そうとするリスク追求型の機会主義者なので、自分の意図を公電で明らかにしたりしないからである。

　一般的なタイプの政策決定者といえども、やはり自分の意図は隠そうとするかもしれない。その人物が、政策の劇的変更が必要かつ不可避で、それに対する抵抗があると確信している場合にはなおさらそうだろう。欺瞞や不意を突くことに明らかな戦略的有利性もある。しかしながら、一般的なタイプの政策決定者が、ヒトラーとは好対照に、ゲームの最初から適切な戦術として不意打ちで行こうと決めていると思い込むべきではない。どちらかと言えば惰性が初期的条件であるそうした決定者は、不満があると、意識的か無意識かはともかく、自分たちの認識する苦境を挽回しようとして、外交や他の比較的コストの低い伝達方式を通じてシグナルを送るのが普通である。そのためアルゼンチンの指導者は、軍事力の行使という選択を真剣に考えるようになる前、何十年間もイギリスとの領土紛争を解決しようとして外交的手段をとり続けていた。サダム・フセインはクウェートの指導者に対して、何ヶ月もの間、イランイラク戦争の時の債務を帳消しにさせようとしたり、クウェート国境にあるワラバおよびブビヤンの両島を割譲させようとしたり、国境をまたいで存在するラナラ油田からの原油採掘を中止させようと、甘言を弄したりしつこく言い寄ったりした。このかなり長い期間に、アルゼンチンとイラクの指導者は、彼らのスポークスマンとともに、かなりきつい言葉遣いで明瞭に自分たちの不満を語っていた。両者の言い分には、彼らの我慢にも限界があり、捨て鉢になってきている様子が明らかに示されていた[9]。両方の事例で、情報機関の分析者はシグナルが執拗で切迫性を帯びてきたこ

9　サダム・フセインの事例では、クウェートに対する不満の表現はますます偏執的になった。実際、フセインのクウェートに対する主張はアメリカとイスラエルに対する恐怖と大きく関係していたようである。アルゼンチンについての詳細は3章で論じた。イラクの事例については、たとえばPollack, *The Threatening Storm*, pp. 26-36, Stein, "Deterrence and Compellence in the Gulf, 1990-91"を参照のこと。

との持つ重大性を見落としたようだが、それは相手も自分と同じように考えているだろうと想像する傾向、つまりミラーイメージングと抑止に対する自信のためだった。イギリスの情報分析者は、アルゼンチンの指導者も自分たち同様の世界観を持っていて、イギリスにとって軍事力行使を黙認するのがどれほど耐えがたいのかをよく理解しているので、そんな行動を起こすはずがないと感じていた。フンタの意識を理解すること、言い換えればフンタに共感(empathize)することができなかったので、イギリスの分析者は、アルゼンチンが大声で怒鳴りちらしても、それは戦術であり本気ではないと考えたのである。1990年に西側の分析者は、本質的には同様の理由で、フセインについても類似の結論を出したのである。

　本書の理論が示すところに従うと、武力行使の可能性を評価するために分析者はどのような手がかりに注目すべきなのだろうか。次の質問は、一定の実用的な手引きとなるだろう。

① 問題となる国の指導者たちは、自分たちの関心事項を(欲求ではなく)必要に迫られたものとして表現しているか？
② 彼らは、進んで(利得ではなく)現在もしくは将来の損失を示す言葉遣いをしているか？
③ 彼らは、現状を(単に不利であるというのではなく)耐えがたく受け入れ不能なものと表現しているか？
④ 彼らは、自制を失って自暴自棄気味の感情的な表現をしているか？
⑤ 彼らは、今後の区切りの出来事について語っているのか？　とりわけそれを自分たちの不満を解決するための期限だとしているか？
⑥ 要求は絶対的で妥協の余地のないものか？
⑦ 妥協や、部分的な譲歩、交換条件による取引で解決を打診したりすると、(関心を示すのではなく)怒り出さないか？
⑧ 彼らに行動の自由はあるか、それとも厳しい官僚的制約や政治的制約の、両方あるいはいずれかの下で行動しているのか？

こういった問いは情報分析者が相手国の主観的な観点を再構成し、とりわけ参照点と行動枠組み（つまり利得か損失かということ）を識別するのに役立つ。これによって、相手の意識を想像するという純粋な「共感」を持つよう促されるし、抽象的な近似的演繹（たとえば合理的な抑止理論）を根拠にすると起こりがちな、重要な兆候の否認を戒めることにもなるだろう。また分析者が、もし指導者たちが決断した場合には、どれくらい容易に行動を起こすことができるかを評価する助けにもなる。

　本気の主張や表現とはったりを区別することは、常に情報分析者が直面する難しい仕事であり、いかなる理論も魔法のような解決にはならない。だが長年にわたる情報活動の失敗から言えると思われるのは、はったりを真に受けることよりも、本気を真に受けないことのほうが失敗の原因としてより普通であり、根本原理から演繹するよりも、相手に対する共感を意識的に涵養する努力、そしてとりわけ国際紛争についての他者の観点を再構成することの方が、正確かつ有用な評価につながるということである。本書の理論が、行動の傾向について一般的で汎用性のある洞察を与えることに加えて、上記のような努力を促すなら、共感の重要性と、通常タイプの指導者の方が一般的であるという2つの点で戦略的警告についても重要な貢献をするかもしれない。

　交渉について本書の理論は、すでにその分野の理論が長年にわたって把握してきたことを再確認するくらいで、あまり新しく付け加えるものはない。それは、交渉による解決の機が十分に熟しているかどうか、最も有利な解決になるかどうかを知るには、他者の観点を詳しく再構成することができること、とりわけいつ相手が取引をする気になっているかがわかると有益だということである[10]。現在の、あるいは差し迫った苦しい損失があると、たしかに交渉意欲は高まる。これによって、交渉相手は現状が少しましか、まったく我慢可能な場合には、それまでなら受け入れなかった多少不利な条件を受け入れるようになるかもしれない。言い換えれば、現在あるいは差し迫った

10　Zartman and Berman, *The Practical Negotiator*, pp. 66-78.

苦しい損失によって、相手の「抵抗ライン」、つまりなんとか我慢できるぎりぎりの条件も移動するかもしれない[11]。戦略的警告を担当している情報分析者の準備として有益な問いは、交渉者にとっても交渉の見込みを評価する上でも役にたつ。

　損失と利得の枠組みが非対称であることから導き出せるのは、どのような枠組みを採用するかが明らかに重要である（前章で見た貿易の事例がこのことを見事に描き出している）という点に加え、交渉者は、可能性のある取引の枠組みを、最も合意しやすい形で設定するよう努力すべきであるということである[12]。言い換えれば、よき交渉家はしばしば議論の枠組みを設定する才能がある人物である。これもまた、交渉理論における新しい洞察とは言えない。そもそも交渉理論は、本書が参考にし着想を得たのとまさに同じ諸理論から、本書よりもはるか以前に洞察を吸収しているのである。

　実際、こういった理論が交渉や仲介の分野で実践的に成功していることこそ、対外政策の変更という一般的問題にその洞察を応用すべきだという議論の根拠として、おそらく最有力のものである。ここでの試みにある本質的制約や限界にもかかわらず、国家の運営が国際政治の科学的研究から利益を得てはいけないという理由はないと思われるし、本書の探求が、国際政治の科学的研究プロジェクトに対する、強まりつつある懐疑論の再考につながることを望んでいる。本書の冒頭で述べたように、そういった懐疑論は、国家の行動に対する一般理論を求めてうまくいかなったことへの反動であり、それ自体はもっともである。しかし国家の行動一般を説明したり予期したりすることは、必然的な理由があって処理不能だし、結局のところそれに答えることはさして重要でもない。我々は国家の行動一般を説明したり予期したりする必要はない。その必要があるのは、政策の逸脱についてなのである。懐疑論に対する最善の解決は、よくあることだが、単純に少しばかり異なった問いを立てることなのである。

11　国際交渉に関する関連の議論としては、Gordon Alexander Craig and Alexander L. George, *Force and Statecraft*, pp. 163-178を参照のこと。

12　Welch, *Decisions, Decisions*, pp. 138-141.

参考文献リスト

"A Gentle Breeze of Change Blows through Japanese Defence," *Jane's Defence Weekly*, 15 July 1995, pp. 20-21.

Access USA: Setting the Agenda for Negotiating a New Trade Pact, Financial Post Conferences in Association with Air Canada, the Prince Hotel, Toronto, Thursday, April 25, 1985 (Toronto: Financial Post, 1985).

Achen, Christopher, and Duncan, Snidal. "Rational Deterrence Theory and Comparative Case Analysis," *World Politics*, vol. 41, no. 2 (January 1989), pp. 143-169.

Adler, Emanuel, and Michael Barnett. *Security Communities* (Cambridge: Cambridge University Press, 1998).

Adler, Emanuel, and Peter M. Haas. "Conclusion: Epistemic Communities, World Order and the Creation of a Reflective Research Program," *International Organization*, vol. 46, no. 1 (Winter 1992), pp. 367-390.

Akaha, Tsuneo, and Takashi Murakami. "Soviet/Russian-Japanese Economic Relations," in *Russia and Japan: An Unresolved Dilemma between Distant Neighbors*, ed. Tsuyoshi Hasegawa, Jonathan Haslam, and Andrew C. Kuchins (Berkeley: University of California Press, 1993), pp. 161-186.

Allison, Graham T. *Essence of Decision: Explaining the Cuban Missile Crisis* (Boston: Little, Brown, 1971).【邦訳】グレアム・T・アリソン、宮里政玄訳『決定の本質――キューバ・ミサイル危機の分析』(中央公論社、1977年)。

"Alternatively, Harakiri," *Economist*, 4 July 1992, pp. 33-34.

Ambrose, Stephen E. *Nixon* (New York: Simon & Schuster, 1987).

Anaya, Jorge I. "Malvinas: La Guerra Justa," *Boletin del Centro Naval*, vol. 110, no. 766 (April 1992), pp. 252-293.

Anderson, Craig A. "Abstract and Concrete Data in the Perseverance of Social Theories: When Weak Data Lead to Unshakable Beliefs," *Journal of Experimental Social Psychology*, vol. 19, no. 2 (March 1983), pp.93-108.

Anderson, Craig A., Mark R. Lepper, and Lee Ross. "Perseverance of Social Theories: The Role of Explanation in the Persistence of Discredited Information," *Journal of Personality and Social Psychology*, vol. 39, no. 6 (November 1980), pp. 1037-1049.

Archer, Jules. *Ho Chi Minh: Legend of Hanoi* (New York: Crowell-Collier, 1971).

Arrow, Kenneth J. *The Limits of Organization* (New York: Norton, 1974).【邦訳】ケネス・J・アロー、村上泰亮訳『組織の限界』(岩波書店、1976年)。

Axelrod, Robert M. *The Evolution of Cooperation* (New York: Basic Books, 1984).【邦訳】R．アクセルロッド、松田裕之訳『つきあい方の科学──バクテリアから国際関係まで』（ミネルヴァ書房、1998年）．

Axelrod, Robert, and Robert Keohane. "Achieving Cooperation under Anarchy: Strategies and Institutions," *World Politics*, vol. 38, no. 1 (October 1985), pp. 226-254.

Bajanov, Evgueni. "Assessing the Politics of the Korean War, 1949-1951," *Cold War International History Project Bulletin*, no. 6-7 (Winter 1995/1996), pp. 54, 87-91.

Baldwin, David A., ed. *Neorealism and Neoliberalism: The Contemporary Debate* (New York: Columbia University Press, 1993).

Ball, George W. *The Past Has Another Pattern: Memoirs* (New York: Norton, 1982).

───. "Top Secret: The Prophecy the President Rejected," *Atlantic Monthly*, January 1972, pp. 36-49.

Balthazar, Louis. "Les Relations Canado-Américains," in *De Mackenzie King à Pierre Trudeau: Quarante Ans de Diplomatie Canadienne, 1945-1985*, ed. Paul Painchaud (Québec: Les Presses de l'Université Laval, 1989), pp. 251-274.

Barlow, Maude. *Parcel of Rogues: How Free Trade Is Failing Canada* (Toronto: Key Porter Books, 1990).

Beaulieu, Eugene, and J. C. Herbert Emery. "Pork Packers, Reciprocity, and Laurier's Defeat in the 1911 Canadian General Election," *Journal of Economic History*, vol. 61, no. 4 (December 2001), pp. 1083-1101.

Beck, Peter. *The Falkland Islands as an International Problem* (London: Routledge, 1988).

Bell, Nancy E. "Negotiating on Precedent: An Analysis of the Nexus between Auto Pact Success and FTA Implementation," *International Studies Notes*, vol. 23, no. 2 (Spring 1998), pp. 17-28.

Bellah, Robert N. "Legitimation Processes in Politics and Religion," *Current Sociology*, vol. 35, no. 1 (Summer 1987), pp. 89-99.

Bendahmane, Diane B., and John W. McDonald, eds. *Perspectives on Negotiation: Four Case Studies and Interpretations* (Washington, DC: Center for the Study of Foreign Affairs, 1986).

Berger, Thomas U. "From Sword to Chrysanthemum: Japan's Culture of Anti-Militarism," *International Security*, vol. 17, no. 4 (Spring 1993), pp. 119-150.

Berman, Larry. *Planning a Tragedy: The Americanization of the War in Vietnam* (New York: Norton, 1982).

Bernstein, Steven F. *The Compromise of Liberal Environmentalism* (New York: Columbia University Press, 2001).

Bernstein, Steven, et al. "God Gave Physics the Easy Problems: Adapting Social Science to an Unpredictable World," *European Journal of International Relations*, vol. 6, no. 1 (March 2000), pp. 43-76.

Berti, Anna Emilia. "The Development of Political Understanding in Children between 6-15 Years Old," *Human Relations*, vol. 41, no. 6 (June 1988), pp. 437-446.

Berton, Pierre. *The National Dream: The Great Railway, 1871-1881* (Toronto: McClelland and Stewart, 1970).

―――. *The National Dream: The Last Spike* (Toronto: McClelland and Stewart, 1974).

Beschloss, Michael R. *Taking Charge: The Johnson White House Tapes, 1963-1964* (New York: Simon & Schuster, 1997).

Betts, Richard K. "Surprise Despite Warning: Why Sudden Attacks Succeed," *Political Science Quarterly*, vol. 95, no. 4 (Winter 1980-81), pp. 551-572.

Bird, Kai. *The Color of Truth: McGeorge Bundy and William Bundy: Brothers in Arms* (New York: Simon & Schuster, 1998).

Black, Duncan. *Voting in Committees and Elections* (Cambridge: Cambridge University Press, 1958).

Blainey, Geoffrey. *The Causes of War* (New York: Free Press, 1973). 【邦訳】ジェフリー・ブレィニイー、中野泰雄・川畑寿・呉忠根訳『戦争と平和の条件：近代戦争原因の史的考察』(新光閣書店、1975年)。

Blight, James G. "Red, White and Blue Blood," *Washington Post Book World*, 1 November 1998, pp. 1, 11.

―――. *The Shattered Crystal Ball: Fear and Learning in the Cuban Missile Crisis* (Savage, MD: Rowman & Littlefield, 1990).

Blight, James G., Bruce J. Allyn, and David A. Welch. *Cuba on the Brink: Castro, the Missile Crisis, and the Soviet Collapse* (New York: Pantheon, 1993).

Blight, James G., and David A. Welch. "The Cuban Missile Crisis and Intelligence Performance," in *Intelligence and the Cuban Missile Crisis*, ed. James G. Blight and David A. Welch (London: Frank Cass, 1998), pp. 173-217.

―――, eds. *Intelligence and the Cuban Missile Crisis* (London: Frank Cass, 1998).

―――. *On the Brink: Americans and Soviets Reexamine the Cuban Missile Crisis*, 2nd ed. (New York: Noonday, 1990).

Blyth, Mark. "Structures Do Not Come with an Instruction Sheet: Interests, Ideas, and Progress in Political Science," *Perspectives on Politics*, vol. 1, no. 4 (December 2003), pp. 695-706.

Boettcher, William A., III. "Context, Methods, Numbers, and Words: Prospect Theory in International Relations," *Journal of Conflict Resolution*, vol. 39, no. 3 (September 1995), pp. 561-583.

―――. "The Prospects for Prospect Theory: An Empirical Evaluation of International Relations Applications of Framing and Loss Aversion," *Political Psychology*, vol. 25 no. 3 (June 2004), pp. 331-362.

Booth, Ken. "Security and Emancipation," *Review of International Studies*, vol. 17, no. 4

(October 1991), pp. 313-326.

"Boris, about Our Islands," *Economist*, 31 August 1991, pp. 30-31.

Bothwell, Robert, and John English. "Canadian Trade Policy in the Age of American Dominance and British Decline, 1943-1947," *Canadian Review of American Studies*, vol. 8, no. 1 (Spring 1977), pp. 52-65.

Bridges, Brian. "Japan: Waiting for Gorbachev," *Pacific Review*, vol. 4, no. 1 (1991), pp. 56-62.

Bueno de Mesquita, Bruce, David Newman, and Alvin Rabushka. *Forecasting Political Events: The Future of Hong Kong* (New Haven: Yale University Press, 1985).

Bullitt, William. "The Saddest War," *Life*, 29 December 1947, p. 64.

Bullock, Alan. *Hitler: A Study in Tyranny*, abr. ed. (New York: Harper & Row, 1971).【邦訳】アラン・バロック、大西尹明訳『アドルフ・ヒトラー（1・2）』（みすず書房、1958-60年）。

Bundy, McGeorge. *Danger and Survival: Choices about the Bomb in the First Fifty Years* (New York: Random House, 1988).

Bundy, William. *The Tangled Web: The Making of Foreign Policy in the Nixon Presidency* (New York: Hill and Wang, 1998).

Burney, Derek H. "Present at the Creation: The Canadian Side," in *Building a Partnership: The Canada-United States Free Trade Agreement*, ed. Mordechai E. Kreinin (East Lansing: Michigan State University Press, 2000), pp. 9-18.

Burns, Jimmy. *The Land That Lost Its Heroes: The Falklands, the Post-War, and Alfonsin* (London: Bloomsbury, 1987).

Buttinger, Joseph. *A Dragon Defiant: A Short History of Vietnam* (New York: Praeger, 1972).

―――. *Smaller Dragon: A Political History of Vietnam* (New York: Praeger, 1958).

―――. *Vietnam: A Dragon Embattled* (New York: Praeger, 1967).

Buzan, Barry, Ole Wæver, and Jaap de Wilde. *Security: A New Framework for Analysis* (Boulder: Lynne Rienner, 1998).

Caldwell, Dan. "Bureaucratic Foreign Policy-Making," *American Behavioral Scientist*, vol. 21, no. 1 (October 1977), pp. 87-110.

―――. *Henry Kissinger, His Personality and Policies* (Durham, NC: Duke University Press, 1983).

Call, Keith A. "Southern Kurils or Northern Territories? Resolving the Russo-Japanese Border Dispute," *Brigham Young University Law Review*, vol. 1992, no. 3 (Summer 1992), pp. 727-758.

"Calmer Waters: Ambitious Plans May Transform Contested Islands," *Far Eastern Economic Review*, 30 August 1990, pp.28, 30.

Calvert, Peter. "The Malvinas as a Factor in Argentine Politics," in *International Perspectives on the Falklands Conflict: A Matter of Life and Death*, ed. Alex Danchev (New York: St.

Martin's, 1992), pp. 47-66.

Camerer, Colin F. "Individual Decision Making," in *The Handbook of Experimental Economics*, ed. John H. Kagel and Alvin E. Roth (Princeton: Princeton University Press, 1995), pp. 587-703.

Canada, Department of External Affairs. *Canada-U.S. Trade Negotiations: A Chronology* (Ottawa: External Affairs Canada, 1987).

———. *Documents on Canadian External Relations*, vol. 14 (Ottawa: Queen's Printer, 1948).

———. *How to Secure and Enhance Access to Export Markets* (Ottawa: External Affairs Canada, 1985).

———. *The Canada-U.S. Free Trade Agreement* (Ottawa: External Affairs Canada, 1987).

———. *The Canada-U.S. Free Trade Agreement: Synopsis* (Ottawa: External Affairs Canada, 1987).

———. *The Canada-U.S. Free Trade Agreement: Tariff Schedule* (Ottawa: External Affairs Canada, 1987).

Canada, Parliament. *House of Commons Debates, 1910-1911*, vol. 2 (Ottawa: Queen's Printer, 1911).

Card, Duncan Cornell. "Canada-U.S. Free Trade and Canadian Cultural Sovereignty," LL.M. thesis, University of Toronto (1987).

"Carrots for Gorbachev: Japan Finds Its Voice on Soviet Aid Issue," *Far Eastern Economic Review*, 25 July 1991, p. 13.

Chan, Steve. "Rationality, Bureaucratic Politics and Belief Systems: Explaining the Chinese Policy Debate, 1964-66," *Journal of Peace Research*, vol. 16, no. 4 (1979), pp. 333-347.

Charlton, Michael. *The Little Platoon: Diplomacy and the Falklands Dispute* (London: Basil Blackwell, 1989).

Clark, Gregory. "Japanese Emotionalism Surfaces in the Northern Territories Issue," *Tokyo Business Today*, vol. 60, no. 11 (November 1992), pp. 12-14.

Clarke, Richard A. *Against All Enemies: Inside America's War on Terror* (New York: Free Press, 2004).【邦訳】リチャード・クラーク、楡井浩一訳『爆弾証言：9・11からイラク戦争へ：すべての敵に向かって』（徳間書店、2004年）。

Clarkson, Stephen. *Uncle Sam and Us: Globalization, Neoconservatism, and the Canadian State* (Toronto: University of Toronto Press, 2002).

Clifford, Clark. "A Vietnam Reappraisal: The Personal History of One Man's View and How It Evolved," *Foreign Affairs*, vol. 47, no. 4 (July 1969), pp. 603-622.

Cline, Ray S. *World Power Assessment: A Calculus of Strategic Drift* (Washington, DC: Center for Strategic and International Studies, Georgetown University, 1975).

———. *World Power Assessment 1977: A Calculus of Strategic Drift* (Boulder: Westview, 1977).

———. *World Power Trends and U.S. Foreign Policy for the 1980s* (Boulder: Westview, 1980).【邦訳】レイ・S・クライン、伊藤皓文訳『世界の「軍事力」「経済力」比較：アメリカの世界戦略データ '80年代』（学陽書房、1981年）。

Clippingdale, Richard. *Laurier, His Life and World* (Toronto: McGraw-Hill Ryerson, 1979).

Cloughley, Brian. "Bring the Boys Home from the Kuriles, Too," *Far Eastern Economic Review*, 7 July 1988, pp. 28-29.

Cohen, Raymond. *Threat Perception in International Crisis*, (Madison: University of Wisconsin Press, 1979).

Committee on the Present Danger. *Can America Catch Up? The U.S.-Soviet Military Balance* (Washington, DC: The Committee on the Present Danger, 1984).

Conflict Research Consortium, University of Colorado. "Good Timing: Identifying 'Ripe' Times for Negotiations." http://www.colorado.edu/conflict/peace/treatment/idripe.htm (1998).

Conover, Pamela J., and Stanley Feldman. "How People Organize the Political World: A Schematic Model," *American Journal of Political Science*, vol. 28, no. 6 (February 1984), pp. 95-126.

Cooper, Chester L. *The Lost Crusade: America in Vietnam* (New York: Dodd, Mead, 1970).

Craig, Gordon Alexander, and Alexander L. George. *Force and Statecraft: Diplomatic Problems of Our Time*, 2nd ed. (New York: Oxford University Press, 1990).【邦訳】ゴードン・A・クレイグ、アレキサンダー・L・ジョージ、木村修三・五味俊樹・高杉忠明・滝田賢治・村田晃嗣訳『軍事力と現代外交：歴史と理論で学ぶ平和の条件』（有斐閣、1997年）（原著第3版の邦訳。なお同書の第4版である Paul Gordon Lauren, Gordon A. Craig, Alexander L. George. Force and Statecraft: Diplomatic Challenges of Our Time, 4th ed. [New York: Oxford University Press, 2006] が刊行されており、ポール・ゴードン・ローレン、ゴードン・A・クレイグ、アレキサンダー・L・ジョージ、木村修三・五味俊樹・高杉忠明・滝田賢治・村田晃嗣訳『軍事力と現代外交：現代における外交的課題』[有斐閣、2009年] として邦訳もされている）。

Crocker, Jennifer. "Judgment of Covariation by Social Perceivers," *Psychological Bulletin*, vol. 90, no. 2 (September 1981), pp. 272-292.

Crocker, Jennifer, Darlene B. Hannah, and Renee Weber. "Person Memory and Causal Attributions," *Journal of Personality and Social Psychology*, vol. 44, no. 1 (January 1983), pp. 55-66.

Cuff, Robert. "The Conservative Party Machine and Election of 1911 in Ontario," *Ontario History*, vol. 57, no. 3 (September 1965), pp. 149-156.

Cuff, Robert D., and J. L. Granatstein. *American Dollars – Canadian Prosperity: Canadian-American Economic Relations, 1945-1950* (Toronto: Samuel Stevens, 1978).

———. "The Rise and Fall of Canadian-American Free Trade, 1947-8," *Canadian

Historical Review, vol. 58, no. 4 (December 1977), pp. 459-482.

"Customs Union with Canada: Canada Needs Us and We Need Canada in a Violently Contracting World [Editorial]," *Life*, 15 March 1948, p. 40.

Cutler, A. Claire, and Mark W. Zacher, eds. *Canadian Foreign Policy and International Economic Regimes* (Vancouver: UBC Press, 1992).

Cyert, Richard Michael, and James G. March. *A Behavioral Theory of the Firm* (Englewood Cliffs, NJ: Prentice-Hall, 1963).【邦訳】R・M・サィアート、J・G・マーチ、井上恒夫訳『企業の行動理論』(ダイヤモンド社、1967年)。

Daalder, Ivo H., James M. Lindsay and James B. Steinberg. *The Bush National Security Strategy: An Evaluation* (Washington, DC: The Brookings Institution, 2002), pp.1-9.

Dabat, Alejandro, and Luis Lorenzano. *Argentina: The Malvinas and the End of Military Rule*, trans. Ralph Johnstone (London: Verso, 1984).

Dallek, Robert. *Flawed Giant: Lyndon Johnson and His Times, 1961-1973* (New York: Oxford University Press, 1998).

Dalyell, Tam. *One Man's Falklands...* (London: Cecil Woolf, 1982).

De Vita, Alberto A. *Malvinas 82: Como Y Por Que* (Buenos Aires: Instituto de Publicaciones Navales, 1994).

Dearden, Richard G., Debra P. Steger, and Michael Hart, eds. *Living with Free Trade: Canada, the Free Trade Agreement and the GATT* (Halifax: Institute for Research on Public Policy, 1989).

Desmond, Edward W. "The Screen of Steel: Russia's Military Still Considers the Kuriles Indispensable, Even with the End of the Cold War," *Time*, 25 October 1993, p.26.

Dessler, David. "What's at Stake in the Agent-Structure Debate?" *International Organization*, vol. 43, no. 3 (Summer 1989), pp. 441-474.

Deutsch, Karl W. *Political Community and the North Atlantic Area: International Organization in the Light of Historical Experience* (Princeton: Princeton University Press, 1957).

deVillafranca, Richard. "Japan and the Northern Territories Dispute: Past, Present, Future," *Asian Survey*, vol. 33, no. 6 (June 1993), pp. 610-624.

Dobell, Peter. "Reducing Vulnerability: The Third Option, 1970s," in *Canadian Foreign Policy: Selected Cases*, ed. Don Munton and John J. Kirton (Scarborough, ON: Prentice-Hall Canada, 1992), pp. 237-258.

Doern, G. Bruce, and Brian W. Tomlin. *Faith and Fear: The Free Trade Story* (Toronto: Stoddart, 1992).

Dower, John W. *Embracing Defeat: Japan in the Wake of World War II* (New York: The New Press, 1999).【邦訳】ジョン・ダワー、三浦陽一・高杉忠明訳『増補版 敗北を抱きしめて：第二次大戦後の日本人』(岩波書店、2004年)。

Downs, George W. "The Rational Deterrence Debate," *World Politics*, vo. 41, no. 2 (January, 1989), pp. 225-238.

Doyle, Michael. "Liberalism and World Politics," *American Political Science Review*, vol. 80, no. 4 (December 1986), pp. 1151-1169.
Drover, Glenn, ed. *Free Trade and Social Policy* (Ottawa: Canadian Council on Social Development, 1988).
Duiker, William J. *Ho Chi Minh* (New York: Hyperion, 2000).
Dulles, John Foster. *War or Peace* (New York: Macmillan, 1950). 【邦訳】ジョン・フォスター・ダレス、藤崎万里訳『戦争か平和か』(河出書房、1950年)。
Dymond, William A. "Cultural Issues," in *Building a Partnership: The Canada-United States Free Trade Agreement*, ed. Mordechai E. Kreinin (East Lansing: Michigan State University Press, 2000), pp. 113-115.
Economic Council of Canada. *Looking Outward: A New Trade Strategy for Canada* (Ottawa: Economic Council of Canada, 1975).
Eddy, Paul, et al. *The Falklands War* (London: André Deutsch, 1982). 【邦訳】サンデー・タイムズ特報部編、宮崎正雄編訳『フォークランド戦争:"鉄の女"の誤算』(原書房、1983年)。
Ehrlichman, John. *Witness to Power: The Nixon Years* (New York: Simon & Schuster, 1982).
Ellerby, Clive. "The Role of the Falkland Lobby," in *International Perspectives on the Falklands Conflict: A Matter of Life and Death*, ed. Alex Danchev (New York: St. Martin's, 1992), pp. 85-108.
Esberey, Joy E. *Knight of the Holy Spirit: A Study of William Lyon Mackenzie King* (Toronto: University of Toronto Press, 1980).
Escudé, Carlos. *Education, Political Culture, and Foreign Policy: The Case of Argentina*, Occasional Paper 4 (Durham: Duke-Univercity of North Carolina Program in Latin American Studies, 1992).
Evans, Peter B., Harold K. Jacobson, and Robert D. Putnam, eds. *Double-Edged Diplomacy: International Bargaining and Domestic Politics* (Berkeley: University of California Press, 1993).
Fall, Bernard B. *The Two Viet-Nams: A Political and Military Analysis*, 2nd ed. (Boulder: Westview, 1984). 【邦訳】バーナード・フォール、高田一太郎訳『二つのベトナム』(毎日新聞社、1966年)。
Farnham, Barbara, ed. *Avoiding Losses/Taking Risks: Prospect Theory and International Conflict* (Ann Arbor: University of Michigan Press, 1994).
Feaver, Peter, Takako Hikotani, and Shaun Narine. "Civilian Control and Civil-Military Gaps in the United States, Japan, and China," paper presented to the Fifth Shibusawa Seminar, Aomori Prefecture, Japan, 21 June 2004.
Feldman, David Lewis. "The U.S. Role in the Malvinas Crisis, 1982: Misguidance and Misperception in Argentina's Decision to Go to War," *Journal of Interamerican Studies and World Affairs*, vol. 27, no. 2 (Summer 1985), pp. 1-22.

Ferns, H. S., and Bernard Ostry. *The Age of Mackenzie King* (Toronto: J. Lorimer, 1976).

Fettweis, Christopher J. "Evaluating IR's Crystal Balls: How Predictions of the Future Have Withstood Fourteen Years of Unipolarity," *International Studies Review*, vol. 6, no. 1 (March 2004), pp. 79-104.

Fiegenbaum, Avi, and Howard Thomas. "Attitudes toward Risk and the Risk/Return Paradox: Prospect Theory Explanations," *Academy of Management Journal*, vol. 31, no. 1 (March 1988), pp. 85-106.

Finckenstein, Konrad von. "Dispute Settlement under the Free Trade Agreement," in *Building a Partnership: The Canada-United States Free Trade Agreement*, ed. Mordechai E. Kreinin (East Lansing: Michigan State University Press, 2000), pp. 101-108.

Fischer, Beth A. *The Reagan Reversal: Foreign Policy and the End of the Cold War* (Columbia: University of Missouri Press, 1997).

Fiske, Shelley T. "Schemata-Based Versus Piecemeal Politics: A Patchwork Quilt, but Not a Blanket, of Evidence," in *Political Cognition*, ed. Richard R. Lau and David O. Sears (Hillsdale, NJ: Lawrence Erlbaum and Associates, 1986), pp. 41-53.

Fiske, Shelley T., and Susan E. Taylor. *Social Cognition*, 2nd ed. (New York: McGraw-Hill, 1991).

"Four Bones of Contention: Moscow Recognises Japan's Northern Islands Problem," *Far Eastern Economic Review*, 18 August 1988, pp. 24-25.

Franchini, Philippe. *Les Guerres D'Indochine* (Paris: Pygmalion/G. Watelet, 1988).

Franks, The RT. Hon. Lord, Chairman. *Falkland Islands Review: Report of a Committee of Privy Counsellors* (London: Her Majesty's Stationery Office, 1983).

Fraser, Graham. *Playing for Keeps: The Making of the Prime Minister, 1988*, rev. & exp. ed. (Toronto: McClelland & Stewart, 1990).

Freedman, Lawrence, and Virginia Gamba-Stonehouse. *Signals of War: The Falklands Conflict of 1982* (London: Faber and Faber, 1990).

Frenzel, K. A., and Douglas J. McCready. "Canada-United States Free Trade: Concern over Social Programs," *The American Journal of Economics and Sociology*, vol. 51, no. 3 (July 1992), pp. 349-359.

Friedman, Milton. "The Methodology of Positive Economics," in *Essays in Positive Economics*, ed. Milton Friedman (Chicago: University of Chicago Press, 1953), pp. 3-43.【邦訳】M.フリードマン、佐藤隆三・長谷川啓之訳『実証的経済学の方法と展開』(富士書房、1977年)。

Frizzell, Alan Stewart, Jon H. Pammett, and Anthony Westell, eds. *The Canadian General Election of 1988* (Ottawa: Carleton University Press, 1990).

Frolich, Norman, and Joe Oppenheimer. "Beyond Economic Man: Altruism, Egalitarianism, and Difference Maximizing," *Journal of Conflict Resolution*, vol. 28, no. 1 (March 1984), pp. 3-24.

Funabashi, Yoichi. "Japan and the New World Oeder," *Foreign Affairs*, vol. 70, no. 5 (Winter 1991/92), pp. 58-74.

Fursenko, Aleksandr and Timothy Naftali. *'One Hell of a Gamble': Khrushchev, Castro and Kennedy, 1958-1964* (New York: Norton, 1997).

———. "Soviet Intelligence and the Cuban Missile Crisis," in *Intelligence and the Cuban Missile Crisis*, ed. James G. Blight and David A. Welch (London: Frank Cass, 1998), pp. 64-87.

Gaddis, John Lewis. "International Relations Theory and the End of the Cold War," *International Security*, vol. 17, no. 3 (Winter, 1992/93), pp. 5-58.

Galbraith, John Kenneth. *How to Get Out of Vietnam: A Workable Solution to the Worst Problem of Our Time* (New York: New American Library, 1967).

Gallicchio, Marc. "The Kuriles Controversy: U.S. Diplomacy in the Soviet-Japan Border Dispute, 1941-1956," *Pacific Historical Review*, vol. 60, no. 1 (February 1991), pp. 69-101.

Gardner, Lloyd C. "Review of David Kaiser, *American Tragedy: Kennedy, Johnson and the Origins of the Vietnam War*." http://www.h-net.org/reviews/showrev.php?id=4360 (2000). [accessed 12 Sep. 2015].

———. "Review of Jeffrey P. Kimball, *Nixon's Vietnam War*." http://www.h-net.org/reviews/showrev.php?id=4100 (2000). [accessed 12 Sep. 2015].

Garthoff, Raymond L. *Détente and Confrontation: American- Soviet Relations from Nixon to Regan* (Washington, DC: Brookings, 1985).

———. *Reflections on the Cuban Missile Crisis*, rev. ed. (Washington, DC: Brookings, 1989).

———. "US Intelligence in the Cuban Missile Crisis," in *Intelligence and the Cuban Missile Crisis*, ed. James G. Blight and David A. Welch (London: Frank Cass, 1998), pp. 18-63.

Geiss, Immanuel ed. *July 1914: The Outbreak of the First World War: Selected Documents* (New York: Charles Scribner's Sons, 1967).

Gelman, Harry. *Russo-Japanese Relations and the Future of the U.S.-Japanese Alliance* (Santa Monica, CA: RAND, 1993).

George, Alexander. "Case Studies and Theory Development: The Method of Structured, Focused Comparison," in *Diplomacy: New Approaches in History, Theory, and Policy*, ed. Paul Gordon Lauren (New York: Free Press, 1979), pp. 43-68.

George, Alexander L., and Juliette L. George. *Woodrow Wilson and Colonel House* (New York: John Day Co., 1956).

George, Alexander L., and Timothy J. Mckeown. "Case Studies and Theories of Organizational Decisions Making," in *Advances in Information Processing in Organizations*, vol. 2 (Greenwich, CT: JAI, 1985), pp.21-58.

Germany, Auswärtiges Amt. *Documents on German Foreign Policy, 1918-1945*, vol. 1, Ser. D (Washington, DC: United States Government Printing Office, 1949-).

Gilbert, Marc Jason, and William P. Head. *The Tet Offensive* (Westport, CT: Praeger, 1996).

Gilpin, Robert G. "The Richness of the Tradition of Political Realism," in *Neorealism and Its Critics*, ed. Robert O. Keohane (New York: Columbia University Press, 1986), pp. 301-321.

―――. "The Theory of Hegemonic War," *Journal of Interdisciplinary History*, vol. 18, no. 4 (Spring 1988), pp. 591-613.

―――. *War and Change in World Politics* (Cambridge: Cambridge University Press, 1981).

Goertz, Gary. *International Norms and Decision Making: A Punctuated Equilibrium Model* (Lanham, MD: Rowman & Littlefield, 2003).

Goldstein, Judith. "International Law and Domestic Institutions: Reconciling North American 'Unfair' Trade Laws," *International Organization*, vol. 50, no. 4 (Autumn 1996), pp. 541-564.

Goodfellow, Tory S. "An Empirical Test of the Theory of Compellence," Ph. D. dissertation, Depertment of Political Science, University of Toronto (2000).

Gowa, Joanne S. *Ballots and Bullets: The Elusive Democratic Peace* (Princeton: Princeton University Press, 1999).

Granatstein, J. L., and Norman Hillmer. *For Better or for Worse: Canada and the United States to the 1990s* (Toronto: Copp Clark Pitman, 1991).

Grieco, Joseph M. "Anarchy and the Limits of Cooperation: A Realist Critique of the Newest Liberal Institutionalism," *International Organization*, vol. 42, no. 3 (Summer 1988), pp. 485-507.

―――. *Cooperation among Nations: Europe, America, and Non-Tariff Barriers to Trade* (Ithaca, NY: Cornell University Press, 1990).

Gromyko, Andrei. *Memoires,* trans. Harold Shukman (London: Hutchinson, 1989).【邦訳】アンドレイ・グロムイコ、読売新聞社外報部訳『グロムイコ回想録――ソ連外交秘史』(読売新聞社、1989年)。

Gruening, Ernest Henry, and Herbert Wilton Beaser. *Vietnam Folly* (Washington: National Press, 1968).

Gulick, Edward Vose. *Europe's Classical Balance of Power* (New York: Norton, 1967).

Gustafson, Lowell S. *The Sovereignty Dispute over the Falkland (Malvinas) Islands* (New York: Oxford University Press, 1988).

Haas, Peter M. "Do Regimes Matter? Epistemic Communities and Mediterranean Pollution Control," *International Organization*, vol. 43, no. 3 (Summer 1989), pp. 377-403.

―――. "Introduction: Epistemic Communities and International Policy Coordination," *International Organization*, vol. 46, no. 1 (Winter 1992), pp.1-35.

Haig, Alexander M., Jr. *Caveat: Realism, Reagan, and Foreign Policy* (New York: Macmillan, 1984).【邦訳】アレクサンダー・M. ヘイグ・Jr.、住野喜正訳『ヘイグ回想録〈警告〉：レーガン外交の批判』(現代出版、1985年)。

Halberstam, David. *The Best and the Brightest* (New York: Random House, 1972).【邦訳】デイヴィッド・ハルバースタム、浅野輔訳『ベスト&ブライテスト (上・中・下)』(二玄社、2009年)。

———. *Ho* (New York: Random House, 1971).

Haldeman, H. R. *The Haldeman Diaries: Inside the Nixon White House* (New York: G. P. Putnam's Sons, 1994).

Halperin, Morton H. *Bureaucratic Politics and Foreign Policy* (Washington, DC: Brookings, 1974).

Halperin, Morton H., and Arnold Kanter, eds. *Readings in American Foreign Policy: A Bureaucratic Perspective* (Boston: Little, Brown, 1973).

Hammel, Eric M. *Fire in the Streets: The Battle for Hue, Tet 1968* (Chicago: Contemporary Books, 1991).

Hannan, Michael T., and John Freeman. *Organization Ecology* (Cambridge: Harvard University Press, 1989).

———. "The Population Ecology of Organizations," *American Journal of Sociology*, vol. 82, no. 5 (March 1977), pp. 929-964.

Hart, Michael. "Almost but Not Quite: The 1947-48 Bilateral Canada-U.S. Negotiations," *American Review of Canadian Studies*, vol. 19, no. 1 (Spring 1989), pp. 25-58.

———. *A Trading Nation: Canadian Trade Policy from Colonialism to Globalization* (Vancouver: UBC Press, 2002).

———. "The Future on the Table: The Continuing Negotiating Agenda under the Canada-United States Free Trade Agreement," in *Living with Free Trade: Canada, the Free Trade Agreement and the GATT*, ed. Richard G. Dearden, Debra P. Steger, and Michael Hart (Halifax: Institute for Research on Public Policy, 1989), pp. 67-131.

Hart, Michael, Bill Dymond, and Colin Robertson. *Decision at Midnight: Inside the Canada-U.S. Free Trade Negotiations* (Vancouver: UBC Press, 1994).

Hasegawa, Tsuyoshi. "Rocks and Roles," *Far Eastern Economic Review*, 10 September 1992, p. 15.

———. "The Gorbachev-Kaifu Summit: Domestic and Foreign Policy Linkages," in *Russia and Japan: An Unresolved Dilemma between Distant Neighbors*, ed. Tsuyoshi Hasegawa, Jonathan Haslam, and Andrew C. Kuchins (Berkeley: University of California Press, 1993), pp. 49-82.

Hastings, Max, and Simon Jenkins. *The Battle for the Falklands* (New York: Norton, 1984).

Heeney, Arnold. *The Things That Are Caesar's: Memoirs of a Canadian Public Servant*, ed. Brian D. Heeney (Toronto: University of Toronto Press, 1972).

Helmers, Henrik O. *The UnitedStates-Canadian Automobile Agreement: A Study in Industry Adjustment* (Ann Arbor: Institute for International Commerce, Graduate School of Business Administration, University of Michigan, 1967).

Henderson, William Darryl. *Why the Vietcong Fought: A Study of Motivation and Control in a Modern Army in Combat* (Westport, CT: Greenwood Press, 1979).

Herring, George C. *America's Longest War: The United States and Vietnam, 1950-1975* (New York: Knopf, 1986).【邦訳】ジョージ・C. ヘリング、秋谷昌平訳『アメリカの最も長い戦争（上・下）』（講談社、1985年）。

―――. *LBJ and Vietnam: A Different Kind of War* (Austin: University of Texas Press, 1994).

―――. "Review of David Kaiser, *American Tragedy: Kennedy, Johnson and the Origins of the Vietnam War*." http://www.h-net.org/reviews/showrev.php?id=4361 (2000). [accessed 12 Sep. 2015].

Hersh, Seymour M. *The Price of Power: Kissinger in the Nixon White House* (New York: Summit Books, 1983).

Hershberg, James G. "Before 'the Missiles of October': Did Kennedy Plan a Military Strike against Cuba?," *Diplomatic History*, vol. 14, no. 12 (Spring 1990), pp. 163-198.

Higgins, E. T., and J. A. Bargh. "Social Cognition and Social Perception," in *Annual Review of Psychology*, ed. M. R. Rosenzweig and L. W. Porter, vol. 38 (Palo Alto, CA: Annual Reviews, 1987), pp. 369-425.

Hilliker, John. *Canada's Department of External Affairs*, vol. 1, *The Early Years, 1909-1946* (Kingston, ON: McGill-Queen's University Press, 1990).

Hilsman, Roger. *The Politics of Policy Making in Defense and Foreign Affairs: Conceptual Models and Bureaucratic Politics*, 3rd ed. (Englewood Cliffs, NJ: Prentice Hall, 1993).

Hirt, Edward R., and Steven J. Sherman. "The Role of Prior Knowledge in Explaining Hypothetical Events," *Journal of Experimental and Social Psychology*, vol. 21, no. 6 (November 1985), pp. 519-543.

Hitchens, Christopher. "The Case against Henry Kissinger, Part One: The Making of a War Criminal," *Harper's*, February 2001, pp. 33-58.

Hitler, Adolf. *Mein Kampf* (New York: Reynal & Hitchcock, 1939).【邦訳】アドルフ・ヒトラー、平野一郎訳『我が闘争（上・下）』（角川書店、1973年）。

Hoff-Wilson, Joan. *Nixon Reconsidered* (New York: Basic Books, 1994).

Hoffmann, Fritz L., and Olga Mingo Hoffmann. *Sovereignty Dispute: The Falklands/Malvinas, 1493-1982* (Boulder: Westview, 1984).

Hollis, Martin, and Steve Smith. "Beware of Gurus: Structure and Action in International Relations," *Review of International Studies*, vol. 17, no. 4 (October 1991), pp. 393-410.

―――. *Explaining and Understanding International Relations* (Oxford: Clarendon Press, 1991).

―――. "Structure and Action: Further Comment," *Review of International Studies*, vol. 18, no. 2 (April 1992), pp. 187-188.

Holloway, David. *Stalin and the Bomb* (New Haven: Yale University Press, 1994).

Holsti, Kalevi J. *Peace and War: Armed Conflicts and International Order, 1648-1989* (Cambridge: Cambridge University Press, 1991).

Holsti, Ole R. "Cognitive Dynamics and Images of the Enemy," in *Image and Reality in World Politics*, ed. John Farrell and Asa Smith (New York: Columbia University Press, 1989), pp. 16-39.

―――. "Cognitive Dynamics and Images of the Enemy: Dulles and Russia," in *Enemies in Politics*, ed. David Finlay, Ole Holsti, and Richard Fagen (Chicago: Rand McNally, 1967), pp. 25-96.

―――. *Crisis, Escalation, War* (Montreal: McGill-Queen's University Press, 1972).

―――. "The 1914 Case," *American Political Science Review*, vol. 59, no. 2 (June 1965), pp. 365-378.

Hoopes, Townsend. *The Limits of Intervention: An Inside Account of How the Johnson Policy of Escalation in Vietnam Was Reversed* (New York: D. McKay, 1969).【邦訳】タウンゼンド・フープス、丸山静雄訳『アメリカの挫折：インドシナへの軍事介入とその限界』(草思社、1970年)。

Hopf Ted. "Getting the End of the Cold War Wrong," *International Security*, vol. 18, no. 2 (Fall 1993), pp. 202-210.

―――. *Peripheral Visions: Deterrence Theory and American Foreign Policy in the Third World, 1965-1990* (Ann Arbor: University of Michigan Press, 1994).

Horelick, Arnold L. "The Cuban Missile Crisis: An Analysis of Soviet Calculations and Behavior," *World Politics*, vol. 16, no. 3 (April 1964), pp. 363-389.

Hosmer, Stephen T. *Constraints on U.S. Strategy in Third World Conflicts* (New York: Crane, Russak, 1987).

Hoyenga, Katharine Blick and Kermit T. Hoyenga. *Motivational Explanations of Behavior: Evolutionary, Physiological and Cognitive Ideas* (Monterey, CA: Brooks/Cole, 1984).

Hume, David. "Treatise of Human Nature," in *Hume's Moral and Political Philosophy*, ed. Henry D. Aiken (New York: Hafner Press, 1948), pp. 49-69.

Hurtig, Mel. *The Betrayal of Canada* (Toronto: Stoddart, 1991).

Huth, Paul, and Bruce Russett. "Testing Deterrence Theory: Rigor Makes a Difference," *World Politics*, vol. 42, no. 4 (July 1990), pp. 466-501.

―――. "What Makes Deterrence Work? Cases from 1900 to 1980," *World Politics*, vol. 36, no. 4 (July 1984), pp. 496-526.

Ikenberry, G. John. "Creating Yesterday's New World Order: Keynesian 'New Thinking' and the Anglo-American Postwar Settlement," in *Ideas and Foreign Policy: Beliefs, Institutions, and Political Change*, ed. Judith Goldstein and Robert O. Keohane (Ithaca:

Cornell University Press, 1993), pp. 57-86.
Ikenberry, G. John, and Charles Kupchan. "Socialization and Hegemonic Power," *International Organization*, vol. 44, no. 3 (Summer 1990), pp. 283-316.
International Institute for Strategic Studies. *The Military Balance* (London: International Institute for Strategic Studies, 1963 et seq.).
Isaacson, Walter. *Kissinger: A Biography* (New York: Simon & Schuster, 1992). 【邦訳】ウォルター・アイザックソン、別宮貞徳監訳『キッシンジャー：世界をデザインした男』(日本放送出版協会、1994年)。
Ito, Kenichi. "Japan and the Soviet Union: Entangled in the Deadlock of the Northern Territories," *Washington Quarterly*, vol. 11, no. 1 (Winter 1988), pp. 34-44.
Iyengar, Shanto. *Is Anyone Responsible? How Television Frames Political Issues* (Chicago: University of Chicago Press, 1991).
Iyengar, Shanto, and William J. McGuire. *Explorations in Political Psychology* (Durham: Duke University Press, 1993).
Janis, Irving L. *Crucial Decisions: Leadership in Policymaking and Crisis Management* (New York: Free Press, 1989). 【邦訳】アーヴィング・L・ジャニス、首藤信彦訳『リーダーが決断する時──危機管理と意思決定について』(日本実業出版社、1991年)。
──. *Groupthink: Psychological Studies of Policy Decisions and Fiascoes* (New York: Houghton Mifflin, 1982).
Janis, Irving L., and Leon Mann. *Decision Making: A Psychological Analysis of Conflict, Choice, and Commitment* (New York: Free Press, 1977).
Japan, Ministry of Foreign Affairs. *Diplomatic Blue Book 1999: Japan's Diplomacy with Leadership toward the New Century*. http://www.mofa.go.jp/policy/other/bluebook/1999/I-c.html#2 (1999). [accessed 12 Sep. 2015]
──. *Japan's Policy on the Russian Federation*. http://www.mofa.go.jp/region/europe/russia/russia_policy.html. [accessed 12 Sep. 2015]
Japan, Ministry of Foreign Affairs. *Tokyo Declaration on Japan-Russia Relations (Provisional Translation)*. http://www.mofa.go.jp/region/n-america/us/q&a/declaration.html (1993). [accessed 12 Sep. 2015]
Jebb, Richard. *Studies in Colonial Nationalism* (London: Edwrd Arnold, 1905).
Jenkins, Roy. *Truman* (London: Collins, 1986).
Jervis, Robert. "Deterrence and Perception," *International Security*, vol. 7, no. 3 (Winter 1982/83), pp. 3-30.
──. "Domino Beliefs and Strategic Behavior," in *Dominoes and Bandwagons*, ed. Robert Jervis and Jack Snyder (New York: Oxford University Press, 1991), pp. 20-50.
──. "The Future of World Politics: Will It Resemble the Past?," *International Security*, vol. 16, no. 3 (Winter 1991/92), pp. 39-73.
──. "Rational Deterrence Theory," *World Politics*, vol. 41, no. 2 (January 1989), pp.

183-207.
Jervis, Robert, Richard Ned Lebow, and Janice Gross Stein. *Psychology & Deterrence* (Baltimore: Johns Hopkins University Press, 1985).
Johnson, Lyndon B. *The Vantage Point: Perspectives of the Presidency, 1963-1969* (New York: Holt, Rinehart and Winston, 1971).
Jones, Edward E., and Richard E. Nisbett. "The Actor and Observer: Divergent Perceptions of the Causes of Behavior," in *Attribution: Perceiving the Causes of Behavior*, ed. Edward E. Jones et al. (Morristown, NJ: General Learning Press, 1971), pp. 64-79 .
Jukes, Geoffrey. *Russia's Military and the Northern Territories Issue* (Canberra: Strategic & Defence Studies Centre, Australian National University, 1993).
Kahin, George McTurnan. *Intervention: How America Became Involved in Vietnam* (New York: Knopf, 1986).
Kahneman, Daniel, Jack L. Knestch, and Richard H. Thaler. "Fairness and the Assumptions of Economics," *Journal of Business*, vol. 59, no. 4 (October 1986), pp. S285-S300.
―――. "The Endowment Effect, Loss Aversion, and the Status Quo Bias," *Journal of Economic Perspectives*, vol. 5, no. 1 (Winter 1991), pp. 193-206.
Kahneman, Daniel, Paul Slovic, and Amos Tversky, eds. *Judgment under Uncertainty: Heuristics and Biases* (Cambridge: Cambridge University Press, 1982).
Kahneman, Daniel, and Amos Tversky. "Prospect Theory: An Analysis of Decisions under Risk," *Econometrica*, vol. 47, no. 2 (March 1979), pp. 263-291.
Kaiser, David E. *American Tragedy: Kennedy, Johnson, and the Origins of the Vietnam War* (Cambridge: Belknap Press of Harvard University Press, 2000).
Kaiser, David. "Review of Jeffrey P. Kimball, *Nixon's Vietnam War*." http://www.h-net.org/reviews/showrev.php?id=4101 (2000). ［accessed 12 Sep. 2015］
Kameda, Tatsuya, and James Davis. "The Function of Reference Point in Individual and Group Risk Taking," *Organization Behavior & Human Decision Processes*, vol. 46, no. 1 (June 1990), pp. 55-76.
Karnow, Stanley. *Vietnam: A History* (New York: Viking, 1983).
Katzenstein, Peter J., ed. *Between Power and Plenty: Foreign Economic Policies of Industrial States* (Madison: University of Wisconsin Press, 1978).
―――. *Cultural Norms and National Security: Police and Military in Postwar Japan* (Ithaca: Cornell University Press, 1996).【邦訳】ピーター・J. カッツェンスタイン、有賀誠訳『文化と国防：戦後日本の警察と軍隊』（日本経済評論社、2007年）。
Katzenstein, Peter J., and Nobuo Okawara. "Japan's National Security: Structures, Norms, and Policies," *International Security*, vol. 17, no. 4 (Spring 1993), pp. 84-118.
―――. *Japan's National Security: Structures, Norms, and Policy Reponses in a Changing World* (Ithaca: Cornell University East Asia Program, 1993).
Kearns, Doris. *Lyndon Johnson and the American Dream* (New York: Harper & Row, 1976).

Keating, Tom. *The Multilateralist Tradition in Canadian Foreign Policy* (Toronto: McClelland & Stewart, 1993).

Kelley, Harold H. "Attribution Theory in Social Psychology," in *Nebraska Symposium on Motivation*, ed. D. Levine (Lincoln: University of Nebraska Press, 1967), pp. 192-240.

———. *Causal Schemata and Attribution Process* (Morristown, NJ: General Learning Press, 1972).

Kennedy, Paul M. *The Rise and Fall of British Naval Mastery* (Houndmills, Basingstoke: Macmillan, 1976).

Keohane, Robert O. *After Hegemony* (Princeton: Princeton University Press, 1984).【邦訳】ロバート・コヘイン、石黒馨・小林誠訳『覇権後の国際政治経済学』(晃洋書房、1998年)。

———. "Neoliberal Institutionalism: A Perspective on World Politics," in *International Institutions and State Power: Essays on International Relations Theory*, ed. Robert O. Keohane (Boulder: Westview, 1989), pp. 1-20.

Khadduri, Majid. *The Gulf War: The Origins and Implications of the Iraq-Iran Conflict* (New York: Oxford University Press, 1988).

Khong, Yuen Foong. *Analogies at War: Korea, Munich, Dien Bien Phu, and the Vietnam Decisions of 1965* (Princeton: Princeton University Press, 1992).

Khrushchev, Nikita S. *Khrushchev Remembers: The Glasnost Tapes*, trans. Jerrold L. Schecter and Vyacheslav V. Luchkov (Boston: Little, Brown, 1990).【邦訳】ジェロルド・シェクター、ヴャチェスラフ・ルチコフ編、福島正光訳『フルシチョフ——封印されていた証言』(草思社、1991年)。

Khrushchev, Sergei. *Nikita Khrushchev and the Creation of a Superpower* (University Park: Pennsylvania State University Press, 2000).

Kimball, Jeffrey. "Debunking Nixon's Myths of Vietnam," *The New England Journal of History*, vol. 56, no. 2-3 (Winter 1999-Spring 2000), pp. 31-46.

———. *Nixon's Vietnam War* (Lawrence: University Press of Kansas, 1998).

———. "Review of Fredrik Logevall, *Choosing War: The Lost Chance for Peace and the Escalation of War in Vietnam*." http://www.h-net.org/reviews/showrev.php?id=3788 (2000). [accessed 12 Sep. 2015].

Kimura, Masato, and David A. Welch. "Specifying 'Interests': Japan's Claim to the Northern Territories and Its Implications for International Rations Theory," *International Studies Quarterly*, vol. 42, no. 2 (June 1998), pp. 213-244.

Kingwell, Mark. *Dreams of Millennium: Report from a Culture on the Brink* (Toronto: Viking, 1996).

Kinney, Douglas. *National Interest/National Honor: The Diplomacy of the Falklands Crisis* (New York: Praeger, 1989).

Kirton, John J. "Consequences of Integration: The Case of the Defence Production Sharing

Agreements," in *Continental Community? Independence and Integration in North America*, ed. W. Andrew Axline (Toronto: McClelland and Stewart, 1974), pp. 116-136.

―――. "The Politics of Bilateral Management: The Case of the Canada-United States Automotive Trade," *International Journal*, vol. 36, no. 1 (Winter 1980), pp. 39-69.

Kissinger, Henry A. *American Foreign Policy* (New York: Norton, 1977).

―――. *Diplomacy* (New York: Simon & Schuster, 1994).【邦訳】ヘンリー・A・キッシンジャー、岡崎久彦監訳『外交』(日本経済新聞社、1996年)。

―――. *Nuclear Weapons and Foreign Policy* (New York: Harper, 1957).

―――. "The Viet Nam Negotiations," *Foreign Affairs*, vol. 47, no. 2 (January 1969), pp. 211-234.

―――. *White House Years* (Boston: Little, Brown, 1979).

―――. *A World Restored: Metternich, Castlereagh and the Problems of Peace, 1812-1822*, new ed. (New York: Grosset & Dunlap, 1964).【邦訳】ヘンリー・A・キッシンジャー、伊藤幸雄訳『回復された世界平和』(原書房、2009年)。

―――. *Years of Upheaval* (Boston: Little, Brown, 1982).【邦訳】H.A.キッシンジャー、読売新聞・調査研究本部訳『キッシンジャー激動の時代』(小学館、1982年)。

Knetsch, Jack L. "The Endowment Effect and Evidence of Nonreversible Indifference Curves," *The American Economic Review*, vol. 79, no. 5 (December 1989), pp. 1277-1284.

Knetsch, Jack L., and J. A. Sinden. "Willingness to Pay and Compensation Demanded: Experimental Evidence of an Unexpected Disparity in Measures of Value," *Quarterly Journal of Economics*, vol. 99, no. 3 (August 1984), pp. 507-521.

Kozak, David C., and James M. Keagle, eds. *Bureaucratic Politics and National Security: Theory and Practice* (Boulder: Lynne Rienner, 1988).

Krasner, Stephen. *Defending the National Interest: Raw Materials Investments and U.S. Foreign Policy* (Princeton: Princeton University Press, 1978).

Kruglanski, Arie W. *Basic Processes in Social Cognition: A Theory of Lay Epistemology* (New York: Plenum, 1986).

―――. "Lay Epistemologic-Process and Contents: Another Look at Attribution Theory," *Psychological Review*, vol. 87, no. 1 (January 1980), pp. 70-87.

Kuhl, Julius. "Motivation and Information Processing: A New Look at Decision Making, Dynamic Change, and Action Control," in *Handbook of Motivation and Cognition: Foundations of Social Behavior*, ed. Richard M. Sorrentino and E. Tory Higgins (New York: Guilford, 1986), pp. 404-434.

Kulik, James A. "Confirmatory Attribution and the Perpetuation of Social Beliefs," *Journal of Personality and Social Psychology*, vol. 44, no. 6 (June 1983), pp. 1171-1181.

Kupchan, Charles A., and Clifford A. Kupchan. "Concerts, Collective Security, and the

Future of Europe," *International Security*, vol. 16, no. 1 (Summer 1991), pp. 114-161.

Lacouture, Jean. *Ho Chi Minh: A Political Biography*, trans. Peter Wiles (New York: Random House, 1968).【邦訳】ジャン・ラクチュール、吉田康彦・伴野文夫訳『ベトナムの星：ホー・チ・ミン伝 (普及版)』(サイマル出版会、1975年)。

Lakatos, Imre. *The Methodology of Scientific Research Programmes*, vol. 1 (Cambridge: Cambridge University Press, 1978).【邦訳】イムレ・ラカトシュ、村上陽一郎・井山弘幸・小林傳司・横山輝雄共訳『方法の擁護：科学的研究プログラムの方法論』(新曜社、1986年)。

Lakatos, Imre, and Alan Musgrave, eds. *Criticism and the Growth of Knowledge* (Cambridge: Cambrige University Press, 1970).【邦訳】イムレ・ラカトシュ、アラン・マスグレーヴ編、森博監訳『批判と知識の成長』(木鐸社、2004年)。

LaPierre, Laurier L. *Sir Wilfrid Laurier and the Romance of Canada* (Toronto: Stoddart, 1996).

Lau, Richard R., and David O. Sears. "Social Cognition and Political Cognition: The Past, Present, and Future," in *Political Cognition*, ed. Richard R. Lau and David O. Sears (Hillsdale, NJ: Lawrence Erlbaum and Associates, 1986), pp. 347-366.

Laxer, James. *Leap of Faith: Free Trade and the Future of Canada* (Edmonton: Hurtig, 1986).

Lebovic, James H. "Riding Waves or Making Waves? The Services and the U.S. Defence Budget, 1981-1993," *American Political Science Review*, vol. 88, no. 4 (December 1994), pp. 839-852.

Lebow, Richard Ned. *Between Peace and War: The Nature of International Crisis* (Baltimore: Johns Hopkins University Press, 1981).

―――. "Deterrence and Threat Assessment: The Lessons of 1962 and 1973," paper prepared for a Conference on Strategic Warning, National War College, Fort McNair, 27-28 September 1993.

―――. "What's So Different about a Counterfactual?," *World Politics*, vol. 52, no. 4 (July 2000), pp. 550-585.

Lebow, Richard Ned, and Thomas Risse-Kappen, eds. *International Relations Theory and the End of the Cold War* (New York: Columbia University Press, 1995).

Lebow, Richard Ned, and Janice Gross Stein. "Afghanistan, Carter, and Foreign Policy Change: The Limits of Cognitive Models," in *Diplomacy, Force, and Leadership: Essays in Honor of Alexander L. George*, ed. Dan Caldwell and Timothy J. McKeown (Boulder: Westview, 1993), pp. 95-128.

―――. "Deterrence: The Elusive Dependent Variable," *World Politics*, vol. 42, no. 3 (April 1990), pp. 336-369.

―――. "Rational Deterrence Theory: I Think, Therefore I Deter," *World Politics*, vol. 61, no. 2 (January 1989), pp. 208-234.

―――. *We All Lost the Cold War* (Princeton: Princeton University Press, 1994).

———. *When Does Deterrence Succeed and How Do We Know?* (Ottawa: Canadian Institute for International Peace and Security, 1990).

Leffler, Melvyn P. "Inside Enemy Archives: The Cold War Reopened," *Foreign Affairs*, vol. 75, no. 4 (July/August 1996), pp. 120-135.

Leites, Nathan. *The Operational Code of the Politburo* (New York: McGraw-Hill, 1951).

Lentin, Anthony. *Lloyd George, Woodrow Wilson and the Guilt of Germany: An Essay in the Pre-History of Appeasement* (Baton Rouge: Louisiana State University Press, 1985).

Lerner, Melvin J. "The Justice Motive in Human Relations." in *The Justice Motive in Social Behavior: Adapting to Times of Scarcity and Change*, ed. Melvin J. Lerner and Sally C. Lerner (New York: Plenum Press, 1981), pp. 11-35.

Levin, Norman D., Mark A. Lorell, and Arthur J. Alexander. *The Wary Warriors: Future Directions in Japanese Security Policies* (Santa Monica, CA: RAND, 1993).

Levy, Jack S. "Contending Theories of International Conflict: A Levels-of-Analysis Approach," in *Managing Global Chaos: Sources of and Responses to International Conflict*, ed. Chester A. Crocker and Fen Osler Hampson (Washington, DC: United States Institute of Peace, 1996), pp. 3-24.

———. "Loss Aversion, Framing, and Bargaining: The Implications of Prospect Theory for International Conflict," *International Political Science Review*, vol. 17, no. 2 (April 1996), pp. 179-195.

———. "Prospect Theory and Cognitive-Rational Debate," in *Decision-Making on War and Peace: The Cognitive-Rational Debate*, ed. Nehemia Geva and Alex Mintz (Boulder: Lynne Rienner, 1997), pp. 33-50.

———. "Prospect Theory, Rational Choice, and International Relations," *International Studies Quarterly*, vol. 41, no. 1 (March 1997), pp. 87-112.

———. *War in the Modern Great Power System* (Lexington: University Press of Kentucky, 1983).

Levy, Jack S., and Lily I. Vakili. "Diversionary Action by Authoritarian Regimes: Argentina in the Falklands/Malvinas Case," in *The Internationalization of Communal Strife*, ed. Manus I. Midlarsky (London: Routledge, 1992), pp. 118-146.

Lind, Michael. *Vietnam, the Necessary War: A Reinterpretation of America's Most Disastrous Military Conflict* (New York: Free Press, 1999).

Link, Arthur S, ed. *Woodrow Wilson and a Revolutionary World, 1913-1921* (Chapel Hill: University of North Carolina Press, 1982).

Lipsey, Richard G., and Murray G. Smith. *Taking the Initiative: Canada's Trade Options in a Turbulent World* (Toronto: C. D. Howe Institute, 1985).

Logevall, Fredrik. *Choosing War: The Lost Chance for Peace and the Escalation of War in Vietnam* (Berkeley: University of California Press, 1999).

———. "Vietnam and the Question of What Might Have Been," in *Kennedy: The New*

Frontier Revisited, ed. Mark J. White (London: Macmillan, 1998), pp. 19-62.

Lomperis, Timothy J. *The War Everyone Lost – and Won: America's Intervention in Viet Nam's Twin Struggles*, rev. ed. (Washington, DC: CQ Press, 1993).

Longley, Jeanne, and Dean G. Pruitt. "Groupthink: A Critique of Janis' Theory," in *Review of Personality and Social Psychology*, ed. Ladd Wheeler, vol. 1 (Beverly Hills: Sage, 1980), pp. 74-93.

Lyon, Peyton V., and David Leyton-Brown. "Image and Policy Preference: Canadian Elite Views on Relations with the United States," *International Journal*, vol. 32, no. 3 (Summer 1977), pp. 640-671.

Macdonald, Donald S. *Report of the Royal Commission on the Economic Union and Development Prospects for Canada* (Ottawa: Minister of Supply and Services Canada, 1985).

Machiavelli, Niccolò. *Discourses on Livy*, ed. Harvey C. Mansfield and Nathan Tarcov (Chicago: University of Chicago Press, 1996).【邦訳】ニッコロ・マキァヴェッリ、永井三明訳『ディスコルシ:「ローマ史」論』(ちくま学芸文庫、2011年)。

Machina, Mark J. "Decision-Making in the Presence of Risk," *Science*, vol. 236 (May 1987), pp. 537-543.

Mack, Andrew, and Martin O'Hare. "Moscow-Tokyo and the Northern Territories Dispute," *Asian Survey*, vol. 30, no. 4 (April 1990), pp. 380-394.

MacMillan, Margaret. *Paris 1919: Six Months That Changed the World* (New York: Random House, 2002).【邦訳】マーガレット・マクミラン、稲村美貴子訳『ピースメイカーズ:1919年パリ講和会議の群像』(芙蓉書房出版、2007年)。

Maechling, Charles, Jr. "The Argentine Pariah," *Foreign Policy*, no. 45 (Winter 1981-82), pp. 69-83.

Manga, Pranlal. *The Canada-U.S. Free Trade Agreement: Possible Implications on Canada's Health Care Systems*, Discussion Paper No. 348 (Ottawa: Economic Council of Canada, 1988).

Mansourov, Alexander Y. "Stalin, Mao, Kim, and China's Decision to Enter the Korean War, September 16-October 15, 1950: New Evidence from the Russian Archives," *Cold War International History Project Bulletin*, no. 6-7 (Winter 1995/1996), pp. 94-119.

Maoz, Zeev. *National Choices and International Processes* (Cambridge: Cambridge University Press, 1990).

March, James G., and Johan P. Olsen. *Ambiguity and Choice in Organizations* (Bergen, Norway: Universitetsforlaget, 1976).【邦訳】ジェームス・G・マーチ、ヨハン・P・オルセン、遠田雄志、アリソン・ユング訳『組織におけるあいまいさと決定』(有斐閣、1986年)。

March, James G., and Herbert A. Simon. *Organizations* (New York: Wiley, 1958).【邦訳】J・G・マーチ、H・A・サイモン、土屋守章訳『オーガニゼーションズ』(ダイヤ

モンド社、1977年)。

―――. *Organizations*, 2nd ed. (Cambridge, MA: Blackwell Business, 1993).

Markus, Hazel, and Robert B. Zajonc. "The Cognitive Perspective in Social Psychology," in *Handbook of Social Psychology*, ed. Gardner Lindzey and Elliot Aronson, 3rd ed., vol. 1 (New York: Random House, 1985), pp. 137-230.

Martin, Joanne. *Cultures in Organizations* (New York: Oxford University Press, 1992).

Martin, Lawrence. *The Presidents and the Prime Ministers: Washington and Ottawa Face to Face: The Myth of Bilateral Bliss, 1867-1982* (Toronto: Doubleday Canada, 1982).

Martin, Lisa. *Coercive Cooperation* (Princeton: Princeton University Press, 1992).

Mayall, James. *Nationalism and International Society* (Cambridge: Cambridge University Press, 1990).

Mazlish, Bruce. *In Search of Nixon: A Psychohistorical Inquiry* (New York: Basic Books, 1972).【邦訳】ブルース・マズリシュ、岩島久夫訳『ニクソンの精神分析：人格と政治の錯綜』(サイマル出版会、1973年)。

McAuliffe, Mary S, ed. *CIA Documents on the Cuban Missile Crisis* (Washington, DC: Central Intelligence Agency History Staff, 1992).

MccGwire, Michael. "The Rationale for the Development of Soviet Seapower," in *Soviet Strategy*, ed. John Baylis and Gerald Segal (London: Croom Helm, 1981), pp. 210-254.

McGuire, Timothy, Sara Kiesler, and Jane Siegal. "Group and Computer-Mediated Discussion Effects in Risky Decision Making," *Journal of Personality and Social Psychology*, vol. 52, no. 5 (May 1987), pp. 917-930.

McKeown, Timothy J. "The Limitations of 'Structural' Theories of Commercial Policy," *International Organization*, vol. 40, no. 1 (Winter 1986), pp. 43-64.

McKitrick, Ross. *The Canada-U.S. Free Trade Agreement: An Annotated Bibliography of Selected Literature* (Kingston, ON: Industrial Relations Centre, Queen's University, 1989).

McNamara, Robert S. *In Retrospect: The Tragedy and Lessons of Vietnam* (New York: Times Books, 1995).【邦訳】ロバート・S・マクナマラ、仲晃訳『マクナマラ回顧録：ベトナムの悲劇と教訓』(共同通信社、1997年)。

McNamara, Robert S., et al. *Argument without End: In Search of Answers to the Vietnam Tragedy* (New York: PublicAffairs, 1999).【邦訳】ロバート・S・マクナマラ、仲晃訳『果てしなき論争：ベトナム戦争の悲劇を繰り返さないために』(共同通信社、2003年)。

McPherson, Peter. "A Reunion of Trade Warriors from the Canada-U.S. Trade Negotiations: Remembering How It Happened," in *Building a Partnership: The Canada-United States Free Trade Agreement*, ed. Mordechai E. Kreinin (East Lansing: Michigan State University Press, 2000), pp. vii-ix.

Mendl, Wolf. "Japan and the Soviet Union: Toward a Deal?," *The World Today*, vol. 47, no.

11 (November 1991), pp. 196-200.
Menon, Rajan, and Daniel Abele. "Security Dimensions of Soviet Territorial Disputes with China and Japan," *Journal of Northeast Asian Studies*, vol. 8, no. 1 (Spring 1989), pp. 3-19.
Mercer, Jonathan. "Anarchy and Identity," *International Organization*, vol. 49, no. 2 (Spring 1995), pp. 229-252.
Michaud, Nelson, and Kim Richard Nossal. "Necessité ou Innovation? Vers une Redéfinition de la Politique Étrangère Canadienne, 1984-1993," *Études Internationales*, vol. 31, no. 2 (June 2000), pp. 237-346.
Middlebrook, Martin. *Operation Corporate: The Falklands War* (London: Viking, 1985).
Miller, Dale T., and Neil Vidmar. "The Social Psychology of Punishment Reactions," in *The Justice Motive in Social Behavior: Adapting to Times of Scarcity and Change*, ed. Melvin J. Lerner and Sally C. Lerner (New York: Plenum Press, 1981), pp. 145-172.
Miller, Judith, and Laurie Mylroie. *Saddam Hussein and the Crisis in the Gulf* (New York: Times Books, 1990).【邦訳】ジュディス・ミラー、ローリー・ミロイエ、舛添要一訳『サダム・フセイン』(飛鳥新社、1990年)。
Milliken, Jennifer. *The Social Construction of the Korean War: Conflict and Its Possibilities* (Manchester: Manchester University Press, 2001).
Mineshiga, Miyuki. "In the Way," *Look Japan*, July 1991, p. 7.
Mitchell, Christopher R. "Cutting Losses: Reflections on Appropriate Timing," Institute for Conflict Analysis and Resolution Working Paper no. 9, Geroge Mason University. http://www.ciaonet.org/wps/mic01/ (1996).〔指定のURLはカタログのトップページで本文のデータは確認できず。http://scar.gmu.edu/working_papers.html にて論文PDFデータを確認 (最終確認:2015.9.12)〕
Mochizuki, Mike M. "The Soviet/Russian Factor in Japanese Security Policy," in *Russia and Japan: An Unresolved Dilemma between Distant Neighbors*, ed. Tsuyoshi Hasegawa, Jonathan Haslam, and Andrew C. Kuchins (Berkeley: University of California Press, 1993), pp. 125-160.
Moïse, Edwin E. *Tonkin Gulf and the Escalation of the Vietnam War* (Chapel Hill: University of North Carolina Press, 1996).
Moravcsik, Andrew. "Taking Preferences Seriously: A Liberal Theory of International Politics," *International Organization*, vol. 51, no. 4 (Autumn 1997), pp. 513-553.
Morgenthau, Hans J. *Politics among Nations: A Struggle for Power and Peace*, 5th ed. (New York: Knopf, 1978).【邦訳】モーゲンソー、原彬久監訳『国際政治:権力と平和 (上・中・下)』(岩波文庫、2013年)。
Morici, Peter. "U.S.-Canada Free Trade Discussions: What Are the Issues?" *American Review of Canadian Studies*, vol. 15, no. 3 (Fall 1985), pp. 311-323.
Moro, Rubén O. *The History of the South Atlantic Conflict*, trans. Michael Valeur (New

York: Praeger, 1989).

Most, Benjamin A., and Harvey Starr. "International Relations Theory, Foreign Policy Substitutability, and 'Nice' Laws," *World Politics*, vol. 36, no. 3 (April 1984), pp. 383-406.

Mouritzen, Hans. *Bureaucracy as a Source of Foreign Policy Inertia* (Copenhagen: Institute of Political Studies, University of Copenhagen, 1985).

National Archives of Canada. "The Diaries of William Lyon Mackenzie King." http://www.bac-lac.gc.ca/eng/discover/politics-government/prime-ministers/william-lyon-mackenzie-king/Pages/diaries-william-lyon-mackenzie-king.aspx.［accessed 13 Sep. 2015］.

National Commission on Terrorist Attacks upon the United States. *The 9/11 Commission Report: Final Report of the National Commission on Terrorist Attacks upon the United States*, authorized ed. (New York: Norton, 2004).

"National Security Strategy of the United States of America," http://www.whitehouse.gov/nsc/nss.pdf (2002).〔当該PDFは http://www.state.gov/documents/organization/63562.pdf にて確認。(2015年9月13日)〕

"The Negotiating Process: A Panel Discussion Led by Roger Porter," in *Building a Partnership: The Canada-United States Free Trade Agreement*, ed. Mordechai E. Kreinin (East Lansing: Michigan State University Press, 2000), pp. 19-37.

Neumann-Hoditz, Reinhold. *Portrait of Ho Chi Minh: An Illustrated Biography*, trans. John Hargreaves (New York: Herder and Herder, 1972).

Neustadt, Richard E., and Ernest R. May. *Thinking in Time: The Uses of History for Decision-Makers* (New York: Free Press, 1986).

Nimmo, William F. *Japan and Russia: A Reevaluation in the Post-Soviet Era* (Westport, CT: Greenwood Press, 1994).

Nixon, Richard M. *No More Vietnams* (New York: Arbor House, 1985).【邦訳】リチャード・ニクソン、宮崎緑・宮崎成人訳『ノー・モア・ヴェトナム』(講談社、1986年)。

―――. *Peace in Vietnam* [*Text of a Radio and Television Address from the White House, May 14, 1969*], East Asia and Pacific Series 180 (Washington, DC: Department of State Publication 8467, 1969).

―――. *RN: The Memoirs of Richard Nixon* (New York: Simon & Schuster, 1990).【邦訳】リチャード・ニクソン, 松尾文夫・斎田一路訳『ニクソン回顧録 (全三巻)』(小学館、1979年)。

―――. *Six Crises* (Garden City, NY: Doubleday, 1962).

Nye, Joseph S., Jr. "The Case for Deep Engagement," *Foreign Affairs*, vol. 74, no. 4 (July/August 1995), pp. 90-102.

Oberdorfer, Don. *Tet!* (New York: Da Capo Press, 1984).【邦訳】ドン・オーバードーファー、鈴木主税訳『テト攻勢』(草思社、1973年)。

"Off Again: Second Cancelled Trip Strains Tokyo-Moscow Ties," *Far Eastern Economic Review*, 20 May 1993, p. 13.

O'Neill, Barry. "Risk Aversion in International Relations Theory," *International Studies Quarterly*, vol. 45, no. 4 (December 2001), pp. 617-640.

Orchard, David. *The Fight for Canada: Four Centuries of Resistance to American Expansionism* (Toronto: Stoddart, 1993).

Organski, A. F. K., and Jacek Kugler. *The War Ledger* (Chicago: University of Chicago Press, 1980).

Orr, Robert M., Jr. "Japan Pursues Hard Line on the Northern Territories Issue," *Tokyo Business Today*, November 1992, p. 15.

Ostry, Bernard. "Conservatives, Liberals, and Labour in the 1870s," *Canadian Historical Review*, vol. 41, no. 2 (June 1960), pp. 93-127.

O'Sullivan, Chris S., and Francis T. Durso. "Effect of Schema-Incongruent Information on Memory for Stereotypical Attributes," *Journal of Personality and Social Psychology*, vol. 47, no. 1 (July 1984), pp. 55-70.

Owen, John M., IV. *Liberal Peace, Liberal War: American Politics and International Security* (Ithaca: Cornell University Press, 1997).

Oye, Kenneth A., ed. *Cooperation under Anarchy* (Princeton: Princeton University Press, 1986).

Patti, Archimedes L. A. *Why Viet Nam? Prelude to America's Albatross* (Berkeley: University of California Press, 1980).

Payne, John W., James R. Bettman, and Eric J. Johnson. "Behavioral Decision Research: A Constructive Processing Perspective," *Annual Review of Psychology*, vol. 43 (1992), pp. 87-131.

Pelletiere, Stephen C. *The Iran-Iraq War: Chaos in a Vacuum* (New York: Praeger, 1992).

Pickersgill, J. W., and Donald F. Forster. *The Mackenzie King Record*, vol. 4 (Toronto: University of Toronto Press, 1960).

Polity IV Project. Dataset and *User's Manual*. Integrated Network for Societal Conflict Research (INSCR) Program, Center for International Development and Conflict Management (CIDCM), University of Maryland, College Park. http://www.cidcm.umd.edu/inscr/polity.〔指定のURLは確認できず。http://www.systemicpeace.org/inscrdata.htmlにて確認(2015.9.13)〕

Pollack, Kenneth M. *The Threatening Storm: The Case for Invading Iraq* (New York: Random House, 2002).

Porter, Gareth, ed. *Vietnam: A History in Documents* (New York: New American Library, 1979).

Post, Jerrold M. "Saddam Hussein of Iraq: A Political Psychology Profile," in *The Psychological Assessment of Political Leaders: With Profiles of Saddam Hussein and Bill*

Clinton, ed. Jerrold M. Post (Ann Arbor: University of Michigan Press, 2003), pp. 335-366.

"Presidential Debate between Democratic Candidate Vice President Al Gore and Republican Candidate Governor George W. Bush, Clark Athletic Center, University of Massachusetts, Boston, MA, 3 October 2000." http://www.cspan.org/campaign2000/transcript/debate_100300.asp (2000).〔指定のディベートのトランスクリプトはhttp://www.debates.org/index.php?page=october-3-2000-transcriptにて確認。(2015年9月13日)〕

"Presidential Debate between Democratic Candidate Vice President Al Gore and Republican Candidate Governor George W. Bush, Wait Chapel, Wake Forest University, Winston-Salem, NC, 11 October 2000." http://www.c-span.org/campaign2000/transcript/debate_101100.asp (2000).〔指定のディベートのトランスクリプトはhttp://www.debates.org/?page=october-11-2000-debate-transcriptにて確認。(2015年9月13日)〕

Price, Glen W. "Legal Analysis of the Kurile Island Dispute," *Temple International and Comparative Law Journal*, vol. 7, no. 2 (Fall 1993), pp. 395-422.

Purdum, Todd S. *A Time of Our Choosing: America's War in Iraq* (New York: Times Books/Henry Holt, 2003).

Putnam, Hilary. *Reason, Truth, and History* (Cambridge: Cambridge University Press, 1981).【邦訳】ヒラリー・パトナム、野本和幸・中川大・三上勝生・金子洋之訳『理性・真理・歴史：内在的実在論の展開』(法政大学出版局、2012年)。

Putnam, Robert. "Diplomacy and Domestic Politics: The Logic of Two-Level Games," *International Organization*, vol. 42, no. 3 (Summer 1988), pp. 428-460.

Quattrone, George A., and Amos Tversky. "Contrasting Rational and Psychological Analyses of Political Choice," *American Political Science Review*, vol. 82, no. 3 (September 1988), pp.719-736.

Rasmussen, Kathleen Britt. "Canada and the Reconstruction of the International Economy, 1941-1947," Ph.D. dissertation, Department of History, University of Toronto (2001).

Raynor, Joel O., and Dean B. McFarlin. "Motivation and the Self-System," in *Handbook of Motivation and Cognition: Foundations of Social Behavior*, ed. Richard M. Sorrentino and E. Tory Higgins (New York: Guilford, 1986), pp. 315-349.

Record, Jeffrey. *The Wrong War: Why We Lost in Vietnam* (Annapolis: Naval Institute Press, 1998).

Reder, Lynne M., and John R. Anderson. "A Partial Resolution of the Paradox of Inference: The Role of Integrating Knowledge," *Cognitive Psychology*, vol. 12, no. 4 (October 1980), pp. 447-472.

Redlick, Fritz. *Hitler: Diagnosis of a Destructive Prophet* (New York: Oxford University Press, 1999).

Rees, David. *The Soviet Seizure of the Kuriles* (New York: Praeger, 1985).

Reeve, Simon. *The New Jackals: Ramzi Yousef, Osama Bin Laden, and the Future of Terrorism*

(London: André Deutsch, 1999).

Regan, Dennis T., Ellen Straus, and Russell H. Fazio. "Linking and the Attribution Process," *Journal of Experimental Social Psychology*, vol. 10. no. 4 (July 1974), pp. 385-397.

Rhodes, Edward. "Do Bureaucratic Politics Matter? Some Disconfirming Findings from the Case of the U.S. Navy," *World Politics*, vol. 47, no. 1 (October 1994), pp. 1-41.

Ricks, Thomas E. "Containing Iraq: A Forgotten War," *Washington Post*, 25 October 2000, p. A01.

Riker, William H. "The Political Psychology of Rational Choice Theory," *Political Psychology*, vol. 16, no. 1 (March 1995), pp. 23-44.

Ritchie, Gordon. *Wrestling with the Elephant: The Inside Story of the Canada-US Trade Wars* (Toronto: Macfarlane Walter & Ross, 1997).

Rock, Stephen R. *Appeasement in International Politics* (Lexington: University Press of Kentucky, 2000).

Rock, William R. *British Appeasement in the 1930s* (London: Edward Arnold, 1977).

Rorty, Richard. *Philosophy and the Mirror of Nature* (Princeton: Princeton University Press, 1979). 【邦訳】リチャード・ローティ、野家啓一監訳、伊藤春樹・須藤訓任・野家伸也・柴田正良訳『哲学と自然の鏡』(産業図書、1993年)。

Rosenau, James, ed. *Domestic Sources of Foreign Policy* (New York: Free Press, 1967).

Ross, Lee. "The Intuitive Psychologist and His Shortcomings: Distortions in the Attribution Process," in *Advances in Experimental and Social Psychology*, ed. Leonard Berkowitz, vol. 10 (New York: Academic Press, 1977), pp. 174-177.

Ross, Lee, and Craig R. Anderson. "Shortcomings in the Attribution Process: On the Origins and Maintenance of Erroneous Social Assessments," in *Judgment under Uncertainty: Heuristics and Biases*, ed. Daniel Kahneman, Paul Slovic, and Amos Tversky (Cambridge: Cambridge University Press, 1982), pp. 129-152.

Ross, Lee, Mark R. Lepper, and Michael Hubbard. "Perseverance in Self Perception and Social Perception: Biased Attributional Processes in the Debriefing Paradigm," *Journal of Personality and Social Psychology*, vol. 32, no. 5 (November 1975), pp. 800-892.

Ross, Lee, and Constance Stillinger. "Barriers to Conflict Resolution," *Negotiation Journal*, vol. 7, no. 4 (October 1991), pp. 389-404.

Rusk, Dean. *As I Saw It* (New York: Norton, 1990).

Russett, Bruce M. *Grasping the Democratic Peace: Principles for a Post-Cold War World*, 2nd ed. (Princeton: Princeton University Press, 1995). 【邦訳】ブルース・ラセット、鴨武彦訳『パクス・デモクラティア：冷戦後世界への原理』(東京大学出版会、1996年)。

Sagan, Scott. "History, Analogy, and Deterrence Theory: A Review Essay," *Journal of Interdisciplinary History*, vol. 22, no. 1 (Summer 1991), pp. 79-88.

Sainteny, Jean. *Ho Chi Minh and His Vietnam: A Personal Memoir*, trans. Herma Briffault

(Chicago: Cowel, 1972).

Sanger, David E. "In Russia and Japan, Once Again, National Egos Block Cooperation," *New York Times*, 13 September 1992, p. E4.

Savranskaya, Svetlana, and David A. Welch, eds. *SALT II and the Growth of Mistrust: Transcript of the Proceedings of the Musgrove Conference of the Carter-Brezhnev Project, Musgrove Plantation, St. Simon's Island, GA, May 7-9, 1994* (Providence: Thomas J. Watson Jr. Institute for International Studies, Brown University, 1994).

Schank, Roger, and Robert Abelson. *Scripts, Plans, Goals, and Understanding: An Inquiry into Human Knowledge Structures* (Hillsdale, NJ: Lawrence Erlbaum, 1977).

Schaubroek, John, and Elaine David. "Prospect Theory Predictions When Escalation Is Not the Only Chance to Recover Sunk Costs," *Organizational Behavior & Human Decision Processes*, vol. 57, no. 1, (January 1994), pp. 59-82.

Schelling, Thomas C. *Arms and Influence* (New Haven: Yale University Press, 1966).

———. *The Strategy of Conflict* (London: Oxford University Press, 1960).【邦訳】トーマス・シェリング、河野勝監訳『紛争の戦略：ゲーム理論のエッセンス』（勁草書房、2008年）。

Schmemann, Serge. "Little Isles, Big Fight," *New York Times*, 11 September 1992, p. A6.

———. "Yeltsin Cancels a Visit to Japan as Dispute over Islands Simmers," *New York Times*, 10 September 1992, pp. A1, A6.

Schoenbaum, Thomas J. *Waging Peace and War: Dean Rusk in the Truman, Kennedy and Johnson Years* (New York: Simon & Schuster, 1988)

Schull, Joseph. *Laurier: The First Canadian* (Toronto: Macmillan of Canada, 1965).

Schwartz, Morton. *Soviet Perceptions of the United States* (Berkeley: University of California Press, 1978).

Sciolino, Elaine. *The Outlaw State: Saddam Hussein's Quest for Power and the Gulf Crisis* (New York: Wiley, 1991).

Segal, Gerald. "Gorbachev in Japan: The Territorial Issue," *The World Today*, vol. 47, no. 4 (April 1991), pp. 59-61.

———. "Moscow Adopts a New Realistic Line on Japan," *Far Eastern Economic Review*, 6 October 1988, pp. 28, 30.

———. *Normalizing Soviet-Japanese Relations* (London: Royal Institute of International Affairs, 1991).

Semmel, Bernard, ed. *Marxism and the Science of War* (New York: Oxford University Press, 1984).

Shackleton, Lord. *Economic Survey of the Falkland Islands* (London: Economist Intelligence Unit, 1976).

———. *Falkland Islands: Economic Study 1982 (Cmnd. 8653)* (London: Her Majesty's Stationery Office, 1982).

Shackleton, Lord, R. J. Storey, and R. Johnson. "Prospects of the Falkland Islands," *The Geographical Journal*, vol. 143, no. 1 (March 1977), pp. 1-13.

Shafir, Eldar. "Prospect Theory and Political Analysis: A Psychological Perspective," *Political Psychology*, vol. 13, no. 2 (June 1992), pp. 311-322.

Shawcross, William. *Sideshow: Kissinger, Nixon, and the Destruction of Cambodia* (New York: Simon & Schuster, 1979).【邦訳】ウィリアム・ショークロス、鎌田光登訳『キッシンジャーの犯罪』(パシフィカ、1980年)。

Sheehan, Neil, et al., eds. *The Pentagon Papers* (New York: Bantam, 1971).【邦訳】ニューヨーク・タイムス編、杉辺利英訳『ベトナム秘密報告:米国防総省の汚ない戦争の告白録(上・下)』(サイマル出版会、1972年)。

Short, Anthony. *The Origins of the Vietnam War* (London: Longman, 1989).

Short, Philip. *Mao: A Life* (London: Hodder & Stoughton, 1999).

Simon, Herbert. *Administrative Behavior: A Study of Decision-Making Processes in Administrative Organization*, 3rd ed. (New York: Free Press, 1976).【邦訳】ハーバート・A・サイモン、松田武彦・二村敏子・高柳暁訳『経営行動――経営組織における意思決定プロセスの研究』(ダイヤモンド社、1989年)。

―――. *Models of Bounded Rationality* (Cambridge: MIT Press, 1982).

―――. "Rationality in Political Behavior," *Political Psychology*, vol. 16, no. 1 (March 1995), pp. 45-61.

Singer, J. David. "The Levels of Analysis Problem in International Relations," in *International Politics and Foreign Policy*, ed. James N. Rosenau (New York: Free Press, 1969), pp. 20-29.

Singer, J. David, and Paul F. Diehl, eds. *Measuring the Correlates of War* (Ann Arbor: University of Michigan Press, 1990).

Skak, Mette. "Post-Soviet Foreign Policy," *Journal of East Asian Affairs*, vol. 7, no. 1 (Winter/Spring 1993), pp. 137-185.

Skelton, Oscar Douglas. *Life and Letters of Sir Wilfrid Laurier*, vol. 2 (Toronto: Oxford University Press, 1922).

Slovic, Paul, and Sarah Lichtenstein. "Preference Reversals: A Broader Perspective," *American Economic Review*, vol. 73, no. 4 (September 1983), pp.596-605.

Small, Melvin. *The Presidency of Richard Nixon* (Lawrence: University Press of Kansas, 1999).

Small, Melvin, and J. David Singer. *Resort to Arms: International and Civil Wars, 1816-1980* (Beverly Hills, CA: Sage, 1982).

Smith, George W. *The Siege at Hue* (Boulder: Lynne Rienner, 1999).

Smith, Jean Edward. *George Bush's War* (New York: Henry Holt, 1992).

Smith, Michael Joseph. *Realist Thought from Weber to Kissinger* (Baton Rouge: Louisiana State University Press, 1986).【邦訳】M・J・スミス、押村高他訳『現実主義の国際

政治思想——M・ウェーバーからH・キッシンジャーまで』（垣内出版、1997年）
Smith, R. B. *An International History of the Vietnam War*, vol. 2 (New York: St. Martin's Press, 1983).
Smith, Steve. "The Concept of Security in a Globalising World," paper presented to the 37th Otago Foreign Policy School, Dunedin, New Zealand, 29 June 2002.
Smith, Steve, Ken Booth, and Marysia Zalewski, eds. *International Theory: Positivism and Beyond* (Cambridge: Cambridge University Press, 1996).
Snyder, Jack. *Myths of Empire* (Ithaca: Cornell University Press, 1991).
Snyder, Richard C., H. W. Bruck, and Buurton Sapin, eds. *Foreign Policy Decision-Making: An Approach to the Study of International Politics* (New York: Free Press of Glencoe, 1962).
Sorensen, Theodore C. *Kennedy* (New York: Harper & Row, 1965).【邦訳】シオドア・C・ソレンセン、大前正臣訳『ケネディの道』（弘文堂新社、1966年）。
Spector, Leonard S. "Strategic Warning and New Nuclear States," *Defense Intelligence Journal*, vol. 7, no. 2 (Fall 1988), pp. 45-63.
Srull, Thomas K., and Robert S. Wyer. "Person Memory and Judgment," *Psychological Review*, vol. 96, no. 1 (January 1989), pp. 58-83.
Stairs, Denis, Gilbert R. Winham, and the Royal Commission on the Economic Union and Development Prospects for Canada. *The Politics of Canada's Economic Relationship with the United States*, Collected Research Studies, vol. 29 (Toronto: University of Toronto Press, 1985).
Starr, Harvey. *Henry Kissinger: Perceptions of International Politics* (Lexington: University Press of Kentucky, 1984).
Staudinger, Hans. *The Inner Nazi: A Critical Analysis of Mein Kampf*, ed. Peter M. Rutkoff and William B. Scott (Baton Rouge: Louisiana State University Press, 1981).
Stein, Janice Gross. "Deterrence and Compellence in the Gulf, 1990-91: A Failed or Impossible Task?," *International Security*, vol. 17, no. 2 (Fall 1992), pp. 147-179.
Stein, Janice Gross, and Louis W. Pauly, eds. *Choosing to Co-Operate: How States Avoid Loss* (Baltimore: Johns Hopkins University Press, 1993).
Stein, Janice Gross, and David A. Welch. "Rational and Psychological Approaches to the Study of International Conflict: Camparative Strengths and Weaknesses," in *Decision-Making on War and Peace: The Cognitive-Rational Debate*, ed. Nehemia Geva and Alex Mintz (Boulder: Lynne Rienner, 1997), pp. 51-77.
Stern, Eric, and Bertjan Verbeek. "Whither the Study of Governmental Politics in Foreign Policymaking? A Symposium," *Mershon International Studies Review*, vol. 42, no. 2 (November 1998), pp. 205-255.
Stevens, Paul, ed. *The 1911 General Election: A Study in Canadian Politics* (Toronto: Copp Clark, 1970).
Stokes, Ernie. "Macroeconomic Impact of the Canada-U.S. Free Trade Agreement," *Journal*

of Policy Modeling, vol. 11, no. 2 (Summer 1989), pp. 225-245.

"Stuck on the Rocks: Japan Miffed as Yeltsin Cancels Visit," *Far Eastern Economic Review*, 24 September 1992, pp. 14-16.

Suedfeld, Peter, and A. Dennis Rank. "Revolutionary Leaders: Long-Term Success as a Function of Changes in Conceptual Complexity," *Journal of Personality and Social Psychology*, vol. 34, no. 3, (August 1976), pp. 169-178.

Suedfeld, Peter, and Philip Tetlock. "Integrative Complexity of Communication in International Crisis," *Journal of Conflict Resolution*, vol. 21, no. 1 (March 1977), pp. 169-184.

Summers, Anthony. *Arrogance of Power: The Secret World of Richard Nixon* (New York: Viking, 2000).

Summers, Harry G. *On Strategy: A Critical Analysis of the Vietnam War* (Novato, CA: Presidio, 1982).

Sylvan, David, and Stephen Majeski. "A Methodology for the Study of Historical Counterfactuals," *International Studies Quarterly*, vol. 42, no. 1 (1998), pp. 79-108.

Szulc, Tad. *The Illusion of Peace: Foreign Policy in the Nixon-Kissinger Years* (New York: Viking Press, 1978).

Takagi, Yoji. "Getting on Track," *Look Japan*, December 1992, pp. 8-11.

Taliaferro, Jeffrey. "Cognitive Realism: Risk Taking and the Psychology of Loss Aversion in Foreign Policy," Ph.D. dissertation, Harvard University, 1997.

Tanaka, Takahiko. *Nisso Kokko Kaifuku no Shiteki Kenkyu: Sengo Nisso Kankei no Kiten, 1945-1956* (Soviet-Japanese Normalization 1945-1956: A History)(Tokyo: Yuhikaku, 1993).【邦訳】田中孝彦『日ソ国交回復の史的研究』(有斐閣、1993年)

Taubman, William. *Khrushchev: The Man and His Era* (New York: Norton, 2003).

Taylor, Maxwell D. *Responsibility and Response* (New York: Harper & Row, 1967).

Terrill, Ross. *Mao: A Biography*, rev. and exp. ed. (Stanford: Stanford University Press, 1999).

Tesser, Abraham. "Some Effects of Self-Evaluation Maintenance on Cognition and Action," in *Handbook of Motivation and Cognition: Foundations of Social Behavior*, ed. Richard M. Sorrentino and E. Tory Higgins (New York: Guilford, 1986), pp.435-464.

Tetlock, Philip E. "Integrative Complexity of American and Soviet Foreign Policy Rhetorics: A Time-Series Analysis," *Journal of Personality and Social Psychology*, vol. 49, no. 6 (July-September 1985), pp. 1565-1585.

Tetlock, Philip E., and Aaron Belkin, eds. *Counterfactual Thought Experiments in World Politics: Logical, Methodological, and Psychological Perspectives* (Princeton: Princeton University Press, 1996).

Thaler, Richard H. *The Winner's Curse: Paradoxes and Anomalies of Economic Life* (New York: Free Press, 1992).【邦訳】リチャード・H・セイラー、篠原勝訳『市場と感情の経済

学──「勝者の呪い」はなぜ起こるのか』（ダイヤモンド社、1998年）。
───. "Toward a Positive Theory of Consumer Choice," *Journal of Economic Behavior and Organization*, vol. 1, no. 1 (March 1980), pp. 39-60.
't Hart, Paul. *Groupthink in Government: A Study of Small Groups and Policy Failure* (Amsterdam: Swets & Zeitlinger, 1990).
"The Rising Sun in Russia's Sky," *Economist*, 25 November 1989, pp. 35-36.
The United States and Japan in 1994: Uncertain Prospects, Edwin O. Reischauer Center for East Asian Studies, Nitze School of Advanced International Studies. http://www.gwjapan.com/ftp/pub/policy/sais/1994/sais94-6.txt (1994).〔現在、インターネット上で本文データは確認できず。（2015年9月13日）〕
Thompson, W. Scott. *Power Projection: A Net Assessment of U.S. and Soviet Capabilities* (New York: National Strategy Information Center, 1978).
Thorndyke, Perry W., and Barbara Hayes-Roth. "The Use of Schemata in the Acquisition and Transfer of Knowledge," *Cognitive Psychology*, vol. 11, no. 1 (January 1979), pp. 82-105.
Thornton, Richard C. *The Nixon-Kissinger Years: Reshaping America's Foreign Policy* (New York: Paragon House, 1989).
Tompson, William J. *Khrushchev: A Political Life* (New York: St. Martin's Press, 1995).
Trefler, Daniel. *The Long and Short of the Canada-U.S. Free Trade Agreement* (Ottawa: Industry Canada, 1999).
Trevor-Roper, H. R. "The Mind of Adolf Hitler," introductory essay to *Hitler's Secret Conversations, 1941-1944* (New York: Farrar, Straus & Young, 1953).
Trope, Yaacov, and Zvi Ginossar. "On the Use of Statistical and Nonstatistical Knowledge: A Problem-Solving Approach," in *The Social Psychology of Knowledge*, ed. Daniel Bar-Tal and Arie W. Kruglanski (New York: Cambridge University Press, 1986), pp. 209-230.
Tuchman, Barbara W. *The Guns of August* (New York: Macmillan, 1962).【邦訳】バーバラ・タックマン、山室まりや訳『八月の砲声（上・下）』（筑摩書房、1965年）。
Tversky, Amos, and Daniel Kahneman. "Advances in Prospect Theory: Cumulative Representation of Uncertainty," *Journal of Risk and Uncertainty*, vol. 5, no. 4 (October 1992), pp. 297-323.
───. "Loss Aversion in Riskless Choice: A Reference-Dependent Model," *The Quarterly Journal of Economics*, vol. 106, no. 4 (November 1991), pp. 1039-1061.
───. "Rational Choice and the Framing of Decisions," *Journal of Business*, vol. 59, no. 4 (October1986), pp. S251-S277.
───. "The Framing of Decisions and the Psychology of Choice," *Science*, no. 211 (30 January 1981), pp. 453-458.
Tversky, Amos, and Itamar Simonson. "Context-Dependent Preferences." *Management Science*, Vol. 39, no. 10 (October 1993), pp.1179-1189.

Tversky, Amos, and Richard H. Thaler. "Preference Reversals," *Journal of Economics Perspectives*, vol. 4, no. 2 (Spring 1990), pp.201- 211.

Tversky, Amos, and Peter Wakker. "Risk Attitudes and Decision Weights," *Econometrica*, vol. 63, no. 6 (November 1995), pp. 1255-1280.

Tyroler, Charles. *Alerting America: The paper of the Committee on the Present Danger* (Washington, DC: Peergamon-Brassey's, 1984).

United Nations Conference on Trade and Development Division on Transnational Corporations and Investments. *World Investment Report 1994: Transnational Corporations, Employment and the Workplace* (New York: United Nations, 1994).

United States, Department of State. *Foreign Relations of the United States*, various volumes (Washington, DC: U.S. Government Printing Office, 1988-2003). http://history.state.gov/historicaldocuments. [accessed 12 Sep. 2015].

United States Senate. *Hearings before the Preparedness Investigating Subcommittee of the U.S. Senate Armed Services Committee* (Washington, DC: Government Printing Office, 1967).

United States Senate, Committee on Foreign Relations. *Background Information Relating to Southeast Asia and Vietnam*, 5th ed. (Washington, DC: U.S. Government Printing Office, 1969).

Urquhart, John, and Peggy Berkowitz. "Northern Angst: Canada Worries Anew over Loss of Identity to Its Big Neighbor," *Wall Street Journal*, 22 September 1987, p. 1.

Usowski, Peter S. "John McCone and the Cuban Missile Crisis: A Persistent Approach to the Intelligence-Policy Relationship," *International Journal of Intelligence and Counterintelligence*, vol. 2, no. 4 (Winter 1988), pp. 547-576.

Vennema, Alje. *The Viet Cong Massacre at Hue* (New York: Vantage Press, 1976).

Verzberger, Yaacov. *Misperceptions in Foreign Policymaking: The Sino- Indian Conflict, 1959-1962* (Boulder: Westview, 1984).

―――. *The World in Their Minds: Information Processing, Cognition, and Perception in Foreign Policy Decisionmaking* (Stanford: Stanford University Press, 1990).

Volkan, Vamik D., Norman Itzkowitz, and Andrew W. Dod. *Richard Nixon: A Psychobiography* (New York: Columbia University Press, 1997).

Waite, Robert G. L. "Adolf Hitler's Anti-Semitism: A Study in History and Psychoanalysis," in *The Psychoanalytic Interpretation of History*, ed. Benjamin B. Wolman (New York: Basic Books, 1971), pp. 192-230.

Walker, Stephen G. "The Impact of Personality Structure and Cognitive Processes upon American Foreign Policy Decisions," paper delivered at the Annual Meeting of the American Political Science Association, Washington, DC, 1988.

Wallerstein, Immanuel. *The Politics of the World Economy* (Cambridge: Cambridge University Press, 1984).【邦訳】イマニュエル・ウォーラーステイン、田中治男、豫谷登士翁、内藤俊雄訳『世界経済の政治学：国家・運動・文明』（同文舘出版、

1991年）．

―――. "The Rise and Future Demise of the World Capitalist System: Concepts for Comparative Analysis," *Comparative Studies in Society and History*, vol. 16, no. 4 (September 1974), pp. 387-415.

Waltz, Kenneth N. *Man, the State and War* (New York: Columbia University Press, 1959).【邦訳】ケネス・ウォルツ, 渡邉昭夫・岡垣知子訳『人間・国家・戦争：国際政治の3つのイメージ』（勁草書房、2013年）．

―――. *Theory of International Politics* (New York: Random House, 1979).【邦訳】ケネス・ウォルツ、河野勝・岡垣知子訳『国際政治の理論』（勁草書房、2010年）．

Warnock, John W. *Free Trade and the New Right Agenda* (Vancouver: New Star Books, 1988).

Watkins, Mel. "The U.S.-Canada Free Trade Agreement," *Monthly Review*, September 1988, pp. 34-42.

Weathersby, Kathryn. "Korea, 1949-50: To Attack or Not to Attack? Stalin, Kim Il Sung, and the Prelude to War," *Cold War International History Project Bulletin*, no. 5 (Spring 1995), pp. 1-9.

―――. "New Russian Documents on the Korean War: Introduction and Translations," *Cold War International History Project Bulletin*, no. 6-7 (Winter 1995/1996), pp.30-40, 42-84.

Welch, David A. "Crisis Decision-Making Reconsidered," *Journal of Conflict Resolution*, vol. 33, no. 3 (September 1989), pp. 430-445.

―――. "Culture and Emotion as Obstacles to Good Judgment: The Case of Argentina's Invasion of the Falklands/Malvinas," in *Good Judgment in Foreign Policy: Theory and Application*, ed. Stanley A. Renshon and Deborah W. Larson (Lanham, MD: Rowman & Littlefield, 2003), pp. 191-215.

―――. *Decisions, Decisions: The Art of Effective Decision Making* (Amherst, NY: Prometheus Books, 2001).

―――. *Justice and the Genesis of War* (Cambridge: Cambridge University Press, 1993).

―――. "Morality and 'the National Interest'," in *Ethics in International Affairs: Theory and Cases*, ed. Andrew Valls (Lanham, MD: Rowman & Littlefield, 2000), pp. 3-12.

―――. "The Organizational Process and Bureaucratic Politics Paradigms: Retrospect and Prospect," *International Security*, vol. 17, no. 2 (Fall 1992), pp. 112-146.

―――. "The Politics and Psychology of Restraint: Israeli Decision-Making in the Gulf War," in *Choosing to Co-Operate: How States Avoid Loss*, ed. Janice Gross Stein and Louis W. Pauly (Baltimore: Johns Hopkins University Press, 1993), pp. 128-169.

―――. Review of Richard Wyn Jones, *Security, Strategy, and Critical Theory* (Boulder, CO: Lynne Rienner, 1999), *American Political Science Review*, vol. 92, no. 2 (June 2000), pp. 522-524.

Welch, David A., and James G. Blight. "The Eleventh Hour of the Cuban Missile Crisis: An Introduction to the ExComm Transcripts," *International Security*, vol. 12, no. 3 (Winter 1987/88), pp. 5-29.

Wendt, Alexander. "The Agent-Structure Problem in International Relations Theory," *International Organization*, vol. 41, no. 3 (Summer 1987), pp. 335-370.

———. "Anarchy Is What States Make of It: The Social Construction of Power Politics," *International Organization*, vol. 46, no. 2 (Spring 1992), pp. 391-425.

———. "Bridging the Theory/Meta-Theory Gap in International Relations," *Review of International Studies*, vol. 17, no. 4 (October 1991), pp. 383-392.

———. "Collective Identity Formation and the International State," *American Political Science Review*, vol. 88, no. 2 (June 1994), pp. 384-396.

———. "Levels of Analysis vs. Agents and Structures: Part III," *Review of International Studies*, vol. 18, no. 2 (April 1992), pp. 181-185.

———. *Social Theory of International Politics* (Cambridge: Cambridge University Press, 1999).

Westad, Odd Arne, et al. "77 Conversations between Chinese and Foreign Leaders on the Wars in Indochina, 1964-1977," Cold War International History Project Working Paper No. 22 (Washington, DC: Woodrow Wilson International Center for Scholars, 1998).

Whalen, Richard J. *Catch the Falling Flag: A Republican's Challenge to His Party* (Boston: Houghton Mifflin, 1972).

Whalley, John, research coordinator, with Roderick Hill. *Canada-United States Free Trade*, Collected Research Studies/Royal Commission on the Economic Union and Development Prospects for Canada, vol. 11 (Toronto: University of Toronto Press, 1985).

White, Mark J. *The Cuban Missile Crisis* (Basingstoke, Hampshire: Macmillan, 1996).

White, Ralph K. *Nobody Wanted War: Misperception in Vietnam and Other Wars* (Garden City, NY: Doubleday, 1968).

White, Randall. *Fur Trade to Free Trade: Putting the Canada-U.S. Trade Agreement in Historical Perspective*, 2nd ed. (Toronto: Dundurn Press, 1989).

Whyte, Glen. "Escalating Commitment in Individual and Group Decision Making: A Prospect Theory Approach," *Organizational Behavior & Human Decision Processes*, vol. 54, no. 3 (April 1993), pp. 430-455.

———. "Escalating Commitment to a Course of Action: A Reinterpretation," *Academy of Management Review*, vol. 11, no. 2 (April 1986), pp. 311-321.

———. "Groupthink Reconsidered," *Academy of Management Review*, vol. 14, no. 1 (January 1989), pp. 40-56.

Winham, Gilbert R. *Canada-U.S. Sectoral Trade Study: The Impact of Free Trade: A Background Paper* (Halifax: Centre for Foreign Policy Studies, Dalhousie University, 1986).

———. "Faith and Fear: The Free Trade Story," *Canadian Public Administration*, vol. 34, no. 4 (Winter 1993), pp. 656-658.

Winston, Mark L. *Killer Bees: The Africanized Honey Bee in the Americas* (Cambridge: Harvard University Press, 1992).

Wirtz, James J. *The Tet Offensive: Intelligence Failure in War* (Ithaca: Cornell University Press, 1991).

Wohlforth, William Curti. *The Elusive Balance: Power and Perceptions in the Cold War* (Ithaca: Cornell University Press, 1993).

Wohlstetter, Roberta. *Pearl Harbor: Warning and Decision* (Stanford: Stanford University Press, 1962).【邦訳】ロベルタ・ウールステッター、岩島久夫・斐子訳『パールハーバー：トップは情報洪水の中でいかに決断すべきか』（読売新聞社、1987年）。

Wonnacott, Paul. "The Canada-U.S. Free Trade Agreement: The Issue of Assured Access," in *Building a Partnership: The Canada-United States Free Trade Agreement*, ed. Mordechai E. Kreinin (East Lansing: Michigan State University Press, 2000), pp. 65-79.

———. *The United States and Canada: The Quest for Free Trade: An Examination of Selected Issues* (Washington, DC: Institute for International Economics, 1987).

Wood, Patricia K. "Defining 'Canadian': Anti-Americanism and Identity in Sir John A. Macdonald's Nationalism," *Journal of Canadian Studies*, vol. 36, no. 2 (Summer 2001), pp. 49-69.

Woodward, Bob. *Bush at War* (New York: Simon & Schuster, 2002).【邦訳】ボブ・ウッドワード、伏見威蕃訳『ブッシュの戦争』（日本経済新聞社、2003年）。

———. *Plan of Attack: The Road to War* (New York: Simon & Schuster, 2004).【邦訳】ボブ・ウッドワード、伏見威蕃訳『攻撃計画：ブッシュのイラク戦争』（日本経済新聞社、2004年）。

Wu, Samuel S. G., and Bruce Bueno de Mesquita. "Assessing the Dispute in the South China Sea: A Model of China's Security Decision Making," *International Studies Quarterly*, vol. 38, no. 3(September 1994), pp. 379-403.

Wyer, Robert S., Jr., and Sallie E. Gordon. "The Recall of Information about Persons and Groups," *Journal of Experimental Social Psychology*, vol. 18, no. 2 (March 1982), pp. 128-164.

Wyn Jones, Richard. *Security, Strategy, and Critical Theory* (Boulder: Lynne Rienner, 1999).

Yamakage, Susumu. "Japan's National Security and Asia-Pacific's Regional Institutions in the Post-Cold War Era," in *Network Power: Japan and Asia*, ed. Peter J. Katzenstein and Takashi Shiraishi (Ithaca: Cornell University Press, 1997), pp. 275-305.

"Yeltsin's Yoke: Japan Strives for G-7 Backing in Islands Dispute," *Far Eastern Economic Review*, 16 July 1992, p. 11.

Zagare, Frank C. "Rationality and Deterrence," *World Politics*, vol. 42, no. 2 (January 1990), pp. 238-260.

Zagorskii, Alexei. "Russian Security Policy toward the Asia-Pacific Region: From USSR to CIS," in *Russia and Japan: An Unresolved Dilemma between Distant Neighbors*, ed. Tsuyoshi Hasegawa, Jonathan Haslam, and Andrew C. Kuchins (Berkeley: University of California Press, 1993), pp. 399-416.

Zagorsky, Alexei. "Kuriles Stumbling Block," *Far Eastern Economic Review*, 20 August 1992, p. 21.

Zartman, I. William, and Maureen R. Berman. *The Practical Negotiator* (New Haven: Yale University Press, 1982).

Zubok, Vladislav, and Constantine Pleshakov. *Inside the Kremlin's Cold War: From Stalin to Khrushchev* (Cambridge: Harvard University Press, 1996).

Zukier, Henri. "The Paradigmatic and Narrative Modes in Goal-Guided Inference," in *Handbook of Motivation and Cognition: Foundations of Social Behavior*, ed. Richard M. Sorrentino and E. Tory Higgins (New York: Guilford, 1986), pp. 465-502.

監訳者あとがき

　本書はDavid A. Welch, *Painful Choices*（Princeton University Press, 2005）の全訳である。定評のある安全保障問題の専門家である著者による本書は、2008年のISA（International Studies Association）の国際安全保障部門の最優秀賞を受賞するなど、高い評価を受けている。理論的な内容だが、北米の学界でよく見られる極度に定式化された、ほとんど統計学の応用に終始するような内容ではない。慎重に理論を構築しつつ、それを事例研究で（あえて「検証」とは言わず）「試運転」し、その結果を誠実に読者に報告するという構成をとっている。

　本書の内容は、決して簡単なものではない。社会科学方法論や理論構築を取り扱った最初の2章は、北米的な方法論や認識論哲学について体系的な訓練を欠いている私自身も大変いい勉強になったというのが本音である。そして、こういった高度な内容を、非常にわかりやすく書いてくれていることに、改めて著者の能力の高さを実感する。学問としての国際政治研究がどうあるべきなのかについて、日本人の学生、研究者も必ずや非常に多くを学ぶことができると確信している。

　他方で事例研究を取り扱う3つの章は、非常に躍動感のある歴史叙述である。資料の発掘とその処理に終始してメッセージのない歴史書が多い中、大きなテーマでありながら著しく簡潔で、興味尽きない印象的なストーリーとなっている。ストーリーテラーとしての、著者の面目躍如たるところであろう。

　厳密でありながら十分な実践的意義のある理論を作るのは、学問的理論家の夢である。だがその2つの目標はふつうトレードオフの関係にある。そのため、一方で細かな概念操作や統計処理に終始して、少数の専門家仲間のみで了解される秘儀のような様相を呈している国際政治研究が異常繁殖してい

る現実がある。他方で学問的訓練を欠き知的手続きに全く頓着しない「実務家」による浅薄な国際政治論が、大量生産、大量消費されている現実も日本の大学にはある。

　理論的には著者の立場は、非常に穏健かつ常識的なものである。社会科学の理論に過剰な期待はできないし、物理学のような厳密な予知能力などそもそも期待すべき目標ではない。だが社会現象も全くパターンのないランダムな現象ではなく、一定の蓋然性や法則性があるのだから、実践的にも十分に有益な学問的国際関係理論が可能であるとする。そのために著者のとった戦略は、国家の対外行動そのものを問うのではなく、対外政策の大きな変更の条件を問うことだったのである。

　翻訳に当たっては、慶應義塾大学大学院法学研究科に在籍している、五十嵐元道君が第1章、小林弘幸君が第2章、藤山一樹君が第5章をそれぞれ担当し、その他の章を田所が担当する形で作業を進めた。何十回にも及ぶ訳文の検討を行なうとともに、合宿でも訳文の検討を繰り返した。その上で最終的には田所の責任で訳文を確定した。よってほぼ確実にあるだろう誤訳や不適切な訳文の責任は、すべて監訳者の田所にある。覚悟はしていたが、大変厳しい作業になった。しかし再々の照会に著者が一貫して良心的な姿勢で回答してくれたこと、慶應義塾大学大学院博士課程の赤川尚平君が訳文の検討や様々な作業で協力してくれたこと、また藤山一樹君が全体の取りまとめの仕事をよくしてくれたこと、こういったことに大いに助けられた。

　翻訳は「英文和訳」では意味がない。原文の文意を損なってはならないのは言うまでもないが、日本語として読めなくては何の意味もない。どこまで日本語としてこなすべきかについて、常に頭を悩ました。しかも原文のテキストを繰り返し読んでいるうちに、原文を知らない読者の意識からついつい

離れてしまう。編集を担当してくださった千倉書房の神谷竜介氏は、隅から隅までテキスト検討してくださり、日本語らしい日本語にするのに、並々ならぬご助力をしていただいた。いつもながらの良心的な編集の仕事とともに、この点で深い感謝の意を表したい。また翻訳出版の意義を汲んで助成してくださった渋沢栄一記念財団にも、この場を借りて心より感謝したい。

　　　2015年11月　　　　　　　　　　　　　　　　監訳者　田所昌幸

主要事項索引

| 英数字 |

911　009-011, 056
CIA　010, 180, 192
G7　146-148, 159, 164-165
G8　156, 159, 306
GATT　→関税および貿易に関する一般協定
ITO　→国際貿易機関
NAFTA　→北米自由貿易協定
NLF　→南ヴェトナム解放民族戦線
PAVN　→ヴェトナム人民軍
PLAF　→人民解放軍
POLITY変数　094, 131, 305
WTO　→世界貿易機関
XCONST変数　094-095, 131, 305

| ア行 |

アフガニスタン　008, 011
アメリカ　007-011, 016, 024-025, 030-031, 036, 041, 046, 054-056, 059, 067-068, 079, 087-092, 104, 127-128, 141-142, 147, 153-154, 158, 161, 165, 167-186, 189-191, 193-215, 217-218, 220-221, 223-236, 238, 241-281, 283-289, 291-302, 305-307, 310-311, 314, 320
アルカーイダ　009-010, 056
アルザス・ロレーヌ　046, 081
アルゼンチン　103, 107-139, 142, 145, 158, 160, 163-166, 190, 305-307, 309-310, 313-314, 317, 322-323
イギリス　023, 037-038, 055-056, 081, 103, 107-108, 110-120, 122, 124-130, 132-133, 135-136, 139, 158, 163-164, 205, 241, 245-249, 254, 256, 259, 261-263, 269-270, 273, 305-306, 310, 322-323
イラク　007-008, 011, 016, 023, 082, 322
イラン　099, 205
インドネシア　178, 205, 216

ヴェトコン　172-173, 192
ヴェトナム　054, 067, 104, 167-177, 180-236, 238, 307-308, 310, 313, 316
ヴェトナム人民軍（PAVN）　206-208, 210-211
ヴェトナム労働党　172, 176
択捉　140-141, 152, 154-155

| カ行 |

カナダ　052, 090-092, 104, 241-302, 305-306, 309-311, 313
韓国　205
関税および貿易に関する一般協定（GATT）　262, 267, 273, 275, 278-279, 283, 286
カンボジア　170, 189, 205, 217, 227
キューバ　031, 079, 087, 089, 174
キューバミサイル危機　031-032, 089, 098
クウェート　021, 023, 025, 082, 099, 322
国後　140-141, 154-155
グランドセオリー　012, 015, 038
クリミア戦争　037-038
決定に基礎を置く行動理論　038
ケベック　251, 257, 270, 276, 280
行動主義　036, 320
高付加価値（HVA）商品　245-246, 273
効用理論　075, 236
国際関係論　013-014, 026-029, 033, 036, 040, 044, 303, 318, 320
国際貿易機関（ITO）　262, 267-268, 273
国連　008, 110, 112, 122-123, 137, 158, 205
互恵（──協定、──的貿易を含む）　247-248, 251, 254-260, 264, 270-272, 291, 293-296, 302, 311, 313
コンストラクティビズム　045-046, 307, 317

| サ行 |

サハリン／樺太　139, 152-154
サンフランシスコ講和条約　152

色丹 140-141, 154-155
実証主義 033-036
自民党（日本） 155, 160, 162
下田条約 152
自由党（カナダ） 247-250, 253-254, 257-260, 271, 275, 278, 282, 287-288, 291, 295-296, 302
自由貿易 090-091, 104, 240, 246-251, 253, 261, 267, 273, 276-283, 285-295, 297-302, 305-306, 310-311, 313
ジュネーブ（和平）協定 170, 184-185
真珠湾攻撃 009, 012, 021
人民解放軍（PLAF） 172, 185
スエズ 174, 316
スキーマ理論 058-061, 067
勢力均衡 024, 026, 318
世界貿易機関（WTO） 156, 159
組織理論 050-056
ソ連 026, 031, 041, 067, 088-090, 097, 107-108, 140-143, 145-149, 153-154, 158, 163, 166, 176, 181, 188, 190, 195, 211, 219, 264
存在論 033
損失回避の理論 017, 166

| タ行 |

タイ 178, 194, 205, 216
第一次世界大戦 023, 055, 081, 244-245
対外政策変更の理論 015, 017, 049, 090-091
第二次世界大戦 022, 121, 139, 152, 161-162, 169, 196, 200, 229, 232, 242, 245, 261-262, 289, 320
中国 067, 097, 143, 169, 174, 176-177, 180, 188, 190-191, 195-197, 200, 203, 205, 212, 227
チリ 122, 136
通商政策 240, 246, 275, 290, 293, 300-302
ディエンビエンフー 170, 184, 229-230
ドイツ 041, 044, 063, 068, 081, 094, 096-097, 289
動機論的心理学 057, 061-063, 070, 072, 294, 309
ドミノ理論 179-181, 194, 199, 202-205, 216, 220
トルコ 037, 089, 178, 206

トンキン湾決議 194

| ナ行 |

ナショナル・ポリシー（カナダ） 248, 253, 257, 293, 302
日本 009, 012, 015, 021, 046, 103, 107-109, 139-149, 152-166, 169, 178, 205, 216, 262, 289, 306-307, 310-311, 314, 317
認識論 019, 033
認知心理学 057-061, 070, 072, 294, 309

| ハ行 |

歯舞 140-141, 154-155
パリ和平協定 184, 214
パワー 040-042, 044-045
ビーグル海峡諸島 122, 123, 136, 138
フィリピン 205
フォークランド／マルビナス諸島 081, 103, 107-115, 117-126, 128, 130, 133, 136-139, 142, 161-163, 166, 305-306, 310, 313-315
フランクス報告書 124, 136
フランス 041, 054, 081-082, 169-170, 183-184, 229-230, 289
プロスペクト理論 063-067, 070-072, 075, 097, 236, 295, 312
米加互恵通商条約（1854） 246-247
貿易救済措置 275, 279, 283-286, 298
ポーツマス条約 152-153
北米自由貿易協定（NAFTA） 041, 246, 286
保護主義 240, 246-248, 251, 279, 298-299, 301-302
保守党（カナダ） 247-249, 252-254, 257-259, 269, 276, 282, 287-288, 291, 296, 301-302, 313
北方領土／南クリル諸島 103, 107-109, 139, 141-143, 145, 149, 152, 154-155, 160-165, 306-307, 310-311, 314-315
ポリティ・プロジェクト 094-095, 131, 289-290, 305
香港 081, 113, 178

| マ行 |

マーシャル・プラン 264-265, 272

370 主要事項索引

マルクス主義　046, 054
マレーシア（マラヤ）　178, 194, 205, 216
南ヴェトナム解放民族戦線（NLF）　172, 195, 197, 224
南ヴェトナム軍　185-187, 192-193, 195, 208, 210, 229
メキシコ　093

| ヤ行 |

抑止理論　031-032, 324

| ラ行 |

ラオス　170, 189, 204-205, 207, 227
リアリズム　024, 040, 044, 046
リベラリズム　024, 041
冷戦　021, 026, 088, 141-142, 149, 158-159, 167, 224, 244, 264, 307
ローデシア　316
ロシア　023, 037-038, 101, 103, 107-109, 139-149, 152-154, 156-157, 159, 164, 227, 314

主要人名索引

ア行

アイゼンハワー、ドワイト・D　174, 179, 182, 185
アチソン、ディーン　175-176, 200
アナヤ、ホルヘ・イザーク　114, 118, 123-124, 132, 137
アボット、ダグラス　265-267
ウィルソン、ウッドロー　024, 062-063
ヴィルヘルム2世　063
ウォルツ、ケネス　014-015, 029
エリツィン、ボリス　147

カ行

カーネマン、ダニエル　097
ガルチェリ、レオポルド・F　114, 131, 135
キッシンジャー、ヘンリー　188, 213-217, 222-226, 228, 231, 235
キプリング、ラドヤード　256
金日成　096-101
キング、ウィリアム・ライアン・マッケンジー　260-264, 266, 268-272, 291-292, 294, 296, 302, 310
グエン・バン・チュー　210, 212, 220, 224-228, 235
クリントン、ビル　007-008, 011
ケネディ、ジョン・F　060, 087, 089-090, 174, 183, 185, 190-191, 227, 229-230
ケレハー、ジェームズ　276, 278, 298
ゴア、アル　007
ゴ・ジン・ジェム　170, 172, 191, 210
コスタ・メンデス、ニカノール　117, 131
ゴルバチョフ、ミハイル　146

サ行

サッチャー、マーガレット　023, 113, 115, 125-128

ザ行

ザップ、ヴォー・グエン　170
シェリング、トマス　025
重光葵　154-155
ジョンソン、リンドン　168, 174, 183-186, 190-194, 196-203, 207-214, 218, 220, 223, 227, 229, 231-237, 307, 310
スターリン、ヨシフ　139, 162

タ行

ダヴィドフ、コンスタンティノ　116-117
タフト、ウィリアム・ハワード　251-255
ダレス、ジョン・フォスター　154-155, 180-181
テイラー、マクスウェル　173, 181, 203, 207
トルーマン、ハリー　030, 174, 177, 200, 264
トルドー、ピエール・エリオット　274-275, 278, 280-281, 299

ナ行

ニクソン、リチャード　168, 187, 189-190, 212-229, 231-232, 234-235, 308, 310
ニッツェ、ポール　265-267

ハ行

ハイダー、イェルク　101
ハルデマン、H・R　215, 220-224, 226, 232
バンディ、ウィリアム・P　186, 201-203
バンディ、マクジョージ　186, 193-194, 197-198, 207-209, 211
ヒトラー、アドルフ　023, 094, 096-101, 321-322
ビン・ラディン、オサマ　009
プーチン、ウラジミール　101
フェルディナンド、フランツ　021
フセイン、サダム　007-008, 011, 021, 023, 025, 082-083, 096, 098-099, 322-323
ブッシュ、G・W　007-011

ブッシュ、H・W（父） 023
フルシチョフ、ニキータ 031-032, 079, 087-088, 096-098
フロイト、ジークムント 061
ブロードベント、エド 278, 282
ペロン、フアン 112
ホー・チ・ミン 054, 169-170, 172-173, 175-176, 182, 200
ボーデン、ロバート 252, 254-257, 259, 295-296
ボール、ジョージ 201-202, 233, 237
ボラック、ケネス 011, 303

| マ行 |

マクドナルド、ジョン・A 247-249, 253, 260, 302
マクドナルド、ドナルド 275-276, 279, 298-299
マクナマラ、ロバート 186, 190-192, 194-195, 201-202, 207, 211, 231, 234
マクノートン、ジョン 233

マッカーシー、ジョセフ 055
マルルーニー、ブライアン 276-280, 282, 285, 287-288, 290-291, 294, 299-302, 310
毛沢東 096-098

| ヤ行 |

吉田茂 154

| ラ行 |

ラスク、ディーン 099, 194, 196-198, 201-202, 207, 233, 237
ラミ・ドゾ、バシリオ 114
レアード、ウィリアム 213
レーガン、ロナルド 060, 276-277, 285
レ・ドク・ト 226
ローズヴェルト、セオドア 253, 255
ローリエ、ウィルフリッド 249-252, 254, 256-260, 268, 271, 291, 293-296, 302, 310-311, 313
ロジャーズ、ウィリアム 213

著者・訳者略歴

デイヴィッド・A・ウェルチ（David A. Welch）：著者
ウォータールー大学教授、Ph.D.
1960年生まれ。1983年トロント大学トリニティ・カレッジ卒業。1985年ハーヴァード大学修士課程修了。1990年ハーヴァード大学にてPh.D.を取得。トロント大学教授などを経て現職。主著に Justice and the Genesis of War (Cambridge UP) などがある。また、世界的に使用されている国際政治学のテキスト Understanding Global Conflict and Cooperation (9th ed., Pearson Longman; 田中明彦・村田晃嗣訳『国際紛争』原書第9版、有斐閣）をジョセフ・S・ナイとともに執筆。「日本の未来プロジェクト（JFI）」（カナダ）運営メンバーも務める。

田所昌幸（たどころ・まさゆき）：監訳者、第3、4、6章翻訳
慶應義塾大学法学部教授、博士（法学）
1956年生まれ。1979年京都大学法学部卒業。1981年同大学院法学研究科修士課程修了。1981～83年ロンドン・スクール・オブ・エコノミクス留学。1984年京都大学大学院法学研究科博士後期課程退学。姫路獨協大学教授、防衛大学校教授などを経て2002年より現職。著書に『国連財政』（有斐閣）、『「アメリカ」を超えたドル』（中公叢書、サントリー学芸賞）、『国際政治経済学』（名古屋大学出版会、政治研究櫻田會奨励賞）などがある。

五十嵐元道（いがらし・もとみち）：第1章翻訳
日本学術振興会特別研究員（PD）
1984年生まれ。2013年、サセックス大学国際関係学部にてD.Phil取得。主要論文に「トラスティーシップと人道主義」『国際政治』第175号（2014年）、「植民地統治における開発への思想的転換」『年報政治学』（2015年）、共著書に『EUの規制力』（日本経済評論社、2012年）などがある。

小林弘幸（こばやし・ひろゆき）：第2章翻訳
関東学院大学非常勤講師、高崎経済大学非常勤講師
1984年生まれ。2008年、明治大学政治経済学部卒業。2010年、慶應義塾大学大学院法学研究科修士課程修了。2015年、同大学院法学研究科政治学専攻後期博士課程単位取得退学。主要論文に「第一次ハロルド・ウィルソン政権とポラリス・ミサイル搭載型潜水艦建造問題、一九六四－六五年」『法学政治学論究』第94号（2012年）、「第一次ハロルド・ウィルソン政権の大西洋核戦力構想」『法学政治学論究』第97号（2013年）がある。

藤山一樹（ふじやま・かずき）：第5章翻訳
慶應義塾大学大学院法学研究科後期博士課程（政治学専攻）在籍
1986年生まれ。2010年、慶應義塾大学法学部政治学科卒業。2013年、ボストン大学大学院修士課程（歴史学）修了。主要論文に「ヴェルサイユ条約対独軍縮をめぐるイギリス外交、1924-1927年」『法学政治学論究』第104号（2015年）、「英米戦債協定の成立とイギリス外交、1920-1923年」『国際政治』第180号（2015年）がある。

苦渋の選択──対外政策変更に関する理論

2016年2月12日 初版第1刷発行

著 者　　デイヴィッド・A・ウェルチ

監訳者　　田所昌幸

発行者　　千倉成示
発行所　　株式会社 千倉書房
　　　　　〒104-0031 東京都中央区京橋2-4-12
　　　　　電話 03-3273-3931（代表）
　　　　　http://www.chikura.co.jp/

印刷・製本　精文堂印刷株式会社
装丁造本　　米谷豪

©David A. Welch 2016　Printed in Japan〈検印省略〉
ISBN 978-4-8051-1074-4 C3031

乱丁・落丁本はお取り替えいたします

|JCOPY|＜（社）出版者著作権管理機構 委託出版物＞
本書のコピー、スキャン、デジタル化など無断複写は著作権法上での例外を除き禁じられています。複写される場合は、そのつど事前に（社）出版者著作権管理機構（電話 03-3513-6969、FAX 03-3513-6979、e-mail: info@jcopy.or.jp）の許諾を得てください。また、本書を代行業者などの第三者に依頼してスキャンやデジタル化することは、たとえ個人や家庭内での利用であっても一切認められておりません。

叢書
21世紀の国際環境と日本

001 同盟の相剋
水本義彦 著
比類なき二国間関係と呼ばれた英米同盟は、なぜ戦後インドシナを巡って対立したのか。超大国との同盟が抱える試練とは。
◆A5判／本体3800円＋税／978-4-8051-0936-6

002 武力行使の政治学
多湖淳 著
単独主義か、多角主義か。超大国アメリカの行動形態を左右するのは如何なる要素か。計量分析と事例研究から解き明かす。
◆A5判／本体4200円＋税／978-4-8051-0937-3

003 首相政治の制度分析
待鳥聡史 著
選挙制度改革、官邸機能改革、政権交代を経て「日本政治」は如何に変貌したのか。2012年度サントリー学芸賞受賞。
◆A5判／本体3900円＋税／978-4-8051-0993-9

表示価格は2016年1月現在

千倉書房

叢書
21世紀の
国際環境と
日本

004 人口・資源・領土
春名展生 著

人口の増加と植民地の獲得を背景に日本の「国際政治学」が歩んだ、近代科学としての壮大、かつ痛切な道のりを描く。

❖ A5判／本体4200円＋税／978-4-8051-1066-9

005 「経済大国」日本の外交
白鳥潤一郎 著

戦後国際社会への復帰を進める日本を襲った石油危機。岐路に立つ資源小国が選択した先進国間協調という外交戦略の実像。

❖ A5判／本体4500円＋税／978-4-8051-1067-6

表示価格は 2016 年 1 月現在

千倉書房

海洋国家としてのアメリカ

田所昌幸＋阿川尚之 編著

建国から世界関与に至る歴史的な流れを繙き、海洋国家と大陸国家という双貌を持つアメリカの「国家の精神」を探る。

◆A5判／本体3400円＋税／978-4-8051-1013-3

「普通」の国 日本

添谷芳秀＋田所昌幸＋デイヴィッド・ウェルチ 編著

「日本が普通の国になる」とはどのような状況を指すのだろう。それは可能なのか、望ましいのか、他国の目には、どう映るのか？

◆四六判／本体2800円＋税／978-4-8051-1032-4

台頭するインド・中国

田所昌幸 編著

巨大な国土と人口を擁するスーパーパワーの台頭は、アジアと世界に何をもたらすのか。七人の専門家が分析する。

◆A5判／本体3600円＋税／978-4-8051-1057-7

表示価格は2016年1月現在

千倉書房